Il libro de la cocina

Il libro de la cocina

Un ricettario tra Oriente e Occidente

Frankwalt Möhren

HEIDELBERG
UNIVERSITY PUBLISHING

L'Autore

Frankwalt Möhren, filologo romanzo all'università di Heidelberg, è coautore del *Dictionnaire étymologique de l'ancien français*. I suoi principali ambiti di ricerca sono la lessicografia e l'analisi di testi specialistici.

Bibliographic information published by the Deutsche Nationalbibliothek
The Deutsche Nationalbibliothek lists this publication in the Deutsche Nationalbibliografie. Detailed bibliographic data are available on the Internet at http://dnb.dnb.de.

The electronic, open access version of this work is permanently available on Heidelberg University Publishing's website: http://heiup.uni-heidelberg.de
doi: 10.17885/heiup.123.151

Cover image:
Cod. Pal. germ. 311 Conradus de Megenberg; Hartlieb, Johannes
Konrad von Megenberg: Buch der Natur; Johannes Hartlieb:
Kräuterbuch – Kurpfalz (Heidelberg?), um 1455/60, Fol. 242r
http://digi.ub.uni-heidelberg.de/diglit/cpg311/0001

ISBN 978-3-946054-12-2 (Hardcover)
ISBN 978-3-946054-24-5 (Softcover)
ISBN 978-3-946054-13-9 (PDF)

Preliminari

Nel 1984, durante alcuni bei giorni d'estate in compagnia di Akela, trascrissi nella biblioteca dell'Archiginnasio di Bologna il manoscritto del *Libro de la cocina.* Solo molto più tardi si è realizzato il progetto di un'edizione.

Stephen Dörr (Heidelberg), Raymund Wilhelm (Heidelberg, Klagenfurt) e Richard Trachsler (Zurigo, Parigi, Gottinga) mi hanno incoraggiato a condurre l'impresa a buon fine. Tino Licht (Heidelberg) ha dato risposta ai miei dubbi in materia di mediolatino.

Assecondando una proposta di Wilhelm, l'introduzione, redatta originalmente in tedesco, è stata tradotta, grazie all'intervento e alla simpatia di Richard Trachsler, da Liana Tronci (Zurigo, Siena), che con molta pazienza ha condotto a termine un compito lungo e in fondo ingrato. Sara Centili (Roma) ha impiegato il suo sapere filologico e la sua esemplare perspicacia per scrutare l'introduzione col suo occhio vigile; mi ha indicato errori piccoli e grandi e mi ha costretto, con le sue osservazioni e le sue domande, a ripensare e precisare parecchi punti e a rendere più sistematici alcuni dati. Francesco Montorsi (Parigi, Gottinga) ha dato l'antipenultima e la penultima rilettura all'introduzione ed è riuscito grazie alla sua finezza di spirito a levigare le asperità e a individuare quei punti oscuri che l'inevitabile gioco delle correzioni multiple e le aggiunte dell'ultimo minuto avevano introdotto. Lino Leonardi (Firenze) è stato pregato da parte di Wilhelm di dare l'ultimo lustro all'introduzione, cosa che ha fatto con la sua abituale e amabile generosità, con un occhio anche sui contenuti.

Infine, l'editore dell'università Ruperto Carola di Heidelberg ha proposto a condizioni favorevoli la pubblicazione doppia, in formato cartaceo ed elettronico (ad accesso libero); il lavoro dei responsabili è stato discreto ed efficace. Uno dei periti anonimi (dall'analisi testuale sembra essere stato Pietro Beltrami) ha fornito amabilmente i frutti di una lettura molto accurata, specialmente del glossario.

Ringrazio cordialmente tutte e tutti per l'aiuto ricevuto, e in modo speciale colei che ha dovuto condividere tante serate e fine settimana con il *Libro de la cocina* e che mi ha dato lumi sulla materia culinaria.

Indice

Introduzione

La cucina del futuro sarà la cucina del passato
Nadia Santini, Runate, Canneto sull'Oglio

Premessa

La cucina è solo una piccola parte della storia della cultura e della civiltà. La nostra visione della storia non è condizionata nella sua sostanza dalla conoscenza della cucina. Ma nessun elemento è di per se stesso irrinunciabile per la nostra comprensione della storia. Solo l'insieme degli elementi, correlati in maniera razionale, crea una struttura di conoscenza che fa comprendere il divenire e l'essere di una cultura e di una civiltà. Da questa comprensione possiamo trarre profitto per il presente e il futuro.

Parlando del XIV secolo in Italia, allo storico vengono in mente i guelfi e i ghibellini, le spedizioni a Roma dell'imperatore Carlo IV, l'esilio ad Avignone e lo scisma, la tirannia delle signorie nelle città e le guerre motivate solo dalla politica di potere. Lo storico dell'arte vede invece davanti a sé il primo gotico, con Giotto, Lorenzo Maitani, il Maestro del duomo di Orvieto, o Andrea Pisano, scultore e architetto toscano. Il cultore di letteratura conosce, per averli letti o meno, Dante, Boccaccio e Petrarca. Il buongustaio penserà d'ora in poi, dopo la lettura del *Libro de la cocina*, a lasagne, ravioli, risotto e pollo al limone.

Tali esperti vedono il Medioevo non come un'epoca buia, in cui giovanotti lerci si dedicano a mangiare e bere insieme a ragazze paffutelle, davanti a luridi tavoli su cui scorrazzano cagnacci – così come mostra troppo spesso la fantasia adattata allo schermo. A questa caricatura si potrebbero contrapporre già solo la regola della casa e della tavola di Roberto Grossatesta in antico francese, con la disposizione dei posti e le tovagliette all'americana, scritto nel 1241 circa a Lincoln. Noi proponiamo ora questo libro di cucina, che documenta un trattamento civilizzato e colto degli alimenti: se mangiassimo secondo queste ricette, la nostra dieta sarebbe appropriata dal punto di vista estetico, culinario e dietetico.

A partire dal XIX secolo, e con maggiore intensità negli ultimi sessant'anni, un numero tuttora crescente di storici e filologi si dedica all'esplorazione scientifica della cucina; tra i risultati di tale attività c'è tuttavia ancora qualcosa da passare al setaccio.[1]

La presente edizione di uno dei più antichi libri di cucina italiani desidera fornire materiale sicuro per la ricerca successiva. La collocazione del libro nella storia della letteratura culinaria rimanda all'Europa occidentale come terra d'origine di una tradizione specialistica comune. L'analisi lessicale approfondirà la comprensione del testo e gioverà nello stesso tempo alla ricerca lessicografica ed enciclopedica – se vale in prima istanza quanto affermato da Giorgio Colussi: «più il vocabolo è ‹settoriale›, più il lessicografo dipende dalla competenza altrui».[2]

1 Si vedano ad esempio i lavori di Maxime Rodinson (*Romania* 1950 ecc.), Marianne Bouchon [Mulon], tesi BEC 1950, pubblicata come RecCulLibM), Alice Vollenweider (tesi Zürich 1956; VRo 22, 1963, 59–88 e 397–443). Il XIX secolo, positivistico ma anche pieno di pregiudizi, ci ha consegnato l'immagine di un Medioevo rozzo, ad esempio Stecchetti, *Tavola*, 11: «Non vorrei mancar di rispetto al medio evo, ma uno stomaco moderno, ad uno di questi pranzi, più che protestare, si sarebbe addirittura rivoltato.»; 27: «A studiar bene le raccolte di ricette di cucina del trecento che ci rimangono ancora, si riceve prima di tutto una impressione disgustosa. Certi intrugli bizzarri, dove entrano tutte le spezie allora conosciute, col vino, lo zucchero, il grasso, le mandorle e la cipolla, ci sorprendono malamente. Si capisce, o si crede di capire, che quei cuochi non pensassero ad altro che a mettere al fuoco il maggior numero di ingredienti possibili pur che fossero dispendiosi e aromatici, senza badare alle stonature, alle dissonanze le più enarmoniche, contenti solo di far capire al palato dei convitati quanto fosse ricco il padrone.»; 30: «nomi eterocliti di vivande: *ambrogino, biancomangiare*..., che nascondono intrugli più eterocliti ancora, dove entra di tutto, perfino il sommacco, oggi riservato alla concia delle pelli.» [vd. SOMMACCO, *infra*, Gloss.]. Un panorama più recente in Ernst Schubert, *Essen und Trinken im Mittelalter*, Darmstadt, Wiss. Buchges., 2006, benché non esente da imprecisioni: le origini dei libri di cucina si collocherebbero nel XIV secolo [297] (ciò si può riferire semmai all'ambito tedesco); i ravioli devono essere comparsi ‹già› nel XV secolo [297] (meglio: XIII secolo) ecc. [cfr. *infra*, Bibl.]. Anche opinioni come quelle per cui le spezie nel Medioevo avrebbero perso sapore a causa delle condizioni di trasporto sono prive di competenza (*Essen und Trinken in Mittelalter und Neuzeit*, ed. Irmgard Bitsch et al., 1987, 263 n. 11 [vd. *infra*, cap. ‹*Libro de la cocina*: contenuto›]).

2 Colussi, *id est* GAVI 19,4, 2006, 13. [La letteratura citata qui mediante sigle si trova secondo le abbreviazioni nella bibliografia del DEAF o nella bibliografia del presente lavoro; abbreviazioni del tipo ‹Frosini, *Cibo*› vengono qui sciolte (ad es. sotto ‹Frosini›); i rinvii letterari chiari non sono riportati incondizionatamente nella bibliografia.]

Considerata da un punto di vista più ampio, questa edizione commentata intende fornire un contributo per l'obiettivo ultimo delle scienze umane: spiegare il nostro mondo come il risultato di un processo storico, come condizione determinata da sviluppi sociali. Grazie a questa precisazione vengono, allo stesso tempo, svelate posizioni concettuali e messe in dubbio prescrizioni ideologiche. Così considerata, la cucina è davvero un elemento centrale della storia della cultura e della civilizzazione: i riti legati al mangiare e i divieti sul cibo, come i precetti della quaresima, sono infatti strumenti irrinunciabili della socializzazione e dell'ideologizzazione degli esseri umani.

Fonti per l'esplorazione della cultura culinaria: ricette – libri di cucina – testi letterari – manualistica non culinaria

Oggetto del nostro interesse è la cucina di un'epoca: come cucinavano e mangiavano i contadini, gli abitanti delle città, i monaci o i ricchi e i nobili? I risultati dell'archeologia, in particolare quelli desunti dallo studio delle latrine, di fronte a questa domanda sono certo pieni di chiarimenti, ma essi lasciano agli storici molto spazio per il pessimismo (predomina la fame) o per l'ottimismo (c'era un eccesso proteico, a confronto con molte regioni dell'Africa o dell'Asia di oggi).[3] Comunque cereali e legumi, frutta e verdura, carne e pesce sono

3 Schubert, *Essen*, 2006, *passim*; Robert Delort, *Le moyen âge*, Lausanne, Edita, 1972, 152 (conti per contadini); 47a. Bisogna considerare in ogni caso che il sostentamento di ampia parte della popolazione era caratterizzato dall'autarchia, cosa che portava a frequenti, anche se spesso solo regionali, carestie. Non rappresentative, benché molto interessanti, sono le liste della spesa per l'abbondante vettovagliamento dei *Priori di Firenze* (1344–1345), vd. Giovanna Frosini, *Il cibo e i signori*, Firenze 1993. Gli Ospitalieri avevano stabilito nella regola dell'ordine per l'ospedale di Gerusalemme che gli ammalati ricevessero tre volte a settimana carne: *Des .III. jors de la semaine soloient avoir les malades char fresche de porc ou de moton, et qui n'en pooit mangier si avoit geline* (ms. Acri 1287–1290, LeGrandStat p.14) – non veniva trascurata neppure la dietetica. I giorni della carne che ViandTaillv2P p. 259/119 chiama *jours masles* (ed. p. 195 *maslés*: identificazione con lat. *macellarius*, FEW 6[1],4a; meglio *masculus*, FEW 6[1],425a), erano *dimenche, mardi et le jeudi* (ib.). Rimangono mercoledì, venerdì e sabato come giorni del digiuno ideologico severo o leggero: mercoledì e sabato senza carne [il nostro libro di cucina parla solo di sabato, si veda *infra*], venerdì anche

rappresentati, almeno qualitativamente, con molte varianti. Ne danno testimonianza le acquisizioni degli storici, ma anche documenti come le liste della spesa per la Mensa dei priori di Firenze e i libri di ricette. Non viene tuttavia descritta in alcun modo la tipologia dell'elaborazione culinaria.

Le ricette, a dire il vero, sono chiare: questo cibo era buono e sostanzioso, adatto, se necessario, anche alla quaresima, senza riduzioni di calorie e qualità. Piace anche a noi, una volta cucinato in maniera ragionevole, e rispetto al fast-food è di gran lunga superiore. Ma chi lo ha preparato in questo modo? E quando? E dove? È sicuro che la cucina italiana di livello medio era più rustica, e caratterizzata da un maggiore consumo di cereali rispetto a oggi. Non è sicuro poi se una data ricetta sia stata effettivamente eseguita. D'altra parte è così anche oggi: le ricette di Lorenza de' Medici o di Wolfram Siebeck non sono rappresentative della cucina italiana o di quella tedesca, ma rimane la consapevolezza che si poteva e si può cucinare così; chi poi lo abbia fatto o lo faccia tutt'ora è un'altra questione.

I libri di cucina del Medioevo, come quelli moderni, sono innanzitutto letteratura. Un libro di cucina è un testo tramandato che viene copiato (o tradotto) come tale, a prescindere dalla volontà di cucinare veramente. Se rispetto alla sua fonte il testo viene modificato o ampliato, si potrebbe concludere che il libro sia stato utilizzato (lo osserveremo a proposito del *Menagier de Paris* [Menag]); tuttavia ciò non è necessario, dato che anche la pura passione archivistica produce libri.[4] Da un punto di vista metodologico è dunque di primaria importanza considerare che un libro di cucina possa essere semplicemente letteratura. Nondimeno la trasmissione del *Viandier valaisan* (ViandVal), che verrà menzionato in seguito come testo di confronto, testimonia di una sua funzione in cucina pratica: non è stato trascritto all'interno di un manoscritto composito, ma si trova isolato su un rotolo di pergamena, largo tredici centimetri e lungo due metri.[5]

senza latticini e uova, cioè giorno di pesce (cfr., per il mercoledì, Dirlmeier LexMa 3,2166; Dirlmeier calcola ca. 215 giorni di carne contro i ca. 150 giorni di magro). Per l'approvigionamento alimentare vedi LexMa 3,2167–69.

4 Si veda Frank Fürbeth, *Wissensorganisierende Komposithandschriften. Materiale Indizien eines spätmittelalterlichen Handschriftentyps am Beispiel des sogenannten Hausbuchs von Michael de Leone*, Materialität in der Editionswissenschaft, ed. Martin Schubert, Berlin 2010, 293–308. Il ‹menagier› di Michael contiene anche il *Bůch von gůter spise* (vd. *infra*).

5 Un'immagine del rotolo si trova in BagnascoCoqu 258.

Rimane anche la possibilità di trarre conclusioni sulla cucina partendo dalla letteratura non culinaria. La grande letteratura cortese non contiene praticamente nessun accenno all'alimentazione dei protagonisti: in maniera stereotipata si offre loro pane, vino e carne (spesso selvaggina); per motivi stilistici non si fanno grandi voli culinari.[6] Per scovare qualche perla, è necessario rivolgersi alla letteratura minore, ad esempio una storiella in francese antico in cui viene mangiata una pappa di cereali cotta eccezionalmente con il latte, mentre questo piatto molto diffuso veniva (e ancora oggi viene) normalmente cotto in acqua: una zuppa di avena, it. *pappa*, *farinata*,[7] ingl. *porridge*,[8] fr. *bouillie*.[9] Oppure il Computus del 1256 in francese antico, dove è nominato un *mes blanc* come piatto di quaresima, dunque con pesce o mandorle (*Le jor seint Marc devom joner, Les roveisuns* [= rogazioni] *mes blanc manger*, CompRalfS 962).[10] LCucBoM 78 menziona soltanto in un elenco *pollastri giovini*; sulla qualità del giovane volatile siamo informati, se mai fosse necessario, da Antonio Pucci: *Andrea, tu mi vendesti per pollastra Sabato sera una vecchia gallina*.[11]

Nella letteratura didattica o edificante troviamo piuttosto accenni al *peccato di gola* (terzo quarto del XIII sec., Brunetto Latini, *Tesoretto*, ed. J.B. Holloway 1981, 2816), alla moderazione (*ni trop mangiar ni poco, ma temperadhamente*, fine XIII sec., Bonvesin da la Riva, *De quinquaginta* 30), in Dante di nuovo a *la dannosa colpa de la gola* (*Inferno* VI 53): ascesi religiosa al posto della buona cucina.

Ma già Folgore da San Gimignano (inizio XIV sec.) raccomanda per una piccola festa tra amici un *corredo grande Di lepri, starne, fagian e paoni, E cotte manze ed arrosti capponi*, oltre a *vin greco*, e poi *frutta, confetti quanti li è 'n talento*; e sa anche quel che c'è da fare per

6 Si veda Anita Guerreau-Jalabert, *Aliments symboliques et symbolique de la table dans les romans arthuriens (XIIe–XIIIe siècles)*, Annales ESC 47 (1992) 561–594.

7 Attestato nell'indice del *Libro*; fa riferimento al titolo della ricetta *farina per infreddati* (n° 171).

8 Questa parola inglese deriva dal fr. *potage*.

9 Detto *grumel* nella storiella: *grumel boli au lait*, metà XIII sec., GautLeuL^2 V 40, DEAF G 1517. Troviamo gli utensili da cucina di una tenuta elencati in OutHôtelN 55–70 (terzo terzo del XIII sec.): *Crameillie de fer Et craisset en yver. Se li covient trepier Et paiele et andier Et le pot et la louce Ou la poree grouce. Le graïl et le croc A trere de son pot La char quant ele ert quite, Qu'il ne s'arde ne cuise. Tenailles et souflet A fere son fouet. Mortier et molinel Et pilete et pestel.*

10 Non ha niente a che fare con il *blancmangier* (vd. *infra*).

11 Sonetto, metà XIV sec., Natalino Sapegno, *Poeti minori del trecento*, Milano – Napoli, Ricciardi, 1952, 353.

questo: *To' queste cose e acconcia per dimane, E pela, taglia, assetta e metti a foco.*[12]

Molto ricche di spiegazioni sono invece le opere dietetico-medicinali, che analizzano ingredienti e pietanze secondo i principi della patologia umorale e le suggeriscono a scopo terapeutico: cibo e malattia, cucina e terapia erano interdipendenti in passato molto più di quanto accada oggi. Non è un caso che il *Liber de coquina*, fonte principale del *Libro de la cocina*, sia tramandato in un manoscritto che inizia con la *Practica cyrurgie* di Henri de Mondeville (inizio XIV sec.). Altri esempi sono il *Regimen sanitatis* del 1280 circa,[13] il *Trattato di medicina di maestro Aldobrandino da Siena*, che Zucchero Bencivenni tradusse all'inizio del XIV secolo (AldL: originale antico francese da datare già al 1256) e l'*Opusculum de saporibus* di Maino Maineri, del 1333 circa.[14] Appartiene a questo gruppo anche il *Libreto de tutte le cosse che se magnano* di Michele Savonarola, un'analisi degli ingredienti da cucina secondo la dottrina dei quattro umori (ca. 1351).[15]

Altre importanti informazioni sono fornite da tariffe di dogana, bolle d'accompagnamento, libri di conti, soprattutto quello, già menzionato, della Mensa dei priori di Firenze (Maggio 1344 – Aprile 1345)[16] e libri di mercanti come quello eccezionale di Francesco Balducci Pegolotti.[17]

12 *Semana, Mercoredie e Sabato die*, ed. Mario Marti, *Poeti giocosi*, Milano 1956, 377 e 380, anche in *Sonetti*, ed. Giovanni Caravaggi, Torino ²1965, 33–42. Queste e altre attestazioni sono state raccolte da Emilio Faccioli, *Le fonti letterarie della storia dell'alimentazione nel basso medioevo*, Archeologia medievale 8 (1981) 71–82. – La poesia allegorica *La bataille de caresme et de carnage*, in cui la quaresima conduce una guerra contro il periodo in cui si mangia carne, fa schierare come combattenti pietanze e ingredienti (seconda metà del XIII sec., CarCharL); confrontabile con questo è il *De carnis privium et die veneris*, una discussione tra *Venardi* e *Carlevar*, del 1300 circa (Ernesto G. Parodi, *Rime genovesi*, II, Archivio glottologico italiano 10, 1886–1888, 135–140), i cui termini culinari non sono stati ancora analizzati.

13 Estratto ‹culinario› in Odile Redon et al., *Les langues de l'Italie médiévale*, Turnhout, Brepols, 2002, 364–369.

14 Maino ha studiato e ha insegnato a Parigi; in seguito ha lavorato per i Visconti a Milano. Cfr. BagnascoCoqu 89: ms. XV sec.

15 A cura di Jane Nystedt, Stockholm, Almqvist & Wiksell, 1988 (Rom. Stockh. 13).

16 Ed. Frosini, *Cibo*, Firenze 1993, con ricco commento del lessico.

17 *La pratica della mercatura*, ed. A. Evans, Cambridge, Mass., Med. Ac. Am., 1936. Il mercante fiorentino ha terminato il libro probabilmente nell'anno 1340. Vicino alla realtà storica: M. Bourin, *Les menus des bayles de l'archevêque de Narbonne*, MélRedon (2001) 337–349, e L. Riccetti, *Pranzi di cantiere*, ib., 351–367.

In breve, in assenza di trattati coevi sulla cucina e sulle abitudini culinarie delle classi sociali, siamo dipendenti per le epoche più antiche dallo sguardo d'insieme ricavabile da varie fonti (anche iconografiche e archeologiche).

Tradizioni di libri di cucina in Europa

Si può seguire la storia dei libri di cucina, vale a dire dei libri di cucina intesi come letteratura didascalica, in modo indipendente dalla storia degli alimenti e della cucina stessa. Le ricette si assomigliano, anche se le loro fonti non derivano l'una dall'altra: ciò è dovuto alle norme della comunicazione specialistica. Così le ricette delle tavolette in scrittura cuneiforme della Mesopotamia (accadico, sec. XVII a. C.) sono senz'altro comparabili alle ricette medievali o moderne anche nei dettagli: nome, ingrediente principale, tipo di preparazione, aromi, ingredienti secondari, indicazioni sul servizio in tavola; come anche lo stile e la struttura del testo differiscono appena dalle ricette del *Libro de la cocina*, a distanza di tremila anni. Un esempio:

> Brodo alla milza. Non si usa nessun'altra carne fresca. Si mette al fuoco dell'acqua; si aggiunge del grasso; si spargono carne salata, stomaco e milza tagliati a pezzetti nella casseruola, innaffiata con latte; erba aromatica (cuscuta?) a sufficienza; briciole di pane; sale a volontà; cipolla; cruschello di grano arrostito...; menta, porro e aglio, legato con sangue. È pronto per servire.[18]

Anche i fondamenti generali della cucina sono simili. L'arte della cucina mira a un raffinamento del gusto, alla variazione, ad una bella presentazione delle pietanze, ad un'impressione generale invitante e appetitosa. La pulizia viene descritta con insistenza: acqua pura, lavaggi intensivi e spesso ripetuti, cambio dell'acqua e piatti puliti fanno regolarmente parte delle indicazioni culinarie.

Nell'antichità greca vengono menzionati libri di cucina e ricette fin dal 500 avanti Cristo, e altrettanto si può dire successivamente

18 Jean Bottéro, *Textes culinaires Mésopotamiens*, Winona Lake, Ind., Eisenbrauns, 1995, 112, XV [inglese]. Anche al nome delle pietanze si dà valore, ad es. «Il nome originario del cibo è *Zukanda*» (XVI).

per il mondo latino, ad esempio in Plinio (morto nel 79) o in Petronio (morto nel 66, *Cena Trimalchionis*), ma il primo vero libro di cucina dell'antichità, eccettuato un frammento di papiro del primo secolo,[19] è quello di Apicio, con 478 ricette. È stato redatto probabilmente non prima del 400 e si basa sulla tradizione greco-romana. È un libro ampio che descrive pietanze assai diverse, molte salse e svariati tipi di preparazione. Inconsueta è la produzione, ricorrente in questo testo, di salse a parte. Un esempio:

> Pollo in latte rappreso. Cuoci un pollo in liquamen,[20] olio e vino, insieme con un mazzo di foglie di coriandolo e con cipolle. Quando è pronto, tiralo fuori. Metti in un altro tegame latte, poco sale, miele e un po' d'acqua; fai cuocere a fuoco molto basso; aggiungi a poco a poco pan grattato; mescola continuamente, perché non si attacchi. Metti dentro il pollo, intero o a pezzetti; rovescia il tutto in una ciotola. Cospargilo con la salsa seguente: mescola pepe, sedano di montagna, origano, miele e un po' di succo di mosto con il sugo, portala a cottura, addensa con farina. Servi.[21]

Dai territori dell'Italia bizantina ci è tramandata la dietetica di Antimo, che questi scrisse per Teodorico (511–533): il *De observatione ciborum ad Theodoricum regem Francorum epistula* è un testo noto come una ricca fonte di elementi linguistici del latino volgare.[22]

19 Heidelberg, Papyrus Heid. inv. L 1 (1001) [primo sec.], poche righe, stampato in Cesare Giarratano – Friedrich Vollmer, *Apicii librorum X qui dicuntur De re coquinaria*, Leipzig, Teubner, 1922, App., pag. 91.

20 *Liquamen*, propriamente *garum*, è un condimento molto salato, fatto di pesce crudo e sale, tramite fermentazione naturale; è molto simile al nuq-mam indocinese (non ha niente a che fare con la salsa orientale *murri*, fatta con miele e pane).

21 Apicius *alias* Caelius, in realtà Anonimo, *De re coquinaria libri X*, ed. Aldo Marsili, Pisa, Cursi, 1957, VI (Aeropetes), ix (Pullus), 15 Pullus tractogalatus. Sussistono un prezioso manoscritto di Tours e uno di Fulda, entrambi del IX sec., oltre a frammenti. Comprende termini specialistici greci. Scarsa scelta di condimenti.

22 Manoscritti a partire dal IX sec.; usa per lo più *manducare* (> fr. *manger*, fr.ant. *mangier* > it. *mangiare*), invece di *(com)edere*; ed. Eduard Liechtenhan, Berlin, Akad., [2]1963 (Corpus Medicorum Latinorum 8,1), con traduzione. Per la cucina greca più tarda si rinvia a *Geoponica*, metà X sec., Hierophilos, XII sec.?, poesie podromiche, XII–XIII sec.; si veda ad esempio Édouard Jeanselme – L. Oeconomos, *Aliments et recettes culinaires des Byzantins*, Proceedings of the 3rd International Congress of the History of Medecine, London 1922, Antwerpen 1923, 155–168.

La tradizione che proviene dall'antichità mostra certamente comunanze strutturali e di contenuto con le tradizioni culinarie italiana, francese, spagnola, inglese (e con la corrispondente latina medievale), ma una filiazione testuale non è dimostrabile (diversamente dall'ambito tedesco).[23] Piuttosto si individuano chiari rapporti tra la tradizione europea occidentale, cui appartiene il *Libro de la cocina*, e i libri di cucina orientali.

Fondamento di tutti i libri di cucina che ci sono pervenuti dall' Italia, dalla Francia e dall'Inghilterra (dove la tradizione francese fu ripresa e integrata) è la letteratura culinaria in lingua araba. Gli inizi di questa risalgono assai indietro nel tempo, prima ancora dei libri di cucina conservati, nella forma ad esempio di una poesia di Ibn al-Muʿtazz (ucciso nel 296/908), che celebra una salsa.[24] Risale all'XI secolo l'*Elenco delle cose che l'uomo usa abitualmente* (*Minhāǧ al-bayān*) di Ibn Ǧazla (morto nel 493/1100);[25] egli influenzò Baġdādī (vd. *infra*). Si tratta di un vero e proprio trattato di medicina che, come quelli menzionati della tradizione occidentale, presenta allo stesso tempo una dietetica. Questo testo è stato parzialmente tradotto in latino (da Giambonino da Cremona, medico veneziano, verso la fine del XIII sec.[26]) e questa versione latina è a sua volta stata tradotta in medio-bavarese (*Puech von den chosten*, manoscritto Monaco Cgm 415,

23 Già Zambrini (1863) nota che Apicio non è stato preso in considerazione a proposito della redazione del *Libro de la cocina* (LCucBoZ p. VI).

24 Si veda *Islamic Culture* 13 (1939) 21.

25 Cfr. Sarton 1,772. Contiene 1000 articoli classificati in ordine alfabetico di cui 100 sono culinari.

26 Identificato da Francesco Novati, *Maestro Jambobino da Cremona, traduttore dall' arabo fin qui sconosciuto*, Archivio storico lombardo, ser. III, 14, a. XXVII (1900) 146–149, cfr. *infra* per il *Liber*, ms. B. Si veda su questo testo (in origine probabilmente 83 ricette, ne sono tramandate 50) e sulla sua traduzione in medio-altotedesco (medio-bavarese), il *Puech von den Chosten*, Anna Martellotti, *Il* Liber de ferculis *di Giambonino da Cremona. La gastronomia araba in Occidente nella trattatistica dietetica*, Fasano, Schena, 2001 (Bibl. della Ric., Cult. stran. 108), con edizione del *Puech* (tradotto forse in ambito padovano), datato – senza analisi linguistica – al sec. XV (vd. p. 271 n. 124); id., *Quinquinelli zoè rafioli*, Univ. degli St. di Bari, Ann. Fac. Lingue e Lett. str. 15 (2001) 351–372, con esempi della filiazione fino al RecCulViaunde [l'identificazione del *cusculenez* di Giambonino con il persiano *ḫushknānaj* 'dry bread, biscuit, a kind of sweetmeat', Steingass 463, è certamente giusta (352); il «più improbabile adattamento *cuskabenchi* che compare nei *Tacuini sanitatis*» (353) si comprende bene tenendo conto della possibilità di un'erronea notazione dell'arabo *n* come *b* (esse sono simili, eccetto la punteggiatura rispettivamente sopra e sotto: chiarimento di Kiwitt, DEAF), vd. DEAF K 23,4 KUSKENOLE].

f° 1–20, prima metà XV sec.). Questa tradizione detta ‹araba› affonda le proprie origini nelle corti sassanidi della Persia ed è quindi più antica dell'espansione islamica;[27] come quella persiana, anche la cucina araba proseguì la tradizione greca.[28]

Tradizione ‹araba›

Baġdādī: *Kitāb al-Ṭabīḫ*

Il libro di cucina per noi più importante è il ‹Libro delle vivande›- di Muḥammad ibn al-Ḥassan ibn Muḥammad ibn al-Karīm al-Kātib al-Baġdādī (morto nel 637/1239), scritto a Bagdad nell'anno 623/1226, ovvero 33 anni prima della distruzione della città da parte dei Mongoli. Il testo è tramandato in un manoscritto autografo (Biblioteca di Hagia Sophia a Istanbul[29]). L'autore non soltanto era esperto di faccende culinarie, ma era anche entusiasta del proprio argomento. Scrive:

> Praised be God... He says «Eat that which is wholesome, and work righteousness». Certain exegetes indeed have alleged that the word wholesome in this context means 'lawful', but it is sufficiently known among men, what is the true meaning of the word wholesome...
> Pleasures may be divided into six classes, to wit, food, drink, clothes, sex, scent and sound. Of these, the noblest and most consequential is food... For my own part... I subscribe to the doctrine of the pre-excellence of the pleasure of eating above all other pleasures, and for that reason I have composed this book.[30]

27 Si veda Charles Perry in *Medieval Arab cookery. Essays and translations* by Maxime Rodinson, Arthur J. Arberry & Charles Perry, with a foreword by Claudia Roden, Totnes (Prospect Books) 2001, 279. Il *Kitāb al-Ṭabīḫ* di Ibn Sayyar, X sec., comprende ancora più ricette con nomi persiani (ib.); edizione: Kaj Öhrnberg & Sahban Mroueh, *Ibn Sayyār al-Warrāq. Kitāb al-Ṭabīḫ*, Helsinki 1987 (St.Or. 60).

28 Si vedano gli studi sul lessico. Un esempio di filiazione gr. > ar. > rom. è probabilmente sic. *casiría* 'vaso' < ar. *qaṣrīya* < gr. *γαστρα*, si veda Steiger VRo 10,27.

29 A cura di D. Chelebi [Ğalabi], *Kitāb aṭ-Ṭabīḫ*, Mossul 1353/1934. Traduzione con alcuni commenti: Arthur J. Arberry, *A Baghdad cookery-book*, Islamic Culture 13 (Haiderabad 1939) 21–47; 189–214; pubblicato in *Medieval Arab cookery* 20–89 (con *Bibliographic Addendum* p. 164).

30 *Islamic Culture* 13 (1939) 32. Rinunciamo ad una traduzione in italiano della traduzione inglese per non distanziarci ulteriormente dal testo arabo. Degna di nota è la

Il testo comincia, a scopi didattici, con le indicazioni generali per il cuoco, dalla cura delle unghie alla pulizia delle pentole, da ripetere tre volte, alla qualità degli utensili («There is nothing more abominable than food cooked in a copper pot wich has lost its tinning»). Un cuoco siffatto è diametralmente all'opposto del cuoco appiccicoso, pieno di pustole, puzzolente e fornicatore dei Racconti di Canterbury. La composizione delle 159 ricette del libro è estremamente chiara e dettagliata. Il testo segue la logica dell'arte culinaria, come mostra il seguente esempio:

> Rishta [rištā, spaghetti, più precisamente linguine]. Cut fat meat into middling pieces and put into the saucepan, with a covering of water. Add cinnamon-bark, a little salt, a handful of peeled chick-peas [ceci], and half a handful of lentils. Boil until cooked; then add more water, and bring thoroughly to the boil. Now add spaghetti (which is made by kneading flour and water well, then rolling out fine and cutting into thin threads four fingers long). Put over the fire and cook until set to a smooth consistency. When it has settled over a gentle fire for an hour, remove (p. 45).

La maggior parte delle pietanze ha un nome che si riferisce a un ingrediente tipico. Esempi: *Rummānīya*, il 'piatto alla melagrana', da *rummān* 'melagrana' (il suffisso denominale arabo *-īya* è il suffisso tipico delle preparazioni culinarie); la *Rummānīya* è un tipo di spezzatino di manzo con melanzane, cipolle e zucca, condito con coriandolo, cumino, cannella, pepe, gomma mastice e menta fresca, con l'aggiunta alla fine di succo di melagrana appena spremuto; insieme si può inoltre cuocere un pollo tagliato in quattro (p. 38). La *Labanīya* è un piatto molto simile, con labano, il latte acido orientale (che gli inglesi chiamano latte persiano; p. 42). Il nome *Fustaqīya* designa anch'esso una pietanza con petto di pollo ai pistacchi (*fustaq* 'pistacchio', p. 197), così come un tipo di marzapane ai pistacchi (p. 211).[31]

critica a un'interpretazione dei testi falsata e esasperata, che mira a suscitare senso di colpa (creando uno strumento eccellente per la dominazione dell'uomo). Tale interpretazione può rammentare a noi moderni la discussione sul velo della donna, di cui nel Corano nemmeno si parla, che non era usuale, e che può tuttavia servire come strumento di dominio.

31 Cfr. Maxime Rodinson, Romanía *et autres mots arabes en italien*, R 71 (1950) 433–449.

Kitāb al-Wuṣla

Altrettanto antico è il più ampio ‹libro del vincolo›, *Wuṣla ilā al-ḥabīb* 'vincolo di amicizia' (227 ricette). È conservato in dieci manoscritti (a partire dalla prima metà del XIII sec.[32]). Si tratta dunque del libro di cucina medievale meglio tramandato dell'ambito qui considerato. Le conoscenze degli specialisti occidentali della tradizione orientale si basano su un lavoro di Maxime Rodinson del 1950[33]; la prima edizione della *Wuṣla* è solo del 1988.[34]

Anche l'autore della *Wuṣla* si pone «contro chiunque vieti a coloro che adorano Dio il bene che Egli stesso ha procurato loro» [*Rev. Ét. isl.* 17, 144], poiché «Egli permise loro le buone cose ed Egli vietò loro le cattive cose; Egli concesse loro di amare la bellezza delle donne e l'odore del profumo» [145].

La cucina descritta si sarebbe oggi chiamata ‹internazionale›: accanto a piatti di carne non qualificati come regionali, ci sono arrosti egiziani o georgiani [135], ragù greco con labano [*rūmīya*, il 'piatto della Roma (d'Oriente)', 136], carne ‹essiccata› alla greca [*Rūm*, 142], arrosto di agnello ‹alla francone› (*franǧī*), cioè grigliato allo spiedo alla maniera dei crociati, senza che sia stato prima scottato [135; 150[35]], e pollo curdo [133]. I nomi delle pietanze seguono un identico modello e sono anche quasi sempre simili: *ṣifa dīnārīya* è un ragù con pasta a forma di dinaro [cioè una moneta d'oro; 136], la *labanīya*

32 Si trovano a Aleppo, Damasco, Cairo, Mossul (?), Londra, Berlino (un frammento di quattro fogli), Parigi (framm.), Bankipore sul Gange, Bursa a sud del Mar di Marmara (?) e ad Istanbul (forse piuttosto un ms. di Baġdādī?). Si possono distinguere almeno due redazioni.

33 Maxime Rodinson, *Recherches sur les documents arabes relatifs à la cuisine*, Revue des Études islamiques [17], 1950, 95–158; ristampato in *Medieval Arab cookery* 91–163 (con *Bibliographic Addendum* p. 164). Rodinson era un orientalista ed un versatile attivista comunista.

34 Sulaymā Maḥǧūb – Durrīya al-Ḫaṭīb (ed.), *'Umar Ibn Aḥmad Ibn al-ʿAdīm. Al-Wuṣla ilā al-ḥabīb fi waṣf al-tayyibāt wa-al-ṭabīb*, 2 voll., Aleppo (Ǧāmiʿat Ḥalab) 1406/1986–1408/1988, con facsimile. Vol. 1: introduzione, biografia dell'autore, storia della cucina araba; Vol. 2: edizione del testo con elenco dei mss. (p. 424) e lista di condimenti, droghe, erbe, verdure ecc. (con le corrispondenze in latino, inglese e francese; senza rinvii !).

35 La cottura veniva fatta tra due fuochi: diversamente dai moderni cultori del barbecue, questi buongustai volevano evitare che la carne si carbonizzasse sopra il fuoco. Nelle fonti dell'epoca delle crociate gli ‹europei occidentali› erano detti usualmente *Franchi* (fr. *Francs*, ecc.).

è anche qui un piatto con il labano [137; 151], e anche questo libro di cucina contiene *rištā*, cioè linguine [138] ecc.

Come tutti i libri di cucina medievali la *Wuṣla* contiene ricette semplici e complesse. Tra queste ultime descrive, ad esempio, il pollo ripieno. Prima della cottura il pollo viene dapprima insufflato tra pelle e corpo, in modo che la pelle si stacchi totalmente dalla carne, quindi la carcassa viene estratta dalla pelle attraverso un'incisione sul dorso; l'involucro così ottenuto, formato dalla pelle, le zampe e le ali, sarà infine farcito con la carne del petto unita a quella di un secondo pollo e ad ingredienti ulteriori [157]. Questa ricetta viene ripresa nel *Liber* latino medievale (RecCulLibM II 22: *recipe gallinam vivam* [!]...), manca poi nel *Libro de la cocina*, ma ha lasciato traccia nella tradizione del libro di cucina medio-bassotedesco *Wyltu maken* del manoscritto di Wolfenbüttel (vd. *infra*) e in quello francese *Viandier valaisan*,[36] e da lì anche nel libro di cucina medioinglese Harley II [p. 81: *chik farsed*]. Un pollo ripieno simile si incontra anche in Apicio, che contiene solitamente ricette più semplici e salse. Apicio riempie il pollo con una farcitura di spelta, uova, noci e aromi [VI 16]. La relazione tra queste ricette si basa senz'altro sulla tradizione culinaria ma anche su una tradizione testuale, dato che cucina e libro di Apicio si basano, come anche quelli del vicino oriente, sull'arte greca.

Nella *Wuṣla*, come nel *Liber*, la farcitura viene trattata in una parte a sé della ricetta, proprio come nei libri di cucina moderni.

I due libri di cucina scritti in arabo, *Baġdādī* e *Wuṣla*, sono quelli il cui influsso sulla tradizione latina medievale in area italiana e francese è il più facilmente riconoscibile a livello testuale.[37] Hanno entrambi contribuito, direttamente o indirettamente, alla raccolta di ricette del *Liber de coquina*, il Baġdādī anche al *Tractatus de modo preparandi et condiendi omnia cibaria*. Entrambi questi testi in latino medievale, databili dalla fine del XIII secolo, sono testimoniati probabilmente nell'ambito di influenza franco-angioina dell'Italia meridionale (re-

36 ViandVal, ricetta n° 52. Il *Libro* [n° 107] ha raccolto al posto di questa ricetta quella che in *Liber* precede [II 21].

37 Negli studi sul lessico che seguono *infra* diventano chiare le riprese spesso letterali (per es. *limonìa*). – Per gli altri libri di cucina scritti in arabo si veda Rodinson, *Rev. Ét. isl.* 17, 102–110 e soprattutto *Medieval Arab cookery* p. 273–465, e anche un'edizione del *Kitāb Waṣf al-Aṭʿima al-Muʿtāda*, compilata già nel XIII sec. a partire da *Baġdādi* [160 ricette, nell'ed. con *] e *Wuṣla* [3 ricette, inoltre 15 *ziyādāt*/aggiunte da entrambe], con ampliamenti, mss. dell'anno 775/1373 [B] e XVIII sec. [A]). Per la letteratura medica e dietetica con ricette di cucina vd. *Rev. Ét. isl.* 17, 110–116.

gno di Napoli e di Sicilia) in manoscritti dell'inizio del XIV secolo (scritti a Napoli?). La tradizione testuale (occidentale e latina) risale probabilmente già all'epoca dell'imperatore Federico II (*ante* 1250); i contatti culturali da presupporre sono da attribuire certamente ad un'epoca di gran lunga precedente la caduta di Acri (1291). È vero che alla corte del re Manfredi, cioè tra 1254 e 1260, è stato tradotto dall' arabo un altro testo, divenuto molto più importante, il *Tacuinum sanitatis, Taqwīm aṣ-ṣiḥḥa* ‹tavolette della salute› del bagdadiano Ibn Butlan (battezzato come Yuwānis / Giovanni, morto nel 1066).[38]

All'inizio della tradizione occidentale si collocano dunque questi due libri in latino medievale, *Liber* e *Tractatus*. Non spetta loro tuttavia nessun ruolo esclusivo. Ogni libro di cucina imparentato con essi contiene anche altre ricette o ne omette alcune, cambia gli ingredienti, i modi e le sequenze di preparazione, lo stile della prosa tecnica, si rivolge ad altri commensali: in una parola, è soggetto a variazione.

Libri di cucina fondamentali in latino medievale

Liber de coquina

Nella sua forma più antica (fine XIII sec.) il *Liber de coquina ubi diversitates ciborum docentur* (RecCulLib / *Liber*) è tramandato in due manoscritti: Parigi, BnF lat. 7131 [Napoli?, inizio XIV sec.] f° 96v°b,39 – 99v°a (= ms. A) e BnF lat. 9328 [Napoli?, inizio XIV sec.] f° 132 – 139v° (= ms. B). La sola ricetta molto complessa *De torta parmesane*[39] si trova

38 Su questo testo c'è un'abbondante bibliografia. Si veda, soprattutto per l'interesse tecnico culinario, Martellotti, *Giambonino*, 20–25. – Anna Martellotti prende una posizione piuttosto decisa dando al suo lavoro sul *Liber* e testi correlati il titolo *I ricettari di Federico II* (e specialmente p. 96 s.; così nel suo *Giambonino*, p. 42, vd. *infra*); questa sua convinzione è basata su considerazioni storiche e in particolare sul *Liber* I 2 *caulles virides secundum usum imperatoris*: anche se questo cavolo fosse un cibo prediletto dell'imperatore, avremmo con questo solo una datazione *post quem*. Sulla meridionalità supposta del *Liber* vedi l'edizione del *Liber* di Sada e Valente e la discussione di Massimo Montanari, *I luoghi della cultura alimentare*, in Centri di produzione della cultura nel Mezzogiorno normanno-suevo, ed. Giosuè Musca, Bari, Univ., 1997, 355–372, spec. p. 366 con nota. – In generale sul tema dei contatti arabo-europei, con cenni bibliografici: *Romania arabica, Festschrift für Reinhold Kontzi zum 70. Geburtstag*, ed. Jens Lüdtke, Tübingen (Narr) 1996 (niente sulla cucina).

39 Ricetta V 6, nell'ultima parte della raccolta; riprodotta *infra* insieme alla ricetta italiana, LCucBoM 122.

anche, copiata alla lettera, nel manoscritto di Sorengo dell'Anonimo Meridionale, che fa cominciare la sua prima raccolta, ‹A›, con questa ricetta, senza tradurla (LCucMerAB 1, vd. *infra*).

Il codice Palatino, Vaticano Pal. lat. 1768 [Heidelberg? ca. 1465] f° 160–189v° (cartaceo = ms. V) contiene una copia del *Liber* intero che è parzialmente identica parola per parola, ma spesso sviluppa liberamente il testo e se ne allontana anche in alcuni particolari. La sequenza di 168 ricette è quasi identica, con alcuni spostamenti nella parte finale.[40]

Il manoscritto di Sankt Florian (Austria superiore), Chorherrenstift, XI. 100 (cartaceo, inizio XV sec.?), contiene una versione intitolata *Liber coquinarius* (f° 216a–219a) che comincia con *Ad faciendum tortam parmesanam*.[41]

Infine c'è ancora una rielaborazione del *Liber* di un medico di Assisi, che ne fa scrivere una versione ampliata (ca. 1430, manoscritto di Châlons en Champagne 319 [1481]).[42]

Il manoscritto A contiene, insieme al *Liber* e al *Tractatus*, un terzo libro di cucina, il frammento francese *Vez ci les enseingnemenz qui enseingnent a apareillier toutes manieres de viandes* (EnsViand, ca. 1300).

Il manoscritto B comincia con il *Liber ruralium commodorum* di Pietro de' Crescenzi (morto nel 1320; f° 1–122), dedicato a Carlo II d'Angiò (lo Zoppo), re di Napoli e di Sicilia dal 1285 al 1309. B contiene anche il *Liber de ferculis et condimentis* di Giambonino da Cremona,[43]

40 Cfr. Martellotti, *Ricettari*, 10, n. 21. Parallelo al *Liber* (ms. A) pubblicato ib., 199–280. Concordanza con il *Libro* ib. 188–193. Un esempio qui, nel *Libro* n° 65.

41 Bruno Laurioux definisce questo testo «simple remaniement» e indica che esso sarebbe da considerare ‹tedesco› (*L'histoire de la cuisine: problèmes, sources et méthodes. L'exemple du Moyen Âge (XIIIe–XVe siècles)*, in Alimentazione e nutrizione, secc. XIII–XVIII, Atti, ed. Simonetta Cavaciocchi, Firenze (Le Monnier) 1997 (Prato, Istit. F. Datini II 28), 463–487, in part. 478). Il conservatore della biblioteca del monastero, Friedrich Buchmayr, ne verificò cortesemente l'inizio, che presenta rispetto al RecCulLibM solo semplici varianti di copia; altre parti sono assai differenti. Nel frattempo Melitta Weiss Adamson ne ha pubblicato un'edizione: *Mediterranean cuisine north of the Alps: The cookbook in Sankt Florian Codex XI. 100*, MélEhlert (2011) 239–258 [= RecCulSFlorW] (vd. anche id., *Ibn Ǧazla auf dem Weg nach Bayern*, in Andreas Speer e Lydia Wegener, *Wissen über Grenzen. Arabisches Wissen und lateinisches Mittelalter*, Berlin, De Gruyter, 2006, 357–376).

42 Si veda Claudio Benporat, *Hic est liber coquinarum bonarum*, Appunti di gastronomia 23 (1997) 25–66 (trad. it.); Laurioux in BagnascoCoqu 253; id. in Monique Goullet – Michel Parisse, *Les historiens et le latin médiéval*, Paris, Sorb., 2001, 269: ms. di Bergamo 1481; M. Weiss Adamson: piuttosto di Berg op Zoom 1481?, scriba di Strasburgo.

43 F° 157r°–161r°, dall'arabo, si veda Martellotti, *Giambonino*, e si confronti *supra*.

la *Practica cyrurgie* del medico Henri de Mondeville (Montpellier, dal 1306 a Parigi, morto nel 1320; la ‹prima redazione› del testo latino sarebbe da datare dal 1312), dei manuali sull'apicoltura e l'innesto (f° 123r°–129r°), il trattato edificante, sempre dedicato a Carlo, *De juventute servanda* di Arnaud de Villeneuve (morto nel 1311) e altro. La copia del *Liber* è in gran parte identica a quella del manoscritto A, e contribuisce talvolta alla migliore comprensione del testo.

Il *Liber* è scritto in uno stile chiaro ed è strutturato sistematicamente. Comincia con 43 ricette per le verdure (I 1–43; inizia con il cavolo, le ultime due sono per i funghi: *De fungo montano*), seguite da 71 ricette per il pollo, altri volatili e poi le *carnes grossae*, cioè agnello, selvaggina, vitello, mucca (*caro vaccina*) e maiale (II 1–71; manca il bue, che è presente però nel *Tractatus* e anche nel *Libro*: n° 32; 59; 121; 126), 18 pietanze con le uova (spesso con lardo: III 1–18), 26 piatti di pesce (IV 1–26; pesce di mare: lampreda marina, orata ecc., e poi trota, ma anche seppia, aragosta ecc.) e, per finire, ancora 14 laboriosi *cibis compositis ex multis* (V 1–14); contiene dunque 172 ricette in totale. Molte illustrano bene le molteplici affinità con Baġdādī, ma il testo latino è indipendente per il suo contenuto e la sua struttura. È un testo più conciso, teso e sistematico, e tuttavia per questo anche più scarno. Il *Liber* era orientato in modo così assolutamente pratico che l'autore-traduttore italiano del *Libro de la cocina* non ha trovato alcun motivo valido per non seguirlo nella struttura e nell'andamento. Le ricette del *Liber* accluse nella presente edizione del *Libro* ne offrono continua conferma: l'ordine delle ricette è essenzialmente mantenuto e la traduzione è letterale (benché alcune siano composte in maniera del tutto differente, ed altre siano state omesse o aggiunte).

Il latino risente dell'influenza del francese: esso presenta, accanto a costruzioni di frase ‹francesi› difficili da riconoscere come tali con certezza assoluta, anche un lessico specialistico, ovvero parole francesi introdotte nel testo, come nel caso (eccezionale) di *blanc mangier*, nome di una pietanza ‹bianca› preparata con petto di pollo, farina di riso, latte di mandorle (e latte) (*Liber* II 17 *gallice* blanc mangier, *id est: alba comestia*), oppure gallicismi appena latinizzati (prestito per importazione lessematica), come *maslardus* 'germano reale' (*Liber* II 37 *pro maslardo sive anate*; = *malardi e anatre*, *Libro* n° 157), *mustarda* (*Liber* V 11 e 12; = *Libro* n° 64 e 63) e probabilmente *civerium* (*Liber* II 46; = *civero*, *Libro* n° 95), o anche prestiti semantici (per sostituzione lessematica), come *alba alliata* (= *agliata biancha*, *Libro* n° 101, fr.ant.

blanche aillie).[44] Grafie come *troita* 'trota' (*Liber* IV 8; = *Libro* n° 129 *trota*, ma nell'indice *troite*) e *faisanum* 'fagiano' (*Liber* IV 15; = *Libro* n° 133 *fagiano*) sono indicative di una consuetudine scrittoria francese (forme fr.: *truite*, *faisan*). La menzione di modi di preparazione inglesi (*ad usum Anglie*, *Liber* I 8) e francesi (*ad usum Francie*, I 9) è poco probante, ma è invece significativo l'inserimento della ricetta dell'*alba alliata* (*Liber* II 16; 67; = *Tractatus* II 8; III 5; 7; = *agliata biancha* nel *Libro*, n° 101), una delle quattro salse classiche del Medioevo francese, preparata con brodo di cappone, mandorle e aglio, cotti fino ad ottenere una consistenza densa (*Hic cibus, secundum Gallicos, vocatur alba alleata*, *Liber* II 16).[45]

L'enumerazione di zuppe di diversa provenienza serve probabilmente a documentare la vocazione cosmopolita della cucina presentata, se non addirittura del regno e della cultura angioini: *De brodio provincialico*, *De brodio martino*, *De brodio theutonico*, *De brodio gallicano*, *De brodio sarracenico*, *De brodio yspanico* (*Liber* II 4–9). Ricette che hanno una corrispondenza nel *Libro de la cocina*: *[Brodo] «a la provençale»* (n° 76), *Del brodo sarracenico* (74), *Altramente, «a spagnuola»* (77). A dire il vero, anche questa vocazione cosmopolita ha una tradizione: Apicio contiene piatti altrettanto ‹stranieri›, come pollo alla numida e alla partica, e lo stesso abbiamo osservato in *Wuṣla*.

Il *Liber* è stato edito fedelmente per prima da Marianne Mulon. Base del testo è il manoscritto A, ma sono segnalate correzioni e varianti sulla base di B.[46] Gli estratti qui pubblicati provengono da que-

44 Cfr. CastellaniGr 124: *mostarda, biancomangiare, burro, vivanda* ecc. di origine francese.

45 Altri esempi in Mulon, RecCulLibM pp. 377–379. Pare dunque prudente datare la redazione del *Liber* nella sua forma tramandata tra 1285 e 1309: ‹fine del sec. XIII› non sarà falso, ed è la data generalmente accettata.

46 Marianne Mulon, *Deux traités inédits d'art culinaire médiéval*, Bulletin Philologique et Historique, année 1968, Paris (Bibl. nat.) 1971, 369–435. RecCulLibM (= *Liber*) I 36 *igni* leggi *igne* (f° 97r°b,-1), II 4 *gardamomes* leggi *-nes* (f° 97v°a). Purtroppo senza indicazioni di foglio; concordanza con il manoscritto A: f° 96v°b = I 1; 97r°a = I 9 *Ad usum*; v°a = I 36 *Postea*; 97bis r°a II 17 *ignis*; v°a II 37 *Non*; 98r°a II 60 *cum melle*; 98v°a IV 1 *spumando*; 99r°a IV 26 *Pro*; 99r°a V 12 *-lario tabulam*. Sempre senza indicazioni di foglio di nuovo edito in Anna Martellotti, *I ricettari di Federico II*, s.l. [Firenze], Olschki, 2005, con pubblicazione parallela delle ricette corrispondenti del ms. B, del ms. Vaticano Pal. (‹V›), dell'edizione LCucMerAB e del ms. LCucBo (il nostro *Libro*). La lezione errata *igni* si trova anche in questa edizione. Viene qui discussa dettagliatamente l'attribuzione geografica e perfino politica delle denominazioni delle pietanze, di nuovo nella prospettiva di un'origine fridericiana. Altra edizione: L. Sada – V. Valente, *Liber de coquina. Libro della cucina del XIII secolo. Il capostipite*

sta edizione, ma sono collazionati col manoscritto e comparati con l'edizione di Martellotti.

Tractatus de modo preparandi et condiendi omnia cibaria

Il *Tractatus* (RecCulTr, fine XIII sec.) è tramandato negli stessi manoscriti del *Liber*: ms. A f° 94r°b,9 – 96r°b,38, ms. B f° 129–132. Contiene 82 ricette. L'introduzione è orientata alla dietetica e loda in primo luogo il vino: *Set de vino primo de potu tanquam meliori ac digniori sermo noster sumat exordium, quoniam ipsium universis potibus preferendum est. Spiritus enim, membra corroberat, cibaria digerit, complexiones mala[s] alterat, aufert tristitias et dolores, et hominem reddit hylarem et iocundum.* Le ricette successive sono dedicate al trattamento del vino andato a male. Seguono ricette per il vino aromatizzato (I 1–20), per la preparazione di piatti di carne e la produzione di salsicce (II 1–18, anche in più varianti), per la cottura del pesce (di mare e d'acqua dolce) e dei frutti di mare (III 1–11), per la preparazione di squisiti cibi leggeri (IV 1–12[47]), e infine conclude il trattato una raccolta di avvertenze per la cottura delle verdure (porri, fagioli e piselli), delle uova, di un (chiaramente appetitoso) budino alle mele, di una quiche ecc. (V 1–21). Le ultime parole: *Et hec ad presens dicta sufficiant.*

Il *Tractatus* ha una impronta francese ancora più netta che il *Liber*. Non solo perché tutte le ricette si trovano nella tradizione del ViandVal/Taill francese (di cui si tratterà in seguito), ma anche perché il testo adopera un vocabolario francese, latinizzato (come *hagare* 'triturare', dal fr. *hacher*: *hagant subtiliter cultris, Tractatus* II 18) ma anche non latinizzato (come *[vinum] derozyr* 'togliere il rosso', I 10) e cita spesso i corrispondenti francesi dei termini tecnici: *sulta, id est souet in gallico* ('aspic', II 17; = LCucBoM n° 159), *otres, id est oistres* ('ostriche', III 1) ecc. (vd. ed. Mulon pp. 375–379), naturalmente anche *blanc mangier* (IV 1), e prestiti più frequenti, come *gastellum*, latinizzazione dell'ant.fr. *gastel* 'pane delicato / brioche' (*tere gastellum vel alium panem [album]*, IV 3; *gastelli qua utuntur Gallici in omni brodio*

meridionale della cucina italiana, Bari, Puglis Grafica Sud, 1995, p. 110–171. Stampa dell'edizione Mulon (insieme con il *Tractatus*), con i suoi errori, in Robert Maier, *Liber de coquina. Das Buch der guten Küche*, Frankfurt, Friedrich, 2005; note e glossario non sono sempre del tutto affidabili.

47 La ricetta IV 2, *Mistembec*, si trova anche in RecCulViaunde, 28.

carnium, V 4). Ricorre più volte come ingrediente il burro (II 1; 4; ecc.), mentre il *Liber*, come anche il *Libro*, prevedono di cucinare solo con olio e grasso di maiale.

Libri di cucina francesi più antichi

Utilizzando l'esempio del *blanc mangier* ci dedichiamo ora a illustrare come i libri di cucina latini e francesi siano in maniera diretta o indiretta in rapporto l'uno con l'altro; successivamente evidenzieremo le relazioni all'interno di ciascuno dei due gruppi, francese e italiano.[48]

Il *Liber* dà la ricetta innanzitutto nella versione base, poi, in forma abbreviata, in una variante:

> De albo cibo: ad album cibum, recipe pectora gallinarum decoctarum et fac defilare subtilius quantum poteris. Postea, lava risum et fac farinam. Per pannum cola eam. Postmodum, distempera dictam farinam risi cum lacte caprino vel amigdalarum. Pone ad bulliendum in olla bene monda; et cum incipit bullire, pone intus dicta pectora filata cum alba zucara et lardo. Cave a fumo et fac bullire moderate et sine impetu ignis; et sit spissum sicut risus solet esse. Et cum dabis, superpone zucaram trittam et lardum frissum. – Et potes cum riso integro preparare et lacte caprino, ad usum ultramontanum. Quando datur, superponantur amigdale suffrisse, zucara et zynziber album integrum. – Et vocatur gallice blanc mangier, id est: alba comestia (RecCulLibM II 17).

Ciò significa che il petto di pollo sbollentato viene sminuzzato (*defilare*) e poi cotto in una base di purè preparata in precedenza; infine si

48 Non ci interessiamo qui ai molti testi francesi in cui viene introdotta una terminologia culinaria senza che si tratti di testi specifici sulla cucina, come nel poema del Paese della Cuccagna *De Cocaigne* (CocagneV, II metà del XIII sec., ms. IV quarto del XIII sec.) o nel poema allegorico già menzionato sulla guerra tra il periodo del digiuno e il periodo della carne, *La Bataille de Carême et de Charnage* (CarCharL, II metà XIII sec., ms. IV quarto XIII sec.) ecc. – Per una possibile etimologia arabo-persiana del *blanc mangier* si veda *infra* (cap. ‹Continuità e innovazione›). Per la tradizione della ricetta del *Blanc mangier* vd. già LCucCaF S. iv–xii e ViandValS p. 167, qui con rinvio a Flandrin. – In Martellotti, *Giambonino*, 2001, p. 9, si trova un'idea («imprestiti arabi in Occidente nel campo culinario... toccando marginalmente anche la Francia»), che in Martellotti, *Ricettari*, 2005, non è più presente.

aggiungono zucchero e lardo. Nella variante si aggiungono da ultimo mandorle abbrustolite, zucchero e pezzettini di zenzero.

Questa ricetta viene tradotta parola per parola nel *Libro de la cocina*:

> De blanmangieri. Togli petti di galine cotti; e, posti sopra una taola, falli sfilare più sottile che puoi. Intanto, lava il riso e sciugalo, e fanne farina, e cernila con setaccio o stamingna; poi distempera la dicta farina del riso con lacte di capre o di peccora o d'amandole, e metti a bollire in una pentola ben lavata e netta; e, quando comincia a bollire, mettivi dentro i detti petti sfilate, con çuccaro biancho e lardo biancho fritto; e guardalo dal fumo; e fallo bullire temperatamente sença impeto di fuoco, sì che sia spesso, come sole essere el riso. E, quando tu menestrarai, mettivi suso çuccaro trito o pesto, o lardo fritto.
> Se tu vuoli, puolilo fare col riso intero, da per sé aparichiato e ordinato col lacte di capra, a modo el tramo[n]tano; e, quando tu il dai, mettivi su amandole sofricte nel lardo, e çenzovo biancho tagliato (LCucBoM n° 102).

Nel *Tractatus* la ricetta è presentata in modo completamente differente, con dettagli, anche importanti, diversi, e si chiude solo con la variante zucchero e mandorle. Ma il risultato è lo stesso:

> Blanc mangier hoc modo fit: accipe risum bene purgatum et electum et lotum aqua pura clara, et ipsum contunde in mortario, ut fiat ad modum farine. Post, accipe carnes bene decoctas de pectore pullorum, extransversso minutim incisas, quas contunde in mortario subtillissime; et facias bullire in lacte amigdalarum aut nucum vel ovium, de zucaro apponendo. Post, impone farinam risi et fac bullire aliquantulum, continue movendo cum cocleari, ne comburatur nec fumum sentiat. – Et si vis habere croceum, distempera cum lacte predictum crocum. Post, impone scutellis pulverem zuccari, super aspergendo aliquantulum infrigidato, quia aliter zucara funderetur. Et, in circuitum, pone amigdalas excoriatas croco intrictas et in oleo vel melle bene fricatas. – Sunt quidam qui dequoquunt risum in aqua per unam horam; post, stare permitunt ut infletur; post, imponunt de lacte amigdalarum, ut dictum est. – Idem poterit de granello ordei vel avene (RecCulTrM IV 1).

Les enseingnemenz a apareillier... viandes

Il trattato con il titolo *Vez ci les enseingnemenz qui enseingnent a apareillier toutes manieres de viandes* (EnsViand, 46 ricette)[49] ha soltanto una lontana relazione con il *Liber* o il *Tractatus* e anche con il resto della linea francese. Proprio per questo è una buona testimonianza del fatto che la cucina descritta è in linea di principio la stessa, ma il testo è stato sviluppato autonomamente. La ricetta si trova qui in una versione più vicina a quella del *Liber* (*defilare* e *eschevelee* descrivono diversamente la stessa azione):

> Por blanc mengier. Se vos volez fere blanc mengier, prenez les eles e les piez de gelines e metez cuire en eve, e prenez un poi de ris e le destrempez de cele eve, puis le fetes cuire a petit feu, e puis charpez la char bien menu eschevelee, e la metez cuire ovec un poi de chucre. Si avra non ‹laceiz›. E se vos volez, si metez cuire ris entier ovec l'eve de la geline ou ovec let d'alemandes. Si ara non ‹angoulee› (EnsViandL n° 20, righe 119–124).

Al contrario, la ricetta *Cominé de gelines* 'piatto al cumino fatto con pollo', EnsViandL n° 16 (righe 101–104, dove è anche *cominee*), qualificata alla fine come *brouet*, è imparentata con la *conminee* del *Viandier valaisan* (vedi *infra*) e con la ricetta del *Tractatus* e, in ultima analisi, forse con quella della *Wuṣla*.[50] Vale la pena fare il confronto:

49 EnsViand si trova nel manoscritto A del *Liber* e del *Tractatus*, BN lat. 7131 [inizio XIV sec.], f° 99v°a – 100r°. *Editio princeps* di Louis C. Douët-d'Arcq, *BEC* 21 (1860) 209–227 [= EnsViandD]. A partire da questa edizione il manoscritto e il suo contenuto sono stati resi noti alla scienza. Noi utilizziamo l'edizione di Grégoire Lozinski, *La Bataille de Caresme et de Charnage*, Paris (Champion) 1933 [= CarCharL], p. 181–187 [= EnsViandL]; il testo è stato collazionato da noi. Il manoscritto Vaticano Pal. lat. 1179 [Francia, II metà del XIV sec.], f° 155v°–156v°, contiene sotto il titolo *Doctrina praeparationis ciborum* una traduzione latina poco convincente, che inserisce qua e là un numero relativamente elevato di parole francesi: *li chaudus* 155v°,14 [= EnsViandL 181,23 *le chaudin* (ms.)], *les nomblés* (lombo di manzo) ib. 21 [= EnsViandL 181,30 *les nomblé*, pl. di *-et*], *faux grenon* ib. -4 [= EnsViandL 182,62 *faus guernon*, vd. DEAF], *isgiers* ib. [lezione corrotta; = EnsViandL 182,63 *ginsiers*, leggi *guisiers*, vd. DEAF G 772,44], *blanc doucet* 156r°,21 [prima detto *albus dulce* = EnsViandL 183,97 *blanc douchet*], *blanc mengier* ib. 33 [= EnsViandL 184,118 *blanc mengier*], *blancmengier* 156v°,33 [= EnsViandL 185,161 *blanc mengier en Caresme*], [*brechet* (= *brochet*?) *breresse*] ib.,2 [manca nel testo fr.], *lampreda in dicto vino esclaisse* ib., 23 [= EnsViandL 185,145 *lampree... enleuvés en cel vin meismes*: non chiaro]. Immagine: BagnascoCoqu 284.

50 Si dovrebbero leggere le ricette per il ‹pollo aromatizzato›, cfr. Rodinson, *Rev. Ét.*

Pour cominé de gelines. Se vos volez fere cominee de gelines, prenez les gelines e cuisiez en vin e en eve, e fetes boullir, e cuilliez la cresse; e traiez le gelines; e aprés prené moués de oués, si les batez bien, e desfaites du boullon, e i metez du commin, e metez tout ensemble; si avrez vostre comminee (EnsViandL n° 16).

Conminee de poullaille. Cuisiez en vin et en eaue, despeciés par cartiers, frisez en saing de lart; metez ung pou de pain trampé en vostre pot, coullez et metez boullir avec vostre grain; prenez ung pou de gingembre et de commin desfait de verjus, moiaux de eufs grant foison, et lez batez, coullés, fillez dedens; gardez qu'il n'arde (ViandValS n° 12; ms. righe 31–36).

Modo narrandum est de condimentis delicatis dominorum... (libro IV) Dequoque pullum integrum aut in .4. partes divisum in aqua. Post tere piper, cuminum et zinziberum cum petrosillo, et distempera cum lacte amigdalarum. Et aliquantulum bulliri permite. Post, ab igne remove. Impone vitella ovorum conquassata (RecCulTrM IV 8).

Viandier valaisan

Il *Viandier valaisan* (ViandVal) sembra coevo del *Liber*; il manoscritto che lo conserva è della fine del XIII secolo (certamente ben anteriore a quelli del *Liber*). Contiene 131 ricette. Il manoscritto è un rotolo di due metri di lunghezza e piuttosto stretto: 13 centimetri; è scritto fronte-retro. La sua forma sembrerebbe indicare un manoscritto finalizzato all'uso, e non solo alla conservazione; in favore di questa ipotesi è anche il fatto che il manoscritto non contiene nessun altro testo. Il manoscritto è conservato nella biblioteca cantonale di Sitten / Sion (sul Rodano; ms. S 108). L'*editio princeps* è stata curata solo nel 1953.[51] La ricetta del *Blanc mangier* in questo testo è da un lato

isl. 17, 1950, 133. Nel nostro *Libro* sono confrontabili all'ingrosso le ricette 75 e 135, ma esse non menzionano affatto il cumino, anche se nominano l'uovo.

51 Paul Aebischer, *Un manuscrit valaisan du Viandier attribué à Taillevent*, Vallesia (Sion) 8 (1953) 73–100. Aebischer aveva riconosciuto l'identità con il Viandier Taillevent (vd. *infra*) e allo stesso tempo aveva corretto l'errata attribuzione del testo a Taillevent. Purtroppo la trascrizione non è attendibile (p. es. nella nostra citazio-

più vicina al *Liber* (il brodo viene filtrato, la sequenza della operazioni è simile), dall'altro la presentazione della pietanza è del tutto diversa:

> Blan: Blanc mengier d'ung chappon pour ung malade. Cuisiez en yaue; broiez amandez grant foison, du broion [= braon] du chappon; deffaitez de vostre boillon, passez parmy l'estamine, faitez boullir tant qu'il soit liant; pour taillier, versez en une escuelle; fillez demie douzene d'amandez peleez, et les asseez sur la moitié du bout de vostre escuelle; en l'autre moitié, des pepins de pomme de grenade et du succre (ViandVal n° 77 [ed. Scully 95], secondo il ms.; la decorazione colorata della superficie di un piatto, qui in guisa di scudo bicolore, era molto frequente nel medioevo).[52]

I libri di cucina del ramo francese che si riallacciano al ViandVal (ovvero alla sua tradizione) non sono che varianti dello stesso testo. Concordano spesso, riproducendo il testo in forma più o meno letterale, ma seguono percorsi in parte individuali nella scelta delle ricette e nei dettagli.[53]

Viandier Taillevent

Il più importante è il cosiddetto *Viandier Taillevent*, che è conservato in quattro manoscritti[54] e in più edizioni a stampa (ViandTaill). Il manoscritto più antico, N (Parigi BnF fr. 19791 [*ante* 1392: note di

ne *pellez* l. *peleez*), ma il manoscritto è stato pubblicato in ViandTaillNP, ristampa Genève, Slatkine, 1967, pp. 229–252. Una trascrizione considerevolmente migliore si trova in ViandValS (con errori minimi: n° 23 *etre* l. *estre*, n° 36 *blancs* l. *blans* [errori derivati dall'ed. Aebischer] ecc.).

52 La ricetta nomina sicuramente i ‹semi›: ci si riferisce ai semi freschi avvolti da polpa di frutta rossa (che si mangiano integri, sputandone i grani o ingoiandoli; sono talvolta passati al passaverdure per ottenere soltanto il succo).

53 Non indugiamo qui ulteriormente sulle piccole raccolte anglo-normanne RecCulBlanc (ms. BL Royal 12 C.XII, cfr. DEAFBibl; BagnascoCoqu 262) e RecCulViaunde (ms. BL Add. 32085 [ca. 1300], cfr. DEAFBibl; BagnascoCoqu 260; traduzione: B. Laurioux in P. Guichard et al., *Comprendre le XIII*e *siècle*, Lyon 1995, 222–226), e neanche su quella franco-provenzale RecCulChi, vedi DEAFBibl. È degno di nota il menu in BibbR² (1105–1135), un manuale della lingua francese per Britanni, ca. 1290.

54 Il manoscritto Saint Lô è andato distrutto nella seconda guerra mondiale: ne ri-

acquisto nel ms.]: ViandTaillN), attribuisce il testo al capocuoco di Carlo V, Guillaume Tirel detto Taillevent, e così anche il manoscritto M (Parigi, Mazarine 3636, *ante* 1451: ViandTaillM). È possibile che il testo (o questa versione del testo) sia stato compilato dal Taillevent (intorno al 1380), oppure che egli abbia solamente cucinato secondo il libro, ma il dato di fatto è che si tratta, per lo più parola per parola, di un testo identico al *Viandier valaisan*.[55] Ecco il suo *Blanc mangier*:

> Blanc mengier d'un chappon. Cuisés le en eaue tant qu'il soit bien cuit, et broiés almendes grant foison, et du blanc d'un chappon, bien broyé, et deffaites de vostre bouillon; passés parmi l'estamine, puis metés boullir tant qu'il soit bien liant pour tailler, puis verssés en une escueille, puis metés frioler demie dousaine d'almendes pellees, et les assés sur le bout en la moitié de vostre escueille, et en l'autre moitié pepins de pomme de garnade, et sucrés par dessus.[56]

Si osservi che in questa versione (come anche in ViandTaillMS) al titolo manca l'aggiunta *pour ung malade* che si legge nel ViandVal. In effetti, il *Blanc mangier* è una pietanza facilmente digeribile, adatta a malati, anche se di solito non viene loro associata, né nei testi in latino medievale, né in quelli italiani (vd. *infra*). Al contrario il manoscritto del Vaticano (Vaticano Reg. lat. 776, prima metà XV sec.: ViandTaillv[1]) ha altresì un accenno alla dieta (come anche la tradizione araba, vd. *infra*). È dunque questo manoscritto ancora più vicino al *Viandier valaisan*? Certamente no: con il passo *metés frioler demie dousaine d'almendes* (Vat. n° 95) è conforme a N *mettez frioler demie douzainne d'amendes*. Ne consegue in conclusione che deve esserci stata evidentemente una fitta catena di tradizione con più ramificazioni, a cui i manoscritti più recenti attingono in maniera differente l'uno dall'altro.[57]

mangono tre. Si veda anche BagnascoCoqu 276–283. A questo si aggiunge ancora il *Vivendier* di Kassel, che Laurioux considera più antico, mentre il manoscritto è più recente, possibilmente anche il testo. Incipit: *Chie commenche un vivendier*, ms. Kassel Landesbibliothek 4° Ms. med. 1 [Piccardia (Fiandre?) ca. 1430] f° 154r°–164v°, = ViandTaillViv. Laurioux ha trascritto il manoscritto (BagnascoCoqu 277; 279). Utile: Bruno Laurioux, *Le règne de Taillevent. Livres et pratiques culinaires à la fin du Moyen Âge*, Paris, Sorb., 1997.

55 L'ordine delle ricette non è identico: ViandVal 1 = ViandTaillN 5, 3 = 7, ecc.

56 ViandTaillNS n° 95. Altri esempi in ActesParfums (Firenze 2015) 187-192.

57 L'edizione Scully pubblica parallelamente (in interlinea) i manoscritti / versioni, per cui è facilmente possibile un confronto.

Menagier de Paris

Una menzione particolare merita la versione che un giurista parigino ha integrato nel suo *menagier* («libro delle cose di casa» di contenuto didattico e morale [= Menag], databile probabilmente tra giugno 1392 e settembre 1394). Questo *menagier* serve esplicitamente all'istruzione della moglie, troppo giovane, del giurista: insieme a trattati edificanti, contiene un trattato sul giardinaggio,[58] uno sulla cura e l'acquisto di cavalli, uno sulla caccia con i rapaci e infine uno particolarmente dettagliato sulla cucina.[59] Questo libro di cucina deriva, in parte *verbatim*, dal *Viandier valaisan*, ma si basa anche su altre fonti. L'autore, con molta probabilità il giurista stesso, raramente riporta le ricette senza aggiungervi suoi commenti. In questo caso non si può prendere come esempio il *blanc mangier*, il quale si trova sì menzionato nelle istruzioni per la spesa dal macellaio (*le maistre oz d'un trumeau de beuf pour cuire avec les chappons pour avoir le chaudeau a faire le blanc menger; ung quartier de veel devant pour servir au blanc menger les seconds*, MenagB p. 185,8–9), ma di cui manca una ricetta. Possiamo però ricorrere a un altro esempio.

Il *Liber* ha una ricetta per il brodo di trippa: *de budellis vaccinis crudis potest fieri brodium...*; essa corrisponde al *Libro de la cocina* n° 91: *Dei detti gualdaffi e budelli crudi di vacca si po fare brodo... E questo brodo se chiama ‹caldume›* (vd. *infra*, con il testo del *Liber*). Entrambe sono in qualche misura confrontabili con il *Chaudin de porc* del *Viandier valaisan* (e con le versioni corrispondenti del ViandTaill, in cui si legge *chaudun*):

> Cuisiez, puis le despechiez par morceaux, puis frisiez en saing de lart; prenez gingembre, poivre long, saffran, et du pain hallé

58 Cfr. MenagM.

59 Per i manoscritti vd. DEAFBibl; il ms. Bruxelles Bibl. roy. 10310–11 è nominato in BagnascoCoqu 346 (numero da correggere). Edizione incompleta del libro della casa (ma con libro di cucina): Georgine E. Brereton – Janet M. Ferrier, *Le menagier de Paris*, Oxford, Clarendon, 1981 [= MenagB], specialmente *Distinction* II iv e v, pp. 170–283, che comincia con un capitolo sull'organizzazione dei banchetti, con esempi di menu, pp. 170–190. Studio valido: Margarete Zimmermann, *Kochkunst im spätmittelalterlichen Frankreich:* Le Ménagier de Paris, Essen und Trinken in Mittelalter und Neuzeit, Vorträge... Gießen, ed. Irmgard Bitsch et al., Sigmaringen, Thorbecke, 1987, 103–115. Del resto l'autore del *Menagier* è abbastanza realistico da riconoscere che le istruzioni sarebbero andate a vantaggio del secondo marito della sua appena quindicenne moglie (leggete il preambolo: tocca il cuore).

> et metez tramper en boullon de buef ou eaue boullie ou lait de vache [ViandTaill aggiunge: et passés parmi l'estamine]; prenez verjus esgrené cuit en yaue et metez les grenez en vostre potaige quant vous devés servir, et filés moiaux de eufs et coulez (ViandValS n° 10; ms., righe 18–24).

La trippa (rumine del manzo) è qui sostituita con le interiora del maiale (la stessa alternanza si incontra oggi nelle varianti regionali dell'andouillette / salsiccia di trippa francese). Sotto la stessa designazione di *chaudun* il *Menagier* pare presentare una ricetta del tutto diversa; ad un'attenta considerazione vediamo però che contiene molte più spiegazioni e tratta allo stesso tempo più varianti della ricetta (MenagB II v 97, p. 214). Il testo dunque risulta quattro volte più lungo; in sintesi suona così:

> Chaudun de pourceau, scilicet les boyaulx. [lavare accuratamente nel fiume (siamo a Parigi), poi due volte in acqua tiepida e eventualmente con aceto. Prima variante:] ... l'en les trenche par tronçons et sont embrochiez par hasteletz et rostiz sur le greil... [Variante corrispondente al ViandVal:] Et qui en veult faire potage, il le recouvient mectre cuire tout entier en ung pot de terre, et puis mectre esgouter en ung plat, puis decouper par menuz morceaulx et frisiez en sain de lart. Puis broyez pain premierement, puis maciz[60], garingal, saffran, gingembre, clo, graine, canelle, destrempé de boullon et mis d'une part; puis broyez pain brulé ou chappelleures, et soient alayez du chaudeau et coulez parmy l'estamine..., vertjus... [La variante con latte di mucca segue anche qui:] Et aucuns font le potage des espices et lait... [Si esprime poi la preoccupazione per l'odore di feci del brodo: sel et vinaigre ostent la freschumee; lo stesso problema anche nella tradizione del ViandTaill: trempés en eaue de buef, car son boullon sent le fians, ViandTailln/v1S n° 10].

Il *Menagier* è il libro di cucina più corposo: 60 paragrafi (parte II iv) introducono l'argomento, danno indicazioni per la preparazione

60 Ed. *matiz*, con nota. È possibile che i copisti abbiano confuso *maciz* ('fiore di macis' [che non è un fiore]) e *matiz* ('gomma di mastice'), ma questo non deve valere per l'autore; sia l'arillo che la gomma erano usati come aromi.

delle feste, per gli acquisti a Parigi (il manzo si compra presso la Porte de Paris al Grand Châtelet, un *surloin* costa tre centesimi; ci sono vini di Borgogna alla Place de Grève...) ecc. Seguono 380 ricette di ogni tipo (parte II v). È evidente che l'autore aveva uno o più libri di cucina a disposizione per scrivere il suo, e quindi lo ha arricchito con molti consigli pratici. Allo stesso tempo è certamente il primo libro di cucina che si rivolge alla padrona o al padrone di casa, e non a un cuoco.

Si possono fare altri confronti con le ricette seguenti:

Libro de la cocina n° 24, *porri*; ViandTaillNS 153, *poree de cresson*, da confrontare con ViandTaillv^{2}S 154 *menuz potaiges come poree de... poreaulx*.

Libro n° 74, *brodo sarracenico*; *Liber* II 8 *brodio sarracenio*; ViandValS 23; MenagB n° 101.

Libro n° 107, *empire una gallina*; ViandValS 66 *poulaille farcie*; ViandTaillv^{2}S 195 *doreures*.

Libro n° 122, *torta parmesana*; *Liber* V 6 *torta parmesane*; ViandTaillv^{2}S 197.

Libro n° 128, *coppo de lampreda*; ViandTaillNS 114, *lamproions* (*en paste*).

Libro n° 137, *fromentiera col pollo*; ViandValS 63 *formentee*; MenagB n° 234.

Per le pratiche di produzione dell'aspic di pesce cfr. *Libro* n° 68 e 144 con ViandValS 68.

Libri di cucina italiani più antichi

Il *Libro de la cocina* (LCucBo) si affianca ad altri libri di cucina in volgare. L'identità dell'arte culinaria che in essi è rappresentata e della sua tradizione letteraria (o discorsiva) è facilmente riconoscibile, tuttavia una filiazione o anche solo una cronologia è difficile da stabilire, e non sarà qui proposta. Una rapida caratterizzazione dei testi si rivela però necessaria. Si preciserà allora che da una parte si delinea la tradizione testuale, più o meno diretta, del *Liber*: RecCulLib, LCucBo, LCucMerA, fino a *Wyltu maken* [Wolfenbüttel]. Dall'altra parte si può distinguere un gruppo, sempre nella tradizione del *Liber*, in cui le ricette sono adatte per preparare un piatto per dodici ospiti (chiamati nelle ricerche culinarie ‹Dodici Ghiotti›): LCucFi, LCucFr, ms. Marciana, LCucCa, LCucMerB, ed il *Trattato di buone e dilicate vivande* (XV sec., mss. Sorengo 1089, completo, BL

Add. 18165, incompleto).[61] Il *Blanc mangier* servirà in seguito come esempio illustrativo.

Libro di cucina cod. Casanatense

Il *Libro di cucina* del codice Casanatense è stato pubblicato da Ludovico Frati (LCucCaF), l'infaticabile catalogatore di manoscritti italiani.[62] Manoscritto: Roma, Biblioteca Casanatense 255 (ant. A. VI. 45) [Venezia (?) fine XV sec.]. Contiene solo il libro di cucina (il titolo, *Libro per cuoco*, è stato aggiunto con la data *1741*; f° 1–4 indice, f° 5–51 ricette). Frati considera il testo sostanzialmente più antico del suo testimone unico, ‹forse del sec. XIV› (p. VIII, n. 3).[63] Il libro di cucina segue grosso modo l'ordine alfabetico dei titoli delle ricette, per cui si perde ogni coerenza contenutistica. Molte delle 135 ricette sono date esplicitamente per 12 persone, come anche il *Blanc mangier*:

> Bramagere. Se tu voy fare bramagere per XII persone, toy iiij libre de mandole,[64] e una libra de rixo, e iiij galine, dui libre d'onto frescho, e una libra e mezza de zucharo, e mezo quarto de garofalli, e toy le mandole, e mondale, e servane quanti-

61 La panoramica più recente sulla tradizione italiana, compreso il XVI sec., proviene da Sergio Lubello nel suo lavoro *La nascità del testo: un tipo testuale in diacronia*, in Lo scaffale della biblioteca scientifica in volgare (secoli XIII–XVI), *Atti*, ed. R. Librandi & R. Piro, Tavarnuzze, Firenze (SISMEL) 2006, 389–404 (con bibliografia). Vd. anche LCucBoB p. 15–17 (che riporta giustamente le due posizioni opposte) e dall'Introduzione di SchiancaCuc (che ne riporta una sola). – La designazione ‹Dodici Ghiotti›, non molto utile a dire il vero, deriva probabilmente da LCucFrG, dove molte ricette sono pensate per *xij persone* (33), *huomini* (indice xlviiij), *goditori* (45; 63) o *ghiotti* (46; 47). Vd. anche Benporat, in *Appunti di gastronomia* (Milano, Condeco) 22 (1997) 5.

62 Lod. [così sotto la premessa] Frati, *Libro di cucina del secolo XIV*, Livorno, Giusti, 1899, XV + 92 pp. Il suo numero di ms. ‹225› è errato. Riproduzione della prima pagina in BagnascoCoqu 274.

63 Battaglia cita questo testo come Anonimo veneziano, XIV sec.; ugualmente il LEI, certamente secondo la ristampa Faccioli in LCucMartF pp. 58–105 [= LEI Anonimo Veneziano].

64 Questa formula di apertura è pressoché costante: I. *Amidono d'amido. Se tu vuo* [!] *fare amiduni per XII persone, tuoi do libre de mandole*; II.: *Ambroyno. Se tu voy fare ambroyno, toy polastri*; III: *Agliata. Agliata a ogni carne, toy l'aglio*; IV.: *Ambrosino bono e perfecto et cetera. Se tu voi fare ambrosino per XII persone, toy VI caponi*; V. *Bramagere*... A questo punto si è affermata la formula: *Se tu voy* rimane onnipresente, solo più indietro ci sono varianti.

tà de entriegi, e le altre fa maxenare, e maxena e destempera cum aqua chiara pocha, e colale bene per stamegna, e toy lo rixo ben mondo e ben lavato ad aqua chalda e ben raschado, zoè suto con toaglia, e falo pestare lo spiciale, over sedazare, e staciare, e toy li petti de le galine, e fali lesare pocho, e filali sottile, e frigelli in lo onto con pocho focho in una pignata per si (ed. persi), e meti a fogo lo lacte de le mandole, e servane doe scudelle. Quando lo lacte bolle, destempera la farina de lo rixo con quello late crudo, e metilo a bolire, e trailo in dreto suso la braxa, e meti incontinente le polpe [esfilate] (ed. e sfilato; cfr. la lezione di LCucFr, infra) e l'onto de struto dentro questa vivanda, e mescola spesso, e metigli del zucharo. Quando è coto e tu manestra, mitige de l'aqua rosata per sopra le scutelle, e poi zucharo, e poi mandole sofrite bianche, e poi garotalli. Questa vivanda vole essere biancha como neve, e streta, e potente de specie (n° 3, lectio secondo Frati).

Si può osservare che la ricetta segue abbastanza fedelmente il *Liber* (si confronti ad esempio *trailo in dreto suso la braxa* con *sine impetu ignis* di *Liber*, II 17, e con *sença impeto di fuoco* di *Libro de la cocina*, n° 102), anche se redatta indipendentemente e con più dettagli utili, in particolare con l'introduzione di indicazioni di quantità. Uno di questi dettagli è presente anche nel *Libro*, e cioè *(lava il riso e) sciugalo*, cui corrisponde *(rixo) ben raschado, zoè suto con toaglia*. Da questo non si può tuttavia dedurre che l'autore del testo del Casanatense abbia conosciuto il *Libro*, essendo l'asciugatura del riso dopo la lavatura e prima della macinatura logicamente necessaria (e appunto per questo ne manca l'accenno nel ridottissimo *Liber*: *lava risum et fac farinam*).

Frammento di cucina cod. Bologna

Il codice che contiene il nostro *Libro* contiene anche, come fascicolo all'origine separato, un ‹Trattato di cucina› frammentario (parte n° XIX del codice, v. *infra*). È il testo chiamato *Frammento di cucina* nella sua prima edizione, LCucFrG.[65] Il manoscritto risale probabil-

65 Olindo Guerrini, *Frammento di cucina del sec. XIV*, Bologna (Zanichelli) 1887, un dono nuziale a Giosuè Carducci di 45 pagine. Guerrini chiama il suo testo semplicemente ‹Frammento›, perché lo confronta con il testo considerato completo del

mente alla fine del XIV secolo, il testo alla metà del XIV secolo. Incipit: *Se vuoli fare blasmangieri. Se*[66] *vuoli fare blasmangieri per .xij. signori, tolli .iij. libre di mandorle et una meça di riso,* f° 87r°a–91v°b.[67] Le ricette effettivamente presenti nel frammento sono numerate *i–xxxviij* e *lxxv–cxxviij* (con ripresa della ric. *ciiij* come *cxxiij*). L'indice premesso (f° 86) contiene i titoli relativi, ed inoltre anche quelli delle ricette mancanti (titoli *xxxviiij–lxxiiij*), ed aggiunge alla fine 29 titoli addizionali (senza numeri) di cui nel corpo del testo mancano le ricette. Vi sono conservate dunque 92 ricette (una doppia).[68] La prima ricetta è il *blasmangieri,* che si presenta, a prima vista, identica a quella del Casanatense. La comparazione non è tuttavia improduttiva: la grafia è diversa, le parole cambiate, alcune omesse ecc.

> Se vuoli fare blasmangieri. Se vuoli fare blasmangieri per .xij. signori, tolli .iij. libre di mandorle et una meça di riso et .iiij. capponi e due libre di sugnaccio[69] frescho e meço quarro di garofani; e serba .l. mandorle monde, e l'autre fae macinare et stempera con acqua chiara e colale bene; e tolli lo riso bene lavato a tre acque et rasciugalo[70] bene colla tovallia, et fallo pestare et stacciare; e tolli petti di polli e falli uno poco lessare,

Libro. Oltre a ciò mancano alcuni fogli, per cui la numerazione originale è incompleta. L'edizione è poco fedele: «Non ho dato qui anche l'ortografia del codice, parendomi inutile e non essendo questo ‹Frammento› autografo dell'autore.», p. 5. La nuova edizione, LCucFrB, Elena Bergonzoni, *Due testi medievali di cucina nel manoscritto 158 della Biblioteca Universitaria di Bologna,* Bologna, CLUEB, 2006, 33–57, è molto migliore. – TomBel cita questo testo talvolta con l'abbreviazione ‹Tratt. Cuc.›, ma secondo il manoscritto: trascrizione assai migliore di quella del Guerrini (per es. sotto PETTO, dove ‹XLIX› = n° 1). [Alessandro Bencistà, *Ricette fiorentine del Trecento ovvero La cucina ai tempi di Dante,* Firenze, Chiari – Firenze Libri, 2001, ristampa modernizzata di LCucFrG, inutile.]

66 Fin qui in inchiostro rosso.

67 F° 92r° è vuoto, v° contiene un'annotazione probabilmente del XVI sec.

68 Il testo è da completare con il frammento conservato nel manoscritto Nizza, Musée Masséna, Cessole 226 [XV sec.], vd. Giovanni Rebora, *La cucina medievale italiana tra Oriente ed Occidente,* in Studi in onore di Luigi Bulferetti, ed. R. Rainero, vol. 3, Genova, Univ., Ist. di St. Mod. e Contemp., 1990 (Miscellanea storica ligure 19), 1431–1578, testo 1530–1560; id., *La cucina medievale italiana tra Oriente ed Occidente,* Genova 1996 (Quad. st. econ. 3). – Tralasciamo il frammento Venezia Marc. lat. XIV, 232 (4257) [I metà del XIV sec.?], BagnascoCoqu 275.

69 Oppure *sugnactio. Sugnaccio* 'grasso perirenale (maiale, castrato)' è attestato per la prima volta nella seconda metà del XIV sec. (Fr. Sacchetti, Ragusa, Battaglia).

70 Qui segue nel manoscritto, alla fine della riga, un segno di riempimento, detto chiudi-riga.

> e filali sotili, e falli istare tutta nocte nel lacte delle mandorle; e struggi lo sugnaccio in una pentola per se; e metti a fuoco lo lacte e serbane due iscodelle, e quando il lacte bolle bene, stempera la farina dello riso con questo lacte crudo e mettilo a bolire e tienlo indietro in su la brasia, e metti incontenente le polpe ifilate [!], e metti del çucaro in quantità; et quando è bene cotto, pone in prima sopra le scodelle un poco d'acqua rosata, poi çucaro, poi mandorle soffritte et bianche, e poi garofani ch' abbiano dato uno bollore in acqua. Questa vivanda vuole essere biancha come nieve, e spessa e stretta (LCucFr[G/B] i, lectio secondo il manoscritto, f° 87r°a).

Per uno stesso numero di convitati viene cotta solo metà della quantità di riso. All'inizio manca l'indicazione dello zucchero. Invece di *onto* si legge *sugnaccio*. Le mandorle da usare in seguito vengono calcolate con precisione (*Serba .l. mandorle*). Manca *pocha* (*aqua*), e sono invece consigliate *tre acque*. Il consiglio di lasciar riposare di notte è nuovo e anche insolito. I chiodi di garofano vengono sbollentati rapidamente: anche questo è inusuale. Sembra possibile dedurre, da corrispondenze e differenze, che l'autore avesse davanti agli occhi un modello assai prossimo a quello del Casanatense, che fosse esperto di cucina e che abbia introdotto qua e là idee originali. La veste linguistica è toscana, Firenze probabilmente la patria dell'autore.

Libro di cucina cod. Riccardiana

Anche la raccolta di 57 ricette che è conservata nel manoscritto Firenze Biblioteca Riccardiana 1071 [metà (?) XIV sec. / *post* 1338–39[71]] non è completa: mancano inizio e fine. L'editore Morpurgo (LCucFiM[72]) sosteneva già la vicinanza di questo testo al frammento LCucFr: considerava i due scritti complementari. Questa considerazione può riferirsi solo al modello dei due testi, poiché alcune ricette sono

71 BagnascoCoqu 263 data questo quaderno del ms., f° 40–67 al 1338–39, sulla base della filigrana. La scrittura potrebbe essere del II terzo del XIV sec.

72 Salomone Morpurgo, *LVII ricette d'un libro di cucina del buon secolo della lingua*, Bologna, Zanichelli, 1890, Dono «al Prof. Augusto Franchetti nel giorno delle nozze della sua Luisa col dott. Vittorio Enriques», 28 pp. [Alessandro Bencistà, *Ricette fiorentine del Trecento ovvero La cucina ai tempi di Dante*, Firenze, Chiari – Firenze Libri, 2001, ristampa modernizzata di LCucFiM, inutile.]

identiche, fatto che depone a favore di una trasmissione separata dei testi (compilazioni indipendenti).[73] Allo stesso tempo la loro lingua non è identica,[74] anche se entrambi sembrano essere in fiorentino e coevi: l'accenno di Morpurgo al fatto che il manoscritto sia più antico di quello di LCucFr (che egli, seguendo Guerrini, data alla seconda metà del XIV secolo) sembra esser giusto, per cui sono plausibilmente entrambi da datare alla metà del secolo (*post* 1338–39). Un esempio di ricette corrispondenti sono le *Frittelle di battuto*:

> LCucFiM n° 22/xxxviij: Se vuoli fare frittelle di battuto per xij persone, togli due libre di bronça di porco, e togli tre casci passi ben grassi, e togli xij huova, e togli una oncia e meço di spetie fini, e togli meça libra di çucchero. E togli la bronça del porco, bene lessa e bene battuta, e togli il cascio e l'uova e le speçie che tu ai; e di questo fae uno battuto, e fanne fritelle lunghe, con crosta sottile di pasta. E togli due libre di cacio (!) fresco, bene strutto e bene colato, e frigilevi dentro, e polvereçale di çucchero. Se vuoli fare per più persone o per meno, togli le cose a questa medesima ragione.

> LCucFr[G/B] n° xvj: Se vuoli fare frittelle di battuto. Tolli .ij. libre di bronça di porco, e .iij. casci passi e grassi, e .xij. huova, e una uncia e meço di spetie, e meça libra di çuccharo; e lessa la bronça e battila, e tolli il cascio e l' uova e le speçie, queste[75] incorpora insieme, e fanne frittelle lunghe, con crosta sottile; e tolli .ij. libre di lardo frescho bene structo e colato, e friggile; e poi metti su del çucaro polveriçato (lectio secondo il manoscritto).

73 Le ricette per *Frittelle* qui sotto citate sono quasi identiche: LCucFiM n° 22 = LCucFrG/B n° xvi, ugualmente *Porrata bianca* 33 = lxxxii; *Tortelli di quaresima* (*di çucche*) 41 = xxxi; *Fichi ripieni* 42 = xxxii; *Tria di vermicelli* 43 = *buon vermicelli* xxxiii; ecc.

74 La trascrizione di Morpurgo è ottima, e soprattutto non è stata eseguita alcuna modernizzazione. La collazione del primo foglio comporta solo uno scambio: *di sopra e di sotto* leggi *di sotto e di sopra* (f° 40r°, n° LVII/xvj, p. 28). Al contrario la copia di Guerrini è molto infedele, falsata in direzione di una normalizzazione. Cfr. la ricetta n° xvi qui citata con LCucFrG (due righe): *Togli ij libre di bronza di porco, iij casci passi e grassi, xij uova, una oncia e mezzo di spezie, e mezza libbra di zuccaro*; utilizzare LCucFrB.

75 Ms. *speçi e queste.*

La ricetta del *Blanc mangier* si lascia comparare solo limitatamente, essendo descritta soltanto come piatto quaresimale con pesce (e non con pollo e grasso di maiale), ma le corrispondenze testimoniano una tradizione affine:[76]

> Se vuoli fare blasmangiere di pesce per xij persone, togli tre libre di mandorle, e togli meça libra di çucchero e meço quarro di garofani, e due once di pignocchi mondi et una libra di riso; e togli due peçi di luccio grosso et una peça di tincha. E togli le mandorle, bene monde e bene lavate e bene macinate, et stemperate con acqua chiara, bene spessa e bene colata; e togli il riso, bene netto e bene lavato con acqua calda, e bene rasciutto con tovagla e bene pesto allo spetiale e bene stacciato; e togli il pesce che tu ai, bene lesso e bene colato, e fallo fredare, e sfilare il più sottile che tu puoi, a guisa di polpa di pollo. E togli il lacte delle mandorle che tu ai: le tre parti metti a fuoco in vasello netto; e quando è levato il bollore, stempera la farina del riso che tu ai con latte crudo che è rimaso, e fallo cuocere dalla lungia in sulla brascia; e mestalo spesso. E quando è presso che cotto, mettivi dentro le polpe del pesce e quantità di çucchero, e trai indietro per minestrare. E poni spetie sopra scodella, e çucchero e garofani interi e pignocchi mondi. Questa vivanda vuol esere bianca quanto puoi il più, e dolce. Se vuoli fare per più persone o per meno, a questa medesima ragione (LCucFiM 24/xl).

La lingua non è molto differente da quella del *Libro*, ma lo stile è assai personale e omogeneo. Si sente che tutto il libro è stato scritto di getto – il che non vuol dire che l'autore non si sia servito di fonti esistenti (che, detto per inciso, non sono quelle di LCucBo). Una frase come la seguente suonerebbe strana nel nostro testo (LCucBo): *E togli il grano che tu ai; sia bene mondo a mano, a dito a dito, e poi sia brillato con pestello e innafiato acciò che si mondi meglio* (n° 12), o, nel n° 2: *sotiglala* (la pasta) *col cannello l'una metà sottile, e siate due a tirare.* Nel

76 LCucFr[G/B] indice dopo cxxvii nomina nella lista delle ricette mancanti e non numerate anche il piatto *Se vuoli blasmangieri di pescio* (ms.; anche se Guerrini afferma «qui ho trascritto anche l'ortografia del testo per darne il saggio» [p. 13], il suo *blasmangeri* deve essere corretto). – LCucMerAB 13/XI dà anche un *blamager in quaresma*, che non deriva tuttavia della stessa fonte.

dettaglio culinario si osserva l'utilizzazione di *pignocchi* (3 e *passim*) e di *burro (di grasso) di mandorle* (9; ecc.) che LCucBo non menziona, e un impiego assai esclusivo del lardo come grasso (l'autore propone raramente l'olio come alternativa).

LCucFi e LCucFr contengono ricette molto più dettagliate e laboriose di quelle che troviamo nel *Liber* o nel *Libro* (LCucBo), presentando una cucina ben più ricca. Ciò fa propendere forse per una tradizione redazionale (scritta!) in evoluzione. Ci piacerebbe poter dedurre da questa considerazione che il nostro *Libro* sia più antico ma, in quanto traduzione parziale, esso è molto vicino al *Liber* del XIII secolo, per cui si potrebbe ipotizzare che la lingua sia più semplice perché traduce in buona parte l'antico testo latino.

Anonimo Meridionale

I due libri di cucina dell'Anonimo meridionale (LCucMerAB e LCucMerBB) sono conservati solo nel manoscritto Sorengo 1339 (un tempo a Cheltenham, poi a Stoccolma).[77] Entrambi sono redatti nella stessa lingua (circa 1400[78]) e copiati da una sola mano. I due libri presentano caratteristiche diverse. Solo il libro A (150 ricette) ha dirette affinità con la tradizione del *Liber* e del *Libro*. Pare che un compilatore esperto abbia avuto davanti a sé una copia dei due libri, o la copia di un libro di cucina latino più vicino al *Libro* e più completo, e abbia allestito così un nuovo libro, con l'aggiunta di ulteriori ricette. Delle prime 90 ricette, tra le 150, solo 18 non si trovano in testi precedenti, 48 sono tratte dal *Liber*, 32 si trovano nel *Libro*, 21 in entrambi.[79] La ricetta A1

77 Ingemar Boström, *Anonimo Meridionale. Due libri di cucina*, Stockholm, Almqvist & Wiksell, s.d. [stampato nel 1985] (Acta univ. Stockholmiensis, Romanica St. 11). Il riassunto p. IV data il ms. all'inizio (nell'introduzione alla prima metà) del XV sec.; BagnascoCoqu 272 menziona il luogo in cui ora si trova, Sorengo, Fondation Bibliothèque Internationale de Gastronomie, e lo data alla fine XIV – inizio XV secolo (vd. Orazio Bagnasco, *Catalogo del fondo italiano e latino delle opere di gastronomia, sec. XIV–XIX*, s.l. [Sorengo], B.IN.G., 1994, 3,9; MS 3). Pergamena, 15 x 22 cm, specchio di scrittura 9 x 15 cm; nessuna illustrazione; riproduzione della prima pagina dell'indice del libro A in BagnascoCoqu (il confronto con l'edizione dà come risultato per il titolo XXIIII *Çunchata d'ammandole* invece di *Zunchata de agmandole*; la *m* è indicata in forma di tilde).

78 Boström parla a ragione di lingua eterogenea, che diversamente accoglie e trasforma la/-e lingua/-e dei modelli (p. 59).

79 È difficile assegnare le cinque ricette che non sono propriamente identiche. Bo-

è tratta in latino dal *Liber*, la A2 manca nel *Liber* ma corrisponde alla 117 del *Libro*, la A3 manca nel *Liber* ma è simile a *Libro* 118, le A4 e A5 sono tratte dal *Libro* e così via.

Se si considerano parallelamente le tre raccolte nel loro ordine, si riconosce che in questi casi le sequenze di ricette sono raramente coincidenti tra *Libro* e *Liber* (per esempio n° 68–69 = *Liber* IV 1–2 = LCucMerA 57–56; 154–155–156 = II 34–35–36 = 53–54–55), mentre più spesso concordano *Libro* e LCucMerA (80–81–83 = III 6–ø–III9 = 6–7+8–9; 86–87 = [II 54]– ø = 4–5; 130–133–134 = IV 14–15–24 = 69–70–71; 135–136–137 = ø = 23–24–22). Da ciò si può concludere che il *Libro* avesse una fonte latina più completa, che era più vicina al modello di LCucMerA, o che il Meridionale si orientava anche verso LCucBo. Per rendere possibile il confronto con il *Libro*, sono riportate *infra* nell'edizione alcune ricette del Meridionale parallele a LCucBoM (Bo n° 11 = MerA n° 43, 20 = 113, 63 = 91, 65 = 58, 74 = 27, 80 = 6, 81 = 7+8, 86 = 4, 87 = 5, 103 = 13+14, 104 = 15, 117 = 2, 118 = 3, 135 = 23, 136 = 24, 137 = 22, 139 = 33, 159 = 37+38, 164 = 89).

Questo il suo *Blamager*:[80]

> Tolli le poite della gallina lexa, et falle desfilare cum mani multo sottilemente, et infra tanto lava lo riso et secalo et tritalo et fande farina et cernilla cum la seta et col stamegna.

ström ha elaborato una tabella (pp. 62–63: AM / LIB / AT), che facilita la comparazione. Purtroppo ha usato l'edizione Faccioli invece di quella Zambrini. (Correggi: A 37 = p.53 con p.38, A 57 = p.50 con p.31.) Concordanze tra Meridionale, *Liber* e *Libro*, tra *Libro* e Mer., tra *Liber* ms. Vat. Pal. e *Libro*, tra *Liber* ms. A e ms. Vat. Pal. si trovano in Martellotti, *Ricettari*, 181–198. – Di seguito una concordanza più completa con la nostra numerazione: LCucBoM n° 11 = LCucMerAB n° 43, 20 cfr. 113, 48 = 28, 50 = 29, 53 = 30, 63 cfr. 91, 65 = 58, 68 = 57, 69 = 56, 73 = 62+63, 74 = 27, 76 cfr. 59, 79 = 10, 80 = 6, 81 = 7+8, 83 = 9, 85 = 11, 86 = 4, 87 = 5, 95 cfr. 32, 98 = 18, 100 = 19, 102 = 12, 103 (a) = 13, 103 (b) = 14, 104 = 15+37, 107 = cfr. 21, 117 = 2, 118 = 3, 122 = [1: lat.], 128 = 78, 129 = 81, 130 = 69, 133 = 70, 134 = 71, 135 = 23, 136 = 24, 137 = 22, 139 = 33, 144 cfr. 57, 153 = 52, 154 = 53, 155 = 54, 156 = 55, 159 = 37+38, 164 = 89. Tra queste le seguenti non si trovano nel *Liber*: 11, 20, 79, 81, 87, 103, 117, 118, 135, 136, 137, 139 [118–139 sono in latino come la n° 1] e 164. [Laurioux ritiene la raccolta (Libro A) ‹irriconoscibile› (BagnascoCoqu 269) in confronto alla tradizione dei Dodici Ghiotti (LCucFr, -Fi, -Ca): in effetti, A non appartiene affatto a questa tradizione ma a quella del *Liber*; comparazioni con il Libro B sono possibili, vd. *infra*. Semplice lapsus ?]

80 La ricetta, n° 12/X, non ha nessun titolo ma segue un *blamager in quaresma* e un *Altro blamager*, l'indice menziona in modo certamente erroneo il titolo *X. Gran manciere* (seguito da *XI. Blan manciere de quaresma* e da *XII. Blan mancier*).

> Poi se destempera la dicta farina de riso co lo lacte de capra et de pecora o de amandule, et puni a bollire in una olla lavata et munda, et quando começa a bollire puni intro le dicte peite de la gallina desfilati con çuccaro bianco et con lardo bianco, et guardalo dal fumo, et fallo bollire temperatamente senza grande foco in fine ch' el sia spisso, sicomo sole essere lo riso, et mestica spisso, et quando el se menestrarà, puni sopra çuccaro et lardo frisco.[81] Se tu voy, ancora lo poi fare cum riso integro aprestato per sie cum lacte de capra ad usanza de oltra mare,[82] et quando ello se menestra, puni sopre delle amandole spacate et fricte in çuccaro et gençabro bianco et trito.

Le ricette che derivano probabilmente da altre fonti sembrano più colorate dialettalmente: si veda la ricetta 26/XXIII:

> Affare ioncata de agmandule tolli agmandole mondate et bene trite in mortale o macienate et ad bono modo destemperate cum acqua frigida et sì le cola et micti in uno vascello et fa bullire et mictice del zuccaro convenevelemente, et fa che dui fanti tenga una tuvalglia, scì che ciescauno tenga uno capo della tuvalglia, et giecta innella tuvalglia le dicte agmandole et strignele bene colla tuvalglia con uno coltello sottilemente et destendi là sopra bene ordenatamente deli pignoli.

Nella sua analisi Boström osserva che il libro B (65 ricette[83]) ha una minor coloritura dialettale di A. La scelta delle ricette non evita coincidenze con il libro A; è vero, certamente, che un *Blamancere* è inserito nell'indice (n° XX), ma la ricetta è stata poi omessa. È stata inserita di nuovo, invece, la *Ioncata*, come anche molte altre:

> Se voy fare gionchata de amandole, tolli le amandole et mondale et macenale con acqua chiara, et poi le cola colla stamegna et mictele a bollire, et quando elli comenzano a bollire, mictice sale bianco, et poy toy la più bianca tovalglia che tu

81 Boström accenna giustamente alle *lectiones frissum* nel *Liber* II 17 e *fritto* nel *Libro* [n° 102].

82 *Liber*: *ultramontanum*.

83 Con numerazione II–CXXVIIII nell'indice originario, II–CIII nel testo; con differenti lacune e eccedenze: ad esempio 3/IV manca nell'indice, 4/IV invece c'è.

> poy avere et stendila in terra et tolli de bella palglia et stendi là socto questa tovalglia, et poi gecta socto questo lacte delle amandole et gecta suso del çuccaro bianco. Quando ello è frido, fane talieri et punili suco de gienche (n° 9).[84]

Sono provate le affinità con la tradizione dei Dodici Ghiotti, anche con concordanze letterali: si confronti ad esempio LCucMerBB n° 2 *De conciare starna*[85] con LCucFrG/B vi, n° 4 *Ad fare sapore ad pollastri* con xii, n° 8 *Ad fare brodecto de calcinelli* con lxxxxiii, n° 15 *Ad fare torta levanese* con vii, n° 20 *Ad fare brodecto biancho* con cxviiii, n° 21 *Affare pastelli de gambari* con lxxxxiiii ecc.

La pubblicazione di Boström contiene, insieme alle edizioni del testo, un'analisi degli alimenti, ordinati secondo il sistema di Braudel,[86] curiosamente senza riferimento alle ricette che riguardano la desalinizzazione degli ingredienti e il miglioramento del vino, «poiché queste non sono ricette di cucina» (p. 63).

Martino de' Rossi

Rimane da gettare uno sguardo al libro di Martino de' Rossi (detto anche ‹da Como›), che, originario del Ticino, conseguì una grande maestria e una grande fama in qualità di cuoco personale di vari signori d'Italia (LCucMart, 267 ricette, da datare al 1460 circa). Quanto già noto è stato messo insieme da Scully, *Cuoco*, 11; 18–25 (vd. anche BagnascoCoqu 289–292). Non è del tutto falso dire che egli abbia elaborato una nouvelle cuisine. Egli mostra interesse per i dettagli dell'arte culinaria (che anche altri avevano avuto prima di lui, ad esempio l'autore del *Menagier*) e non si limita a indicazioni in forma rudimentale su ingredienti e modi di preparazione, come ne troviamo nel *Liber*, nel *Libro* e negli altri libri di cucina; inoltre ha il pregio di elaborare descrizioni con parole circostanziate e stile spesso fiorito (ad esempio ms. Vat., n° 44, edizione Benporat: *menare* [*il*

84 *Gienche* non risulta chiaro a Boström. Si confronti il *Libro* n° 151, dove una *ioncada* di latte viene messa a gocciolare sul solito strato di giunchi: *compollo tra i gionchi*. Storpiatura?

85 Titolo solo nell'indice.

86 Fernand Braudel, *Civilisation matérielle, économie et capitalisme, XVe–XVIIIe siècle*, 3 voll., Paris, Colin, 1980.

brodetto] *col chuchiaro tanto quanto dicessi due paternostri*).[87] Martino è chiaramente indipendente dai libri di cucina più antichi, non solo nello stile ma anche nella disposizione e nella composizione delle ricette. Si ritrovano dunque in lui molte pietanze, ma mai le stesse ricette. Compare così la *peverata di salvagina* (Vat., n° 4, p. 88), certo della stessa tradizione culinaria dei nostri testi più antichi, ma in lui è una pietanza, mentre nel *Liber* II 68 e nel *Libro* 94 una salsa per selvaggina (*peverada*). I *pollastri alessi con agresto* (Vat., n° 16, p. 93) corrispondono al *brodo* nel *Libro* 67 (e *Liber* II 2). Anche Martino ha parecchie ricette per dodici persone (Vat., n° 41, p. 99 ecc.). Il suo *biancho mangiare da coprire capponi* (n° 41) è una crema di petto di pollo alle mandorle, da versare sul pollo bollito; la ricetta assomiglia in tutto all'usuale *Blanc mangier* (*Liber* II 17 o *Libro* 102). Quasi identico è il *bianco mangiare a la catelana* (n° 42), anche se proprio le ricette chiamate ‹catalane› sono state impiegate per dimostrare il suo nuovo spirito (con influsso spagnolo e catalano, manifesto specialmente nel ms. di New York). Proprio questa ricetta servirà per il confronto:

> Per fare XII menestre de bianco mangiare a la catelana. Piglia doi bocchali di lacte de capra et octo oncie di farina de riso ben fina, et ponila a boglire nel dicto lacte. Dapoi piglia il petto di un cappone morto quello medesimo dì, et che sia mezo cotto, et deffila tutto questo pecto sottilmente come capegli, et dapoi mittilo nel mortale, et non gli dare se no doi tracti del pistone. Dapoi, quando lo lacte ha bollito meza hora, gectavi dentro lo dicto pecto così sfilato con una libra de zuccharo, et lassalo bollire per spatio de quattro hore vel circha; et questa cosa vole essere menata continuamente col cocchiaro dal principio infine a la fine. Et per cognoscere quando ella è cotta, tira el cocchiaro et parerà che sia vischio. Et dapoi ponegli dell'acqua rosata como è ditto di sopra; et fa le menestre, sopra le quali metterai un pocho di zuccharo; et dapoi mandale ad tavola (ms. Wash., ed. Faccioli, 1966, p. 136).

87 Claudio Benporat, *Cucina italiana del Quattrocento*, Firenze, Olschki, 1996, p. 101, = ms. Riva, n° 43, p. 178, ms. NY n° 13, p. 236; anche Emilio Faccioli, *Arte della cucina*, Milano, Il Polifilo, 1966, 115–204 [= LEI Maestro Martino], spec. 137, ms. Washington [di nuovo in *L'arte della cucina in Italia*, Torino, Einaudi, 1987, 127–218].

L'editore Faccioli poteva usare solo un manoscritto: Washington, Library of Congress, Rare Books Med. 153 [fine XV sec., cfr. BagnascoCoqu 294, senza immagine; facsimile edito da E. Montorfano, Milano 1990]; il manoscritto Vaticano Urbinati lat. 1203 [ca. 1500] è dato dal Benporat nella sua edizione.[88] Martino sembra aver rielaborato lui stesso la sua opera; questa seconda redazione si trova nel manoscritto Riva del Garda, Biblioteca Civica c. 11 [fine XV sec.] (edizione Benporat[89]). Un quarto manoscritto, il New York Pierpont Morgan Library MS B.40 (già Bühler 19) [fine XV sec.], una creazione napoletana, raccoglie 158 ricette del Martino con 29 da ricettari catalani e alcune altre.[90] Tuttora inaccessibile sembra il manoscritto Pichon / Christies / Londra Otto Haas / Anonymus (Milano), che presumibilmente è un manoscritto di dedica di inizio 1464.[91]

Platina

È da menzionare infine il fatto che il coevo Bartolomeo Sacchi, detto Platina (1421–1481), con il suo *De honesta voluptate et valetudine*, procurò all'arte della cucina e ai libri di cucina italiana una considerazione internazionale di lunga durata. Sappiamo che usò il libro di Martino (la sua opera era terminata probabilmente nel 1465; essa tratta nei libri I–V di igiene, proprietà di pane, frutta, aceto, verdure, carne e volatili, mentre nei libri VI–X sono raggruppate, seguendo Martino, 297 ricette, tra cui quelle a noi note come *Cibarium album*, VI 50, e *Leucophagum catellonicum*, VII 73).[92]

88 Claudio Benporat, *Cucina italiana del Quattrocento*, Firenze, Olschki, 1996, 79–155 [edizione senza punteggiatura; da verificare: n° 1, p. 87, l. 12, *esse* l. *essere*; ecc.].

89 Benporat, *Cuc. it.*, 157–231. Una parafrasi in italiano moderno con riproduzione fotografica del manoscritto, somigliante a pezzi di carta strappata, è stata edita da Aldo Bertoluzza, *Libro di cucina del Maestro Martino de Rossi*, Trento, UCT, 1993. Cfr. BagnascoCoqu 293, con immagine illeggibile.

90 Edizioni: Benporat, *Cuc. it.*, 233–292; Terence Scully, *Cuoco napoletano. The Neapolitan recipe collection*, Ann Arbor, UMP, 2000. Affinità con LCucMerB e BL Add. 18165.

91 Vd. BagnascoCoqu 126–127; 289–292; speculazione secondo Scully, *Cuoco*, 18 n. 40.

92 Vd. Mary E. Milham in *Script* 26 (1972) 127–129 e in BagnascoCoqu 125–129; 131–142, e oltre a questo soprattutto la sua edizione *Platina. On right pleasure and good health*, Tempe, Ariz., Med. & Ren. Texts & St., 1998. In BagnascoCoqu altri libri del XV sec. e successivi; inoltre Londra British Library Add. 18165 [XV sec.] f° 1–21. B. Laurioux, *Gastronomie, humanisme et société à Rome au milieu du XVᵉ siècle*, Tavarnuzze, Firenze (SISMEL) 2006, riempie 653 pagine con osservazioni sulla *Pla-*

Filiazione testuale

La panoramica sui libri di cucina qui brevemente descritti e sugli altri con essi imparentati conferma da un lato la costituzione di parentele e gruppi, ma anche la sicura indipendenza di ogni singolo libro di cucina, nella misura in cui non si tratti di semplici copie. Metodologicamente sono da tenere separati lo sviluppo della cucina – autoctona, europeo-greco-romana, con influsso della cucina greco-orientale – e quello della letteratura culinaria. Poiché su questo campo di ricerca non sono ancora disponibili lavori fondamentali, proporre conclusioni è certamente prematuro (nella moderna letteratura specialistica sull'argomento si può osservare che tanto più la metalingua è ornata, quanto meno i fatti sono provati). Tralasciamo qui, tra le possibili osservazioni, il fatto che i libri di cucina naturalmente restituiscono il gusto e le possibilità di una ristretta élite, mentre la storia del cibo, come documenta anche l'archeologia, corre ad essi parallela. Quello che segue è soltanto il tentativo di ricondurre le osservazioni ad uno schema di filiazione dei libri; senza dimenticare, tuttavia, che non possiamo dimostrare in nessun caso la dipendenza diretta di un testimone da un altro. In concreto, se pure è vero che metà delle ricette del *Libro* sono tradotte dal *Liber*, tuttavia né il manoscritto di Bologna del *Libro* né i manoscritti del *Liber* sono una testimonianza originale di questa interdipendenza.

I due libri di cucina scritti in arabo, quello di Baġdādī e la *Wuṣla*, sono i padrini della cucina italiana meridionale e francese. La dietetica scritta in arabo da Ibn Ǧazla (morto nel 1100) è stata tradotta in parte da Giambonino da Cremona in latino e ampliata ‹all'italiana› (fine XIII sec.), ma come suo diretto discendente si può designare solo *Daz puech von den chosten mit wein gemacht* (ms. Monaco Cgm 415 [bavar., prima metà XV sec.]) e, solamente per ricette isolate, il RecCulViaunde (anglo-norm., inizio XIV sec.). Ma con Baġdādī (arab. 1226, 159 ricette) e *Wuṣla* (arab. ca. 1225, 227 ricette) sono strettamente imparentati il *Liber* (RecCulLib, lat. med., fine XIII sec., 172 ricette) e il *Tractatus* (RecCulTr, lat. med., fine XIII sec., 82 ricette), sia per quel che riguarda il tipo di cucina, sia per l'impostazione delle ricette e la terminologia. Sembrano essersi sviluppati entrambi nell'ambito an-

tina e altro. Michael Süthold, *Manoscritto Lucano. Ein unveröffentlichtes Kochbuch aus Süditalien vom Beginn des 16. Jahrhunderts*, Genève, Droz, 1994, menziona vari parallelismi con questo testo del 1524; la sua tabella a p. 264 riporta dodici ricette vicine a LCucBo.

gioino dell'Italia meridionale, forse a seguito di contatti risalenti ai tempi di Federico II. Il *Liber* si ritrova nei ricettari italiani e francesi, come in minima misura anche il *Tractatus*.

Il *Libro* del manoscritto Bologna (LCucBo, tratti senesi, secondo terzo XIV sec., 175 ricette, ms. ca. 1400) presenta una traduzione per lo più letterale di circa 85 ricette, su un totale di 172, del *Liber*, insieme a 90 ricette ulteriori dello stesso tenore.[93] La ricetta n° 159 deriva nella sua prima parte dal *Tractatus*. Il primo libro dell'Anonimo Meridionale, LCucMerA (it. merid., ca. 1400, 150 ricette) combina *Liber* e *Libro*, e ha inoltre ricette aggiuntive. Gli altri libri di cucina italiani del XIV secolo si collocano certamente nella tradizione culinaria del *Liber*, ma testualmente ne sono indipendenti (spesso riferiti ai ‹Dodici Ghiotti›), anche se il frammento del manoscritto Bologna (LCucFr, Firenze?, metà XIV sec., 91 ricette) sta in relazione più stretta con il libro incompleto della Riccardiana (LCucFi, Firenze?, metà XIV sec., 57 ricette), mentre il libro di cucina del Casanatense ne appare più lontano per contenuto, datazione e collocazione (LCucCa, venez., fine XIV sec., 135 ricette). A questo gruppo appartiene anche la raccolta B dell'Anonimo Meridionale (LCucMerB, it. merid., ca. 1400, 65 ricette). La letteratura di cucina italiana nel complesso è stata infine rinnovata da Martino (LCucMartA/B, ca. 1460, 267 ricette).

Il ramo francese si basa allo stesso modo sul *Liber*, e in minor misura anche sul *Tractatus*. Il testo più antico è il *Viandier valaisan*, manoscritto Sion, Vallese (ViandVal, fine XIII sec., 131 ricette), sulla cui tradizione si basano poi i vari *Viandier Taillevent* (ViandTaillN/M/V[1], ca. 1380, 148 / +15 / 158 ricette), mentre il ViandTaillV[2] aggiunge ricette provenienti da *Liber* e *Tractatus* (ca. 1400). Anche il *Menagier* (Menag, Parigi, ca. 1393, 380 ricette) riprende e amplia il ViandVal. I piccoli *Enseingnemenz* (EnsViand, ca. 1300, 46 ricette) conoscono tanto il *Liber* / ViandVal quanto il *Tractatus*.[94] La tradizione francese si prolunga nelle raccolte medioinglesi *Diversa cibaria*, BL Add. 46919

93 Quindi ‹circa 85›, dal momento che non tutte le ricette presentano lo stesso grado di identità. Martellotti, *Ricettari*, 18, crede di dover prendere la mosse da un ipotetico testo latino [[*]*Liber amissus*]; questo non è escluso, ma neanche dimostrabile; «*Liber amissus*, che si colloca a monte del Vaticano» è però improbabile, dal momento che Vat. Pal. ha lo stesso contenuto dei manoscritti A e B e non conosce le ampie interpolazioni del *Libro*.

94 RecCulViaunde (anglo-normanno, inizio XIV sec., solo 29 ricette), di per sé indipendente, almeno dalla tradizione del *Liber* (benché contenga anche la *mamonia*, RecCulLibM II 47), mostra relazioni con il *Tractatus* e con Giambonino.

[ms. ante 1325],[95] *The forme of cury* (ante 1399),[96] Harley I (BL Harley 279 [ca. 1435], 258 ricette), Harley II (BL Harley 4016 [ca. 1450], 182 ricette) ecc., per cui è significativo che il gruppo inglese comprenda ricette che mancano nelle raccolte francesi continentali, ma che si trovano invece nel *Liber* o nel *Tractatus*.[97] Ciò dimostra nuovamente che la trasmissione avviene spesso parzialmente, con riduzioni e ampliamenti di diversa provenienza.[98] La tradizione francese giunge anche nel libro di cucina in latino medievale che si trova nel manoscritto composito con le opere del danese Henrik Harpestreng (morto nel 1244).[99] Sono chiaramente in relazione con la tradizione francese e italiana i libri di cucina catalani, da cui discendono quelli spagnoli.[100]

95 Contiene 63 ricette. Traduce l'anglo-normanno RecCulViaunde. Edizione in Constance B. Hieatt – Sharon Butler, *Curye on Inglysch*, London, OUP, 1985 (EETS SS 8), 43–58, con varianti di altri manoscritti.

96 Medioingl. *cury* < fr.ant. **queuerie* 'arte del cuoco', < fr.ant. *queu* 'cuoco', < lat. *coquus*. Manoscritto BL Add. 5016, inizio XV sec.: rotolo di quasi sei metri di lunghezza (583 x 27,5 cm); edizione: Hieatt – Butler, *Curye on Inglysch*, 93–145.

97 Vd. MED, Bibl.: Arun. Cook. Recipes; Ashm. Cook. Bk., Dc. 55 Cook. Recipes, Feast Tott., Liber Cocorum, Noble Bk. Cook., Pegge Cook. Recipes, Russell Bk. Nurt., Yale 163 Cook. Recipes, ecc., vd. anche Hieatt e Butler, *Curye on Inglysch*, London 1985, quindi BagnascoCoqu 259; più attuale: Constance B. Hieatt, *A gathering of Medieval English recipes*, Brepols (Turnhout) 2008. Il *pastello de ucelli vivi* (LCucBoM n° 119) si trova ancora in una ninnananna inglese, attestata dal 1744 circa: *Sing a song of sixpence, A pocket full of rye; Four and twenty blackbirds, Baked in a pie. When the pie was opened, The birds began to sing...*, vd. Horst Meller e Rudolf Sühnel, *British and American classical poems*, Heidelberg, Winter, [1966] rist. corr. 1999, 329; [la ricetta è anche in *Wyltu maken*, ms. Wolfenbüttel, vd. *infra*].

98 Constance B. Hieatt, *How Arabic traditions travelled to England*, in Food on the move. Proceedings of the Oxford symposium on food and cookery, 1996, Totnes, Prospect Books, 1997, 120–126, riporta esempi di ricette che nelle fonti francesi continentali sono state omesse (p. es. *Wuṣla*: *ma'mūnīya* > *Liber*: *mamonia* > RecCulViaunde: *maumenee* [> ingl. *malmeny*, OED]: ciò rende possibile un legame diretto tra Italia meridionale e Inghilterra, non necessario tuttavia, anche se plausibile. [È necessaria la prudenza nella designazione «Norman court of Naples».]

99 København Kongel. Bibl. Ny kgl. Saml. 66 [inizio XIV sec.], ed. Marius Kristensen, *Harpestræng. Gamle danske urtebøger, stenbøger og kogebøger*, København, Thiele, 1908–1920, 194–221 [la ricetta senza titolo *Mæn sculæ takæ høns kiøth af bryst*, p. 220, n° 28, ms. Ny kgl. Saml. 70, è un *Blanc mangier* con petto di pollo e latte di mandorle, addolcito; il *hwit moos*, p. 197, n° 15, non è, nonostante il nome, un *Blanc mangier*, ma un purè di latte, grano, uova, cosparso con cannella]. Si veda Vollenweider *VRo* 22 (1963) 66; BagnascoCoqu 261, che rinvia a Rudolf Grewe, *An early 13th century Northern-European cookbook*, in Current research in culinary history – Sources, topics, and methods, Proceedings p. by J. Strang et al., Hingham, Culin. Historians of Boston, 1986, 27–45 (con traduzione inglese).

100 Joan Santanach i Suñol – Amadeu-J. Soberanas, *Llibre de Sent Soví, Llibre de totes*

Sono invece scarsamente documentati i rapporti con libri di cucina tedeschi. Il più antico[101] pare sia il *Bůch von gůter spise*, contenuto in un manoscritto proveniente da Würzburg, datato (poco prima del) 1350, con caratteristiche franconi orientali ma anche franconi renane. Il manoscritto è un libro di casa compilativo che fece redigere il protonotaro del principato vescovile di Würzburg, Michael de Leone.[102] Ci sono in tutto quattro ricette del *Blamensi(e)r*, fatto che dimostra l'evoluzione in senso compilativo del libro di cucina: n° 3, con petto di pollo, riso, latte di capra, strutto, mandorle, viole, zucchero, a cui si aggiunge la variante quaresimale con il luccio (come nel *Libro*); n° 76, la stessa ricetta ma in forma ridotta, con latte di mandorle; n° 77, la stessa ma formulata in modo diverso; n° 77a, la stessa, con *zamen milich*, cioè un'emulsione preparata con latte di mandorle o noci ecc. (*zamen* = ted. *Samen* 'semi'), e aggiunta di uova. È evidente che qui abbiamo a che fare con la cucina rappresentata dal nostro *Libro*,

maneres de potatges de menjar, Barcelona, Barcino, 2004: *Llibre de Sent Soví*, libro di cucina del XIV sec., ms. Valencia Univ. 216 [inizio XV sec.] f° 109r–117v, p. 61–96; versione modificata e amplificata: *Llibre de totes...*, ms. Barcelona Univ. 68 (prima Convent de Santa Catarina de l'Orde de Predicadors) [XV sec.] f° 185r–258v, p. 99–219 (corrisp. all'ed. di R. Grewe). Rudolf Grewe, *Libre de Sent Soví*, Barcelona, Barcino, 1979: 3 mss., Valencia, Barcelona Univ., Barcelona Bibl. Cat. XV sec.?, vd. BagnascoCoqu 265. Su questo si fonda il libro di cucina di mestre Robert, che pare essersi sviluppato nella seconda metà del XV sec., vd. Veronika Leimgruber, *Mestre Robert. Libre del coch*, Barcelona, Curial, [1]1977, [2]1982 (identico): ed. della stampa del 1520; tradotto in spagnolo, stampato nel 1525 con ampliamenti e cambiamenti: *Libro de guisados*, il primo libro di cucina spagnolo (qui per la prima volta compare il nome di Roberto de Nola), vd. Barbara von Gemmingen, *Estudios lexicológicos sobre la lengua culinaria del siglo de oro*, RLiR 59 (1995) 401–417; di più arcaico c'è solo qualcosa in Juan Ruíz, secondo quarto del XIV sec., *Libro de buen amor*: lotta tra Don Carnal y Doña Cuaresma, un episodio ispirato però alla francese *Bataille de Carême et de Charnage* (CarChar, II metà del XIII sec.). Si veda *Ir Col·loqui d'història de l'alimentació a la Corona d'Aragó, Edat mitjana, Actes*, 2 voll., Lleida, IEL, 1995, 2,801–812: C. Borau, *D'aparellar de menjar*; 1,365–386: E. García Sánchez sulla traduzione catalana risalente al XIV sec. del libro di cucina arabo di Avenzoar, ms. BN esp. 93 [ca. 1400]; Scully, *Cuoco*, 21–25; 36–37.

101 Tralasciamo qui il *Puech von den Chosten* in quanto traduzione del testo di Giambonino.

102 Michael ha studiato diritto a Bologna. Manoscritto München Universitätsbibl. II, Cod. ms. 731 Cim 4, anche Dessau Stadtbibl. Georg. 278.2. Edizione: Hans Hajek, *Daz bůch von gůter spise*, Berlin, Schmidt, 1958; estratti (migliori) in Hugo Stopp et al., *Aus Kochbüchern des 14. bis 19. Jahrhunderts*, Heidelberg, Winter, 1980, 9–26; 169 (con glossario senza rinvii ‼). Pubblicato di nuovo, con traduzione italiana, da Anna Martellotti – Elio Durante, *Libro di buone vivande*, Fasano, Schena, 1991. Cfr. BagnascoCoqu 264, con accenni al facsimile.

un'impressione che è sostenuta dalle molte ricette a base di latte di mandorle, anche se una filiazione testuale diretta non è riconoscibile. Alcune concordanze lessicali fanno pensare alle fonti latine.[103] Lo stesso vale per il libro di cucina medio-bassotedesco del manoscritto della biblioteca del principe August di Wolfenbüttel, Helmst. 1213 (un manoscritto composito di medicina del XV secolo), che inizia: *Wyltu maken eyn moes van wynberen*. Anche qui il latte di mandorle fa parte integrante della cucina; viene usato nel *Blaemantir* (che assomiglia, anche nei dettagli, al *Blanmangieri* del *Libro*[104]). Per la ricerca in ambito germanistico si vedano i lavori di Trude Ehlert e altri.[105]

103 La ricetta n° 24 riguarda un confetto di zucchero, *daz heizzet ‹caleus›* / che si chiama ‹caleus›. Nel glossario l'editore Hajek qualifica *caleus* di «parola incomprensibile». Grazie a questo atteggiamento lodevole nei confronti del non-chiaro, la parola è andata a finire nel *Findebuch* (Find), anch'essa con punto interrogativo. Si tratta di una latinizzazione dell'arab. *ḥal(ā)wā* 'tipo di confetto allo zucchero, halwa' (Wehr³ 184b; nel *Buoch* fatto di mandorle, mollica di pane bianco e zucchero; lo halwa turco è fatto in genere con sesamo, più precisamente tahini, dalla Persia all'India anche con semolino di frumento, in area mediterranea anche con mandorle e altre noci), che è ben documentato nei testi tardolatini e medio-altotedeschi (cfr. ed. Martellotti p. 151: «vielleicht Halwa»; vd. ora Anna Martellotti, *Il* Liber de ferculis *di Giambonino da Cremona*, Fasano, Schena, 2001, 88, 186 e glossario: *caloe*, *chaloe* ecc.). E. Hepp, in Hans Wiswe, *Kulturgeschichte der Kochkunst*, München, Moos, 1970, 197–198, segue un percorso fondamentalmente problematico: nonostante una lettura fondata (l'autrice ha visto il manoscritto) vuole correggere la parola *caleus* in *caseus* (con rinvio a un *mandelkese* / *kese von mandeln* [= cacio di mandorle] nello stesso libro di cucina; questo tentativo è ora inconsistente. La tradizione del *Liber* non contiene nessuna pietanza propriamente dolce, neanche lo halwa.

104 *Item, wiltu maken blaemantir, so nym rises eynen halven verding unde alsovele mandelkerne. So nym dat ryß und wassche id reyne und wriff de hulsen alle wech. So nym unde lat dat riß droghen. So nym de kerne unde make ryne. Unde make de dicke myt wyne. So nym de dunne melk. Do in dat riß. Rore dat sere. So nym dre bruste van dren braden honeren unde plucke clene also eyn har. Rore de in dat riß. So nym witten ingever, muschatenblomen, paradiseskorne unde neghelken unde stod tosammende. Rore dat in dat riß unde eigesdodere. Unde giff dat in de schottele* (n° 81), Hans Wiswe, *Ein mittelniederdeutsches Kochbuch des 15. Jahrhunderts*, Braunschweigisches Jahrbuch 37 (1956) 19–55; qui si ritrova anche il pollo gonfiato e ripieno del *Wuṣla* (n° 60) e la ricetta del pollo bollito in un fiasco di terracotta (*erdene glas*), che corrisponde al *Liber* II 21b e al *Libro* n° 108, come anche il pasticcio con uccelli vivi citato qui sopra. Il *Blanc mangier* del libro di cucina medio-neerlandese *Desen bouc leert wel ende edelike spijse* (Petrus Scholarius, XV sec.) è più o meno simile, ma le istruzioni sono indipendenti e la terminologia forgiata sul francese, vd. C.A. S[errure], *Keukenboek uitgegeven naar een handschrift der vijftiende eeuw*, Gent, Annoot-Braeckman, 1872 (p. 11, n° IIII).

105 Lavori più recenti: Trude Ehlert – Rainer Leng, *Frühe Koch- und Pulverrezepte...*, Medizin in Geschichte, Philologie und Ethnologie. Festschrift für Gundolf Keil,

Stemma

Tentativo di una rappresentazione grafica parziale

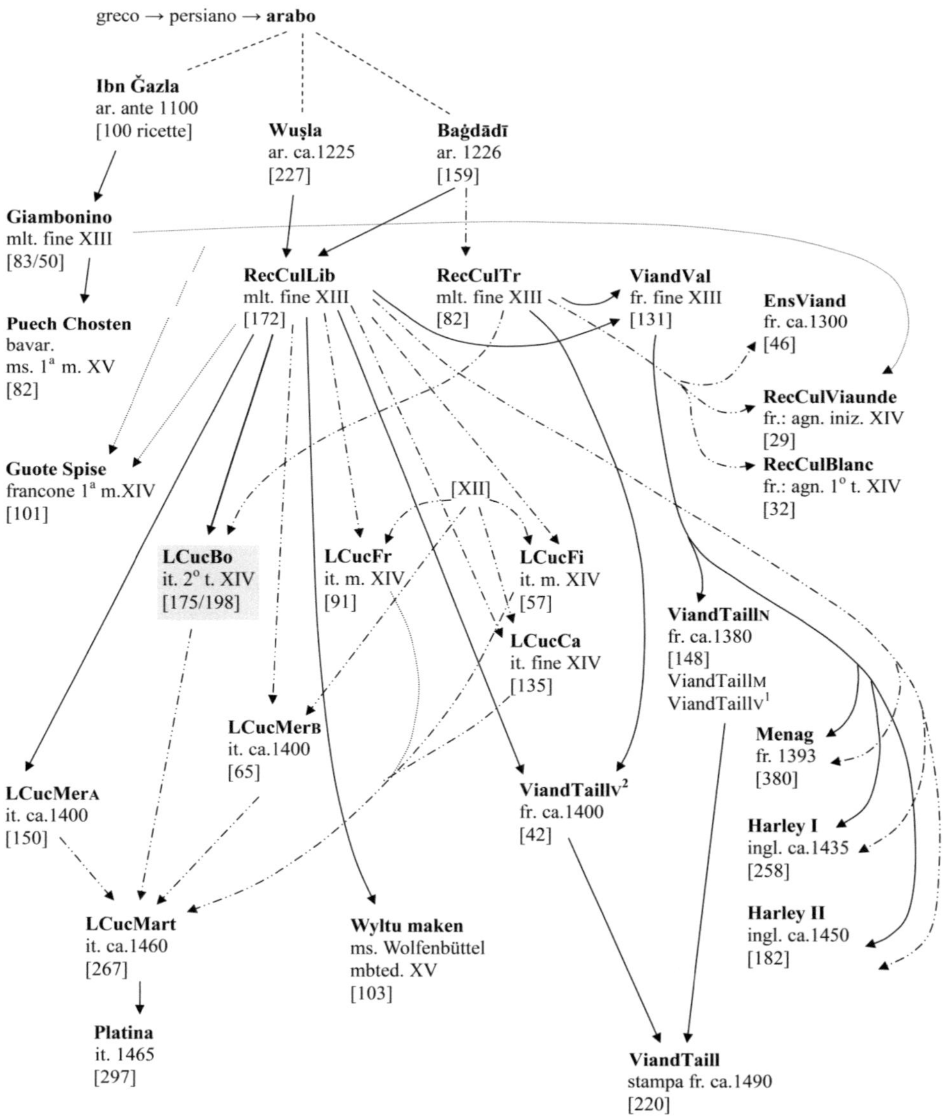

Nozioni dedotte dalla filiazione testuale

Indubbiamente lo schema di filiazione testuale dedotto dall'analisi dei libri di cucina invita a ricerche nel campo dell'intertestualità (Michail Bachtin [dialogicità] – Julia Kristeva – Gérard Genette). I libri di cucina medievali e le loro fonti dipendondo da una tradizione discorsiva che nello spazio e nel tempo si estende ampiamente al di là dell'Europa occidentale e del medioevo e che non rimane legata a una singola lingua. Qui seguiranno soltanto alcune dimostrazioni dei risultati ottenuti, nell'ambito della comprensione dei testi, grazie all'analisi della tradizione testuale (si veda anche sotto ‹Linguaggio specialistico›).

Anche se LCucBo presenta solo pochi passi di interpretazione dubbia, il testo latino, che sta alla base di molte ricette, aiuta a fare chiarezza. Esempio: il primo editore Zambrini si era stupito a proposito della ricetta per *interiori e budelli di pesci* (p. 68; = n° 134) per l'istruzione *gittavi* [leggi *giuntovi*] *su seme di coriandoli e carni, trito cum zuccaro* [leggi ç-] e aveva annotato: «Così il cod.: sembrami che quelle *carni* qui ci stieno a pigione». L'andamento consueto del testo specialistico e la sua struttura del tutto coerente rendono dubbia l'aggiunta di carne in questo punto e quindi la lezione *carni*: ci si aspetta la designazione di un condimento. E in effetti nel testo latino c'è *carvi*, che corrisponde direttamente all'italiano *carvi* 'cumino dei prati'.

Nella ricetta 101, *Agliata biancha con li caponi*, si dice verso la fine *se altramente si colasse, perde il nome*, sebbene non si faccia menzione di filtraggi. Zambrini pubblica così (p. 46), anche se l'affermazione non è sensata. Un'occhiata al testo latino risolve il problema: *Si aliter coloretur, perdit nomen suum*. Di conseguenza è plausibile qui correggere il manoscritto in *col[or]asse*.

Il ricorso ai modelli arabi può essere necessario per l'identificazione di nomi di ricette oscuri e anche per la coerenza stessa delle ricette: si veda l'esempio di *festiggìa*, una ricetta di pollo, *infra* nel capitolo sul linguaggio specialistico.

hrsg. D. Groß – M. Reiniger, Würzburg, Königshausen & Neumann, 2003, pp. 289–320; Alessandra Sorbello Staub, *Die Basler Rezeptsammlung*, Würzburg, Königshausen & Neumann, 2002; Martina Giese, *Zur lateinischen Überlieferung von Burgundios Wein- und Gottfrieds Pelzbuch*, Sudhoffs Archiv 87 (2003) 195–234: qui anche manoscritti che contengono il *Liber* [*Pelzen* = innestare, soprattutto innestare a occhio]. In parte senza indicazione sulle fonti: Bernhard D. Haage – Wolfgang Wegner, *Deutsche Fachliteratur der Artes in Mittelalter und früher Neuzeit*, Berlin, Schmidt, 2007, 160–164; 400–402.

Un'altra ricetta, *Limonìa di polli* (n° 98), contiene un'indicazione assolutamente priva di senso: si dovrebbe pestare in un mortaio *amido non mondo*. Zambrini cerca di emendare il testo *ope ingenii* («Forse in origine ben mondo»..., nota a piè di pagina n° 19) e anche Frati fa riferimento all'emendamento di Zambrini nel 1899 (LCucCaF p. 75). Il *Liber* latino riporta invece *amigdale mundate*. LCucCaF n° CXIX, *Vivanda ditta limonia*, descrive la stessa ricetta con in sostanza più parole, riporta le necessarie *mandole che tu ay bene lavate*. LCucFiM n° XIII, *una vivanda che si chiama lumonia*, la descrive più dettagliatamente, dicendo *E togli le mandorle che tu ai, bene lavate col guscio*. Queste ricette risalgono a Baġdādī, che però per la sua *Līmuwīya* usa mandorle sbucciate.[106] L'errore del nostro autore è abbastanza comprensibile: egli aveva in mente che la pietanza dovesse essere ispessita, e per questo viene usato amido o anche mandorle, in quanto le mandorle non sbucciate (LCucFiM *col guscio* !) addensano un po' più di quelle sbucciate. Ma il suo modello deve aver nominato mandorle non sbucciate: la combinazione (mentale) delle due possibilità ha creato l'errore (errore ripetuto in LCucBoM n° 100, *romanìa di polli*, dove deve essere usato ugualmente *amido non mondato*; il *Liber* dice qui di nuovo *amigdale*, ma questa volta effettivamente con l'aggiunta *non mondate* [questa ricetta corrisponde a Baġdādī p. 38: ma senza mandorle]).[107]

Il richiamo a Baġdādī è appropriato anche per sostenere una spiegazione un po' audace di un nome francese di ricetta: *Mincebec*, RecCulViaundeH n° 4, indica una ricetta per una pietanza fritta che è molto simile ai *churros* spagnoli: anche per il *mincebec* un impasto viene messo nel grasso bollente premendolo attraverso un buco del recipiente, poi zuccherato (con la differenza che non si tratta di pasta per bignè con uova ma di impasto con lievito o pasta madre).[108] La ricetta deriva da RecCulTrM IV 2, dove si chiama *Mistembec* (qui l'impasto viene premuto attraverso più fori nel recipiente). Questo nome è interpretato dagli editori come una denominazione trasparente: il francese *mist en bec* 'messo in bocca' (ib. p. 377; RecCulViaundeH p. 863; *mist* è problematico). In Baġdādī (p. 213, con nota a piè di pagina) l'impa-

106 *Rummānīya*, in *Islamic Culture* 13, 39.

107 Si veda *amido*, qui nel Glossario. Il caso è già trattato da Rodinson R 71, 436, n.1.

108 RecCulViaundeH n° 2, *blaunche escrepes*, sono del tutto simili ma non fatte alla pasta fermentata, invece all'uovo per far lievitare. È vicino a ViandTaillv²S n° 202, RecCulLibM III 5–6 e LCucBoM n° 80.

sto lievitato viene fatto a forma di polpettine della grandezza di una nocciola, poi cotto, quindi zuccherato; il nome *luqam al-qāḍī* significa 'i bocconi del giudice' (cfr. pers. *luqma 'i ḫalīfa* 'i bocconi del califfo', Steingass 1127,1). Attraverso questo collegamento viene plausibilmente provata l'etimologia di *mistembec*, risultando così la forma *mincebec* frutto di un fraintendimento di tradizione.[109] L'etimologia porrebbe la designazione in prossimità dell'italiano *saltimbocca*.

Ancora un esempio di tipo tecnico. In ViandTaillv²S p. 187, *Pour vin vermeil esclarcir*, si afferma: *Mectez dedans le tonnel .xl. aulbuns d'oeufs batuz*. Il verbo *esclarcir* potrebbe significare 'rendere più chiaro', ma anche 'purificare'. La ricetta deriva indirettamente da RecCulTrM I 3: *Ad clarificandum vinum turpidum accipe... .XI. albumina ovorum*. Tuttavia non si parla qui di sbattere il bianco dell'uovo e, soprattutto, le uova sono molte meno. Il consiglio della ricetta è conosciuto dall'antichità: con il bianco dell'uovo si rischiara il vino rosso ricco di tannino e lo si rende più delicato, favorendo il deposito di sostanze che lo rendono torbido. Ma sappiamo che per un ettolitro di vino si usano solo da due a quattro albumi sbattuti, il che significa che il numero *.xl.* del Viandier (che nella ricetta precedente parla di una botte di vino) è scritto semplicemente per *.xı.* e deve essere corretto; d'altra parte questo testo dà l'informazione essenziale che il bianco dell'uovo viene sbattuto.[110]

Libro de la cocina: contenuto

La composizione relativamente chiara del *Liber* non viene certo abbandonata nel *Libro*, ma la sequenza delle ricette corrisponde nei due trattati soltanto all'inizio, e per alcune porzioni del seguito (si veda *infra* nel capitolo ‹Continuità e innovazione›). Avevamo osservato lo stesso fenomeno negli altri libri. Pare essere comune a tutti il fatto che i criteri di ordinamento si sovrappongono progressivamente nelle rielaborazioni successive, finendo per rendere difficoltoso il loro riconoscimento. Tuttavia, vale la pena fare un tentativo:

109 Sembra che l'autore di RecCulViaunde volesse motivare altrimenti il nome *mincebec*, per cui scrive: *Pernez amydon e myncez le en un morter* (altrimenti scrive *braer [en un morter]*, n°3; 8; 10; ecc.).

110 *Zeitschrift für Untersuchung der Nahrungs- und Genußmittel* 9,3 (1905) 129–133, in part. 130.

Verdure n° 1–64, comprese anche pere (n° 21) e funghi (60–62): cavolo (1–4), varie verdure a foglia con finocchio (5–15, 17), asparago, zucca, cipolla (22), aglio (23–28), varie rape, legumi: ceci (36–42), piselli (43–47), fave intere (48–50), fiori di fave (51–52), purè di fave (53–54), lenticchie (55–57), fagioli (f. dall'occhio) (57–59), piatto di verdure (63–64).

Minestre in brodo 65–79 (volatili, carne ecc.), tra queste anche gelatine di pesce (68, prima di una zuppa di pesce, 69), oca arrosto (71; 72) e gru (73); le pernici (78) sono preparate nel brodo solo nella ricetta variante.

Varie frittelle e pasticci fritti in padella 80–92.

Salse 93–105. La prima ricetta porta il titolo *De li savori*, che vale comunque per tutto il gruppo; nella ricetta viene poi dato il nome effettivo: *tale sapore si chiama ‹cennamata›*. Perciò manca il nome nell'indice. La seconda è intitolata *De la peverada*. Le ricette successive sono, secondo l'idea moderna, ricette che non si mettono in questa rubrica di salse ma la cui caratteristica è la preparazione di salse: *civeri di lepore, somacchìa di polli, limonìa di polli* ecc.; qui si trova anche la ricetta del *blanmangieri*. In seguito c'è ancora un gruppo di salse (153–157), che hanno però un ulteriore titolo collettivo: *Dei savori: e prima del savore per l'arosto*.

Volatili ripieni e arrosti 106–113; come contorni ‹bruschette› 114–115.

Pasticci 116–129, designati secondo i diversi tipi, anche come cibo quaresimale, pasticci di pesce (127–129).

Seppie ed altri cefalopodi 130–133; uova e latte di pesce (?, *interiori di pesci*) 134.

Pietanze in casseruola o padella 135–144, con una gelatina di pesce (144).

Cibi vari, con pasta 145–148; senza pasta: torroncino 149, pasticcini 150, formaggi freschi 151, pappa di miglio 152.

Salse 153–157 (cfr. salse 92–105).

Stuzzichini: torta salata al formaggio (*quiche*) 158, gelatine di volatili o maiale 159, formaggio arrostito 160.

Piatti leggeri, in parte espressamente per malati: cavolo per malati 161, piatto di verdure miste 162, verdure digestive 163, zucca al latte di mandorle 164, ceci per malati 165, lattuga lessata 166, altri cibi per malati 167–175: piselli, purè di spelta, tagliatelle fini, riso, farinata all'adragante, triglia, mela cotta o al forno.

Il carattere compilativo di ogni libro di cucina conduce spesso ad un inserimento duplice di ricette simili o addirittura uguali, come nel *Libro* a proposito delle gelatine, *gelatina di pescio* (68) che viene data (70: *Altramente*) di nuovo e quasi identica come variante del *brodo del pesce* (69), anche se la *gelatina* era appena stata descritta (nella stessa colonna del manoscritto!) e anche se la n° 70 in quanto gelatina (brodo cotto per un terzo) non rappresenta affatto una variante della zuppa di pesce (69).

In alcune ricette viene nominato un periodo dell'anno che è significativo per la pietanza, come nella *Salsa di finocchio* (n° 11): *togli fiori di finocchio... è bona salsa nel mese di septembre* (il finocchio fiorisce da luglio a settembre). Oppure nel *solcio dei piedi d'ucelli e di capo di porco* (159): *puoi lo servare per .xv. giorni, a tempo di verno* (per il clima fresco). Si trovano anche accenni alla durata della cottura o al piano giornaliero del cuoco: *Togli fungi secchi e tenuti a mollo dal vespero a la matina* (62); *la sera, il metti a lessare... e servala così, fine a la matina; la matina cava la gallina* (137). Cfr. ‹Stagioni, digiuno, tempo› nella Classificazione onomasiologica, *infra*.– Per gli acquisti di cibi secondo le stagioni dell'anno (anni 1344–1345), si veda Frosini, *Cibo*.

È stato scritto già molto sull'eccesso di condimenti delle pietanze nel Medioevo. Non è il caso qui di insistere. Dato che non si danno quasi indicazioni di quantità (all'eccezione di LCucFi), il discorso è piuttosto ozioso. Le ricette mostrano che la qualità delle materie prime e il tipo di preparazione puntano a ottenere una pietanza che conservi il gusto degli ingredienti. Un cibo ucciso dai condimenti non sarebbe sensato. È stata sicuramente perseguita una cucina non vicina alle moderne cucine *au naturel*, anche se alcune ricette, soprattutto quelle di verdure, lo suggeriscono. In alcune preparazioni ci sono più spezie (*pepe, çaffarano, garofani e altre spezie bone* n° 71; *spezie fine* 70; ecc.), o anche misti di spezie (ricette: *spetie forti* 195, *spetie dolci* 196), ma rimane l'impressione che normalmente i cibi fossero conditi secondo i nostri criteri.[111] Una volta, nella ricetta 120, si raccomanda

111 Si adduceva che le spezie sarebbero state a lungo in viaggio verso l'Europa occidentale e per questo avrebbero avuto poco gusto (Bitsch et al., *Essen*, 263, n.11). Si legge al contrario in Francesco Balducci Pegolotti (Firenze 1340, ed. A. Evans, p. 360 ss.): *E sappiate che pepe tondo dura 40 anni sanza guastarsi; ...gengiovo dura buono 10 anni; ...cannella... si guarda bene 10 anni in sua bontade*; ecc. Vd. Martelli. È giusta l'osservazione di J.-L. Flandrin e O. Redon, che nelle statistiche usuali il tipo di ricetta viene tenuta in poco conto (p. es. basso tasso in percentuale di pietanze all'agro per il gran numero di ricette di verdure in LCucBo; si veda in

per *animali salvatichi «magiore habundantia di spetie»*, ciò che è valido ancora oggi. Esempio contrario: nel LCucFiM 18 c'è una *torta... sança spetie* (in un libro che descrive una cucina veramente ricca!). Più spesso si aggiungono i condimenti dopo la distribuzione in scodelle o piatti, si veda n° 4; 22; 23; 25; ecc. (anche in LCucFi, ecc.).

Cibi quaresimali

Il digiuno motivato ideologicamente si è sviluppato nella cristianità a partire dal IV secolo. Esso in parte ha il compito di ricordare determinati eventi storici, in parte serve alla purificazione dai peccati commessi o comunque presenti anche solo per aver contratto il peccato originale (la quaresima cosiddetta apotropaica[112]). La necessaria mortificazione viene raggiunta soprattutto attraverso l'astensione dal cibo o la sua limitazione, il che è ben controllabile socialmente.[113] La quaresima pasquale dei cristiani (astensione da carne e salumi, latte, derivati del latte e uova) è usuale tra il mercoledì delle ceneri e la domenica di resurrezione (= quadragesima, periodo di quaranta giorni, ma senza le domeniche); vi è inoltre la quaresima del venerdì durante tutto l'anno e infine la quaresima leggera, cioè astensione più contenuta, in particolare da carne di quadrupedi e uccelli, il mer-

Archeologia medievale 8, 402). La loro statistica sull'uso del pepe (LCucBo: 21%, p. 401; nelle ricette 1–175 *pepe* ricorre effettivamente 33 volte) è tuttavia anche discutibile, poiché in moltissime ricette sono indicate semplicemente *spetie* e queste comprenderanno spesso anche il pepe, oppure anche *spetie forti* indicheranno la mistura che contiene soprattutto pepe. Non possono quindi essere redatte statistiche in maniera puramente matematica.

112 Corrisponde al digiuno di protezione di altre culture; serve per placare demoni e dei (vedi TRE 11,41–59, in part. 54).

113 Il giudaismo ha come giorno di digiuno stabile solo Jom Kippur, il giorno della riconciliazione con il suo dio. Il musulmano digiuna e si esercita nell'astinenza sessuale nel mese del Ramadan, in cui non si può mangiare durante il giorno (i devoti che hanno abbastanza da mangiare aumentano di peso in questo periodo); è consigliabile di praticare digiuni anche nei mesi Scha'ban e Rajab, e inoltre il lunedì e il giovedì. Presso i cristiani non viene cantato in tutto il tempo di quaresima nessun Alleluia e nessun Gloria ...; di una quadragesima prenatalizia (in particolare nella chiesa orientale) testimonia anche l'usanza dell' ‹oca di Martino› (ted. *Martinsgansessen*), diffusa nell'Europa di lingua tedesca e nell'Italia settentrionale (qui uso autoctono o giunto da Oltralpe?); nell'area dell'Italia centrale, tra Toscana e Marche, l'oca è invece una pietanza tipica non della festa di san Martino (11 novembre) ma di quella di Ognissanti (1 novembre).

coledì (nel Medioevo in Italia abbastanza insolita) e il sabato: di questa è testimone il nostro libro di cucina.[114] Questo non significa però che si mangiasse peggio, visto che le ricette ‹quaresimali› del *Libro* sono altrettanto squisite di quelle del ‹tempo della carne›. Perciò si giunse più tardi ad un ampliamento della mortificazione, soprattutto presso i protestanti, tramite l'astinenza dai dolciumi, all'origine inclusi nell'elenco di ciò che era permesso; questo atteggiamento è assente dal nostro libro di cucina. Dato che il lunedì spesso si mangiava più leggero (dopo l'abbondanza della domenica), la domenica, il martedì e il giovedì erano stabiliti come giorni della carne.[115] Si comprende facilmente che i giorni della quaresima erano numerosi e necessitavano di ricette speciali. In parte le ricette corrispondenti sono elaborate come varianti delle ricette di carne, ma per lo più sono aggiunte come ricette particolari, anche se spesso in forma concisa.

Esempi: LCucBoM n° 3 *Togli i cauli e poni a cocere con carne di castrone, o di porco, o carne insalata; ... E possonsi fare a questo muodo el dì de digiuno, con oglio, con pesco insalato.* N° 5 verdure con carne seguita dalla n° 6 verdure con latte di mandorle e pesce: *Potrai dare la quaresma al signore.* N° 23 *carne di porco frescha* > n° 24 *Altramente a tempo di digiuno*: con uovo e formaggio. N° 41 ceci con carne > n° 42 *Altramente de quaresima*, con pesce. N° 74 *Del brodo sarracenico... Togli caponi arostiti... Simile modo fa de pesci marini.* N° 80 *Crispelli*, pasta cotta nello strutto > n° 81 *Altramente*, con pesce (nell'impasto), *coci come dicto è di sopra* – questo è sbagliato, perché anche questi *crispelli* erano fritti nello strutto invece che nell'olio (l'olio è permesso nei giorni di quaresima); entrambe le ricette si trovano di nuovo in LCucMerAB: n° 6 *crespelle*, seguito da 7 *crespelle de quaresma*, poi 8, dove la ricetta LCucBoM n° 81 viene data di nuovo (di nuovo senza *quaresma*, ma è chiaro dalla collocazione). N° 99 c'è la *gratomèa*, con pollo, altri volatili e con pesce: *Simile fa de li pesci, ponendi oglio per lardo*;[116] vd. inoltre n° 150. Anche il *blanmangieri*, n° 102, è ripetuto in una dettagliata variante quaresimale: n° 103 *Altramente di quaresima.* Allo stesso modo la *torta di caponi, fagiani, ucelli, coratelle*, n° 123, è

114 TRE 11,53. Tommaso d'Aquino giustifica il mangiar pesce come ‹digiuno› dicendo che la maggior parte degli uomini più volentieri mangerebbe carne (ib. 55) – anche per lui contano ascesi e mortificazione.

115 Si confrontino con i tre giorni della carne presso gli Ospitalieri e i *jours masles.*

116 *Liber* II 13 è il modello, ma manca la variante quaresimale.

prevista come piatto di pesce nei giorni di digiuno. – Cfr. ancora, per il venerdì, LCucFr[G/B] indice e ric. c *raviuoli in venerdie. Tolli lo cascio molto grasso, et fresco e passo, e fanne burro* [si veda ib. le ricette ii e cxiii]*; e fa le croste molto sottili, altrimenti valliono poco*; indice ciiii *torta per feste in venerdì* e ric. ciiii ... *in venerdie...* (ms.).

Spesso viene omessa l'indicazione che si tratta di un piatto quaresimale, come nella ricetta n° 2, per cui si resta sorpresi che l'aggiunta di *brodo di carne, di capone* debba essere equivalente a quella di *oglio* (*e puoi mettarvi brodo di carne di capone, o oglio*): solo le prescrizioni quaresimali rendono sensata questa indicazione.

Piatti dei sabati di quaresima: n° 31 *E giongievi su cascio e ova perdute – nel dì del sabbato*; n° 36 *ceci... con la carne*, seguita da n° 37 *Altramente per dì di sabbato; Togli ceci rotti, e pòlli a cuocere con pepe e croco, e con cascio tagliato, e ova perdute, e ova debattute* (Liber, ms. A, senza indicazioni, ma ms. Palatino: *in die sabbati*).

Aspetti didattici

Le istruzioni generali per cucinare sono poco precise: il libro non è una scuola di cucina. Ma ci sono alcuni (vaghi) accenni alla durata della cottura (*fa bullire un poco* et sim. 2; 29; 73; 75; 88; 93; 95; ecc.), talvolta indicazioni su forma e dimensioni da dare agli ingredienti (*tagliato a modo di dadi* 73; 79) o anche sulla riduzione quantitativa della cottura (*il vino tanto bolla che torni al terço* 70; *fallo poi bullire sì che torni al terço* 159; *cocansi tanto che 'l mosto torni a meço* 64; *fa bollire tanto che torni a meço* 198). Regolarmente si trovano istruzioni su come tagliare, preparare e così via: *singularmente ordina a solaio, e poni raffano tagliato minuto in ciaschuno solaio de le predicte erbe* 63; *mettilo ordinatamente a solaio col pesce* 69; *ordina gradatamente a solaio* 73; *a ciascuno solaio mettendo spetie* 116; *nella dicta pasta fa un solaio de carne d'essi polli; nel secondo solaio poni ravioli bianchi col savore di sopre; nel tertio solaio poni presciuto...* 122; *mettivi la farina biancha a poco a poco* 171 ecc. Ma soprattutto, di continuo, viene descritta con precisione la preparazione degli ingredienti: *Tolgli i torsi del caulo, e mondali bene, sì che de le frondi niente ce rimagna; e troncali nel tenero de la cima* 1 ecc. ecc.

Alcune istruzioni appaiono sorprendenti al lettore d'oggi, come i regolari inviti a lessare le verdure e poi a gettare via l'acqua di cottura (2; 4; 5; 6; 10 ecc.). Pensiamo che si tratti di norma della cottura al punto (come nella ricetta 6: *poni in acqua fredda a bullire*),[117] e non dello sbollentare (ma vedi la ricetta n° 4: *cime dei cauli* lessati, probabilmente sbollentati, poi fritti; nella n° 138 viene sbollentato così il *farro* prima di usarlo nella ricetta: *fallo bullire un poco*). Ma il lessare o sbollentare le verdure in molta acqua non è la regola: nella n° 152 dice *togli legume... fallo bullire con un poco d'acqua*; quest'acqua non viene gettata via (così pure 5; 9 ecc.); a volte la quantità d'acqua viene misurata così che la purea di verdure ottenuta abbia la giusta consistenza (1; 3 ecc.).

L'arte della cucina è raffinata, ne fanno fede sempre nuove prescrizioni di metodo: *grua, bene lavata, e bullita un poco in caldaia larga, mettila in lo spiedo, e arostilla, non perciò a pieno; poi... E nel brodo magro del dicto savore, molla il pane predicto; ... e, a la fine de la cocitura, ponvi del grasso del dicto savore.* Si continua a lavorarla con la salsa sgrassata e si aggiunge di nuovo del grasso all'ultimo, perché altrimenti il grasso verrebbe assorbito e renderebbe la pietanza indigesta; l'aggiunta di grasso alla fine serve invece ad ammorbidire il gusto (n° 73).

Le ricette sono sempre abbastanza esplicite (almeno per chi sappia cucinare), tanto da poter completare la cottura senza problemi. Gli errori culinari sono rari, come ad esempio nella *panicia col lacte* (n° 152) sembra mancare l'ingrediente che dà il nome alla ricetta, *panico* (errore di redazione piuttosto che di copia). Nella n° 125 manca l'oggetto, ovvero *pasta*: *distempera la farina con l'acqua calda, e falla molto dura* (errore redazionale dell'autore-traduttore).

Un intento didattico anima naturalmente tutti i ricettari, anche quando essi non ambiscano ad impartire un corso di cucina. In LCucBo la successione delle fasi di preparazione testimonia, per così dire passivamente, dell'attitudine pedagogica dell'autore. E la stessa attitudine si manifesta nelle spiegazioni dei nomi delle ricette: *questo mangiare si chiama mangiare di (çucche), perciò che si fa di medolle di latuche* 17; *una suppa, che si chiama suppa di fanti* 35; *brodo che si chiama ‹gualdaffa›* 88; *Tale sapore si chiama ‹cennamata›* 93; 101; 124; 147. Lo stesso, ma al rovescio: *Se altramente si col[or]asse, perde il nome* 101. Ci sono esempi in cui si spiegano designazioni di alimenti probabilmente poco conosciuti: *cauli, che si dice rapaçoli* 14 (per distinguerli da altri nomi locali?); *savore che si dise ‹verçuço francioso›* 140 (altrimenti detto *agresta*); *altri pesci simili al polpo, che si chiamano ‹moscatelli›*

117 I nostri genitori e soprattutto i nostri nonni lo facevano ancora: il cuocere o lo stufare nel proprio sugo o con poco liquido è, per lo meno nell'Europa centrale, una conquista moderna.

130; *quello nero* [della seppia] *riservato, che si chiama ‹sale di seppia›* 131. Si osservi peraltro che la relativa rarità di tali spiegazioni comporta la deduzione che la terminologia culinaria che si trova in LCucBo fosse generalmente nota.

Come l'intera tradizione del *Liber*, anche il *Libro* rinuncia a dare precise indicazioni di quantità. Le ricette non sono previste per un determinato numero di porzioni, o per meglio dire di commensali. Evidentemente gli autori partono dal fatto che il cuoco sa quante uova, farina, grasso ecc. vanno adoperati per portare un dato cibo alla forma giusta. Di conseguenza non si dice mai **Togli due caponi*, ma sempre *Togli caponi* (n° 66 ecc.) e simili. Viceversa, nella tradizione dei Dodici ghiotti, dato che il numero delle porzioni è fisso (per lo più dodici), sono sensate anche le indicazioni sulle quantità, per esempio in LCucFiM n° XXIII: *Se vuoli fare miglacci bianchi... per .xij. persone, togli tanto lievito che sia uno meço pane* [cioè circa una mezza oncia di lievito]... *.iiij. casci grandi... .x. huova... E quando il lievito è molto menato, mettivi su farina in quantità d'una scodella piccola, e mettivi anche acqua, poca...* Ma nemmeno questo è sufficiente senza alcuna conoscenza di cucina.[118]

Il nostro autore non vuole stancare né sottovalutare il suo lettore: dopo una ricetta per uova ripiene (n° 140) rinuncia *expressis verbis* a ricette per uova fritte (o crespelle con verdure?) e arrostite e uova strapazzate (fritte o come frittata arricchita, al tegame, strapazzate [?, o uova sbattute crude?]): *De l'ova fritte, arostite e sbattute è si noto, che non bisogna dire d'essi* (ci sarebbe piaciuto che lo avesse spiegato). Nel caso del pasticcio di anguilla raccomanda tuttavia di servire il cibo pronto caldo (*pastello d'anguilla... mangialo caldo, che è migliore* 127), poiché il grasso d'anguilla freddo diminuisce il piacere. Per una pietanza particolarmente complicata e laboriosa raccomanda di portare in tavola in pompa magna: *Nelle gran feste e dì pascuali, fa di pasta uno arbore, o vite, o giardino... Quando si portarà nella corte, ... ponanvise pomposamente* (145).[119]

118 Anche in Baġdādī ci sono indicazioni di quantità, come anche in LCucCa e il Harley I inglese. Apicio rinuncia per lo più a dare indicazioni di quantità ma talvolta fa un accenno come *ova complura* (IV v 1, 181), o anche, soprattutto nelle salse, con più precisione: *In isicia de pullo: olei floris lib. I, liquaminis quartarium, piperis semunciam* (II ii 3, 46).

119 Per la *Torta parmesana* (n° 122) il *Liber* aveva raccomandato: *porta coram domino cum magna pompa*; il testo italiano non lo ha ripreso.

L'autore esprime indirettamente i propri problemi con l'identificazione di un ingrediente una sola volta, e fa riferimento alla sua fonte: *anati, in libro est acciorum*, vd. la ricetta n° 63.

L'autore accenna anche al risultato, per fornire all'utente delle ricette una possibilità di controllo: *e giungivi succhio di melangole e çuccaro, che serà acrodolçe* 72; *mettivi un poco di mosto cotto, aciò che sia chiaro dolce* 155; *et similiter.*

L'indice preposto al libro persegue lo scopo di informare in misura essenziale coloro che lo consultano, affinché riconoscano facilmente e rapidamente quale ricetta li possa interessare. Talvolta più ricette sono riunite sotto un solo titolo, per esempio *Dei cauli, in più maniere* per quattro ricette (n° 1–4), *De le foglie minute: boragine, spinaci, biete trepice, finocchi* per sette ricette (n° 5–11) ecc. (i riassunti corrispondono ai ‹capitoli›, nei casi citati i *cap. i* e *ii*). Talvolta nel titolo sono comprese parti del contenuto delle ricette, e in questi casi l'indice assume una funzione di sommario, per esempio *A empiere uno pavone e rinvestirlo di penne*, di contro al titolo vero e proprio che precede la ricetta *A empiere uno pavone* (106). Allo stesso modo *De la gratonìa e anche de la spagnola* di contro a *De la gratonìa* (79) e *Del giardino, arbore o vite* di contro a *Del giardino* (145). Talvolta un tale sommario è più esplicito, così come quando riassume in questa forma: *Delle fave sane, fresche e secche, in più modi* (48–52). Nella ricetta 49 vengono sì cotte fave secche, ma queste vengono nominate semplicemente *fave*, e le *fave secche* non ricorrono esplicitamente, ma piuttosto sotto la dicitura *fave infrante, fresche* e *novelle.* Il titolo del sommario e della ricetta *Dei crespelli di carne, cioè tortelli et ravioli* nomina tre varianti della pietanza e le considera erroneamente simili (*cioè*); ma la ricetta descrive solo la preparazione dei *crespelli*, vale a dire delle frittelle (86). Curiosamente la ricetta latina grosso modo corrispondente contiene tutte e tre le varianti: frittelle, focacce in rete di maiale e ravioli di pasta; è forse immaginabile che il testo con le varianti non sia stato tradotto oppure, più probabilmente, non sia stato trascritto?

Continuità e innovazione

Come la cucina, così anche la letteratura culinaria è caratterizzata per un verso da forza d'inerzia, per l'altro da desiderio di innovazione. Possiamo difficilmente documentare i cambiamenti nell'ambito della cucina, ma possiamo sicuramente farlo nell'ambito dei libri di cucina. Partiamo però dalla convinzione che libri e cucina sono concordanti, almeno per quanto riguarda la cucina destinata alle persone per le quali i libri sono scritti. A questo proposito ci asteniamo dalla discussione del rapporto tra la ‹cucina dei ricchi› e la ‹cucina popolare›; crediamo infatti che le molte ricette semplici del *Libro* (che è un ricettario ‹per ricchi›) corrispondessero alla cucina della gente comune (ad esempio LCucBoM n° 4 torsoli di cavolo stufati, 5 spinaci bolliti [*A questo modo poi torre erbe salvatiche overo domestiche, se d'orti non si potesseno avere*], 10 finocchio bollito, arrostito, 12 crescione cotto ecc.). Il piacere della variazione nelle ricette dipende non solo dal portafoglio (o meglio portamonete) ma anche dalla reperibilità degli ingredienti, dal desiderio di diversificare, dalla necessità di sottostare alle regole religiose (cibi quaresimali con mandorle e latte di mandorle erano ammessi: lusso per una volta gradito a Dio, non alla maniera calvinista), dalle prescrizioni dietetiche e semplicemente dai gusti.

La comparazione tra *Libro* e *Liber* riesce a documentare al meglio queste premesse. Il testo italiano traduce certo (per un'esigua metà) quello latino. Vediamolo più da vicino: le ricette n° 1 (*cauli bianchi* / torsoli di cavolo) e n° 2 (*cauli verdi* / foglie di cavolo) traducono *Liber* I 1 e I 2, non parola per parola ma certo direttamente (vd. *infra* nel testo). L'autore del *Libro* inserisce poi ancora due ricette per il cavolo (cavolo con carne, finocchio e radici di prezzemolo, e anche cavolo con cipolle, finocchio e mele, n° 3 + 4). Omette le ricette *Liber* I 3–10 (cavolo per la quaresima, alla romana, all'inglese e alla francese, portulaca / *porcellana*, rape) e prosegue con I 11 (*De spiniargiis et atriplicibus* / *spinaci e treplice biette*, n° 5), poi inserisce di nuovo due ricette (*Del medesmo mangiare con borragine* e *Anche tollendo finochio*, n° 6 + 7), per giungere con la n° 8 a *Liber* I 16 (lo stesso con petto di pollo). Nel seguito l'autore continua in questo modo, ma non sempre le ricette saltate mancano del tutto; spesso sono inserite in una posizione migliore. Le ricette disponibili in parallelo favoriscono la comprensione, dato che il traduttore aveva davanti a sé un testo simile (se non proprio identico) a quello che oggi leggiamo nei manoscritti esistenti. Quando entrambi i testi sono difficili, è d'aiuto uno sguardo d'insieme, ma anche un'occhiata ad altri testi derivati, come nel caso seguente.

La ricetta n° 74 comincia così: *Togli caponi arostiti e i fegati loro con le spetie e pane abrusticato trita nel mortaio e distempera con buono vino biancho e succhi agri e poi smembra i detti caponi.* Il primo editore, Zambrini, mette una virgola dopo *arrostiti* e dopo *spetie* e un punto e virgola dopo *mortaio*: il testo non diventa per questo più chiaro. Il testo del *Liber* è anch'esso complicato (*accipe capones assatos et ficatella eorum cum speciebus et pane assato, tere bene, distemperando cum bono vino et succis agris. Tunc frange membratim dictos capones...*), tanto più che la curatrice non ha messo la virgola dopo *assato.* Questa ricetta si trova anche in ViandValS 23 (chiamata non *brodo sarracenico,* ma *hochepot de poullaile*); in questa ‹scuotipentola di pollo›[120] viene data in primo luogo l'istruzione di smembrare il pollo e rosolarlo *(Metez par membres surfrire en saing de lart),*[121] poi tutto diventa chiaro anche nel testo italiano: nella nostra edizione la prima istruzione sulla preparazione viene separata da quel che immediatamente segue con un punto e virgola dopo *arostiti (e i fegati... agri),* dopodiché un altro punto e virgola separa l'ultimo membro, *smembra i detti caponi*; tre virgole addizionali aumentano ancora la comprensibilità.

Ma soffermiamoci ancora un po' su questa ricetta. Laddove il testo latino ha *cum bono vino et succis agris,* ViandVal parla di *vin* e di *verjus* ('agresto'); il testo italiano traduce *con buono vino biancho e succhi agri.* Lo scrittore / autore si è pentito dell'aggiunta di *biancho* e lo ha espunto con solo tre punti (non cancellato con un tratto leggero, come al solito). In realtà il vino bianco si addice meglio all'agresto, ma il vino rosso è altrettanto buono in questa salsa addensata con fegato. Lo *hochepot* del ViandVal si ritrova un secolo più tardi nel *Menagier* (MenagB II v n° 101). Il suo autore ha semplicemente dimenticato il fegato ma l'accenno *et soit non claret* (‹e non deve essere limpido›) parla a favore della sua originaria presenza (a dire il vero nella salsa viene anche sbriciolato pane abbrustolito – come già nel *Liber* e nel *Libro*). Tipico del *Menagier* è che l'autore osservi (per sua moglie) che questa ricetta è adatta alla carne dura: *Ainsi fait l'en d'oe* ('oca') *quant elle est dure et meigre, car les grasses sont rosties. Idem de vielz coulons* ('piccione'). *Ainsi fait est rouillee de beuf.*

Se si vogliono trarre conclusioni storiche o etimologiche non si deve perdere di vista la variabilità delle ricette. Di nuovo ci servirà a

120 DEAF H 519,26 'sorte de ragoût', derivazione da *hochier* 'scuotere'.

121 Titolo della ricetta e istruzioni ci ricordano l'italiano moderno *(far) saltare* 'rosolare a fiamma viva' (Battaglia SALTARE sign. n° 33 'far rosolare un cibo' [oggetto diretto nella definizione!], attestazione del 1989), francese moderno *faire sauter,* propriamente 'far saltare (in grasso bollente, con scoppiettanti bollicine, oppure in una pentola)'.

modello il *Blanc mangier / Blanmangieri / Bramagere* / ecc. La filiazione della ricetta è illustrata sopra, i testi sono quelli già citati (RecCulLibM II 17, RecCulTrM IV 1, LCucBoM n° 102, EnsViandL n° 20, ViandVal n° 77, ViandTaillNS n° 95, LCucCaF n° 3, LCucFr f° 87r°a, LCucFiM 24, LCucMerAB n° 12, LCucMartF p. 136). Ne emerge che il *Blanc mangier* designa una pietanza preparata con carne bianca (petto di pollo), farina bianca di riso e latte (di capra, pecora, mandorle) con zucchero raffinato e lardo bianco. Dato che molte designazioni di pietanze derivano da testi scritti in arabo, risulta ovvio mettere a confronto il piatto con la *Isfīdbāja* / *Isfīdhabāj* di Baġdādī: la parola deriva dal persiano *isfid-bā[j]* 'purè bianco' (*Islam. Cult.* 13,46); la ricetta non è semplice: la carne viene rosolata leggermente come un ragù, con cipolle ecc., e anche con una manciata di ceci, e addensata con latte di mandorle; si possono aggiungere piccole polpette di carne e pollo spezzato in quattro. Charles Perry, in un articolo privo di riferimenti e note, dunque non scientifico,[122] riconduce la ricetta al medico persiano Rhazes (865? – post 921), che consiglia la pietanza per i malati (senza ingredienti piccanti). Perry percorre molte ricette dell'Europa occidentale e constata che in esse è determinante il colore bianco. La rarità delle mandorle nell'Europa settentrionale e il loro impiego non obbligatorio nella ricetta si contrapporrebbero ad un'identificazione con la ricetta persiano-araba, in cui la qualità distintiva sarebbe la semplicità (la pietanza può anche essere colorata con foglie di coriandolo). Per concludere: «It was too good to be true. There seems no reason to believe the European *blanc-manger* descended from the Perso-Arab *isfīdhabāj.*» Fino a che da più in alto non viene fornita nessuna dimostrazione,[123] non si dovrebbe escludere l'ipotesi di un calco, ma anzi accoglierla. Il colore del cibo è ciò che dà il nome alle pietanze: entrambe sono preparate con pollo, leganti chiari (ceci / farina di riso) e latte (di mandorle). Entrambe sono espressamente adatte a malati (ViandVal: *pour ung malade*, questo accenno alla dieta manca nel *Liber* e nel *Libro*). Per valutare l'etimologia è importante considerare che le

122 *Medieval Arab cookery* 263–266 (prima pubblicato in *Petits Propos Culinaires* 34, 1990.

123 Perry cita Mo'in Dehḫoda: «I surmise *isfīdhabājāt* to be plain stews, that is, stews without sourness and spices. But God knows best.». [Francesco Montorsi annota giustamente che il riferimento a Dio vuole dire semplicemente 'non lo sappiamo'.]

variazioni si muovono nell'ambito del consueto; per questo il caso risulta interessante.[124]

Una variazione immediatamente reperibile nelle ricette consiste spesso nella sostituzione di ingredienti importanti, come la carne, senza che la struttura o il nome della ricetta ne risultino cambiati. Vengono così preparati nel *Liber* i piselli *in brodio caponis vel aliarum carnium* (I 30). LCucBoM adotta la ricetta ma si limita ad una variante, adoperando maiale invece di pollo: *cocere in altra acqua con carne di porco salata* (n° 47). Nel passaggio dalla cucina orientale a quella occidentale è naturale che il castrato sia sostituito, spesso ma senza alcuna sistematicità, dal maiale.[125] Il grasso di coda di montone, onnipresente nelle ricette orientali, cede il posto al lardo, o meglio allo strutto.

Le varianti quaresimali portano altrettanto raramente al cambiamento nei nomi delle ricette, come appunto nel già citato *blasmangiere di pesce* (LCucFiM 24); spesso esse sono associate alle ricette di carne. Si veda *supra* il cap. ‹Cibi quaresimali›.

Manoscritto del *Libro de la cocina*

Bologna, Biblioteca Universitaria, Manoscritti, n° 158 (*Inventari* 15,155–157: n° 242), codice collettaneo del XIV – inizi XV secolo (*Inventari*, Ludovico Frati: XIV sec.), pergamena caprina, in-folio, 101 fogli, formato di vari fascicoli di diversa grandezza, rilegati. Il codice si trovava fino al 1755 nella biblioteca di papa Benedetto XIV. Il primo

124 In latino *albus cibus* non è attestato (DC; LathamDict; MltWb; LLT-A), all'infuori del *Liber*. – Perry non riconosce il valore della filiazione quando impiega EnsViand (che non menziona mandorle) per mettere in dubbio l'etimologia. EnsViand appartiene sì alla medesima tradizione del *Liber*, ma ha variato questa ricetta individualmente. Bisogna sempre fare i conti con questo. Egli avrebbe potuto guardare anche nel *Bůch von gůter spise* (vd. qui nel cap. ‹Stemma›), in cui il *blamensir* viene cotto del tutto naturalmente con latte di mandorle, come anche nel libro di cucina *Wyltu maken* del ms. Wolfenbüttel (vd. *supra*). Il *Capitulare de villis et curtis imperialibus* (fine VIII sec.) menziona *amandalarios* come alberi dell'orto modello (Piccardia), si veda CapitVillisB f° 16 r°. Anche Martellotti, *Giambonino*, 81 e 330, parte dall'identità della designazione persiana. [Vollenweider *VRo* 22,77, < [*]*braon-menger*: poco convincente.]

125 Ai tempi dell'Antico Testamento (spec. VII sec.) la carne di pecora è preferita a quella di maiale in conseguenza della maggiore considerazione accordata ai modi di vita della tribù di Giuda (nella dicotomia Giuda *vs.* Israele e pastori *vs.* cittadini). In seguito la dogmatizzazione religioso-culturale ha trasformato questa preferenza in tabù.

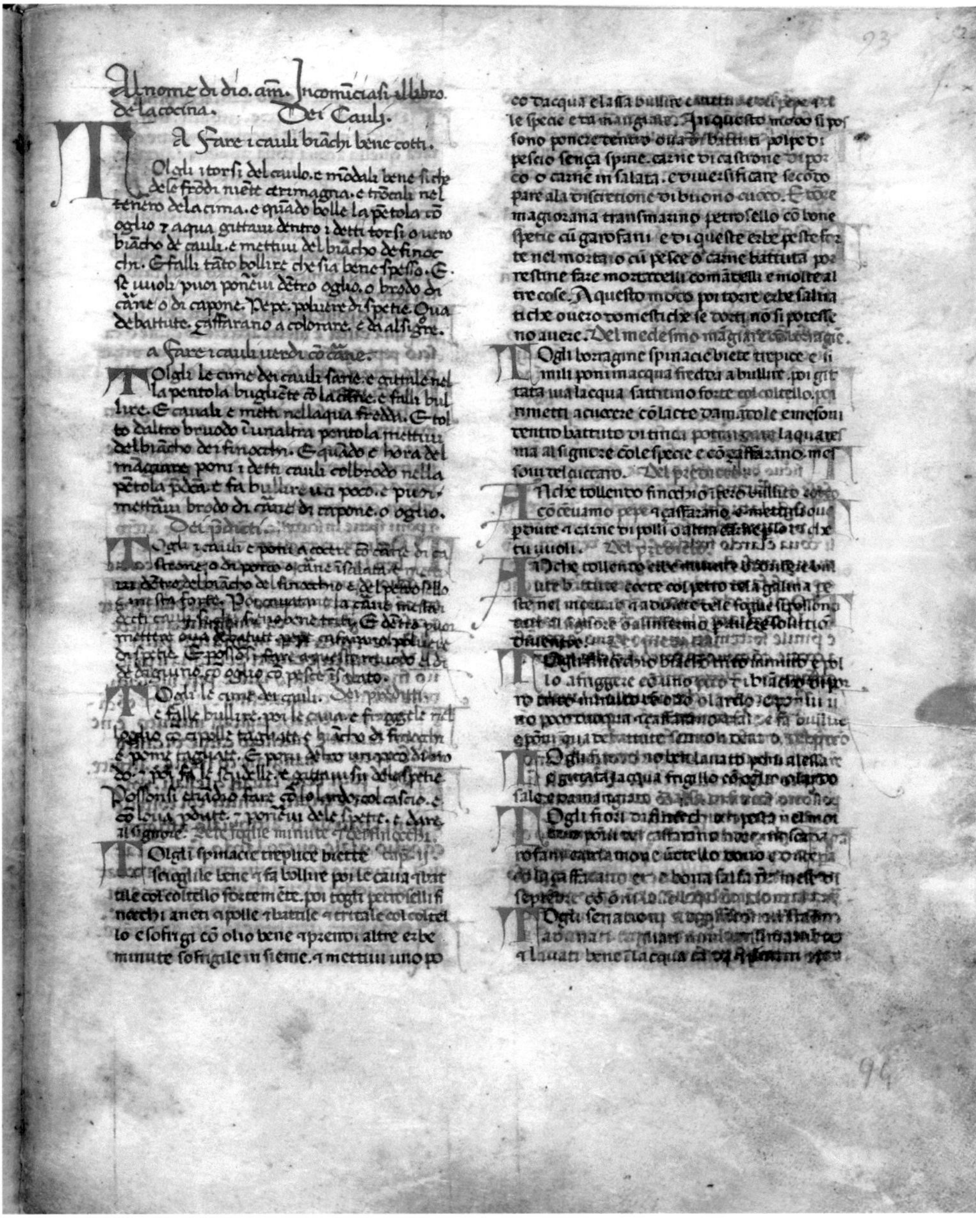

Bologna Biblioteca Universitaria Manoscritto n° 158 f° 94r°

editore di LCucBo, Zambrini, dà una buona descrizione dei venti testi che vi sono contenuti, per lo più, parti I–XVIII, di argomento moralizzante e religioso in particolare: vedi LCucBoZ XVI–LIII. In coda, parti XIX e XX, si trova aggiunta una sezione culinaria composta di due testi, copiati in due fascicoli autonomi.

La parte identificata da Zambrini col ‹n° XIX› è un fascicolo di sei fogli, numerati da 86 a 92. Comprende il *Trattato di cucina* edito da Guerrini (LCucFrG; consultare LCucFrB), che comincia con un indice (incipit *.i. Se vuoli blanmangieri*, f° 86r°–v°), seguito dal testo (incipit *Se vuoli fare blasmangieri. Se*[126] *vuoli fare blasmangieri per .xij. signori, tolli .iij. libre di mandorle et una meça di riso*, f° 87r°a–91v°b[127]). Questo testo è incompleto; la mano risale alla fine del XIV secolo. Guerrini ritiene che il copista sia lo stesso della parte n° XX del codice (LCucBo); effettivamente la mano è molto simile, ma il nucleo della lettera riempie di più la riga, le aste ascendenti e discendenti sono più corte; il tratteggio è quello della scrittura libraria. Le iniziali sono solo simili. Il copista scrive sempre *tolli*, la mano A di LCucBo *togli* o *tolgli*.[128] In ogni caso il formato e l'allestimento della pagina (39 righe nel n° XIX invece delle 44–45 del n° XX ecc.) assicurano che i due fascicoli non costituiscono una sola unità codicologica.

Anche la sezione n° XX, il *Libro de la cocina*, f° 93–103 (f° 104 lasciato originariamente vuoto), oggetto della presente edizione, costituisce un fascicolo a parte, che è l'ultimo del codice. (Non si può stabilire con certezza se i due libri di cucina siano stati progettati come libri monografici, ma è possibile: anche il ViandVal e il LCucCa figurano come testi unici all'interno dei loro manoscritti.[129]) I fogli sono alti 274 mm e larghi 218 mm. Sono scritti su due colonne di 44 o 45 righe, corrispondenti a uno specchio di 204 x 72mm. Una più

126 L'inchiostro rosso nel manoscritto corrisponde alla stampa in grassetto nella presente edizione.

127 F° 92r° è libero, v° contiene un'annotazione probabilmente del XVI sec.

128 Guerrini corregge costantemente *tolli* in *togli*, cosicché nella sua edizione questa forma peculiare del *Frammento* scompare del tutto. Soprattutto Guerrini è altrettanto impavido di Zambrini a correggere il testo arbitrariamente (vd. *infra*): *vuoli* diventa *vuoi*, *lonça* diventa *lonza*, *tuolli togli*, *meço mezzo*, *huova uova*, *biancho bianco*, *dattari datteri*, *spetie spezie*, ecc. (n° 10).

129 Sergio Lubello, in *Atti*, ed. Librandi & Piro, Tavarnuzze 2006, 403, menziona il libro di cucina del ms. London Wellcome Inst. for the Hist. of Med. 211 [IV quarto del XV sec.] come il più antico libro di cucina monografico. È certo che i libri di cucina spesso erano copiati come compendi di conoscenze, ma è altrettanto certo che piccoli manoscritti singoli andarono perduti più facilmente.

antica foliazione a inchiostro si trova sul recto nel margine superiore a destra, quella moderna in piombo nel margine inferiore a destra (si adotta quest'ultima). C'è solo un richiamo: alla base del f° 100v°, *con ova* rinvia all'inizio del f° 101r° (vd. ricetta n° 143). La pergamena, di qualità mediocre, è molto sottile; in molte pagine l'inchiostro affiora in trasparenza: si può qua e là leggere anche il retro. Il foglio 97v° è un palinsesto, il che significa che la pagina era già stata scritta una volta e, dopo rasatura, è stata di nuovo adoperata.

L'indice delle ricette abbraccia tre colonne (inizio del fascicolo: 93r°a–v°a). A questo indice corrispondono le ricette n° 1–175 (numerazione originale i–cxij: alcuni paragrafi contengono varianti di ricette che nella presente edizione hanno ricevuto un numero proprio), scritte su f° 94–102r°b. Al f° 102r°b, riga 14, termina la copia assai ben curata del libro di cucina originario (non c'è nessun explicit e nessun segno grafico che indichi la conclusione).[130] Segue, dopo 19 righe vuote, senza titolo o iniziale, una parte senza dubbio non prevista all'origine (ricette non numerate nel manoscritto, qui n° 176–198: consigli pratici per la cucina, medicina, ricette per la produzione di aceto). Tutto il testo sembra trasmesso in copia, come testimoniano gli usuali errori di copiatura (molto numerosi) e i *sauts du même au même* nella n° 97 e nella n° 129 o anche la ripetizione nella n° 112. La parte finale (n° 176–198) dà l'impressione che il copista avesse l'intenzione di riempire le pagine vuote con ricette trovate qua e là.

Si distinguono almeno due mani: una mano A, quella dell'indice e del libro di cucina, ricette n° 5–175, e una mano B, quella dell'inizio del libro di cucina, f° 94r°a, righe 1–38, ricette n° 1–4 [dunque *capitolo i* della numerazione originale], e della chiusa, f° 102r°b – 103r°a, con parte delle aggiunte (n° 176; 181–193[131]: scrittura più piccola, 50 righe); inoltre altre mani coeve per 177–180 e 194–198.

La mano A impiega un carattere molto severo: è una rotunda[132] ben leggibile, del 1400 circa. L'inchiostro è sbiadito fino a diventare beige

130 In questo punto la pergamena è stata riparata al momento della scrittura.

131 Anche n° 175, margine.

132 La rotunda è una minuscola gotica sviluppatasi in Italia e, in special modo, a Bologna. Le spezzature gotiche sono in essa leggermente arrotondate, in particolare nei caratteri b, d, s, p e q. Inoltre è di struttura più ampia, non così stretta come la francese e la gotica tedesca da essa derivata. Il manoscritto mostra anche la a con cappello nella sua realizzazione tipica, con piccola pancia, lunga asta e arco superiore (il cappello) spesso tirato giù lungo, che termina con un filetto sottile

pallido, spesso così pallido che sono appena riconoscibili, ad esempio, le sottili cancellature o depennature del copista. Titoli e iniziali maiuscole sono in rosso. Le iniziali maiuscole di ciascuna ricetta si sviluppano su due righe (tranne la prima, che è alta quattro righe, ma anch'essa è molto spoglia).

La grafia non mostra alcuna particolarità. Usa poche abbreviazioni, quelle usuali: la tilde (titulus), ovvero un trattino leggermente arcuato, per *n* e *m* (frequente); la nota tironiana *9* per *con* (c'è di frequente anche *cō*, talvolta *cū*: esso corrisponde al lat. *cum*, ma vale per it. *con*, per es. n° 5 [ib., più alto, si legge *con olio* scritto *cō olio*]; idem passim, per es. una riga più in basso nella n° 5 e nella n° 12); [caso problematico: *ūctello* (?) per **victello*?, vd. VITELLO nel glossario].

Usa la nota tironiana *7* per *e* 'e' (*ed* davanti a vocale c'è solo una volta, n° 103, *et* davanti a vocale una volta, 63, *et* davanti a consonante solo sette volte,[133] altrimenti *e*, o appunto *7*), una *p* con asta tagliata da un trattino (ꝑ) per *per* (ad es. *distempera* nella n° 82), la ſ lunga con arco a destra sull'asta per *ser* (*servalo* nella n° 131), ι (diventata apice) sopra *p* per *pri*, uncino sopra *p* per *pre* (ad es. *predicta* nella n° 81) e *pra* (*supra* n° 25[134]), uncino sopra *a* (ã) per *ar* (così anche la mano B, ad esempio nel titolo della ricetta n° 2: *cō cãne = con carne*), *qn* con trattino sopra *n* per *quando* (raro, n° 14), *fco* con tilde sopra *c* per *facto* (n° 20). Per un segno (abbreviazione?) simile ad una *s* tonda vedi *sepis* nel glossario.[135]

Le lettere *n* e *u* si distinguono di solito senza problemi; *u* vale naturalmente per u e v, ma esiste anche *v* (per es. f° 102v°a, n° 183, l. 1, *vino*, al contrario ib., l. 7, *uino*). Anche *c* e *t* sono facilmente distinguibili: la *c* ha una sezione di arco superiore piegata, la *t* un fusto arcuato di sotto con un taglio diritto. Il nesso *ct* sta spesso per *tt*: grafia colta (*facto* 20, accanto a *fatto* 140). Ci sono anche alcuni trattini sulla *i*, ad esempio in *Deí predíctí* (ricetta n° 3) o in *íne* (n° 129 e 131). Il manoscritto adopera la *c* con cediglia per *z*; ci sono in tutto il testo solo due *z*

(toccando la pancia). Su tali questioni si veda Bischoff, *Paläographie*, p. 177ss. (ed. italiana: *Paleografia latina*, Padova, Antenore, 1992).

133 *et caldumi*, indice, in 88, *et riso* in 102, *et pesci* in 123, *et sale* n° 12, *et questo* 13, *Et quando* 32 e 65.

134 N° 111: sup*ra*; 122: *sopradicte*, *di sopre* e *di sopra*.

135 Nell'indice e nelle ricette n° 1–5 lo scioglimento degli stenogrammi è fatto in corsivo a scopo documentario e didattico (si veda ad esempio lo scambio di *in* e *ī*, cioè ‹*in*›, nell'indice, o le diverse forme di *Altramente*, illustrate nelle n° 25–28, scritto per esteso nella n° 34 per esempio). [La mia prima trascrizione aveva mantenuto tutti gli stenogrammi.]

(nella parola *çenzovo* 102 [mano A], *çenzovo* 196 [mano B], che del resto è scritta tre volte *cençovo*). La cediglia ogni tanto è stata dimenticata (*senca*, n° 144, *cucche*, 164). Prima di *i* l'affricata *ts* non viene resa con *z*, ma con una *t* latineggiante (*spetie* 1; *spatio* 133 ecc.). La *m* appare sporadicamente come *-m* finale meno ingombrante (*3*, per esempio *cum* nella n° 13, alla fine della riga, *Item*, n° 132, all'interno della riga). Come è usuale in questa scrittura, il copista usa la *r* diritta e quella rotonda (a forma di *2*), quest'ultima dopo *o* e *p*, ma spesso anche dopo *e* e *a*; sporadicamente viene realizzata in modo abbreviato, con l'uncino sovrascritto (ad es. *cõvalo* per *corvalo*, n° 81). Si trova scritto per esteso *Rubrica* nella n° 21, altrimenti si usa l'abbreviazione, o piuttosto sigla, R_x, ma anche R_x*ca* (n° 80) o *Rub'ca* (n° 116). La mano A scrive sempre la tipica <a> della rotunda, con il cappello sulla pancia che è molto piccola; la *d* è soprattutto la *d* rotonda con asta incurvata a sinistra (cfr. δ) fino a poggiare sulla pancia, con un leggero innalzamento sulla punta (*dd* consiste di una *d* a asta diritta e una *d* rotonda, ad es. *fre*dδ*a* nella n° 6, o anche all'inverso, *fre*δd*a* nella n° 151; curiosamente *infre*dδ*ati* e *infre*δd*ato* l'uno accanto all'altro nella n° 171), *medolle* e *lardo* nella n° 17 sono scritti con *d* diritta, altrimenti *lardo* con *d* rotonda (n° 29 ecc.). Dopo le iniziali rosse alte due righe all'inizio di ogni ricetta (nell'edizione messe in grassetto, di una riga) segue sempre un maiuscoletto (restituito nell'edizione), per esempio ***F**A la forma* (n° 129) e ***P**olpo grosso* (n° 130). Ci sono qua e là dei punti che strutturano il testo, spesso davanti alle maiuscole e alla fine di ricette o rubriche.

Il copista riempie tre righe, f° 99r°a, 15, 99v°a, 8 e 24, con un chiudi-riga, o riempitivo, per riequilibrare lo specchio del foglio. Il nostro copista usa a questo scopo una ı, che è depennata sottile sottile con un trattino inclinato a destra. Esso si trova anche nella sezione XIX del codice collettaneo Bologna, nel f° 87r°a,9 (= LCucFr n° i).[136]

136 Altri esempi: manoscritto Vaticano Vat. lat. 1966 [1340, rotunda italiana] f° 339v°a,–6 e b,6 (qui inoltre espunto), Hamburg 493 [XIV sec., rotunda italiana] f° 3r°,–4, Lisboa Bibl. nac. Alcob. 186 [1396, textualis gothica formata] f° 21v°,6 (con asta ascendente) [fonti: Joachim Kirchner, *Scriptura Latina libraria*, München (Oldenbourg) 1955, Tab. 44; Ernst Crous – Joachim Kirchner, *Die gotischen Schriftarten*, Braunschweig, Klinkhardt & Biermann, [1928] ²1970, illustr. 14; Joachim Kirchner, *Scriptura Gothica libraria*, München – Wien, Oldenbourg, 1966, Tab. 31a (p. 47, trascritta come ‹(·)›), Si ringrazia per le indicazioni su queste fonti Walter Berschin, Seminar für Lateinische Philologie des Mittelalters und der Neuzeit, Heidelberg], anche Wien ser.n. 2641 [Francia merid. (?) seconda metà XIV sec.] f° 3v°b,8 (Albucasis) [esempio di Thomas Städtler, DEAF], ecc. Si veda Marilena Maniaci, *Terminologia del libro manoscritto*, Roma, Ist. Patol. Libro, 1996, p. 198, che ha fornito la nomenclatura ita-

La mano B, evidentemente coeva, è quasi più corsiva della A. Usa senza eccezione la *a* onciale (tranne nelle iniziali, scritte più grosse, di *Al nome* e *A fare* nelle righe dei titoli); l'asta abbastanza elevata della *d* rotonda va in obliquo a sinistra (δ). La mano è meno precisa, soprattutto nella parte conclusiva che comprende le aggiunte, che seguono uno spazio bianco di 19 righe (ricette n° 176–198). È curioso osservare che la mano B non ha posato la penna alla fine della ricetta n° 4, come ci si sarebbe attesi, ma alla fine dell'ultima riga piena (fino a *e dare*), cosicché il copista A ha dovuto scrivere le due ultime parole, *al signore* (e di conseguenza la ‹a› è con cappello, e anche la ‹e› è quella più chiusa del copista A, vd. illustrazione).

Si colgono poi differenze linguistiche e grafiche: il copista B (che ha copiato tra l'altro l'Indice [R]) usa *maniera* (*Dei cauli, in più maniere* [R]1; [R]32), ma anche *modo* (e una volta *muodo*), mentre il copista A impiega solo *modo* (passim). B scrive *aqua* 1 e 2 vs. A *acqua* 5 ecc.; *corada* [R]92 vs. A *corata* 92, anche *coradelle* [R]123 vs. *coratelle* 123; *boragine* vs. *borragine*; *naponi overo naoni* vs. *naponi overo navoni*; *frementiera* vs. *fromentiera*; *fave frante* vs. *fave infrante*; *gioncata* vs. *ioncada*; *paniccia* vs. *panicia*; *troite* [R]129 [= *Liber* IV 8 *troit-*] vs. *trote* 129 ecc. (varianti come *pesce* / *pescio* sono proprie di entrambi i copisti).

Autori e destinatario

Libro di cucina e appendici non sono di un solo autore. Stile e modo di esposizione sono del tutto differenti.

L'autore del libro di cucina era un traduttore colto. Sulla sua origine sociale non si può arguire niente. Lo stile è chiaro e si colloca nella tradizione dei trattati tecnici. È certo che egli fosse esperto anche di latino. Molto spesso il suo testo è più chiaro di quello dell'autore del testo latino, e ciò presuppone che egli comprenda bene il testo e lo interpreti correttamente (ma può aver avuto davanti una versione latina più chiara: vd. *infra* il cap. ‹Confronto della traduzione con RecCulLib e LCucMerA›).

Ma soprattutto l'autore non era un profano di tecniche culinarie. Si dedica infatti con successo alla formulazione didattica e linguistica del testo. Un esempio: il testo conosce ovviamente l'agresto, salsa aro-

liana per il *Vocabulaire codicologique* (http://vocabulaire.irht.cnrs.fr), che dà il segno nella fig. 126c, sotto *bout-de-ligne* (amabile indicazione di Sara Centili).

matica allora quotidiana; egli la nomina normalmente *agresto* (anche *agresta*). Ma in una ricetta per uova ripiene (n° 140) traduce il latino medievale *agresta* con *verçuço francioso* (*e mangia, agiontovi il savore che si dise ‹verçuço francioso›* [cfr. LCucMerAB CXXXIIII *versuco de Parisio*, senza ricetta]). Rimane incerto se con ciò egli designi una particolare variante dell'agresto, ad esempio quello granulare (cfr. *verjus esgrené*, ViandValS n° 10, citato *supra*), ma in ogni caso risulta chiaro che egli vuole introdurre una denominazione poco conosciuta.

D'altra parte troviamo ricette registrate due volte, come si è potuto osservare *supra* per l'aspic (*gelatina di pescio*, n° 68, quasi identica come variante del *brodo del pesce*, 69, data di nuovo: 70). Ciò dimostra, come molti altri fatti, che il manoscritto del *Libro* non può essere trattato come ‹originale d'autore› ma che esso è il risultato di un'elaborazione e di una trasmissione stratificate.

Sulla paternità delle ricette del libro di cucina vero e proprio non tradotte dal *Liber* a noi noto (cioè tra quelle numerate 1–175) si può solo speculare: una diversa fonte latina, un più ampio libro di cucina latino, ampliamenti da un libro di cucina italiano (in considerazione dello stile coerente, ma certo è improbabile), aggiunte del traduttore? È sicuro soltanto che tutte le ricette sono scritte grosso modo nella stessa lingua.

Il copista B del manoscritto potrebbe anche essere il compilatore delle aggiunte (n° 176–198). Se è così, egli è probabilmente anche l'autore della quarta parte delle prescrizioni per la produzione di aceto (n° 192). Forse qualcosa sulla sua persona può essere dedotto dall'analisi di questa ricetta. Le prime tre parti descrivono tre metodi plausibili per produrre l'aceto: lasciar riposare il vino in un recipiente aperto e riempito per metà, cioè ossidazione naturale per mezzo dei batteri dell'acido acetico; oppure accelerare il procedimento tramite ferro o pietra; infine mettere il vino cotto al sole. Il quarto appare inizialmente incomprensibile:

> Quarto. ne pone la glosa in ·la legge· in venditionibus .p. finale .ff. de contrahenda emptione alcuni modi.

È sorprendente che si metta in risalto *la legge*. Lo stenogramma *.ff.* corrisponde al greco π; questo rinvia alle Pandette, la parte più importante del *Corpus iuris civilis* o *Digesta*, il noto codice civile di Giustiniano dell'anno 533. Pubblichiamo questa ricetta come segue:

> Quarto, ne pone la glosa in 'la legge', ‹in venditionibus›, paragrafo finale, Pandectis, ‹de contrahenda emptione›: alcuni modi.

E ciò dovrebbe significare:

> Il quarto [metodo per la produzione di aceto]: prendine la glossa ne ‹la legge› [= Digesto], [capoverso che comincia] in venditionibus [= capoverso 9], ultimo paragrafo [= seconda glossa] delle Pandette, [nel libro e titolo che comincia con] de contrahenda emptione: più modi.

Di fatto nelle Pandette, libro 18, titolo I, incipit, si trova:

> De contrahenda emptione 'sul contratto di compravendita', capoverso 9, incipit: In venditionibus 'nelle vendite'. Glossa 2 «Inde quaeritur, si in ipso corpore non erratur, sed in substantia error sit, ut puta si acetum pro vino veneat... ego in vino quidem consentio, quia eadem prope οὕσία [id est substantia] est si modo vinum acuit: ceterum si vinum non acuit, sed ab initio acetum fuit...». La domanda su quando possa essere nullo un contratto di compravendita viene qui esemplificata con l'acquisto di vino che arriva all'acquirente come aceto.

È chiaramente uno scherzo da giurista chiamare questo paragrafo un metodo per la produzione dell'aceto.[137]

Se ne può concludere che il compilatore aveva una formazione da giurista, ammesso che un copista non abbia semplicemente copiato lo scherzo con le altre preparazioni. Ma questo sposta solo la domanda sull'autore presunto della ricetta dell'aceto.

137 Si veda l'edizione dei *Digesta* di Theodor Mommsen, Berlin, Weidmann, 1902, pp. 229a e 230a. Anche in questa edizione moderna si usa come titolo corrente *De contrahenda emptione.* (Yela Schauwecker ne ha ricercato per me la collocazione nelle Pandette.) Nell'ant. fr. JostPletR p.169 è menzionato il capitolo, ma non pubblicato. – Tra l'altro lo stenogramma *ff* nella locuzione «etwas aus dem Effeff beherrschen / dominare qualcosa all'Effeffe», che è comune in tedesco, sembra significare, ‹secondo tutte le regole dell'opera giuridica delle Pandette›, e cioè dominare qualcosa in tutti i dettagli. Si veda Cappelli, *Abbreviature,* 137; Lutz Röhrich, *Lexikon der sprichwörtlichen Redensarten,* Freiburg (Herder) 1973, 222; Bernhard Bischoff, *Paläographie des römischen Altertums und des abendländischen Mittelalters,* Berlin, Schmidt, ²1986, 222, pensa che ff corrisponderebbe a una D tagliata con un tratto obliquo a destra e che starebbe per *digesta.*

A proposito del destinatario di questo libro di cucina, si potrebbero trarre conclusioni in base al tipo di ricette o al testo stesso. Primo, diversamente dal libro LCucFiM, le ricette non contengono alcuna indicazione precisa su ospiti e porzioni. Secondo, un accenno importante è l'onnipresente «e dà al signore» alla fine delle ricette (n° 1 ecc.) o anche «e dà mangiare» (n° 5, 10, 26, 33, 43, 49, 55, 59, 71, 89, 95, 116, 131, 165, 172), «e dà a mangiare» (n° 24, 42, 45, 56, 60, 61, 74, 90, 97, 106, 108, 109, 111, 149, 166, 169, 178): evidentemente viene interpellato un cuoco che cucina per una casa signorile. A favore di ciò parla la formulazione che compare una sola volta «per la comune famiglia» (ricetta assai modesta, n° 32) e, sempre una volta, «si portarà nella corte» (145), o «il discreto cuocho porrà in tutte cose essere docto secondo la diversità dei regni» (157). La formula «e mangia» si contrappone tuttavia a questa (n° 65, 73, 79, 80, 103, 113, 114, 118, 127, 133, 135, 136, 139, 140, 141, 146, [152], 159, 165, 167): qui ci si rivolge al cuoco o alla cuoca, o anche alla padrona di casa, come a chi cucina per sé (o per i suoi),[138] così come nelle introduzioni per le varianti delle ricette (*o quello che ti piace* (27), *come ti piace* (79), et sim., *se vuoli* (1, 9, ecc.) e simili. Sembra dunque che si possa concludere che il libro sia stato pensato per un cuoco professionale ma che l'autore, cuoco lui stesso, abbia di mira come convitati il cuoco o anche il suo padrone (di volta in volta con il loro seguito). Come prova di questa ipotesi può servire una citazione dalla ricetta n° 157: *Per queste cose che ditte sono, il discreto cuocho porrà in tutte cose essere docto, secondo la diversità dei regni. E porrà i mangiari variare e colorare, secondo che a lui parrà.* D'altra parte questa formulazione ha una corrispondenza già nel pre-testo latino (*da comedentibus* n° 42 ecc., *da comedere* 43 ecc., *et comede* 53 ecc.), poiché anche lì non viene nominato un signore come convitato, ed è questa la struttura del linguaggio specialistico ricorrente nel genere letterario ‹ricette di cucina›. Anche Apicio scrive alla fine di molte ricette *et inferes* (p. es. IV ii 35; vd. inoltre il libro accadico citato *sopra*). LCucFr non ha nessun accenno di tal genere, LCucFi si accontenta qua e là di osservazioni come *Per più o per meno gente, a questa medesi-*

138 Martellotti, *Ricettari*, 33–34, crede di riconoscere una relazione tra queste formulazioni e il testo di confronto, in particolare *mangia*, se la ricetta si trova anche in LCucMerA, il che però non è sempre giusto. – Si confronti quanto detto in precedenza sul *Menagier* (MenagB, fr. ca. 1393): in principio la copia di un più antico libro di cucina con appendici personali sulla tecnica culinaria.

ma ragione togli le cose (n° 4); d'altra parte le ricette di questi due libri, come anche di LCucCa, sono concepite ogni volta per ‹dodici ghiotti›.

Lingua del testo

Osservazioni sulla grammatica

La lingua del nostro libro di cucina è comparativamente neutra: si tratta di un toscano privo di peculiarità evidenti, nel quale cioè non è facile individuare tratti locali. Saranno qui menzionate alcune caratteristiche contrastive, proprio in vista di un tentativo di localizzazione.

Vocalismo

La forma it. *pisello* risulta da uno sviluppo toscano (RohlfsGr § 130). LCucBoM scrive tuttavia solo *pesello* (^{R}43; ^{R}167; 43; 46; 47; 167) come *peso* (43; 44; 45; 167); oggi la forma si incontra ancora soltanto nella Toscana occidentale (RohlfsGr § 49; Frosini, *Cibo*, 115–117: senese *peso* e *pesello*).

La forma ‹italiana› *detto* 'detto' si trova accanto a *ditto*; *detto*: 99 *detto brodo*; 103 *come detto è*; 124 *detto cascio*; 138 *detto farro*; 145 *detto arbore*; 149 *detto nucato*; *ditto* in *come ditto è* et sim. (73; 87; 99; 108; 110; 122; 132; 142; 157; 159), anche 155 *il ditto fegatello*; 159 *preditto*, oltre a ciò *dicto* ^{R}149; 7 *predicto*; 8 id.; 10 id.; 64 *predicto*; 65 *brodo predicto* ecc. (anche abbreviato: 13 *p̃ dcĩ*; 65 *p̃ dcõ*). Secondo RohlfsGr § 50 *ditto* è la variante toscana. Ma la distribuzione suggerisce che l'uso di *detto* sia più spontaneo, quello di *ditto* / *dicto* più libresco e formale, cioè meno ‹toscano› che, piuttosto, erudito.[139]

Pollo conserva la vocale tonica lat. volg. ó chiusa, così in ^{R}97, ^{R}98 ecc., 7 ecc. Ma si trova anche *pulli* 65, 67 e 122 (ogni volta a questo corrisponde nel testo latino *pullus*, ma anche *pollo* corrisponde a *pullus*). Viceversa il testo conosce *agion[to]* 23; 65; 77; 140, accanto a *agiun[to]* 50; 53; 139; 140; 175, che corrisponde all'uso moderno (caso di anafonesi). Questa oscillazione è considerata come tipicamente toscana,

139 Tutte queste forme si leggono per esteso, in una stessa ricetta, n° 103, *dicto*, *detto* e *predicta* (*predetti* nella 139).

sebbene si ritrovi anche in altre regioni (RohlfsGr § 66; 70; 71). Da questo punto di vista è incerto se *rotundo* (115; 129) accanto a *rotondo* (114) sia da considerare come latinismo (in nessun caso esso traduce lat. *rotundus*; cfr. RohlfsGr § 71).

La mancata dittongazione di *miele* (*mele* R149; 53; 54; ecc.) è anch'esso un fenomeno toscano (RohlfsGr § 85). Lo stesso vale per *o/uo* (RohlfsGr § 107): esclusivamente *ova* (R140; ecc.), ma *brodo* (1; ecc.) accanto a *bruodo* (2; ecc., molto meno usuale) e *coci* (81; 161) accanto a *cuoci* (76; 96; 127, ma considerare il paradigma del verbo). In compenso *puoi* (1; passim) è la forma regolare, *poi* raro (54; 64; 74; 103;[140] 106; 115; 149).

La *e* pretonica lat. volg. (lat. *ē, ĕ, ĭ*) in sillaba iniziale rimane generalmente conservata, ma in Toscana diventa *i* (RohlfsGr § 130; 1010). Ma Siena, e anche Arezzo, Roma e l'Umbria preferiscono spesso *e* (RohlfsGr § 130; Wiese n° 51, p. 25: non Firenze). Quindi: *ova debattute* (1; 3; ecc., 28 volte, 51: *carne debattuta*), accanto a *ova dibattuti* (5; *ova dibattute* 22; 40; 48; *dibattisi* 100).[141]

Invece di *metà*, dal lat. MEDIETĀTE, LCucBoM ha *meità* (64; 111 bis; 197); questo è considerato un senesismo (CastellaniGr 357).

La *o* pretonica lat. volg. in sillaba iniziale rimane conservata, ma in Toscana, come anche in alcune altre zone, ha una tendenza a passare a *u* (Wiese n° 54; RohlfsGr § 131; cfr. CastellaniGr 356), per cui *scudella* 'scodella' in LCucBoM n° 4 ecc., mai *scodella* (ma p. es. in LCucFiM 43). L'esito *bullíre* (R149 *bullíto*; 2; ecc.), accanto a *bólle* (1; 68; ecc.); *bóllano* (77); *bollóre* (53; ecc.), è da confrontare con *suttilmente* (134, ma è tradotto dal lat. *subtiliter*): esito condizionato dalla *i* seguente (secondo Wiese n° 53). [Accanto si trova *bollire* 1; 5 ecc., e *sottilmente* 106; 133 (< lat. *subtiliter*); 148; 160.]

Lat. *au* diventa regolarmente *o* (*cosa* 65), ma *caulo* 'cavolo' appare in LCucBoM solo in questa forma (R1; ecc.); CastellaniGr 288 lo considera un regionalismo toscano occidentale (cfr. RohlfsGr § 41; emil. *colo* Bonafé, TLIO).

È distintiva l'apertura di *e* in *a* davanti a *r* in proparossitonia. Lat. MĬTTERE > it. *mettere è normale*, ma soprattutto in Toscana e in particolare a Siena si è sviluppato *mettare* (Wiese n° 67; RohlfsGr § 139; 587; CastellaniGr 350), da cui LCucBoM *puoi mettarvi*... 2; 126; *metarvi*

140 Qui il copista ha prima scritto *po*, poi lo ha cancellato e infine ha scritto *puoi*.

141 LEI 5,489,6; 491,25; 38; ecc. registra *de-* solo sporadicamente per l'Italia settentrionale.

138 (accanto a *mettere* 3; 73; 106; 115, *metervi* 44; 47), *çuccaro* 6; ecc., *prendare* 182 [nella ricetta; il titolo ha *prendere*], *paparo* [R]71; [R]156; 71 [anche nel titolo]; 72; 109; 156 [anche nel titolo], *dattaro* 122, [*dattalo* 74].[142]

Consonantismo

La *s* sorda iniziale davanti a *i* e *e* rimane conservata, ma soprattutto in toscano c'è la tendenza a passare a *š* (RohlfsGr § 165), da cui *sciguramente* 191 (nelle aggiunte: mano B).

La *p* intervocalica è stata normalmente mantenuta in Toscana (*rapa* [R]32; ecc.), ma soprattutto il toscano più antico (Brunetto Latini, Guittone d'Arezzo, Dante) conosce lo sviluppo a fricativa sonora *v*, che nell'Italia settentrionale è regolare (RohlfsGr § 206 s.), da cui nel testo *savore* ([R]153; ecc.; 72; ecc.) accanto a *sapore* (93, solo nel testo, il titolo ha *v*, e in 186), e oltre a questo *saporosso* 36 e *asaporare* 99; 102; 122; 123; 124; 159. Allo stesso modo *napone* [R]29 *Dei naponi, overo naoni*; 29 [titolo: *De naponi, overo navoni*]; 64, accanto a *navone* 29 [titolo] e al problematico *naoni* [R]29.

La mancata geminazione delle consonanti intervocaliche non sorprende nel toscano più antico (RohlfsGr § 229): *capone* [R]75; ecc. (frequente; ma *-pp-* solo in 97 e 123); di contro *gitare* solo tre volte (39; 75; 114), *gittare* frequente ecc.; nota anche *arosto* [R]153; ecc., *arostito* [R]160; ecc., *arostire* 71; ecc.

Il gruppo *r* + *i* in iato diventa in Toscana *i* per assimilazione, ma non è regolare davanti a *i* (*rji* > *ri*) (RohlfsGr § 284), per cui *caldaia* (< *caldaria*) 73; 106; 107, *solaio* 'strato' 63; 69; ecc., e oltre a questo *tre solari* 116 (cfr. anche *cocinaro* [R]1).

Il gruppo *s* + *i* in iato (anche *s* + *e* in iato, nesso consonantico romanzo *s* + jod) passa regolarmente a *š*; la grafia antico toscana *-sci-* è del tutto usuale (RohlfsGr § 286): LCucBoM ha sempre *cascio* ([R]160; 4; 19; ecc.), mai *cacio* o *caso*; allo stesso modo *abrusciare* 71; 95; 192.

142 *Capparo* 63 ha *a* etimologico, *çuccaro* anche a dire il vero.

Morfosintassi

L'articolo maschile è *il* (*il libro*, titolo; *mettivi dentro il pescio... cavalne, e fa bullire il vino... poi, collato il vino* 68; *il lardo* 79; ecc.), *el* (*el dì* 3; *el tempo* 38; *el riso* 102; ecc., RohlfsGr § 414: Firenze e Siena; 455: Arezzo), *lo* (*lo lardo* 4; *lo dì* 7; 11; 13; 78; ecc.), e oltre a queste le usuali forme con elisione: al plurale *i* (*fare i cauli* 1; ecc.), *li* ([R]16; ecc.), davanti a vocale: *per li orecchi* (133), altrimenti *gli* (*di tutti gli ucelli* 66; *de gli altri* 111; *a gli occhi* 187; *a gli orecchi* 190).

Esempio della legge Migliorini: *pollo sulla graticola del ferro* (111). [Vedi L. Tomasin, RLiR 80, 2016, 45–71.]

Negli elenchi può mancare l'articolo (RohlfsGr § 425): *col sucho d'aranci o di limoncelli o di lumie* 71, contro *Simile si può fare del capo di castrone o vitella* 73; ecc.

L'accusativo del pronome personale *il* (invece di *lo*) si trova soprattutto nel toscano più antico (soprattutto dopo vocale, RohlfsGr § 455): *anche il lava con l'acqua* 88; 90; *tu il dai* 102; 106; *overo il puoi arostire* 112; *ancho il può empire* 112; ecc.

L'oscillazione tra genere maschile e femminile, specialmente al plurale, è normale per voci come *tuorla* e *uovo* (vd. TUORLO e OVO nel gloss. e cfr. RohlfsGr § 384: plurale dei neutri lat.). Ma il copista principale A sembra particolarmente insicuro nella distinzione del genere, come si vede nella ricetta n° 168: *tuorla d'ova sane o pesti*. Così c'è anche *fatti pome piccioli* (di un impasto, n° 106, vd. POMA e POMO nel gloss.) ed *agresta... questo* (nel ms. *agresto* è corretto con *-a*, ma *questo* è mantenuto, n° 153; il testo conosce i due generi, vd. il gloss. e cfr. inoltre RohlfsGr § 397: agg. f.pl. con *-i*). In altri casi la variazione sembra a prima vista del tutto erronea: *porri... lavati e premute* 24; *capo di castrone o vitella, bene pelata* (riferito a vitella?) *in acqua bullita* 73; *budelli... con cipolla... polle a bullire* 91; *petti sfilate* 102; *ventre... misture... pungilo... mentre esse si coce* 112. Nella ricetta n° 63, dove leggiamo *rape... non molte cotte*, si tratta di un'anticipazione della desinenza dell'aggettivo seguente (RohlfsGr § 886). Si aggiunge il caso di *fegate*, corretto già nel manoscritto con *fegati* (76). Non è possibile sapere se l'alto numero di queste variazioni, benché ammesse nella lingua (per esempio dalla declinazione con desinenze indipendenti tra sostantivo e aggettivo), dipenda da un idioletto o da una propensione particolare del copista.[143]

143 In n° 21, *polla* invece di *polle* risulta da un riferimento erroneo: *pere fresche... metille in acqua a mollare; e, gittata quella acqua, polla a bullire in altra acqua* (da correggere). – Vd. anche nel capitolo ‹Tecnica di edizione›.

Il futuro toscano antico *fia* (RohlfsGr § 592: Dante, Boccaccio, Machiavelli; < lat. FIAT, FIERI 'divenire') è attestato solo al singolare: *sciumato che fia quando bolle* 68; *poi che fia cotto* 95. Non è attestato *sarà*, ma sempre *sirà* (98; 108; 119; 129; 131; 136; 151; 159; 194 [mano B]); invece compare *saranno* (21; 54; 55), ma più spesso *siranno* (39; 53; 64; 65; 75; 136; 175), secondo CastellaniGr 353 n. [con riferimento a *Stat. miseric.*, Siena, 331] «tratti estranei al senese di città: *ir* atono in *sirà, -anno* (accanto ai prevalenti *serà, -anno*)». *Serà* anche in LCucBoM 46; 71; 72; 99; 106 (non c'è *seranno*).

L'imperativo in *-e*, soprattutto con pronomi enclitici, è italiano settentrionale e toscano, ma non fiorentino (RohlfsGr § 605; Wiese n° 166), per cui *concelo* 88 (per il resto *-i*). In altri casi l'infinito serve da imperativo: *dare al signore* 4, *metervi* 47; 76; 157, *ponere* 27, *ponervi* 4; 29, *torre* 5.

La III persona del presente congiuntivo della prima coniugazione ha in italiano antico la terminazione *-a*. Ma fino al XIV sec. la desinenza della seconda persona si è estesa alla terza (Wiese n° 164), per cui *cocansi tanto che 'l mosto torni a meço* 64; sim. 68; 70; 144; 159; 198 [aggiunte].

Il presente congiuntivo di *essere*, terza pers. pl., normalmente *siano*, è sempre *sieno* in LCucBoM (RohlfsGr § 696: per lo più nelle proposizioni consecutive): *mesta i decti cauli, sì che sieno bene triti* 3; 16; 53; 54; 170; 198.

La costruzione participiale assoluta (RohlfsGr § 726) è relativamente frequente in questo testo specialistico, ad esempio *sciumato che fia quando bolle* (il vino) n° 68; *collato il vino* ib.; 69; 106; *pelata che fie la galina* 107; 108; 183. La si ritrova più regolarmente nella formula *gittata via l'acqua* n° 6; 35; 38; ecc., sim.: *gittata l'acqua* 10; 15; 21; 35; 38; 39; 41; 44; 47; 48; 62; 138; 162; 165; tra 48 e 62 l'autore / copista scrive sempre *gittatane via l'acqua* (et sim.): 49; 50; 53; 59; 61.[144]

L'*altrimenti* che sta secondo RohlfsGr § 888 in analogia con *parimenti* si trova in LCucBoM 19 e 20 (accanto a questo *altremente* 44 e 54); oltre a questo anche *fortementi* 18, accanto all'usuale *fortemente* 5; 19; ecc.

I pronomi atoni non si trovano mai in epoca antica a inizio frase, ma sono uniti in enclisi al verbo (RohlfsGr § 469); da qui il titolo *In-*

144 Tali capricci non sono rari presso autori / copisti. L'accumulo della formula fino alla ricetta 62 è in relazione con il contenuto: arriva fin qui la sezione sulle verdure, che abitualmente vengono lessate in acqua, non stufate; l'acqua veniva regolarmente gettata via.

cominciasi il libro de la cocina; nella ricetta 4: *Possonsi etiandio fare.*[145] Così anche dopo *e* 'e': *E possonsi fare* (3; ecc.), *E falli tanto bollire* (1), *E cavali* (2) ecc., ma *In questo modo si possono ponere* (5; ecc.), *poi li cava* (27) ecc.;

anche le particelle avverbiali atone *vi* e *ci* diventano enclitiche in questa situazione (RohlfsGr § 900): *gittavi dentro* 1; ecc. (frequente), *ponerci del mele* 64; *e inchiudici dentro* 119 (solo queste due volte): legge di Tobler-Mussafia.

Il pronome *ne* partitivo, ad esempio in *cavatane* (3), *porrestine* (5), *ponne parte* (36) ecc., ricorre spesso, come ci si aspetta in un libro di cucina (Battaglia 11,279c, 1.). Dalla combinazione di *ivi* con *ne* paragogico nasce *ine* (*al tempo di carne ponasi ine del lardo* 129; *mettili un poco d'acqua e bolla ine dentro* 131), che secondo RohlfsGr § 904 (cfr. 336) ricorre frequentemente nel senese antico.[146]

Localizzazione

Già il primo editore Zambrini osservava: «è senza dubbio scritto originalmente da penna toscana, e per avventura, non ostante pochi senesismi ed altri vocaboli speciali soltanto a diverse provincie italiane, fiorentina». Riguardo ai senesismi, egli doveva esserne esperto,[147] ma un'origine fiorentina è poco probabile, dato che il copista (ovvero i copisti) tentò di evitare chiaramente provincialismi (cfr. il menzionato *po/puoi*) e sarebbe stato facile evitare i senesismi superficiali (avrebbe evitato ad es. l'imperativo in *-e*). È più probabile che l'autore fosse legato al senese e il copista aspirasse invece ad un toscano più neutro. Di questa tendenza sono forse testimoni gli infiniti con enclisi rimasti nella forma dialettale come *mettarvi* in opposizione a *mettere* (un solo *metare*), vd. il glossario. Mancano in ogni caso senesismi tipici, come *chesto* e *chello*, e ci si potrebbe attendere che parole come *stamigna* (102; 103) assumessero la forma **stamegna*, senza la tipica anafonesi fiorentina (metafonia di ẹ davanti a palatale seguente) (RohlfsGr § 49; Cas-

145 Inizio di frase con maiuscola nel manoscritto.

146 Si trova anche nell'Anonimo Senese (Segre, *Prosa del Duecento*, 489–509; 1086–1088, in part. p. 492).

147 Come editore dei *Dodici conti morali d'anonimo Senese*, Bologna (Romagnoli) 1862 (Scelta 9). Alcuni brani rieditti in Segre, *Prosa del Duecento*, 489–509; 1086–1088. Il testo traduce brani dall'antico francese *Vies des Pères* [Pères]; per questo contiene gallicismi. Cf. CastellaniGr n.192.

tellaniGr 353). Certe parole o significati sembrano locali, soprattutto le designazioni di realtà locali come *transmarino* o *petrosello*,[148] ma un linguaggio specialistico scritto come quello della cucina è poco regionale, e meno ancora dialettale, per essere piuttosto generale o, meglio ancora, italiano, se si considerano specialmente voci colte come *amido, cardamomo, cimino/comino* (questa forma sarebbe l'unica toscana, vd. TLIO). Specialmente le voci di cultura, generalizzate già con il mediolatino, sono difficilmente attribuibili ai dialetti. La dissociazione geografica di molti vocaboli non corrisponde ad una realtà storica. Il problema si complica ulteriormente negli studi per la confusione latente tra parola (segno linguistico) e grafia.[149]

Datazione

La datazione dei testi italiani antichi è difficile, specialmente se non si presenta alcun riferimento databile alla realtà extratestuale. Lo sviluppo piuttosto lungo dell'italiano nel tardo Medioevo rende incerto il riconoscimento delle pietre miliari. LCucBo deve essere stato redatto tra la fine del XIII secolo, la data della fonte principale RecCulLib, e il 1400 circa, la data del manoscritto. A questi termini cronologici corrisponde la datazione nel Battaglia, «sec. XIV», precisata talvolta con la posizione nella cronologia relativa delle attestazioni (prima di *Crescenzi volgare* per es.[150]). CortZol$^{1/2}$ dà la stessa datazione al secolo (p. es. RAVIOLO).

Il TLIO non ha accolto il nostro testo nella sua banca dati, ma lo cita in qualche decina di casi (in più casi come sola attestazione, p.es. *agrodolce*) con l'abbreviazione «Libro della cocina, XIV (tosc.)», sventuratamente secondo la cattiva impressione Faccioli. [La classificazione cronologica alla fine del secolo è dovuto all'ordinamento dei testi del TLIO che è in base all'ultimo anno dell'arco di tempo considerato; quindi le datazioni al secolo (XIV = 1301/1400) seguono

148 Tosc. umbr. *petrosello* ha un'area assai confinata: AIS 7, 1385 mostra un triangolo compatto dentro i punti 551/Chiusdino Siena, 556/Loreto Gubbio e 612/Capo Bianco Montefiascone.

149 Il problema non è nuovo, si veda Brunot 1,348s. La variazione grafica regionale è metodologicamente da disgiungere dalla distribuzione regionale di parole e di significati.

150 Come sotto PEPE, Battaglia 12,1073a; TENERO, 20,885c, 4.; VENTRE, 21,753b, 2. Pier de' Crescenzi: metà XIV sec.

quelle ad anni determinati entro il secolo, senza implicare che siano anteriori a quelle; a parità di datazione sono collocati prima i testi toscani, poi gli altri da nord a sud e da ovest a est (osservazione amabile da un perito estimatore)].

Il LEI sembra datare allo stesso modo; troviamo «LibroCucina, TB, sec. XIV» (5,491,39), ma anche «Anonimo, FaccioliCucina, fine sec. XIV» (D 10,37), «Anonimo tosc., FaccioliCucina, iniz. sec. XV» (1,1376,26), «inizio sec. XV, Anonimo, Faccioli» (5,895,13), «Anonimo, Faccioli, sec. XV» (7,964,33), «LibroCucina, TB, 1863» (7,964,53),[151] ecc. Anche la datazione più alta può essere presa in conto, senza arrivare ad una rivoluzione nell'ambito dei dizionari. Il confronto con la lingua del fiorentino LCucFi non indirizza il testo né verso un'epoca più recente, né tuttavia verso una più antica. In precedenza avevamo argomentato che si ha la sensazione che LCucBo sia meno elaborato (quindi più antico), che impieghi un linguaggio specialistico meno maturo di quello di LCucFi, ma ciò è difficile da dimostrare. LCucFi si colloca al più tardi nella metà del secolo grazie alla datazione suggerita dalla carta del manoscritto che lo tramanda (1338/1339, vd. *supra*). Se questa datazione fosse vera, e se il parere sulla cronologia relativa dei due testi fosse valido, si potrebbe collocare LCucBo al secondo terzo del XIV secolo (ricette n° 1–175; per i n° 176–198 varrà piuttosto la datazione del manoscritto, ca. 1400; ca. 1400 anche per i fenomeni di grafia).

Età della terminologia

La datazione con la massima precisione possibile è tra i presupposti basilari per lo sviluppo della ricerca lessicografica. Datazioni vaghe, ad esempio semplicemente in base ai secoli, a dispetto di una migliore conoscenza, ostacolano la ricerca. I motivi d'interesse sono molti, come ad esempio quello di poter stabilire la datazione del vocabolario nella storia delle idee, ma uno dei più importanti è lo stimolo per il ricercatore che può classificare direttamente il risultato delle sue analisi sull'asse cronologico delle attestazioni conosciute. Con qualche esitazione si potrebbe collocare LCucBo al secondo terzo del XIV secolo, come abbiamo visto. Se questa datazione conducesse a serie di straordinarie retrodatazioni, tale meraviglia parlerebbe da sola

151 Viene per errore da TomBel 4,1955 «Lib. Cucin. (Bol. 1863)».

contro una datazione così alta. D'altra parte c'è da aspettarsi che la corretta analisi lessicale di un testo come il nostro conduca ad alcune retrodatazioni. Ora, il testo è stato utilizzato dai lessicografi a partire dall'edizione di Zambrini del 1863, cosicché molto è già noto. Ma c'è da fare i conti, d'altra parte, con il fatto che il vocabolario tecnico non era pienamente conosciuto e compreso. E paradossalmente anche con il fatto che sconosciuto era il vocabolario specifico non solo della cucina, ma anche di altri ambiti del sapere.[152]

Più rilevante per la valutazione del vocabolario è tuttavia il confronto con le attestazioni letterarie o di altri testi specialistici. Potrebbe infatti risultare che un testo come LCucBo sia isolato, e il suo vocabolario non derivi da una tradizione autoctona, ma sia stato forgiato *ad hoc* dal latino o anche, indirettamente, dall'arabo (per esempio per alcune designazioni di piatti). Questo significa che un glossario, che è un derivato dell'analisi filologica, non può essere limitato solo al testo da analizzare. Senza il confronto costante con la letteratura nel suo insieme l'analisi si rivela priva di valore.

Tuttavia in genere chi compila un glossario non segue questa semplice regola. Per questo i glossari sono fondamentalmente un materiale altamente malsicuro per la lessicografia. Ma il rovesciamento del principio conduce a risultati altrettanto negativi: chi, per allestire un glossario, offre del lessico di un testo semplicemente le definizioni principali rintracciate nei dizionari, cadrà altrettanto spesso nell'errore. L'unico metodo efficace è cercare di capire il testo sulla base della lessicografia, per poi mettere alla prova la lessicografia stessa, partendo da una più profonda comprensione del testo. Per dirla in breve, il lavoro sul glossario avviene in un costante scambio tra apprendere e insegnare, come un ping-pong in cui l'autore faccia entrambi i giocatori.

Nel caso del *Libro de la cucina* si può rapidamente verificare che il testo ricorre a un vocabolario generalmente noto, almeno a partire dall'inizio del XIV secolo. Molte parole compaiono in Zucchero Bencivenni (spesso «ca. 1310» nella lessicografia), ad esempio *amido*, *lattuga* o *sparago*, altre in Pier de' Crescenzi (metà XIV sec.), ad esempio *composta* e *pastino*.[153] Il vocabolario della medicina, che

152 Con *pastino* si può osservare il contrario: il termine agricolo è noto, attraverso Battaglia, da LCucBo, e attraverso TomBel anche da PCresc [metà XIV sec.; stesso significato?]; si trova anche in LCucMerAB.

153 Esempio di come questi testi possano completarsi: LEI 5,491,38 attesta (*ova...*)

ricorre naturalmente in un libro di cucina medievale, è lo stesso usato dal *Libro della cura delle malattie* (LCuraMalM, iniz. XIV), il vocabolario degli ingredienti è fondamentalmente lo stesso nella *Mensa* di Firenze (Frosini, *Cibo*, anni 1344 e 1345) e nella *Pratica della mercatura* di Francesco Balducci Pegolotti (Firenze 1340). Il glossario dimostra spesso che la storia del vocabolario in questione comincia naturalmente in epoca molto antica, ma la situazione della trasmissione dell'italiano porta con sé qualche datazione relativamente recente.[154]

Linguaggio specialistico

La distinzione tra linguaggio specialistico e linguaggio comune è un problema linguistico generale allettante, che però non richiede di essere approfondito ogni volta che viene analizzato un linguaggio specialistico. Accettiamo il concetto come assiomatico e definiamo linguaggio specialistico il linguaggio in cui è scritto un testo tecnico. Lasciamo alla disciplina pertinente la definizione di testo tecnico rispetto ad altri testi: ciascuna disciplina particolare ha un linguaggio specialistico adeguatamente determinato. All'interno delle conoscenze tecniche viene quindi incorporato, definito e esaminato

dibattuto agg. a partire da PCresc (ancora datato al «1320»), e poi «sec. XIV, LibroCucina, TB» [= LCucBoZ] (questa attestazione è tuttavia ora da correggere in *debattuto*, LCucBoM n° 1); il verbo, *dibattere* v.tr. 'sbattere, rimestare, agitare violentemente sostanze liquide per mescolarle, amalgamarle, diluirle' è datato ib., 25, «prima metà sec. XIV, Bencivenni» e attestato tra l'altro da «Faccioli», ma questa fonte è di nuovo LCucBo[Z] (inoltre anche là *dibattuto* è sbagliato per LCucBo). [Pare che *dibattere l'acqua nel mortaio*, LEI 5,489,6, dovesse essere collocato qui; LEI 5,495,30 dà ancora *disbatere (cum le ove)* v.intr. 'agitare una sostanza con la forchetta per dare consistenza o far amalgamare', sec. XIV, LibroCucinaConsiglio (davvero solo con la forchetta?).] Non importa qui che si trattino insieme o separati il verbo e il suo participio perfetto usato come aggettivo, perché l'attestazione in LCucBo è ben collocata nella storia della parola.

154 In francese si trovano attestazioni di termini o di fatti tecnici spesso in testi letterari più antichi, per es. il *brodo sarracenico* (LCucBoM n° 74) che è documentato in MenagB (detto *hochepot de volaille*; ca. 1393), 100 anni prima anche in ViandValS 23 (*hochepot de poullaile*), ma il piatto, con il nome *hochepot*, si trova anche in SongeEnfM del 1214 ca., dove un traditore si minaccia che si farà di lui un *hochepot*, vale a dire un 'ragù'.

il linguaggio specialistico (lo stesso vale per la pratica orale del linguaggio specialistico).[155]

Un libro di cucina è senza dubbio un testo specialistico. È invece irrilevante se sia stato destinato a uno specialista (il cuoco) o a un profano, sebbene il grado di specializzazione possa essere diverso; per esempio in un manuale tecnico di cucina tedesco un *Durchschlag* è distinto da un *Passiersieb*, mentre in un libro per uso domestico viene detto semplicemente *Sieb*; allo stesso modo in italiano si possono differenziare *colino, colatoio, cola, colo, setaccio, chinois / colino cornetto, passino, passatoia, stamigna* (*tela, panno, pannolino*), *colabrodo* (qualcuno potrebbe pensare al calcio), *colapasta, passaverdura, vaglio* ecc. La circostanza per cui *colino* è familiare a chiunque non diminuisce la sua qualità di termine tecnico, sebbene il lessicografo debba annotare se la medesima parola venga definita nel linguaggio specialistico diversamente dal linguaggio comune (come ad esempio *vapore* in fisica e nel linguaggio comune, confrontabile con *pesce* nell'espressione «la balena è un pesce», che suscita le reazioni dei pedanti). La separazione tra i due registri linguistici rimane difficile. Ma poiché anche il linguaggio specialistico è lingua, esso può essere analizzato secondo la struttura del testo, la sintassi, la grammatica, il lessico ecc. Proponiamo solo alcune osservazioni.

Un libro di cucina, quando non si tratta di un manuale tecnico di cucina, è un testo specialistico molto elementare poiché ha una macrostruttura semplice: usualmente è una sequenza di ricette presentata in forma di lista. Tanto il *Liber* che il *Libro* sono per questo aspetto ancora relativamente esigenti, dato che raggruppano le ricette per contenuto (nel *Liber* ci sono cinque capitoli con titoli specifici[156]) e talvolta rinviano da una ricetta all'altra. Al contrario LCucCa è disposto in ordine alfabetico, quindi senza struttura alcuna (ma in modo che il

155 Si veda la discussione breve e pertinente di Robert Martin: «Trois sortes de critères sont à priori envisageables pour cerner la notion de mot scientifique ou technique, des critères proprement linguistiques, un critère référentiel ou bien un critère sociologique... En fait le seul critère pertinent est d'ordre sociologique: est scientifique ou technique un vocable qui appartient en propre à une communauté donnée, communauté de savants ou corporation de métier...», in *Le traitement lexicographique des mots scientifiques et techniques*, in Lexiques scientifiques et techniques. Constitution et approche historique, ed. O. Bertrand, H. Gerner e B. Stumpf, Palaiseau, Éd. Éc. Polytechn., 2007, 27–33.

156 [I] *Primo a genere herbarum tanquam a facilioribus inchohemus*; [II] *De carnibus volatilium et primo de domesticis*; [III] –; [IV] *Hic docet de piscibus*; [V] *De cibis compositis ex multis et primo de batutis.*

cuoco trovi rapidamente la ricetta, se ne conosce il titolo). La rintracciabilità della ricetta è garantita nel *Libro* attraverso la numerazione e i titoli delle ricette scritti in rosso (nell'edizione in grassetto). L'indice preposto, con i numeri delle ricette, consente una rapida visione d'insieme. Le varianti delle ricette non sono numerate progressivamente, ma l'indice vi fa parzialmente allusione con espressioni come *in più maniere, in septe modi,* mentre nel testo sono contrassegnate sempre dalla rubrica *Altramente* (in nero). Da tali varianti, ma anche dalle ricette ‹principali›, si rinvia spesso al già detto, come è tipico dei testi specialistici: ad esempio *sopradicte spetie* 57; *come di sopra* 63; 67; *come ditto è di sopra* 73; *come nell'altre cose fu ditto* 87; *come ditto* 99; ecc.

Da ricetta a ricetta non c'è praticamente in LCucBo nessuna differenza strutturale. La ricetta comincia per lo più con un invito all'azione, *togli,* cui segue la menzione dell'alimento di base; tutto il resto promana dalla logica del cucinare. Fanno da chiusa molto di frequente *dà al signore* 1, *dà mangiare* 10, *dà a mangiare* 24, *e mangia* 133, et sim.

Osservazioni sintattiche

Accanto al tipico imperativo *togli* (II persona singolare[157]) fino all'epoca moderna legato al linguaggio specialistico della cucina (in antico, anche a quello farmaceutico) si trova anche *prendi* (5; 69; 82; 86; 90; 111; 181), *piglia* (81), *abbi* (69; 73; 122; 141; 153), *fa* (*falli tanto bollire* 1; ecc.), *poni a cuocere* 64, o una costruzione passiva con congiuntivo esortativo come *frigansi li polli* 98, *friggasi* 88; *friggansi* 83; 100, *ponansi* 18; 39; 90; 119, *ponasi* 38; 90; 129, *cochansi* 52; 98, *cocansi* 64, *cochasi* 129, *cocasi* 125, *facciansi* 129, *facciasi* 116; 145, *mettasi* 100; 129, con verbo modale direttivo: *debbiansi empire* 145, *debbiansi cocere* 148, *debiasi mettere* 73, ecc.; ci sono inoltre infiniti con valore imperativo: *torre* 5; 106, *porre* 132; 157, ecc. Effettivamente in tutti i libri di cucina più antichi nelle espressioni direttive l'imperativo (esortazione diretta) e il passivo (esortazione indiretta) sono le strutture sintattiche usuali.[158] Nei moderni libri di cucina si trova la seconda persona plurale o l'infinito. A questi mezzi espressivi appartiene anche la negazione direttiva: *arostilla, non*

157 Apicio usa *accipies* IV ii 4, *tolles* IV iv 1, *coques* V i 1, *condies* IV v 2, ecc.

158 Accuratamente indagate per il tedesco da Trude Ehlert, *Nehmet ein junges Hun, ertraenckets mit Essig. Zur Syntax spätmittelalterlicher Kochbücher,* in Bitsch, *Essen,* 261–276.

perciò a pieno 73; *il brodo non de' essere spesso* 77; *non metendovi acqua* 103; *e non le torre tutte* 106; *distempera che non sia troppo spesso* 111; *non si tagli, nè non si scortichi* 128; *che non si sparga* 132; *non vi si pona çaffarano* 134; *non porre però çaffarano* 157; *che non sia troppo* 159; ecc., ed anche il congiuntivo: *bollire che sia bene spesso* 1; *pesta che sia spessa* 36; *fa che la carne sia bene debattuta* 51; *lassa che sia fredo* 68; ecc.

Alla strutturazione dei procedimenti di preparazione delle ricette servono per lo più *poi* e *e*; di frequente sono scritte con maiuscole (mantenute nell'edizione): *Poi* 3, ecc., *E* 1, ecc. *Anche* introduce una variante della ricetta (7; 8; 19; 25; 128; 159; 163; 165).

Ausili didattici come i versi mnemonici, frequenti in grammatica, medicina e farmacia, non si trovano nei libri di cucina. Non è sorprendente allora che l'unico verso mnemonico emerga nell'appendice sulla medicina, per giunta anche in latino: *Versus. Est sitis, est estus* [= aestus], *stercus, ventositas ani.* Questo esametro riassume i sintomi di una purga andata a buon fine, che vengono poi esposti nel testo (n° 184).[159]

Osservazioni lessicologiche

La precisione dell'esposizione delle ricette richiede a ogni pié sospinto l'inserimento di vocabolario specialistico. Ingredienti, loro trattamento, fasi di preparazione, metodi, strumenti, modo di portare in tavola ecc., quasi ogni parola appartiene al linguaggio specialistico in senso stretto. Un buon esempio è la ricetta *A empiere uno pavone* (n° 106): dato che è una pietanza molto complicata e laboriosa, niente viene lasciato al caso (*involgi il dicto pavone in una rette di porco, e fermalo con brocche di legno...*). [Per l'intenzione pedagogica dell'autore vedi *supra* nel capitolo sul contenuto.]

Questo linguaggio specialistico si è trasformato poco fino ad oggi. Molti termini sono ancora validi, altri sono usciti dall'uso (in parte perché l'oggetto non è più adoperato), come *disbattere*, che è stato sostituito dal semplice *battere* (questo manca nel *Libro*; vi si trova *sbattere*, che si usa ancora oggi), o *empiere*, che ha fatto posto a *riempire*, *farcire* e *imbottire* (che qui mancano).

159 Nell'insegnamento sulle purghe di Pseudo-Mesue non compare questo verso, cfr. Sieglinde Lieberknecht, *Die Canones des Pseudo-Mesue. Eine mittelalterliche Purgantienlehre*, Stuttgart, Wiss. Verlagsges., 1995 (Quellen und Studien zur Gesch. der Pharm. 71), Versio antiqua, Quarta intentio: conseguenze della purga.

Le designazioni delle pietanze, più precisamente i titoli delle ricette, seguono principalmente tre modelli: nominano l'alimento da cucinare, come *Dei cauli* 1, *De li sparaci* 16, *De le starne* 78, ecc., nominano la pietanza da cucinare, come *Del brodo del pesce* 69, *Del brodo sarracenico* 74, *Del pastello romano* 116, *Del pastello di capretti* 117, ecc. [notare la differenziazione di *pastello / casciata / torta / coppo*], o nominano un ingrediente caratteristico o un condimento, come *De la peverada* 94 (una salsa scura con pepe), *cennamata* 93 (una salsa alla cannella),[160] *casciata* 124, *erbata* 124; 147, ecc. A questo terzo gruppo appartengono *De somacchìa di polli u de ucelli* 97 ('piatto al somacco...'), *De limonìa di polli* 98 ('piatto al limone...'), ecc.: Per la *limonìa di pollo* il pollo viene rosolato con lardo e cipolle, annaffiato con un brodo a base di maiale e fecola e portato a cottura; solo al momento di servire viene aggiunto succo di limone. Questo tipo di designazione del piatto è stato preso dalla tradizione araba. Il riconoscimento del modello fondamentale per questo tipo di designazione è utile per la questione etimologica (si confronti anche *supra* le osservazioni nel cap. ‹Nozioni dedotte dalla filiazione testuale›). Vediamo un esempio.

La ricetta n° 105, *De festiggìa*, non contiene niente che giustifichi la designazione: il pollo viene rosolato con lardo, poi lessato in acqua, con zucchero, aromi e zenzero. Questa ricetta corrisponde quasi alla lettera a quella del *Liber*, salvo per la menzione di *pulvere zinziberis albi*, sostituita in italiano da *spetie e çençovo*. Infine dice: *et fac spissum / e falo spesso*, cioè denso, non acquoso. Ciò significa che il pollo viene cotto con poca acqua fino a che diventi molto morbido e quindi abbastanza pastoso e ben legato. La ricetta è coerente, ma il fatto che essa non dia conto del suo nome sembra indicare che manchi un ingrediente. Il suffisso della pietanza *-ìa* indirizza verso la tradizione di ricette araba. Rodinson si era interessato a *romanía*, *lomonía* e *sommachía*,[161] ma non a *festiggìa*. La lessicografia italiana e mediolatina non danno ancora alcun sostegno.[162] Invece troviamo in Baġdādī

160 Il titolo *De li savori* (93, antica numerazione *.xxxviiij.*) doveva in origine essere applicato a varie salse, ma serve come titolo solo per la *cennamata*; essa non ha un suo proprio titolo. Segue *De la peverada* (94, antica numerazione *.xl.*), sempre una salsa. Il seguente *De civeri di lepore e altri carni* (95) descrive una categoria di pietanze che richiedono una preparazione particolare, in cui salsa e liquido sono congruenti (= [Hasen-]Pfeffer / [lepre] in salmì (al pepe): denominazione paragonabile in tedesco).

161 R 71 (1950) 433–449; menziona a p. 434 ancora *gratonia*, *zeunia* e *camollía* (che non poteva etimologizzare).

162 Neanche FEW 19,49a, né Arveiller ZrP 92 (1976) 91–93, dove si trovano informa-

sotto il nome *Fustaqīya* sia una pietanza fatta di petto di pollo con pistacchi (p. 197), sia un tipo di halwa ai pistacchi (p. 211, nel capitolo «Ḥalwā»). La denominazione dei due piatti è data sulla base dell'ingrediente centrale *fustaq* 'pistacchio'. In Baġdādī il pollo viene lessato per metà, poi la sua carne, staccata dall'osso e spezzettata, continua a cuocere, sempre rimescolata, con l'aggiunta di pistacchi tritati, ed è infine zuccherata. Si tratta chiaramente della nostra ricetta. La tradizione testuale europea tralascia i pistacchi (in altre ricette sostituiti con mandorle), oppure considera che l'uso dei pistacchi sia implicito nel titolo della ricetta. Ma dato che né il mediolatino né l'italiano rinuncerebbe a denominare l'ingrediente principale e a indicare l'aggiunta dei pistacchi, l'omissione deve essersi già prodotta in una fase anteriore della tradizione. In ogni caso l'etimologia di *festiggìa* è sufficientemente accertata.

Di fondamentale interesse è la constatazione che la motivazione originaria della designazione di un piatto possa andare perduta senza che il nome venga cambiato, con la conseguenza che esso non è più analizzabile etimologicamente.

Il linguaggio della cucina conosce forme di diminutivi che suggeriscono la qualità ‹giovane› e ‹leggera› degli ingredienti. Così il fegato si chiama, anche in cucina, *fegato*, ma in qualità di cibo viene preferito *fegatello*, anche quando non ci si riferisce ai *fegatelli* (come nei pezzettini di fegato arrostiti o grigliati dell'italiano moderno[163]). Così nella ricetta n° 142, *De li fegatelli*, il *fegato* viene elaborato in *fegatelli*: *Togli il fegato, taglialo a peçij e arostili nel spiedo... E, involgendolo ciascuno fegatello per sé in la rete del porco, è migliore* (la ricetta precedente parla di *fegato del porco*). Ma nella n° 155 suona: *Togli il fegato de la grua e arostilo sulla bragia; poi piglia bone spetie, magiorana, çaffarano e il ditto fegatello...* Allo stesso modo *pesi* appare poi sostituito da *peselli*, se è richiesta la qualità culinaria, affermando con ciò che i piselli sono giovani e teneri,[164] così nella n° 43: *De peselli. Togli i pesi... pesi predicti* e nella 167: *Dei peselli freschi per l' infermi. Togli i pesi novelli.* Altri diminutivi designano alimenti realmente giovani e quindi teneri, come *agnello*, *capretto*, *porcello* ecc.

zioni su *fistic*. Vd. SchiancaCuc.

163 Cfr. RohlfsGr § 1082: semplice diminutivo per la designazione dei pezzi. Di contro il tedesco *Nierchen* designa certamente i reni alla maniera eufemistica-culinaria, quando essi sono cotti; allo stesso modo *Erbschen*, *Möhrchen* (si trova ad es. la ricetta «Möhrchen in Vino Santo: *Möhren putzen...*»).

164 Oggi i piselli vengono coltivati appositamente piccoli, per cui appaiono giovani.

Molte designazioni sono solo al plurale, dato che nel cibo viene sempre supposto il collettivo: *spinaci*, *pere*, *çucche* ecc.

Gli ingredienti vengono spesso nominati senza articolo; la designazione individuale diventa in questi casi il concetto generico (RohlfsGr § 425). Esempi: *Togli petroselli* 5, ecc., *Togli spalla di castrone* 111, ecc. Ma: *Togli i cauli e poni a cocere con carne di castrone… e mettivi dentro del biancho del finocchio e del petrosello.*

Sebbene il linguaggio specialistico aspiri fondamentalmente alla chiarezza, esso non è esente da ambiguità (si veda un esempio sotto *budello* nel glossario). Conosce anche sinonimi: nella ricetta n° 20 *çaffarano* e *cruoc(h)o* stanno l'uno accanto all'altro (*cruocho* in una variante della ricetta: altra fonte?; LCucMerAB n° 113 sembra confondere le varianti della ricetta); entrambe le designazioni corrispondono nel testo latino a *safranum* (39), ma anch'esso ha il sinonimo *crocus*: *croco* LCucBoM 37 = RecCulLibM *safrano*; 39 id., ecc., *çaffarano* 128 = lat. *croco*, *çaffarano* 7 = lat. *safrano*, ecc. (dopo n° 41 non c'è più *cr(u)oco*). La stessa situazione si vede nell'alternanza di *cennamo* e *canella*: *cennamo* 7 = RecCulLibM *cinamomo*, 93 *cennamo* = RecCulLibM *canela*, ib. *cennamata* = RecCulLibM *camelina*, *cennamo* 96 = RecCulLibM *cinamomum*, *canella* 64 = RecCulLibM *canella* [altri senza corrispondenza]. – Solo una volta *dì* è sostituito con *giorno* (126). – I due termini culinari *torre* e *prendere* sono sinonimi, ma *prendere* è molto più raro (5; 69; 82; 86; ecc., nella 5 si trovano entrambi).

Non sono sinonimi le designazioni parallele che appartengono a un piccolo campo semantico, come le designazioni di utensili per setacciare e per filtrare: *sedaccio* 'setaccio', *stamigna*, *panno lino* (il verbo qui è *colare*, ma in genere non viene detto con cosa si filtri, vd. 70, ecc.), o le designazioni di pasticci come *pastello, casciata, torta, coppo.*

Sebbene ampie parti del *Libro* siano direttamente tratte dal *Liber*, il testo non mostra latinismi lessicali evidenti (neanche nelle designazioni dello zafferano individuate qui sopra). Questo significa che il linguaggio specialistico italiano della cucina era pienamente emancipato (cfr. il cap. seguente). Anche i termini riconosciuti come arabismi dalla ricerca moderna sono integrati (sia attraverso assunzione diretta, sia attraverso il latino): *romanìa*, *somacchìa*, ecc.

Settore dietetico

L'arte della cucina e la dietetica nel Medioevo non sono fondamentalmente separate, e in un libro di cucina si trovano sempre anche accenni agli effetti dietetici delle pietanze. Le ricette dal n° 161 al 175 sono interamente dedicate alla dieta per ammalati; esse chiudono il vero e proprio libro di cucina. Nel testo non c'è nessuna particolare separazione, solo i titoli delle ricette parlano per sé, mentre il copista delle appendici (mano B) ha apertamente notato che avrebbe potuto essere utile aggiungere un titolo di capitolo, e ha introdotto poi una nota marginale nell'indice: *De li erbi da infermi. Comincia tractato* (ᴿ162). Nello stesso elenco si trova: *Dei cauli per l' infermi, De l' erbe minute per infermi, Erbe minute per constipati et stititi*, ecc., *De la farinata per l' infredati.* Ma anche nelle ricette comuni ci sono accenni dietetici, ad es. nella n° 8, verdure a foglia *si possono dare al signore, o a l' infermo per avere solutione di ventre*; nella n° 13, *senationes bulliti... Et questo mangiare giova a chi non pò orinare per lo vitio de la pietra*; la ricetta n° 132, *Del nero de la seppia*, è indicata in chiusura come appropriata a sani e malati: *per li sani e per l' infermi*; *Somacchìa*, n° 97, *e molto aiuta che à fluxo di ventre*; ecc. Il vocabolario corrispondente appartiene al linguaggio specialistico della medicina. In tale caso si può parlare di un accumulo o ‹nido› di linguaggio estraneo, come troviamo di frequente anche nella produzione letteraria.[165] Tali nidi sono preziosi per la storia della lingua, dato che si può dedurre che questo vocabolario fosse generalmente comprensibile e non appartenesse solo al gergo specialistico in senso stretto.

Sicuramente è importante e necessario per la lessicologia poter distinguere le attestazioni secondo i tipi di testo; cionondimeno sarebbe controproducente per la lessicografia e la semantica separare i materiali secondo questo criterio, dato che l'interesse consiste esattamente nel considerare la parola nei diversi ambiti.[166]

165 Cfr. Thomas Städtler in *TraLiPhi* 37 (1999) 123–129. – L'idea di ‹nido› non è identica a quella di ‹lista› (di vocaboli appartenendo a un campo onomasiologico) che rappresenta piuttosto un elenco motivato dal punto di vista stilistico-letterario (vd. Madeleine Jeay, *Le commerce des mots. L'usage des listes dans la littérature médiévale (XIIe–XVe siècles)*, Genève (Droz) 2006, con riferimento allo «kyste textuel» in Ph. Hamon [9]).

166 Cfr. sull'argomento Wolf-Dieter Stempel in *Actes du XXe Congrès int. de Ling. et Phil. romanes, 1992*, Tübingen-Basel, Francke, 1993, 4, 812.

Confronto della traduzione con RecCulLib e LCucMerA

Più sopra, nel capitolo ‹Libri di cucina italiani più antichi›, abbiamo stabilito che tanto LCucBo che LCucMerA si basano in parte sul *Liber* o su una variante più completa di questa tradizione. Perciò è possibile indagare non solo la qualità della supposta traduzione dal *Liber* (o da un suo collaterale) ma anche intraprendere un confronto con la traduzione di LCucMerA. Guardiamo come primo esempio la ricetta n° 65:[167] il *Liber*, ms. A, non ha nessun titolo al contrario di quanto avviene nel ms. Vat. Pal. del *Liber*, nel *Libro* e in LCucMerA: *brodio granato cum pullis*, *brodo granato* e *brodecto granato*. Dei polli squartati vengono arrostiti con prosciutto e cipolle, *mitas ad frigendum cum lardo et cepis; postea ponas aquam ad sufficientiam* – dice il *Liber;* il Meridionale scrive: *soffrigili con cipolle et con lardo et mictice acqua convenevelemente*; ma nel *Libro* c'è: *metti a friggere con cipolle e lardo e acqua abastança.* Questa lezione è insoddisfacente, poiché non si può friggere in acqua; bisognerà quindi porre un punto dopo *lardo*, per indicare che segue un processo diverso. La frase tronca che ne risulta dovrebbe allora dipendere da *metti*, il che è infelice. Rimane l'interpretazione di *acqua* come imperativo, che non è del tutto esclusa (LEI 3,1,600,4.b.: Vic.a. *aquare* v.tr. 'annacquare (vino con acqua)', 1381, fino a sic. *acquari*; TLIO: solo 'abbeverare', Bibbia XIV–XV), ma si dovrebbe pensare piuttosto ad una omissione, poiché l'autore, considerando il suo stile, avrebbe sicuramente introdotto la nuova indicazione con *poi.*[168] Alle verdure *Liber* e Meridionale aggiungono solo lo zafferano, mentre LCucBo aggiunge çaffarano, pepe, garofani, cennamo e çençovo. Le uova vengono semplicemente cotte secondo *Liber*, ms. A: *accipe ova et elixa*, mentre il ms. Vat. Pal. del *Liber* e le versioni italiane procedono diversamente: Vat. *Postea accipias ova et, delaxa, mitte in ea parum aque frigide et adde de eodem brodio et dilaxa*; *Libro*: *poi tolli ova debattute, e mettivi un poco d'acqua fredda, e agiongivi di quel brodo, e mesta; e pone a fuoco*; Meridionale: *Tolli ova et desbacti con poca de acqua freda et giungnici del dicto brodo et mesteca tucte queste cose insemi et mictele al foco.*

167 Le tre versioni sono stampate nel testo.

168 La *e* davanti a *acqua* è scritta come nota tironiana, a differenza delle *e* che seguono e che precedono.

Soltanto in questa ricetta appare chiaro che, tra tutte le versioni, esistono rapporti a due, mettendo in luce una rete di relazioni al livello delle pre-versioni o delle tradizioni parallele. Il manoscritto Vat. Pal. del *Liber* mostra qui una maggiore vicinanza al *Libro* che al *Liber* del ms. A (titolo e aggiunta di acqua fredda e brodo alle uova).[169]

Anche nella ricetta LCucBoM n° 74, *Del brodo sarracenico*, si dà lo stesso paradigma: variazione causata da considerazioni tecniche culinarie, da imperizie, eventualmente dalla tradizione indiretta: *distempera con buono vino biancho e succhi agri* corrisponde a *Liber* II 8 *distemperando cum bono vino et succis agris* e LCucMerAB *destempera con bono vino. Biancho* non proviene dal *Liber* (A e Vat.) e non si trova nel Meridionale, in cui manca anche *succhi agri.* Nella lista di ingredienti, *Dattali, uve grece, prugne secche, amandole monde intere*, il *Libro* nomina *prugne*, ma il *Liber* no (*dactilis, uvis grecis siccis, amigdalis integris mondatis*); il Meridionale, che pure non menziona le prugne, confonde il tutto: *dactuli integri mondati et uva greca.* D'altra parte LCucBo non ha accolto *Colora sicut placet* (*Liber*) / *fallo de quillo colore che tu voy* (LCucMerA); solo LCucMerA zucchera la pietanza pronta. Le oscillazioni sono da spiegare solo per filiazione indiretta. Nondimeno i testi si chiariscono mutualmente.

Esaminiamo ancora un caso: LCucBoM n° 136, *De sardamone di carne*, comincia *Togli carne di castrone, del petto.* La precisazione *del petto* manca nella stessa ricetta di LCucMerAB XXII; qui il nome della pietanza viene scritto erroneamente *sarcamone*, mentre l'indice scrive propriamente *sardamone.* In LCucCaF XCII viene denominata *sartramone* una salsa (*Sartramone overo savore d'ogni carne*) che ha qualcosa di simile al *sardamone di carne* di LCucBoM. Infine nell'indice di LCucMerBB (CXI) si trova come titolo di ricetta *starmonose*, ma manca il testo relativo.[170] Nessuna di queste designazioni (o varianti di designazioni) è spiegata. Il confronto testuale suggerisce non la designazione di una pietanza ma di un tipo di salsa, elemento in base al quale potevano essere formati d'altra parte i titoli delle ricette.

169 Così nella ricetta n° 37, in cui il Palatinus – come il *Libro* – nomina nel titolo il giorno: *Item in die sabbati recipe cicera...*, al contrario del ms. A; anche nella n° 133 il *pescio calamato* del *Libro* corrisponde al... *piscem qui dicitur calamatum* del Palatinus, piuttosto che al *muscatellus* del ms. A. Ma di frequente il *Libro* si accosta invece al ms. A allontanandosi dal ms. Palatinus, come nella ricetta n° 43, che appare nel Palatino decurtata della parte iniziale.

170 Niente nel *Liber.* – Cos'è *scarcunove*, titolo di ricetta senza ricetta corrispondente in LCucFrG p. 17 (B [cxliv]) ?

Questo tipo di designazione fa riferimento alla tradizione araba, ma nei materiali disponibili non si è trovato niente. LCucBo riporta solo petto di castrato cotto e arrostito (arrostito, *acciò che non sappia di beccume*; Meridionale: *de pecorino*) *coriandoli e carote bene trite con spetie e çaffarano abastança*; questo non è particolarmente illuminante, le carote non vengono usate se non in questo modo (è vero che le carote stanno bene con il castrato, ma è sbagliato pestare carote [non cotte] con le spezie). In effetti il Meridionale dice *colliantri et garofani bene triti con spetie et saffarana, et se tu non poy avere coliantri et garofani, mictice cimino*, che è sicuramente la versione originale. Per la sua ricetta di salsa scrive anche LCucCaF *mitige specie dolze e forte e zafarano e garof[ano]*.[171]

Altre osservazioni di questo tipo possono essere fatte per le ricette 20, 80, 81, 86, 87, 117, 118, 129, 133, 135, 137, 139, che vengono pubblicate *infra* in due o tre versioni (solo 20, 80 e 86 hanno una corrispondenza nel *Liber*). Il confronto prova che LCucBo è tendenzialmente più chiaro dei due altri trattati, *Liber* e LCucMerA.[172]

Così anche LCucBoM 52 *capone* è giusto; RecCulLibM I 32 *pane* è sbagliato; LCucBoM 64 *rafano* è giusto; RecCulLibM V 11 *saffranum* sbagliato. Riguardo alla tecnica culinaria LCucBoM 125 è da considerarsi migliorato rispetto a RecCulLibM II 23, in quanto il testo italiano mette una fetta di prosciutto sul pasticcio da infornare.

Al contrario, nella ricetta n° 125 LCucBoM ha riprodotto in maniera inesatta, a quanto pare, il suo modello: *distempera la farina con l'acqua calda, e falla molto dura* è privo di senso; ‹duro› può essere solo l'impasto, non la farina. In effetti l'autore voleva, come al solito, iniziare in maniera più dettagliata rispetto al testo latino, *accipe pastam al-*

171 Lo ammetto: ho cercato su Google *sardamone* – è attestato centinaia di volte. Ma è un tipico caso di spam in rete: si tratta sempre (!) della stessa ricetta che si è diffusa nella rete come un messaggio-spam – nella identica forma modernizzata. La fonte sembra essere l'adattamento di Odile Redon di LCucBoZ; il condimento alla carota non l'ha disturbata (O. Redon, F. Sabban, S. Serventi, *La gastronomie au moyen âge*, s.l. [Paris], Stock, 1991, tradotto in ingl., ted. ed italiano (Roma, Laterza: Grandi Opere, 2005).

172 M. Mulon si è visto costretto a spiegare (altrettanto R. Maier) RecCulLibM II 27 *habunt elixari bene et ordinatim facto sint supra debet apponi caseus gratatus* come «incompréhensible». Il testo di LCucBoM n° 73 non pone al contrario problemi: *denno bene lessarli. E, facto ordinatamente, come ditto è di sopra, debiasi mettere su cascio.* Ma si tratta qui di un semplice errore del *Liber*, ms. A (e B): il manoscritto Vat. Pal. ha correttamente *sicut supra.*

bam valde duram, ma ha descritto la sua qualità senza nominare l'impasto: *molto dura*. Tali passi sarebbero considerati incomprensibili se non avessimo il testo latino; il confronto con il testo latino parallelo (o anche a volte con LCucMerA) permette di riconoscere gli errori non come errori di ragionamento dell'autore ma come trascuratezze del traduttore (così anche nella n° 11, *distempera con lo çaffarano*), o anche come errori del copista (come nella n° 21, assai sbagliata). In conclusione, si può dire che erano all'opera un autore dal ragionamento sistematico e un traduttore che talvolta procede in modo automatico (presumibilmente riuniti nella stessa persona).

Nell'ambito delle congiunzioni, e più precisamente di quella copulativa, la prosa italiana appare più arida di quella latina: qui troviamo regolarmente connettori come *cum*, *deinde*, *postea*, *post*, *postmodum*, mentre sia LCucBo che anche LCucMerA introducono solo *et*, talvolta *poi*, con una strutturazione più grossolana.

Le versioni italiane non sono riconoscibili a prima vista come traduzioni, rispetto alla qualità della loro lingua, che non è modellata sul latino; inserti alloglotti sono raramente riconoscibili (eccezioni rare: *ciminium* accanto a *cimino* e *comino*, *ana*, *excoriata*, *versus*, ricetta n° 63 con nota). L'autore del *Libro* sembra aver evitato deliberatamente denominazioni straniere: la ricetta n° 69, con il titolo *Del brodo del pesce*, potrebbe essere un esempio di questo atteggiamento: un piatto unico di pesce arrostito con un tipo di marinatura a base di cipolle stufate, mandorle, frutta secca, vino e aceto; la variante (n° 70, *Altramente*) è una zuppa di pesce bollito con poco brodo, ma anche con vino e aceto. Il sommario del *Libro* si riferisce ad entrambe come *Del brodo del pesce, in due modi*. Il primo si chiama nel *Liber* «*scapeta piscium*», in LCucMerAB *schibezo*. Sebbene questa pietanza non sia un *brodo* nel senso usuale, poiché dovrebbe contenere poco brodo, viene chiamato *brodo* nel *Libro* e non *scapeta* o *schibezo*. Si confronti la ricetta n° 144, assai simile, ma fatta con pesce cotto; essa viene chiamata nel titolo «*gelatina*», ma nel suo colophon «*schibetia di tavernaio*»: da ciò risulta che la designazione chiaramente non allude né a un pesce, né a un brodo, ma a un tipo di preparazione in cui la ricca salsa acidula gioca il ruolo principale. Da ciò si spiega anche *pollastri a schibeci* come titolo di ricetta in LCucFiM 10.[173]

173 Il *Liber* (esso denomina la salsa o, piuttosto, la marinatura non *brodium* ma *sapor*, vd. la ricetta LCucBoM n° 69, con il testo latino) fornisce una variante con pane invece di mandorle; in LCucMerAB 56 ci sono le mandorle ma anche il pane: *con*

In generale le dittologie sinonimiche sono considerate tratto tipico di un testo tradotto. Tuttavia il *Libro* non è un esempio particolarmente utile per provarlo. Talvolta i sinonimi servono effettivamente a designare in maniera accessoria il termine che il testo latino ha già dato, per esempio nel titolo *De le salciccie, overo tortelli di pesce* R85; 85 (= RecCulLibM IV 23 *De salciciis piscium: ad faciendum salcicias de piscibus*; = LCucMerAB n° 11 *salcize de pescie*), ma qui non si trova nessuna sinonimia, dal momento che non vengono preparate veramente salsicce, ma un insieme di pesce e erbe arrostito a forma di salsiccia. Il nome aggiunto, *tortelli*, attenua utilmente *salciccie*. Una sinonimia è presente piuttosto nella ricetta n° 141, *Dei tomacelli, overo mortadelle* (= R141), che in RecCulLibM II 64 corrisponde al semplice *ad mortarolum aliter faciendum*; anche qui non viene preparata una salsiccia (allungata) ma un tipo di gnocco di fegato in rete di maiale, fatta *a modo di monticelli tondi*, poi arrostito in padella (questa forma tonda corrisponderebbe piuttosto al nome di *tomacello*, il nome di *mortadella* indicherebbe lo stesso prodotto ma di forma allungata). Nel caso di *nero* [...], *che si chiama ‹sale di seppia›*, n° 131, che corrisponde in RecCulLibM IV 16 a *fel nigrum*, l'aggiunta *che si chiama ‹sale di seppia›* non era di sicuro necessaria; l'autore ha voluto introdurre questa designazione specificamente tecnica come arricchimento stilistico. Lo stesso vale per *coppo, overo pastello d'altri pesci*, 129, dove *coppo* mostra la designazione specifica del pasticcio ripieno rotondo e chiuso sopra. La doppia designazione *Del mele bullito co[n] le noci, detto nucato*, 149, deriva da un riassunto della ricetta, seguito da una designazione tecnica. Nel doppione *togli le guscie, overo corteccie rimaste*, n° 103 (si tratta del residuo di *amandole monde* spremute per l'estrazione del mosto oleoso ovvero dell'olio [chiamato ‹sansa› nella produzione dell'olio d'oliva]) ci manca il testo latino; LCucMerAB chiama la sansa *sustantia*. Dato che né *guscie* né *corteccie* sono corret-

molglica de pane bagnata in vino puro, bene trita et poy colata. Lo scapece dell' odierna Italia meridionale (pesce con pane in marinatura, o anche verdure, cotte in padella, con marinatura) è rispetto a questo un piatto povero. L'etimologia in FEW 19,158b deve essere corretta; la parola mediolatina e italiana è troppo antica per essere un prestito dallo spagnolo; manca il mediofr. *espinbesche de rougetz*, pesce arrostito con una salsa d'agresto (1393 MenagB p. 224,11; ecc.; Gdf 3,530a: '?'; vd. Gloss.). Cfr. anche SCAPECE, Battaglia 17,819b [sec. XVIII e XIX]. – L'attestazione di *brodo del pesce* nel *Libro* non autorizza un ampliamento della definizione (cfr. Flandrin e Redon, *Archeol. Med.* 8, 397 n. 13; Grieco e Redon in Odile Redon et al., *Les langues de l'Italie médiévale*, Turnhout (Brepols) 2002, 386–388: LCucFiM 48 *Pesce a cesame*, con commentario; *cesame* viene tradotto 'escabèche').

ti, si deve supporre che l'autore di LCucBo non avesse pronto nessun termine tecnico per la sansa, o che egli avesse trovato *substantia* nel testo latino, sebbene non sia neanch'esso adeguato per nominare il residuo; qui il doppione è veramente un tentativo di avvicinamento. La denominazione doppia *torsi del caulo, overo biancho de cauli*, n° 1, è già presente in RecCulLibM I 1: *Si vis caulles albos bene parare, monda tursones eorum, ... pone intus tursones sive albedinem caullium.* Il doppione *Dei naponi, overo naoni*, R29; 29, non ha niente a che fare con una traduzione; il testo italiano indica due varianti regionali. Su differenti realtà culinarie poggia la dittologia *lardo overo grassa di porco*, 152.

Glossario critico: contenuto e funzione

Un testo storico viene sviscerato a fondo soltanto se ne viene elaborato un glossario completo. Questo compito spetta all'editore, che è il primo a dover comprendere il testo. Il glossario non ha lo scopo di fornire all'editore o al lettore l'equivalente di una traduzione, poiché un'eventuale traduzione è un passo ulteriore che può seguire alla comprensione del testo. L'elaborazione di un glossario appartiene perciò, da un punto di vista metodologico, non alla scienza della traduzione ma alla lessicografia. La lessicografia d'altra parte si attiene alla lingua come sistema (‹langue›), non all'atto di parola individuale (‹parole›); per essa i testi sono il materiale da cui devono essere isolati con metodo scientifico i significati delle parole. Un glossario è allora in questo senso un dizionario che contiene le parole che sono presenti nel testo. Le definizioni delle parole non si possono tuttavia ricavare, conformemente a criteri linguistici, esclusivamente da un solo testo (*parole*!) o da un corpus di testi, per quanto di ottima fattura (ancora *parole*), ma solo dalla totalità dei testi. Dal momento che per un testo storico questo è ancor meno attuabile che per un testo moderno (qui ci aiutano infatti la comprensione personale e la sensibilità linguistica, se c'è una piena padronanza della lingua), la lessicografia storica deve servire da parametro.

Questo parametro è tuttavia deficitario. La lessicografia è una scienza in continuo sviluppo, che è dipendente di per sé dalla qualità dei materiali a sua disposizione. Proprio nell'ambito della letteratura specialistica c'è ancora molto da fare, motivo per cui i dizionari, per questo settore in particolare, sono sostegni deboli per un'analisi esauriente del lessico di un testo. Da ciò consegue che, inversamente, l'analisi del testo deve condurre al controllo della lessicografia.

La combinazione delle due impostazioni, ovvero dei due punti di vista, è costitutiva della lessicografia critica: le parole rinvenute nel testo e i loro significati vengono confrontati con i dizionari e così verificati, e i dizionari vengono a loro volta sottoposti a una verifica critica, per vedere se essi soddisfino le esigenze della documentazione testuale. Premessa di questo lavoro è uno strumentario scientifico che neutralizzi il più possibile la pur sempre presente soggettività dell'operatore.

Lingua e testi sono legati al proprio tempo. Una più o meno corretta valutazione può dunque essere ottenuta solo a livello sincronico. Dato che nella pratica, soprattutto a causa della rarità di testi confrontabili, ma anche per l'assenza di una sensibiltà linguistica ‹storica›, questo non è quasi mai possibile, la diacronia deve essere impiegata come struttura di soccorso. Essendo l'operazione altamente problematica dal punto di vista metodologico, è necessario che sia sostenuta da accortezza scientifica e comprensione della problematica.

Ulteriore restrizione: un glossario non è propriamente un dizionario. Il glossario concerne solo una porzione della lingua e non deve eccedere nell'includere elementi esterni. D'altra parte esso deve includere osservazioni che possono essere fatte sul testo, senza che si possa subito prevedere se l'osservazione è pertinente per il livello della *langue*. Il lessicografo futuro deve poi vedere se un fenomeno descritto nel glossario (uso specifico di quel tipo di testo, collocazione ecc.) è o non è elemento integrante del dizionario generale.

Un glossario utile in questo senso è sempre un glossario completo. Completo nel senso che prende in considerazione tutti gli elementi portatori di significato necessari per il testo in questione. Si può rinunciare sicuramente alle ‹parole vuote› (copula, congiunzioni, preposizioni, molti avverbi ecc.) o al vocabolario più frequente, che non si colloca nell'uso tecnico, come i verbi modali. In particolare vengono integralmente accolte le designazioni culinarie tecniche, ragion per cui una parola come *togliere* non può mancare, dato che è una parola chiave del linguaggio delle ricette (così come *prendere* nei significati 'prendere (un ingrediente)' e 'prendere (una medicina)' ecc.). Inoltre un testo specialistico è una buona fonte per designazioni che certamente non appartengono al suo vero e proprio campo, come per esempio il menzionato *pastino* dell'ambito dell'agricoltura. In pratica poi una parola non particolarmente interessante verrà trattata meno attentamente, ad esempio per quanto riguarda il numero dei rimandi.

Le definizioni corrispondono in linea di principio a criteri aristotelici: *genus proximum* e *differentiae specificae* delimitano il significato, così che viene definito tutto il *signifié* complessivo (significato singolo della parola), e soltanto questo. Anche questo principio viene indebolito dalle esigenze particolari del glossario, cui si addice anche la concisione. Entrate del glossario come *luccio* m. 'luccio' sono poco istruttive, anche se giuste, ma una definizione completa come 'grosso pesce dei Teleostei con muso allungato e appiattito e forti denti, voracissimo predone delle acque dolci europee (Esox lucius), luccio' sembra esagerata in un glossario. D'altra parte c'è un *luccio imperiale*, che vive nel mare, cosicché è opportuno fornire una definizione breve, restrittiva e anche informativa: 'pesce predone di acqua dolce, dalla carne dura bianca molto liscosa, luccio' (il pesce non viene preparato in LCucBoM; vengono preparate nella n° 81 *ova di luccio*, nella 103 *polpa... di luccio*, per cui le collocazioni vengono citate nel glossario).[174]

Le citazioni hanno nel glossario anche la funzione di fornire elementi per un'analisi lessicografica più differenziata, per es. sotto CALDISSIMO agg. si trova la definizione ridotta 'molto caldo'. La citazione *cennare caldissima* dà la possibilità di escludere la connotazione ‹di cibi› (Battaglia 3°). – Le definizioni date qui evitano inoltre un'esposizione troppo anacronistica; in concreto: noi definiamo *acqua* non *'composto liquido, la cui molecola è costituita da due atomi di idrogeno e uno di ossigeno' (senso datato al tempo di Francesco d'Assisi...).

Dal momento che il mondo reale di un'epoca lontana come il XIV secolo ci è poco familiare, indicazioni enciclopediche all'interno o all'esterno della definizione sono più necessarie per la comprensione del testo di quanto non lo siano per l'epoca moderna. Per questo un dizionario di un certo periodo storico tende all'enciclopedia sempre più di un dizionario che tratta l'epoca attuale. Ciò vale anche per il glossario del nostro testo: per fare un esempio, i significati che sono

174 Colui che legge la ricetta e conosce la cucina si ricorderà che il luccio in Italia, come anche nell'Europa centrale, non viene considerato come un classico pesce da pietanza ma viene mangiato sopratutto nella forma di polpettine di luccio o, in LCucBoM, come *blanmangieri*. Il dizionario della Crusca ([1]1612) si era accontentato della ‹definizione› 'pesce noto' (come MANDORLA 'frutta nota' ecc.).

delimitati dalla patologia umorale devono essere adeguatamente messi in evidenza e definiti (si veda *caldo, freddo, secco, umidità, primo, grado, evacuare, flemma, aceto*).

È generalmente accettato che anche uno studioso che lavori scrupolosamente tralasci un'attestazione di un lemma come *bianco*, se non è obbligato, in quanto glossatore che definisce aristotelicamente, a farsi un'idea su quello che è effettivamente il suo significato, su quella che è l'esatta estensione di significato della parola in quella determinata posizione. Così il glossario, sotto BIANCO, offre la semplice definizione 'bianco', con l'aggiunta necessaria che si tratta del colore di una pietanza; ma i rimandi a *agliata, caulo, cece,* çençovo, *cera,* çuccaro, *farina, finocchio, lardo, pane, polpa, porro, raviolo* e *vino* conducono a ulteriori aspetti semantici, per esempio rispetto al vino bianco, che non è bianco ma neanche rosso.

La grafia del nostro testo è abbastanza ‹neutra›, il che significa che il lessico non deve essere lemmatizzato nel glossario. Si trova qui tuttavia, per desiderio degli editori, una lemmatizzazione per le parole che non possono essere immediatamente identificate con l'italiano moderno o con una forma genericamente toscana. Così si trova çucche f.pl. sotto [ZUCCA], ma *biancho* sotto BIANCHO. Un lemma come [LATTUCA] sta tra parentesi poiché non è attestata questa forma, ma si trova invece *lattuche, lattughe* e *latughe*, sempre al plurale. Diversamente una forma come RAPA non è messa tra parentesi, anche se è attestato solo il pl. *rape* (regolare). Forme isolate o non identificate non sono naturalmente lemmatizzate (p. es. *adunati, beledo, calvelino,* çeunia, *sepis* ecc.). Le forme effettivamente attestate sono citate con i loro luoghi; rimandi (p. es. çucche → ZUCCA) garantiscono il rinvenimento delle forme autentiche. Le varianti grafiche sono collocate tra parentesi tonde dopo il lemma. In linea di massima i rinvii ai luoghi vengono elencati integralmente, ma le serie numeriche troppo lunghe delle parole più frequenti sono abbreviate tramite «ecc.». Le collocazioni citate e di solito definite stanno prima del loro rinvio. Contesti illustrativi o semplicemente tipici, che stanno come citazione breve sotto le voci del glossario, seguono il numero del rinvio.

L'entrata del glossario rimane breve se la parola non presenta alcun problema, se è ben attestata prima della metà del XIV secolo e se non implica un commento a un dizionario. In caso contrario le informazioni crescono: rinvio solo a LEI o solo a Battaglia, o anche a TomBel, GAVI, TLIO, CortZol^2 ecc., alla letteratura secondaria, e poi commenti, eventualmente datazione o etimologia, eventualmente passi paralleli in altri libri di cucina, ecc. Per questo le voci sono molto diverse per dimensione. Malgrado ciò, l'estensione è ridotta il più possibile grazie alla concisione verbale («style DEAF», come dicono i nostri colleghi francesi).

Fondamentale per un lavoro lessicografico utile è un atteggiamento critico. Non si può dar fiducia alla propria impressione, né alle opinioni rinvenute. Solo la combinazione critica di analisi filologica e lessicografica porta potenzialmente un progresso.

Riassunto delle osservazioni che comportano un arricchiemento della lessicografia corrente: rilievo di tutti i fatti marcati (con Δ) come attestazioni cerniera, specialmente rispetto al LEI, dopo al Battaglia, al TLIO ecc. (sono 282).

1. prime attestazioni grafiche, fatto di minore importanza (esempi): ABRUSCIARE v.tr.: *arbusciare*; ALLECE; AMANDOLATO m.: *ambandolata* LCucMerAB C; ANETO m.: *anato*; ARISTOLOGIA f.: *aristologia tonda*; ASTERSIVO agg.: *abstersivo*; BUCCO m. 'buco'; CARDAMONE m.; CAROTA f.: *carotta* e *karotta* MSavonarolaCosseN; CATINO m.: *cattino*; CUCCHIAIO m.: *cuchiaio*; *cocchiaio*; *cochiaio*; GALBINO m. 'galbano'; ecc.

2. prime attestazioni di parole o di accezioni presenti in LCucBo già note alla lessicografia italiana (dove tutte le citazioni saranno da controllare):

ABRUSTICARE v.tr., TomBel, ma LEI 7,964,53 «1863» [err., = LCucBoZ]; Battaglia ‹D'Annunzio›; AGIUNTO p.pass. agg., *agionto*: LEI ante 1499; TLIO Stat. sen. 1309–10; AGRESTA f.; BECCUME m. 'cattivo odore...'; APOLLOCATO p.pass. agg.; BRILLARE v.tr. (grani; sotto PANICCIA), LCucFiM e LCucFr[G/B]; [*CARRUBO] m. 'frutto (intero) del carrubo, carruba': *garobbi* (?); CORATELLE f. pl.; CORVALO m. 'specie di pesce'; CECE f., *ceci bianchi*, *rossi* e *neri* (att. non definite); EMPITURA f. 'composizione di cibi che serve a imbottire (una gallina ecc.)' manca in Battaglia e TLIO nonostante TomBel; ERBATA f.; FROMENTIERA f.; GRATONÌA f.; GUALDAFFA f.; GUANTO m. 'specie di frittella...'; INFREDDATO m.; INSALEGIATA f.; LARDELLO m.; LEVADURO m.; LIMONÌA f.; [MAZZA] f. 'specie di grosso pestello...': *maça*; MORTADELLA f.; MORTADELLO m.; MOSCATELLO m. 'mollusco...' (unica att.); NEBULA f. 'piccolo pane sottile...'; NUCATO m. (unica att., con corr.); PACCA f. 'una delle due metà...' (att. isolata); PANICCIA f.; PAPARO m.; PAPERDELLO m. 'specie di ortaggio', att. unica?; PASTRINGA f.; PETTORINA f. 'carne...'; RAPAÇOLO m. prob. 'specie di rapa', def. in Battaglia dubbia; RAPONCELLO m.; ROMANÌA

f. nome d'un piatto, unica att.; SARDINA f.; SARRACENICO (BRODO –); SCOLARE v.intr.; SOLAIO m. 'uno di più strati…', *a solaio*; SOMACCHÌA f.; SPESSIRE v.tr., unica att.; STRETTO p.pass. agg. 'divenuto denso, duro'; '… cagliato'; STRICARE v.tr. 'spalmare…', anche P. Bonafè, coevo; voce in Battaglia da eliminare; TENERO m.; VENTRE m., di animali macellati; VENTRESCA f.; VERÇUÇO m. Onom.: UBALDINO agg.

3. prime o importanti attestazioni trovate in altri testi, spesso in testi culinari o medici:

ABASTANÇA avv.; ABBONDANZA f.: *ad habundança*; ACQUA f.: *aqua tiepida*; AGRESTO m.; ALBUME m. (*albame della ova*); ALOE m.; AMANDOLA amara f.; AMMACCARE v.tr. 'schiacciare…'; sotto AMANDOLATO: *mandorlata* f. e *mandolata* f.; AMARO agg.; AMIDO m. 'cibo…'; ARANCIO m.; BATTERE v.tr. 'tritare…'; BATTUTO m. 'pesto…'; BIETA f.: *biete trepice* pl.; *bietulo* m.; CALDUME m. 'brodo…'; CASTAGNA f., come misura; ÇENZOVO *beledo o colomi*; CIVERO m.; COCITURA f. 'modalità…'; CROSTA f.; DISTRUCTO p.pass. agg. 'liquefatto, strutto'; ERBATA f.; ERBATO m. (data di «Girald. Nov.», TomBel?); ERBOLATO m.; FEGATO m. 'fegato (come vivanda)'; GIUNCATA f., *çunchata de ammandole*; GRADO m.; GRASSA f.; LASSATIVO agg., *laxativo*; LATTE d'amandole; LENTE f.; LIMONE m.; MESCOLARE v.tr.; MONDO agg. 'privato della buccia…'; MOSTARDA f.; NAPONE m.; OCA f. 'oca (macellata)'; OPERARE v.intr. 'agire, avere effetto'; PANNO LINO m.; PEPE nero, bianco, lungo; PERA f.; PERNICE f.; PESO m.; PETROSELLO m., *radice di petroselli*; PIETRA f. t. di medic.; PILLOTTARE sotto LARDARE; SCIUGARE v.tr.; SECCO agg. 'secco (nel senso della dottrina umorale)'; SPARACIO m. (prima att. del tipo formale); SPICO m. 'spigo'; SPINA f. 'lisca o spina (di pesce)' (Battaglia sec. XV, nonostante LCucBoZ in TomBel e CortZol); SPRIZZARE v.tr. (S.Cat. GAVI e ca. 1400 LCucBoM); SUCCHIO m.; TENERO agg. 'che non è duro…'; TEPIDO agg.; TESTO m. 'teglia'; TORSO m. 'fusto'; TORTELLO m. 'cibo fritto…'; UMIDITÀ f. 'umidità (qualità secondo la dottrina umorale)'; USCIRE v.intr., cfr. GAVI, molto complesso; VENTRE m., *ventri* 'trippe' ?; VERDE agg. 'fresco'; VITIO m. t. di medic.

4. prime attestazioni culinarie e mediche, non rilevate nella lessicografia, trovate in LCucBoM (2° t. XIV e, per le ultime ricette, n° 176–198, ca. 1400):

ACOLORARE v.tr.; ACUTO agg. t. di medic.; AGRESTA f. nome di una salsa; AGRESTO m. nome di una salsa; AGRESTO agg.: *uva agresta*; AMANDOLATO m.; ANELLO m. 'oggetto…'; ARANCIO m. per elissi 'succo…'; ARTE f. 'prodotto del fare a regola d'arte'; ASAPORARE v.tr.; ATRITARE v.tr.; AVELLANO m. 'nocciola'; BIANCHO m.; BIETA f.: *trepi-*

ce; *treplice*; BLANMANGIERI m. (tipo); BOCCA f. zool. 'apertura vicina al seno palleale del calamaro...'; BORSA f. 'borsa scrotale' (ca. 1400); BRAGHIERE m. 'cinto erniario...' (ca. 1400); BROCCA f. 'chiodo...'; BRUSCIARE v.tr. 'strinare'; BUDELLO m. (utilizzato per l'aliment.); CADERE v.intr. (dipende dalla distrib. semant. in Battaglia); CALDO TEPIDO loc. agg.; CALVELINO agg.; CANALE *del cavallo* m. 'tubo, canale uretrale' (ca. 1400; distrib. semant. in LEI); CAPO d'agli; *di capo* 'dall'inizio'; CAROTA f.; CASCIATA f.; CAULO m.: *cauli verdi* 'parti verdi delle foglie del cavolo'; CAVALLO m. 'pene' (ca. 1400); CENNAMATA f.; CERA *liquida / biancha / rossa* (t. di farmacia); CETRANGOLA f.; ÇEUNIA f. nome di un cibo; CHIARO agg., *lardo chiaro* 'lardo che è strutto e purificato'; CIMOLA f. 'cima tenera...'; COCINARO m. 'libro...'; COLLO m. est.: 'parte della pelle...'; COPPO m. 'specie di pasticcio...'; CORATA f. collett. 'interiori di animali macellati...'; DESCACHARE v.tr.; DÌ m. 'giorno, con riferimento al digiuno ideologico'; DISFILARE v.tr. 'separare...'; DIVISIVO agg. t. di medic. (non la 1a att. ma molto utile); DOLCE agg., *spetie dolci* 'che non è piccante'; DULCAMINE m.; ERBA f., *erba fina* 'erba aromatica' (ca. 1400); EXTENDERE] v.tr. 'stendere (pasta e sim.)'; FARINA f. 'farinata'; FESTIGGÌA f.; FINOCCHIO m. (locuz.); FONDERE, *fundere* v.tr. 'immergere...'; FRANTO p.pass. agg. 'diviso in pezzi, rotto'; FRESCO agg. 'non salato'; FUMO m.: *porre al fumo* 'affumicare'; GRANATO agg.; GRANELOSO agg. (dipende dalla frammentazione delle accezioni); GRATTARE v.tr. 'grattugiare'; GRAVEÇA f. t. di medic. (ca. 1400; non medic.: anter.); INCUTIARE v.tr.; INTENSO agg. (ca. 1400); INULA f.: *ienula*; INVOLUPPARE v.tr.; INZUPPATO agg.: *insuppato* 'imbevuto (con brodo, vino)' (ca. 1400); LADANO m. t. di medic., *lapdano* (ca. 1400); LARGO agg. 'che è rado (di un tessuto)' (per la framm. sem.); LASSO agg., *laxo* 'allentato, che non è fissato, lasso' (ca. 1400); LENTO agg.: *lento fuoco*; LEPORE m.; MAGIORANTIA f.; MEDICINATO m. (ca. 1400); MESTOLARE v.tr.; MIDOLLA f., *medolla* (di *latuche* nell'es.) (non integrabile nel Battaglia per la framm. sem.); MINESTRA f. (per la framm. sem.); MINUTISSIMAMENTE avv.; MODERNO m. 'uomo...' (in un contesto delle arti; generale: Dante); MOLENA f. 'parte interiore del pane, mollica'; MORDICARE v.tr. assol. t. di medic. (ca. 1400); NAGALICO m.; NERO m. 'nero di seppia'; NOVELLINO agg.; ONORE m. 'ornamento...' interessante; ORECCHIO m. t. di zool. / cuc. 'seno palleale...' (pl.); PANE biancho; PANNICELLO m.: *panicello caldo* t. di medic.; PAPERDELLO m. (unica att.?); PARTICULAREMENTE avv.; PELLE f. 'buccia'; PETTO m. 'carne...' (per la troppo grande framm. sem. in Battaglia); PEZZA f. 'pezzo', *a peça a peça*; PIEDE f. (come cibo); PIENO agg. 'imbottito' (dipend. della distrib. sem.); POCO avv. *a poco a poco*;

POLMONE m. (come cibo); PORRO *biancho*; PREDETTO m.; RANOCCHIO m. (come cibo); RETE f. 'omento...'; RILASSARE v.tr. assol. t. di medic. *relaxare*; RINVESTIRE v.tr. 'rivestire (un uccello macellato delle sue penne)'; RISERVARE v.tr. 'mettere o tenere da parte'; ROCCHA f. 'girarrosto'; ROMPERE v.tr., *rotto* p.pass. agg. t. di medic.; ROSTIRE v.tr. 'arrostire'; RUBRICATO agg.; SABBATO m. 'sabato (come giorno di digiuno ideologico)' (interesse enciclop.); SANGUE m. t. di farmac. *sangue de (h)omo* (interesse ecicl.); SBATTERE v.tr. 'agitare...'; SCAGLIARE v.tr.; SCHIBETIA f. ecc.; SECCO agg. 'secco per stagionatura...'; SENATIONE m.; SEPPIA f., *sale di seppia* 'nero di seppia'; SFILARE v.tr. 'disfare (la carne...)'; v.intr. 'disintegrarsi'; SOAVEMENTE avv. 'senza eccesso'; SOTTILMENTE avv. 'con spessore molto limitato'; SPARGERE v.pron. 'dispergersi'; SPESSO agg., *lacte spesso* 'latte rappreso' (?); SPEZIA f., *spetie fine, dolci, forti*; SPEZIATO p.pass. agg. 'condito' (ca. 1400); SPOLPARE v.tr.; STENDERE v.tr.; STRINGERE v.pron. 'ridursi di dimensioni...'; STUDIOSAMENTE avv.; SUCCO m. (dipende dalla distr. sem.); *succo rosado*; TANTO agg.indef., *(due) tanto* '(due) volte...'; TASO m. (fine XIV + ca. 1400); TEMPO m. id.; TIRARSI v.rifl., *tirarsi in derietro* (ca. 1400); TOMACELLO m.; TOVAGLIA f. 'telo di tessuto usato in cucina'; TRANSMARINO m. 'rosmarino'; TRARE v.tr. 'tirare fuori' (Battaglia def. stretta); TRIA f. 'insieme di tagliatelle fini (che si presentano in una forma definita)'; TRIGLIA f.; UMIDO m., *humido*, 'liquido...' (dipende dalla classif. sem. in Battaglia); UVA *greca*; VACCA f. 'femmina...; carne dell'animale macellato (anche bue?)' (dipende dalla classif. in Battaglia); VENTRICCHIO m.; VINO *cotto* 'vino fatto di mosto concentrato per cottura'; VITELLO m., **victello*, 'tuorla d'uovo'. Onom.: PROVENÇALE f., *a la provençale*; SPAGNOLO agg., *a spagnuola*; TRIVISANO agg., *al modo trivisano.*

I lettori frettolosi si precipiteranno sui risultati visibili in maniera evidente come le grandi o piccole retrodatazioni, p. es. *amandola amara*, 1431 (LEI) > iniz. XIV (TLIO XIV ex.), *amandolato*, it.mod. > 2° t. XIV, *amido*, 1499 [e 1320ca] (LEI) > 1310 (= Battaglia e TLIO), ecc. Ma il lessicografo autentico sa che il miglioramento e la precisazione di una datazione è certo importante, in quanto stimolo a portare avanti la ricerca e a rappresentare nella maniera più precisa possibile la stratificazione cronologica del vocabolario, ma che il lavoro vero e proprio si basa su una corretta analisi del significato delle parole. Soltanto il significato rispecchia la cultura e la civilizzazione. Nel nostro glossario tuttavia le definizioni dei dizionari citati non vengono per principio corrette. Sarebbe infatti un lavoro senza fine. Esempi chiari attestano che la semplice e vecchia regola della definizione («La définition correspond à tout le défini et seulement au défini») non è seriamente presa in considerazione: *scodella* '... in cui si servono liquidi' esclude la scodella di riso (Battaglia, che non legge su propri esempi); *lasagna* 'pasta all'uovo...' esclude lasagna senza uova (Zingarelli 2008, anche Battaglia); *salmistrare* 'trattare la lingua di bue...' esclude altre vivande salmistrate; *prosciutto* 'coscia di maiale, salata e fatta seccare' è insufficiente e esclude il prosciutto cotto; 'pianta dalle foglie lanceolate' costituisce piuttosto un cruciverba senza definizione (CortZol² 318c CEDRINA ['verbena citriodora']); ecc.

Esempi di errori oggettivi: *cumino* e *carvi* sono spesso presi l'uno per l'altro (anche nei dizionari di altre lingue): così nello Zingarelli, dove sotto *cumino* viene nominato il *kümmel* che è infatti speziato con *carvi*; *spigonardo* (Zingarelli) non è 'lavanda coltivata' (né italiano antico né moderno); *sommaco* '...si usano rami, corteccia e foglie ricchi di tannino', con un rimando alla Mensa (CortZol², < Frosini, *Cibo*), non è giusto perché in cucina sono usate le bacche.

Esempi di definizioni che non sono adatte alle situazioni storiche effettive: *navone*: 'ravizzone' (Zingarelli) corrisponde nell'italiano regionale e dialettale soltanto a una coltivazione moderna di un seme oleoso (*colza*); la datazione al 1320 ca. è astorica (vd. anche Battaglia); così anche *polenta* 'cibo...di granturco...', datato al 1312 (Zingarelli; il granturco è una semente del Nuovo Mondo, e non sono da dimenticare la polenta saracena, la polenta taragna, la polenta di farro, di farina di castagne, ecc.).

Altri problemi derivano dall'incertezza che contraddistingue la tradizione lessicografica: il caso più strano nella lessicografia dell'italiano è la forte frammentazione dei riferimenti di significato, come quando Battaglia sotto *petto* differenzia tra «di bue» e «di gallina»; Zingarelli registra sia «carne equina» sia «petto di tacchino»: sono davvero nuovi significati? O semplicemente usi diversi? Da riunire sotto un unico significato? (ma *petto di tacchino* potrebbe non essere molto antico). Dall'analisi testuale si sviluppano normalmente glossari che non possono essere messi insieme in maniera semplicemente compilativa per formare un dizionario (ciò vale anche per il glossario che si è tentato di fare qui); la sintesi lessicografica deve rimodellarli in strutture semantiche più semplici e superiori. In questo senso l'arte del dizionario consente anche accenni più sottili agli usi.[175] La

175 È interessante che il Battaglia, nonostante la sua predilezione per i minimi par-

ragione di questo stato di cose si trova forse nello sfruttamento ancora insufficiente del testo: è certo sorprendente che la confezione di un vocabolario di un testo così noto come LCucBo porti alla luce così tante 'attestazioni cerniera' (282 su 1018 entrate del glossario).

In ultima analisi, ciò è dovuto alla lenta e conseguentemente asistematica ristrutturazione della lessicografia scientifica. Colussi ha messo insieme materiali straordinari, ma in parte sulla base di cattive fonti, e inoltre senza analisi semantica, senza classificazione ecc.; il GAVI richiede ancora molto lavoro prima di portare frutto. CortZol² è stato considerevolmente migliorato rispetto a CortZol, con materiali più sicuri, con riferimenti a molti lavori più recenti, come AldBencLB ma voci come *amido, pera* o *spigo* non ne hanno beneficiato.[176] Anche una iniziativa molto più imponente come il Battaglia non soddisfa ogni attesa, ad esempio quella di aver pienamente messo a frutto TomBel o CortZol, vd. *empitura, sfilare, spina, torso* ecc. Nel coraggioso LEI si sommano le peculiarità delle precedenti imprese lessicografiche: in molti casi si dovrebbe risalire alle fonti secondarie e soprattutto a quelle primarie, cioè ai testi (nelle edizioni approvate – sì sì, lo so, in verità ai manoscritti...), per ottenere ulteriori progressi su questa ampia base. Le osservazioni qui elaborate sono facili da trovare sotto le voci segnate con Δ; per il metodo si confrontino *abrusticare, acqua, aglio, agrodolce, albume, aloe, amido, aurea alexandrina, barbieri, bieta, buffalino, cadere, canale, canella, disbattere.*

Il TLIO è concepito come una fonte lessicografica ‹evolutiva› che si arricchisce più o meno ogni giorno di nuovi materiali. Lo abbiamo consultato nel corso del lavoro, facendo un'ultima revisione nell'aprile 2015. Anche se il TLIO non ha ancora integrato il nostro testo nel suo corpus, lo cita a volte per il lessico culinario [«Libro della cocina, XIV (tosc.)»]. Abbiamo insomma potuto osservare che il TLIO fornisce pietre solide per la costruzione dell'edificio lessicografico. La

ticolari dell'uso, metta poi alla fine tutte insieme le ‹locuzioni›, invece che associarle ai significati. I suoi riferimenti alla dottrina umorale sono poco sistematici, mancano per ACETO, CALDO, EVACUARE, FLEMMA, FREDDO, GRADO, PRIMO, SECCO, UMIDITÀ.

176 Del resto, la struttura semantica in CortZol² è migliore dei dizionari con attestazioni, anche se questo dizionario è in prima istanza etimologico. – Notiamo che il TLIO è in alcuni aspetti uno strumento imprevedibile, anche perché tuttora in corso di realizzazione: ad esempio le varianti citate in apertura di una voce non sempre sono attestate negli esempi sottostanti, ma si recuperano passando dalla voce all'interrogazione del corpus (cliccando l'icona del gattino), p.es. *chappo* sotto CAPO (in tali casi, l'analisi semantica rimane da fare).

condizione ideale sarebbe avere non solo il TomBel e il Battaglia, ma anche il LEI e il TLIO terminati prima di iniziare un'edizione di un testo storico. Ma questi ultimi dovrebbero avere a loro disposizione, oltre i dizionari e gli studi anteriori, edizioni come la presente prima di cominciare il loro lavoro. Se tutto va bene, il progresso nasce da questa situazione dilemmatica.

La lessicografia è, in quanto scienza storica, preziosa per tutte le scienze storiche in generale. Ma a sua volta ne dipende. Potremmo diminuire un poco tale dipendenza, ma dovremmo comunque metterla continuamente in conto. Solo un esempio: i frutti degli agrumi in Italia sono noti già da lungo tempo. Egiziani, Greci e Romani li conoscevano. Ma quali? I manuali facilmente accessibili nominano in verità per l'antichità solo il cedro / Citrus medica. Nel Medioevo sopraggiunge l'arancia amara / Citrus aurantium e il limone / Citrus limonum. In totale, tre tipi. Ma i nostri libri di cucina conoscono otto designazioni, che nelle ricette di LCucBoM sembrano raggruppate in modo diverso: nella n° 71 (*paparo* ai) *aranci* + *limoncelli* + *lumie*, nella 72 (*paparo*) *melangole*, 98 (*limonìa*) *lemmonni* + *lomie* + *cetrangule*, 126 (*coppo*) *cetrangole* + *aranci*, 127 (*anguilla*) *aranci* + *citrangole* + *lemmoncelli*, 128 (*lampreda*) *citrangole* + *aranci* + *lomie*, 129 (*trote*) *aranci* + *citrangole*, 133 (*calamato*) *aranci* + *citrangole* + *lemoncelli*, 153 (*savore per l'arosto*) *melerancie* + *citrangole* + *lemoni*; AldBencLB conosce *lumìa*, *cederni* e *cetrangioli*, in GAVI 1 c'è *grandi cidroni* ecc. Da ciò si può concludere soltanto che esistevano più di tre tipi di agrumi: ma quali? Su questo punto la paleoetnobotanica deve ancora raggiungere dei risultati. Nel frattempo il lessicografo può solo essere cauto (TLIO *arancia* 'Citrus sinensis' per es., senza nessun punto interrogativo, è certo sbagliato).[177]

177 Cfr. ancora casi come *fagiolo*, che il Battaglia definisce Phaseolus vulgaris, documentato a partire dal Boccaccio, che è purtroppo il fagiolo d'orto, peruviano, o anche casi innocui come *latte d'amandole* 'bevanda rinfrescante...', definizione astorica (Battaglia 8,827b, 10.).

Classificazione onomasiologica

Cereali
amido, calvelino, farina, farro, frumento, grano, riso, semola, spelta.

Ortaggi, legumi
biancho, bieta, carota, caulo, cece, cima, cimola, cipolla, corteccia, domestico, erba, fagiolo, finocchio, fiore, foglia, frondi, fungo, lattuga, legume, lente, malva, napone, orto, ortolano, paperdello, pastino, pesello, peso, porro, radice di petroselli, rafano, rapa, rapaçolo, raponcello, salvatico, scalogna, senape, senatione, sparacio, spinacio, succo, sugo, torso, zucca.

Frutta
amandola, arancio, avellano, carrubo, castagna, cerasa, cetrangola, dattaro, fico, frutto, guscia, limoncello, limone, lumìa, mela cotogna, melangola, melarancia, melegrana, noce, pelle, pera, poma, pomo, prugna, succhio, succo, sugo, uva.

Carni
agnello, anatra, animale, budello, bue, capo, cappone, capriolo, carne, castrone, collo, colombo, corata, coratelle, domestico, excoriata, fagiano, fegatello, fegato, gallina, giovene, gola, grassa, grasso, grua, gualdaffa, interiori, lardello, lardo, lepore, lombo, malardo, membro, montone, oca, osso, pacca, paparo, pavone, pecora, pelle, pernice, petto, pettorina, piede, pipione, pollastro, pollo, polmone, polpa, porcella, porcello, porchetta, porcino, porco, presciuto, ranocchio, rete, spalla, starna, ucello, vacca, ventre, ventresca, ventricchio, vitella, vitello.

Pesci
allece, anguilla, bocca, calamaio, capo, capretto, corvalo, interiori, lampreda, luccio, marino, moscatello, nero, pesce, polpa, polpo, sardina, sale di seppia, seppia, tinca, triglia, trota.

Latte, uova
albume d'ova, buffalino, capra, caprino, cascio, crudo, giuncata, latte, ovo, pecorino, tuorlo, vitello.

Condimenti
acqua rosada, aglio, alloro, aneto, anisi, basilico, beledo, borragine, canella, cannone, capparo, cardamone, carvi, çençovo, cennamo, cimino, comune, coriandolo, croco, garofano, inula, magiorana, magiorantia, mele, menta, nepitella, origano, pepe, petrosello, polvere, ruta, sale, salvia, sambuco, seme, sommacco, spezia, spica, spico, sugo, transmarino, vergella, zafferano, zucchero.

Liquidi, bevande
aceto, acqua, agresta, agresto, liquido, liquore, mosto, olio, presame, succo, sugo, umido, verçuço, vino.

Cibi
agliata biancha, amandolato, battuto, biancho, blanmangieri, brodo, brodo sarracenico, caldume, casciata, cennamata, cervelato, çeunia, cibo, civero, composta, coppo, crispello, dulcamine, empitura, erbata, erbato, erbolato, farinata, festiggìa, frittella, fromentiera, gelatina, gratonìa, gravioli, guanto, insalegiata, lasangne, levaduro, levame, limonìa, marchese, merola, midolla, migliaccio, molena, mortadella, mortadello, nebula, nucato, pane, paniccia, pasta, pastello, pasto, pastringa, peverada, mostarda, polta, raviolo, romanìa, salsa, salciccia, sardamone, schibetia, solcio, somacchìa, suppa, tomacello, torta, tortello, tria.

Gusto, qualità
acetoso, agresto, agro, agrodolce, amaro, appetito, beccume, bere, biancho, debile, dolce, fino, forte, fresco, magro, misto, nero, netto, novellino, novello, nuovo, odorifero, oltramontano, perfecto, piacere, pietra, pretioso, puro, rena, rubricto, sano, sapere, sapore, saporito, saporosso, sciutto, secco, semplice, spesso, stretto, tenero, tepido, verde.

Misure, quantità
abastança, abbondantemente, abbondanza, bastare, buono, convenire, dado, fetta, largo, libra, lunghetto, lunghezza, lungo, mancamento, mancare, metà, mezzanamente, mezzo, minestra, oncia, minutissimamente, minuto, picciolo, quasi, soavemente, sottile, sottilmente, sufficiente, sufficientemente, sufficienza, tanto, temperatamente, volta.

Arnesi
ago, bastone, brocca, bucato, caldaia, cardafisia, catino, coltello, cucchiaio, fiascho, forno, graticola, gratusia, inguastara, legno, mazza, mescola, mortaio, padella, penna, pentola, piatello, roccha, scopa, scudella, seta, setaccio, spiedo, stamigna, stile, taglieri, tavola, tegghia, testo, tovaglia, vaso.

Operazioni
abrusciare, abrusticare, acendere, acolorare, agiunto, albero, ammaccare, anello, apeçare, apiccare, apollocato, apparecchiare, aprire, arostire, arosto, arte, artificiatamente, asaporare, assottigliare, atritare, bagnare, battere, berreta, bollire, bollore, bragia, brusciare, brusticare, bucco, cadere, caldissimo, caldo, carbone, ferro da cavalo, cavare, cerchio, cernere, chiaro, chiudere, cocina, cocinaro, cocitura, colare, colorare, colore, colorire, cominciare, competentemente, comporre, conciare, conficere, congiungere, coperto, coprire, corna, cosa, crepare, crosta, cuocere, cuoco, dare, descachare, dibattere, diligentia, disbattere, discoperto, discretione, discreto, disfare, disfilare, distemperare, distructo, diventare, diversificare, dividere, dotto, durare, duro, eletto, empiere, empire, estate, extendere, fare, fermare, fermentare, fermento, fesso, fibbia, fine, finestrella, focoso, fondere, forame, forato, forma, formare, foro, forte, fortemente, franto, freddare, freddo, friggere, fumo, fuoco, gabbia, galla, gettare, giallo, giardino, giunco, giungere, granato, graneloso, grattare, gratugiare, grosso, guardare, immollare, impeto, inchiudere, incutiare, infondere, infranto, insalato, instrumento, integro, intero, interporre, involgere, involuppare, inzuppato, lardare, lasciare, lavare, legne, lento, lessare, lesso, lettera, levare, ligare, mangiare, maniera, mano, menare, mescidare, mescolare, mestare, mestolare, mettere, ministrare, minuzzare, misticare, mistura, modo, mollare, molle, mollificare, mollo, mondare, mondo, monticello, onore, ordinare, ordinatamente, palma, panno, particularemente, partito, pelare, pestare, pesto, pezza, pezzo, pieno, pigliare, poco, pomposamente, porre, premere, prendere, presso, prestamente, prima, primo, pungere, radere, ragiungnere, richiudere, ricorrere, ricucire, rimanere, rimettere, rinvestire, riporre, riscaldare, riservare, ristretto, ritenere, ritornare, rivolgere, rompere, rostire, rotondo, rottura, salato, saldo, sbattere, scagliare, sciogliere, sciugare, sciumare, scolare, scoprire, scorrere, scorticare, servare, sfilare, singularmente, smembrare, soffriggere, solaio, sole, solere, sommo, sospeso, sovragiongnere, spada, spargere, spartitamente, spatio, spessare, spessire,

speziato, spezzare, spina, spolpare, spremere, sprizzare, spurato, stare, stemperare, stendere, stricare, structo, studiosamente, suolo, tagliare, tenere, terzo, togliere, tondo, tornare, torre, trare, tratare, traverso, tritare, trito, troncare, uccidere, ungere, usança, usare, uscire, uso, volere, volgere, vuoto.

Stagioni, digiuno, tempo
dì, digiuno, festa, giorno, matina, mese, moderno, ora, quaresima, quaresimale, sabbato, sera, settembre, spatio, tempo, verno, vespero. Cfr. ‹Cibi quaresimali› nell'introduzione.

Farmacia
acciaio, adragante, aloe, ammoniaco, ardere, aristologia, astersivo, aurea alexandrina, bolio armenico, cassia, cenere, cera, clistere, consolida, costrittivo, dramma, elettuario, ferro, fetido, fetore, galbino, gallo, gesso, gomma, gromma, intenso, intridere, ladano, lassativo, lepore, litargiro, magiore, manna, mastice, minore, mordicare, mummia, nagalico, olibano, pece, pelo, penetrativo, pillola, prova, roventare, pentola roça, sangue de dragone, sostanza, sottilità, succo rosado, taso, terra, tralcio, trementina, verde, verditerra.

Medicina
acuto, afatigare, aiutare, audito, barbieri, basalischo, bocca, borsa, braghiere, caldo, canale, cavallo, collera, confermare, confortare, corpo, costipato, debeleça, dente, difetto, dimostrare, discendere, divisivo, dolore, dormire, evacuare, fante, fasciare, febre, flemma, fluxo, fregare, gargarizzare, gengiva, giovare, grado, graveça, gridare, impedire, impiastro, indugiare, infermità, infermo, infreddato, lasso, male, masticare, matrice, mattone, medicina, medicinato, mestruo, mitigare, nare, natura, occhio, operare, orecchia, orinare, orrore, pannicello, passione, persona, pietra, polso, primo, provocare, pulsatile, purgare, puzza, regula, restringere, reumatico, rilassare, riscaldamento, rottura, sangue, segno, seguire, sete, solutione, soperchio, sputare, stercho, stillare, stitico, stomacho, stringere, tempia, testa, tirarsi, toccare, umidità, uscire, utile, vacuo, valere, valitudine, vena, ventosità, ventoso, ventre, vino, virtù, vite, vitio, vomito.

Tecnica di edizione

Un'edizione serve a rendere un testo leggibile e utilizzabile per l'analisi filologica e storica. Per un'analisi paleografica e codicologica un'edizione è poco appropriata, e deve essere consultato il manoscritto stesso. Tuttavia l'edizione deve mettere a disposizione gli strumenti che servono a comprendere il testo anche materialmente come documento storico, il più possibile vicino alla pergamena. Tra correzioni spensierate e toilette del testo in base a idee personali ma scientificamente controllate, e una riproduzione del manoscritto diplomatica o imitativa, c'è un numero infinito di possibilità.[178]

L'edizione qui presentata tenta di comprendere il testo e di renderlo comprensibile anche al lettore. Questo atteggiamento esclude una tecnica editoriale imitativa, tanto più che, normalmente, un manoscritto è più facile da leggere rispetto al risultato di una imitazione tipografica. D'altro canto l'edizione vuole essere conservativa, per cui l'intenzione presunta dell'autore e dei copisti rimane rintracciabile quanto più possibile.

La strutturazione originaria del testo è stata conservata: le iniziali che spiccano in rosso (sviluppate su due righe) sono qui in grassetto (e su una riga); le piccole maiuscole nere che seguono le iniziali in rosso sono trascritte qui in maiuscoletto; i titoli e la numerazione dei capitoli messi in rosso come anche i titoli delle ricette in rosso sono qui in grassetto. Maiuscolo e minuscolo sono mantenuti. Prima delle lettere maiuscole che marcano nel manoscritto un'unità di significato, si trovano per lo più dei punti (spesso prima di *Et* e *Poi*) che sono

178 Si veda su questo Frédéric Duval (ed.), *Pratiques philologiques en Europe*, Paris, École des Chartes, 2006 [ActesPhil], e specialmente F. Duval, *Introduction*, p. 5–20, e il contributo di Fabio Zinelli, *L'édition des textes médiévaux italiens en Italie*, p. 76–113. Tecnica: Marc H. Smith, *Conseils pour l'édition des documents en langue italienne*, BEC 159 (2001) 541–578. Per la ‹scuola Ménard› si veda anche la recensione del suo Marco Polo in *Francia-Recensio* 2008-3 e 2009-4, MÂ (solo on line). – Può non nuocere l'accenno al fatto che la tecnica di edizione vicina al manoscritto richiama senz'altro il metodo Bédier (che non è sbagliato), sebbene tali edizioni siano esistite già prima di Bédier; anche la teorizzazione esisteva prima del suo OmbreB² (per esempio già nel 1912 con l'Athis di Alfons Hilka che editava il testo con un doppio apparato – correzioni del ms. di base e varianti – e che procedeva anche ad un'edizione diplomatica di una porzione, 2500 versi circa, del ms. T); anche Wendelin Foerster, LancF del 1899, segue, con giustificazione a pp. VI–XI, ‹il miglior› manoscritto T, senza ricostruire un testo).

stati riprodotti e generalizzati. Così si delinea una vicinanza tipografica al manoscritto.

Non è stata mantenuta la posizione del titolo della ricetta nell'ultima riga della ricetta precedente e, se troppo lunga, nella parte finale della prima riga della ricetta in oggetto (vedi illustrazione); i titoli sono qui messi sopra la ricetta a cui si riferiscono. Il mantenimento delle maiuscole e minuscole originali crea senz'altro problemi per la comprensione moderna e per l'interpunzione introdotta, ma il frazionamento sintattico che ne consegue appare accettabile in un libro di cucina, che è un testo piuttosto asciutto. I punti e virgola introdotti danno unità di significato non nel senso della moderna punteggiatura, ma sono destinati a separare le istruzioni sulle azioni culinarie. Così abbiamo nella ricetta n° 1 *E se vuoli, puoi ponervi dentro oglio, o brodo di carne o di capone. Pepe, polvere di spetie. Ova debattute, çaffarano a colorare; e dà al signore*: i punti creano frasi prive di verbo (si tratta infatti di un elenco: p. es. *Ova debattute* non dipende da *puoi ponervi* – le uova sono necessarie) e il punto e virgola separa l'azione (il manoscritto ha punti dopo *E, oglio, capone, Pepe, spetie, debattute* e *colorare* [il punto indica anticamente la più breve delle pause]). Allo stesso modo il punto e virgola in *Togli pulli smembrati, e metti a friggere con cipolle e lardo; e acqua abastança* (65) sembra essere del tutto sbagliato ma è necessario per rendere giustizia alla tecnica culinaria (vd. qui sopra: il confronto con le altre versioni conferma l'interpretazione). Anche in *Togli caponi arostiti; e i fegati loro, con le spetie e pane abrusticato, trita nel mortaio, e distempera* (74) il punto e virgola è necessario per la comprensione della frase e per segnalare la separazione necessaria dalla preparazione della salsa con il fegato.

Per il resto gli interventi editoriali obbediscono alle esigenze minime delle tecniche di edizione: nomi propri scritti minuscoli sono stati forniti di maiuscole (*noci dindia* > *noci d'India*, 96). La separazione delle parole segue l'analisi grammaticale. Le abbreviazioni vengono risolte conformemente alle forme piene attestate. A scopi didattici lo scioglimento è messo in corsivo nell'indice e nelle prime cinque ricette.[179] Si vede che non c'è niente di particolare (si veda *supra* il cap. ‹Manoscritto›; lì anche attestazioni della variazione di *e, ed, et, 7;* nelle note a piè di pagina spesso osservazioni sulle abbreviazioni, p.

179 In conformità all'uso del tempo, il modo d'abbreviazione non è costante, per es. le rubriche delle ricette n° 24–28 si leggono: Altrame*n*te, Alt*ra*me*n*te, Altram*en*te, Alt*ra*m*en*te, Altram*en*te.

es. nella n° 95). Segni diacritici vengono introdotti in conformità alla filologia italiana: è (*essere*), *serà* (id.), *da po'* (29), *dà* (*dare*), *dì* 'giorno', *sì che*, *perché*, *così* (198), *più*, anche il punto sulla *i* (per *ı* e *í*).

Gli errori di comprensione sono piuttosto rari nel manoscritto. Per esempio nella ricetta n° 82 si dice che si dovrebbe cuocere *crispelli overo frittelle* in *aglio* (*friggelle con aglio*) – che è di per sé senza senso – *o lardo*: quella che è qui menzionata è semplicemente la variante culinaria o la variante quaresimale, dove si arrostisce con olio (ne risulta il testo corretto *friggelle con oglio o lardo*). Nella n° 83 c'è la stessa istruzione ma questa volta senza l'errore. Nella n° 21, *polla* invece di *polle* (porre le *pere*) è certamente un'inavvertenza (precede *acqua*), ma la stessa inavvertenza nella n° 54 pare difendibile: *pollo* invece di *polle* (porre le *fave*) può interpretarsi come composto con *lo*, pronome dimostrativo con valore neutro.[180] Un altro errore o inavvertenza, precisamente *amido non mondo* invece di *amigdale non monde*, nella n° 98 (con conseguenze inoltre sulla sintassi), è contrario al modello latino in cui si legge *amigdale mundate*; questo strano errore si ripete nella n° 100 (vd. nel cap. ‹Nozioni dedotte dalla filiazione testuale›).

Gli errori di distrazione, non pochissimi, sono stati corretti. Alcune oscillazioni non sono veramente erronee, ma rappresentano variazioni dialettali, come il toscano *farre*, scritto accanto a *farro* nella stessa ricetta (n. 168). In tal caso una normalizzazione non è raccomandabile. Si riscontra una serie di anomalie nella concordanza di genere delle desinenze aggettivali. Abbiamo sottolineato questi casi con un «sic», senza apportare alcuna correzione (24; ecc.; essi vengono commentati nel capitolo ‹Morfosintassi›). Cfr. nel glossario *overi*, ^{R}5, sotto OVERO.

Tutte le correzioni sono segnalate nelle note al testo; così anche alcune osservazioni sul manoscritto, per es. cancellature, scritture doppie [96], maiuscole non adottate [soprattutto nell'indice], cambiamenti di mano, note a margine, scritture illeggibili, stato della pergamena, difficoltà [106], abbreviazioni di dubbia interpretazione [11] ecc.[181]

180 Vd. nella n° 111: *pollu su* invece di *pollo su*: inavvertenza.

181 Con un maggior numero di correzioni o commenti al manoscritto sarebbe stata consigliabile l'introduzione di due apparati (e di un terzo con le varianti da manoscritti eventualmente più ampi). Ma nel caso semplice qui presente ciò sarebbe stato decisamente esagerato.

Edizioni precedenti e analisi disponibili nei dizionari

Francesco Zambrini, editore del bolognese *Il Propugnatore*, ha curato la prima edizione: *Il libro della cucina del sec. XIV, Testo di lingua, non mai fin qui stampato*, Bologna (Romagnoli) 1863 (Scelta di Curiosità inedite o rare dal secolo XIII al XIX, In appendice alla Collezione di Opere inedite o rare, Commissione per i testi di lingua, Dispensa XL).[182] Nell'introduzione dà una panoramica ancora valida sul contenuto del manoscritto miscellaneo, e motiva la sua pubblicazione: «Niuno si faccia a credere che, nella pubblicazione di questo libro, io abbia avuto in animo porgere ammaestramenti di buona e gentile cucina: no, per mia fede. Le ragioni che mi mossero a torlo dall'oblivione in cui si giacea, trassero dal desiderio di accrescere sempre più la messe de' vocaboli... e di offerire un testo che ci rappresenta al vivo le costumanze de' nostri antichi...» [p. V]. Nonostante il suo consacrarsi ai testi antichi, anche tecnici (dirigeva la collana), Zambrini aveva un atteggiamento che era tipico della scienza del XIX secolo: da un lato afferma ammirato «La semplicità, l'eleganza e la sobrietà, conforme il comporta la materia trattata, vi spirano da ogni lato» [p. VI], ma cita poi una ricetta (n° 145) e commenta: «Così scriveva forse un idiota cuoco, che vivea cinquecento anni fa! Ciò nondimeno, colpa dell'antico amanuense, in assai luoghi mi sono abbattuto, senza dubbio corrotti ed errati, la più parte de' quali io mi cimentai colla critica a rettificare» [p. VII] e documenta così un atteggiamento arrogante nei confronti degli «antichi» da correggere.

Le sue correzioni sono costanti; non c'è quasi una riga senza interventi, per lo più di natura grafica: *meço* > *mezzo*, *empire de* > *empire di*, *ucelli* > *uccelli*, *biancho* > *bianco* ecc. Alcune di queste modifiche apparentemente ingenue eliminano regionalismi, per esempio *ova debattute* > *ova dibattute* [LCucBoZ p. 1 / LCucBoM n° 1]. *Quando sirà cotto* > *quando sia cotto* [p. 58 / 119] cambia la sintassi (cambio di indicativo e congiuntivo dopo congiunzione temporale, cfr. *quando sono cotte* [14] e *quando sieno bulliti* [16]). Zambrini ha tralasciato altre cose, spesso la cancellazione di parole nel manoscritto [p. 29 / 69; p. 65 / 129; p. 69 / 135]. Esempi di errori grossolani: *e poi lo fa friggere* = *e pollo a friggere* [p. 5 / 9]; *poi fa allessare* = *poni a lessare* [p. 6 / 10]; *che*

182 Google Books ha caricato in rete questa edizione, con risultato poco convincente (p. es. A empiere mia gallina... come dello è, si veda n° 107 f.): SPAM, anche in senso etimologico (SPiced hAM in lattine).

ciascuno stia per sè = *che ciaschuno per sé* [p. 7 / 14]; *ponervi ovi, carne* = *ponervi onni carne* [p. 13 / 29]; *amido* = *cimino* [p. 23 / 58]; *poi ci poni* = *puoi ce ponere* [p. 25 / 62]; *cardamone* = *cannoni* [p. 67 / 132]; *cuoriandoro* = *tuorla d'ova* [p. 35 / 78] ecc. (si veda ancora pp. 8, 29, 32, 33, 38, 40, 42, 44, 54, 55, 58, 59, 60, 62, 63, 65, 67, 69 [con nota 33; *carni* leggi *carvi*: n° 134], 76, 77, 80, 84, 86). Zambrini interrompe la trascrizione con la n° 181, tralascia dunque le addizioni (n° 182–198), ma dà ancora le due ricette *A chi non avesse levame* (n° 193) e *A fare agresto* (194).

Stecchetti, *Tavola*, 1884, cita alcune ricette [«*Libro di Cocina*»], all'inizio sulla base di Zambrini, ma con arbitrarie modernizzazioni qua e là.[183]

Faccioli, *Arte*, 1966, fornisce una copia a stampa scorretta dell'edizione Zambrini (parimenti senza appendici) con modifiche non controllabili (nonostante la pretesa di averlo «collazionato tuttavia sul manoscritto originale» [p. 20][184]). Non sono necessarie critiche a questa edizione: lo sdegno è già troppa grazia.[185]

L'edizione di Elena Bergonzoni (2006) dei due ricettari contenuti nel manoscritto di Bologna[186] è il primo lavoro autentico dopo Zambrini, 1863, e Guerrini, 1887. Sostituisce attualmente LCucFrG

183 Le sue citazioni dal «codice 158» riguardano la sua più recente edizione LCucFrG, tuttavia non senza (errate) divergenze, p. es. nota 55 *vasetto* = n° 3 *vasello*.

184 Indicazioni su certe lezioni del manoscritto danno l'impressione che esso sia stato letto, ma per esempio il commento su *ventello* (p. 23) viene da Zambrini p. 6, con nota 4 (si veda n° 11: *vitello*, ms. *ūctello*). La lezione erronea già menzionata sopra, *cuoriandoro* (= n° 78 *tuorla d'ova*) è stata ripresa con un altro errore di copiatura come *cuorinandoro*, accompagnata dal commento «cuorinandoro: coriandolo, frutto aromatico». Questa forma doppiamente erronea è stata naturalmente caricata in rete più volte (consulta Google).

185 Emilio Faccioli, *Arte della cucina*, Milano, Il Polifilo, 1966, 17–57 [= LEI: Anonimo Toscano]; di nuovo in *L'arte della cucina in Italia*, Torino, Einaudi, 1987, 43–67. Sergio Lubello dice abbastanza su questo nel suo articolo *Excerpta coquinaria: tra filologia e ‹cucina›*, Atti del XXI Congresso internazionale di Linguistica e Filologia romanza, Palermo 1995, Tübingen, Niemeyer, 1998, 6,299–309, in part. 304. L'edizione a stampa di Faccioli è stata messa da Thomas Gloning (Giessen, Marburg) sulla sua homepage e questa da Candida Martinelli di nuovo su italophiles.com [«The Italian is difficult to read if you only know Italian because the language used has lots of Spanish influence» – no comment]. In seguito a un seminario sulla letteratura culinaria francese e italiana Nicole Stier ha trascritto tutto il testo per il suo lavoro di laurea (Magister) *Die Edition des* Libro de la cocina *(14. Jh.) und die sprachwissenschaftliche Analyse seines kulinarischen Wortschatzes*, Heidelberg 1998 (inedito), con critiche severe indirizzate alla pubblicazione di Faccioli.

186 Elena Bergonzoni, *Due testi medievali di cucina nel manoscritto 158 della Biblioteca*

e costituisce un progresso notevole rispetto a LCucBoZ. La trascrizione segue procedure corrette ed è assai fedele.[187] I commenti testuali seguono Zambrini. C'è un elenco delle denominazioni degli ingredienti e delle preparazioni ed un altro degli utensili di cucina. Sotto ciascun lemma si trovano varianti (e talvolta vocaboli distinti) e rinvii (da controllare) ai due testi (‹a› = LCucFr e ‹b› = LCucBo) senza differenziare le corrispondenze, per es. «SUOLO *(suolo, solari, solaio),* 'strato di ingredienti', LXXVa, LXXVIa...; XIIIb, XXIb, XXIIIIb, XXVb...» (XXIIIIb corrispondendo a *solaio*, XXVb a *suolo* [infatti a *a suolo a suolo*] ecc.).[188] L'introduzione discute le differenti datazioni e raggruppamenti di testi proposti dai ricercatori (Rebora e Laurioux), senza prendere posizione.

Anna Martellotti, *I ricettari di Federico II*, s.l. [Firenze], Olschki, 2005[189] stampa in appendice un'edizione di RecCulLib, manoscritto A, con copia sinottica delle ricette di LCucBo (‹T›), che sono tradotte dalla tradizione del *Liber* (circa un terzo del testo), con copia delle ricette corrispondenti di LCucMerAB (‹M›) e le due altre copie del *Liber* latino (‹B› e ‹V›). La trascrizione è relativamente attendibile.[190] La

Universitaria di Bologna, Bologna, CLUEB, 2006; [p. 33–57 = LCucFrB, p. 63–105 = LCucBoB].

187 P. 63, linea3, *munute* (con annotazione) leggi *minute* (indice ii); 64,1 *sarracenico* l. *sartarenito* (ind. xxvi; err. del ms.); 64,8 xxxv l. xxxiv, sotto manca il titolo xxxv; 64,14 *lepre* l. *lepore* (ind. xli); 64,22 *rivestirlo* l. *rinvestirlo* (ind. xlviii); 64,27 *vetre* l. *ventre* (ind. liiii); 64,34 *coratelle* l. *coradelle* (ind. lxi); ecc. (la qualità cresce). La nota tironiana 7 (= *et*) è trascritta *et*, mentre gli scribi usano *e* se non abbreviano.

188 Non c'è nessuna lemmatizzazione, per es. *colombi* 'colombo'; i rinvii sono da completare et controllare, per es. *fichi* anche LXXXIIIb, *granella* non è nella ric. CXIIb; le traduzioni offerte non corrispondono alle regole della lessicografia, per es. *insalegiata* 'insalata di cipolle' o *spagnola* 'variante della gratonia' (contesto: ... *chiamasi gratonia spagnola*).

189 Citato come Martellotti, *Ricettari*. Lodevole: l'autrice non usa l'impenetrabile sistema di citazione ‹di Harvard› secondo autore e anno di pubblicazione (tipo «Aristotle 1999» per una citazione dall'*Etica* ad esempio), ma quello trasparente e informativo secondo autore e titolo abbreviato, p. es. Frosini, *Cibo*; così in Martellotti, *Giambonino*.

190 Correzioni: T 1 *Togli* leggi *Tolgli*; *çaffrano* l. *çaffarano*. 2 *Tolali* l. *Tolgli*; *predetta* l. *predicta* (ms. predicta, spesso predicto ecc.); *mettervi* l. *mettarvi*. 3 *et mettivi* l. *e mettivi* (ms. nessuno stenogramma; Martellotti mette per lo stenogramma 7 sempre *et*, che si trova scritto normalmente *e*, una volta, 103, *ed amandole*, raramente *et*: indice 86 ecc., n° 11 ecc.); *dicti* l. *decti*; *Et* l. *E*; *modo* l. *muodo*. 4 *darà* l. *dare*. 5 *scieglile* l. *scioglile*; *trasmarino* l. *transmarino*. 10 *predetto* l. *predicto* (abbreviato) (passim); *finochio* l. *finocchio*; *bene* l. *ben*. 36 *R xiv* l. *Rx* [= Rubrica] (passim) *xiiij* (passim). 40 *oni* l. *onni* (tratto su n debole). 42 *bactuti* l. *battuti*. 43 *ne la* l. *nella*

lettura e soprattutto la comprensione di tutti questi testi è ostacolata dalla mancanza di segni di interpunzione. Il lavoro, pur accorto, ha un orientamento storico, non filologico.

I dizionari più antichi, in particolare TomBel, citano l'edizione Zambrini. Anche Battaglia citava prima questa edizione (seguendo TomBel), poi purtroppo la stampa Faccioli (con riferimenti alla sua impaginazione e anche alla sua numerazione), senza dubbio nella convinzione che essa fosse un progresso; allo stesso modo il LEI. È comprensibile che siano stati accolti tutti gli errori di Zambrini, fin nei dettagli grafici come *senacione* in Battaglia 18,620a, dove LCucBoM n° 12 ha *senationi*, e *senationes* (n° 13). In certi casi ne risulta un'indicazione erronea, si veda per esempio LESSATO, che è attestato

(difficile da leggere). 53 *le glie sirano* l. *le siranno* (c'era qui prima della scrittura un buco nella pergamena; *glie* non si trova lì, viene presumibilmente dal *volgile* della riga superiore). 54 Altramente l. Altremente; *cum* (stenogramma *9*) l. *con* (c'è *con*, *cō* e *cū*) (passim). 58 *amino* l. *cimino*. 63 *libro et* l. *libro ē* (= *est*; la lettura errata ha condotto a un'interpretazione incongruente in p. 35); *tucte* l. *tutte*. 64 *nel mosto* l. *nel musto*; *questo mosto* l. *quello mosto*; *metà* l. *meità*; *bianco* l. *biancho*; *saranno* l. *siranno*; *ponervi* l. *ponerci*; *fare con* l. *fare cum*. 65 *polli* l. *pulli*; *abbastanza* l. *abastança*; *aggiungivi* l. *agiongivi*. 66 *senza* l. *sença*. 69 *ienula secca*: *secca* è cancellato; *stempera* l. *e distempera*; *bulla* l. *bullia*; *cocto* l. *cotto*. 70 *scuma* l. *sciuma*. 73 *arrostila* l. *arostila*; *però* l. *perciò*; *de' non* l. *denno*. 74 *saracenico* l. *sarracenico* (come a p. 258); *distempera nel mortaio* ms. *nel morta*, ma questo è cancellato, manca il *con* seguente (come anche in Zambrini); *brodo* l. *brodi* (ms. *i* su una mezza *o*). 77 *detta* l. *dicta*. 79 *pecora* l. *peccora*; *zuccaro* l. *çuccaro*. 82 *spartitamerte* l. *spartitamente*. 83 *beni moli* l. *ben imoli*; *friggasi* l. *friggansi*. 85 *o vuò* l. *overo* (abbreviato). 97 *Simile puoi fare de pesci apeçati* (riga 3) è cancellato nel ms. 98 *in amido* l. *l'amido*. 99 *sirà* l. *serà* (mal leggibile; con *r* rotonda di legatura); *accolora* l. *acolora* (macchia). 101 *colasse* si trova certo nel ms., ma non è sensato: l. *col[or]asse*. 102 *stamigna* l. *stamingna*; *pecora* l. *peccora*. 104 *a bastanza* l. *abastança*. 107 *ucelli* l. *uçelli*. 108 *ritenendo* l. *rittenendo*. 122 *la bragia e mescola [mescola] con la mescola* l. *l. b. e mescola mestola con la mescola*, in cui il primo *mescola* è cancellato; *tegghia o la padella* l. *t. e la p.*; *ciascu[cu]no*: *uc* è espunto. 126 *misture* l. *mixture*. 128 (p. 260) *senza* l. *sença*. 129 *e facciansi* è cancellato nel ms.; *Allici* l. *Alleci*; *medesimo* l. *medesmo*. 132 *elette* l. *electe*. 133 *medesimi* l. *medesmi*. 140 *pien* l. *piena*. 153 *melarance* l. *melerancie*. 154 *dei pippioni* l. *dei pipioni*; *abrusciało* (ms. *arbusciało* !); *vino o* l. *vino e*. 157 *esser edocto* l. *essere docto*. 159 *medesimi* l. *medesmi*. Inoltre, alle pp.184-188: 6 *borraggine* l. *borragine* (bis). 7 *finocchio* l. *finochio*. 9 *Del predetto* l. *Dei predicti*. 12 *senacioni* l. *senationi*; l'aggiunta *cioè in più modi* viene da Zambrini, o dall'indice – il testo stesso è del tutto illeggibile. 14 *usanza* l. *usança*.17 *lattughe* l. *latughe*. 25 *et* è cancellato; *facti* l. *fexi*. 29 *ovvero* l. *overo*. 31 *ovvero* l. *overo*. 84 manca *Altramente*. 89 *Altramente* è cancellato. 109 *empire* l. *empiere*. 132 *lxx* cancellato. 138 manca *lxxv*. 152 *lxxxiiii* l. *lxxxix*. 158 manca *lxxxxv*.

solamente con gli esempi di LCucBo e Redi, ma la prima occorrenza deve essere letta *lessali* (lezione del manoscritto e forma necessaria per la buona comprensione della frase). Fondamentalmente dispiace che la filologia non sia stata in grado di evitare che l'edizione retrograda di Faccioli fosse posta a fondamento del lavoro lessicografico.

Rinunciamo qui ad una descrizione e valutazione riassuntive della lessicografia attuale e rinviamo invece al glossario critico. È da tener presente che l'analisi lessicografica compiuta nel glossario è dipendente a sua volta dai lavori preparatori realizzati da altri.

Explicit de coquina que est optima medicina[191]

Bibliografia

Questa bibliografia è selettiva: contiene pubblicazioni importanti o citate spesso. I dati bibliografici di pubblicazioni relative ad un fatto particolare non vengono accolti qui, ma dati nelle note a piè di pagina. Le sigle più importanti sono integrate nella bibliografia con i rimandi necessari, per es. LCucFrG ⟶ Guerrini. Rinvii brevi del tipo ‹Frosini, *Cibo*› non vengono sciolti specificamente; si confida nel fatto che il lettore competente troverà il titolo sotto ‹Frosini›. Sigle non sciolte si trovano in DEAFBibl 2007 e nella sua versione di lavoro elettronica evolutiva DEAFBiblEl, sotto www.deaf-page.de. Sigle usuali di riviste scientifiche sono quelle di ZrP, FEW, LEI o DEAFBibl.

Aebischer, Paul, *Un manuscrit valaisan du Viandier attribué à Taillevent*, Vallesia (Sion) 8 (1953) 73–100; [= ViandValA].

AldBencLB ⟶ Baldini.

Arberry, Arthur J., *A Baghdad cookery-book*, Islamic Culture 13 (1939) 21–47; 189–214. Edizione del libro dal Baġdādī; ristampa in ⟶ *Medieval Arab cookery*.

Baġdādī ⟶ Arberry.

[Bagnasco, Orazio] Anon., *& coquatur ponendo... – Cultura della cucina e della tavola in Europa tra medioevo ed età moderna*, s.l. [Prato], Ist. Francesco Datini, s.d. [1996]; [= BagnascoCoqu]. Collezione

191 *Forme of cury*, Explicit, ms. inizio XV sec.; edizione Samuel Pegge, 1780, prima dell'indice; anche in Richard Warner, *Antiquitates culinariae*, London 1791, 49.

di articoli su temi e autori; descrizioni di manoscritti con cenni sul contenuto; contributori vari (Laurioux et al.). Riproduzioni di pagine di manoscritti senza indicazioni di paginazione. Senza indice.

Baldini, Rossella, *Zucchero Bencivenni,* La santà del Corpo. *Volgarizzamento del* Régime du corps *di Aldobrandino da Siena (a. 1310) nella copia coeva di Lapo di Neri Corsini (Laur. Pl. LXXIII 47),* Studi di Lessicografia Italiana 15 (1998) 21–300; [= AldBencLB; LEI: BencivenniCorsiniBaldini,SLeI 15]. Ms. datato al 1310; buono gloss., assai completo, definizioni ampie o ridotte o assenti.

Battaglia, Salvatore, et al., *Grande dizionario della lingua italiana,* Torino, Unione tipogr.-ed., 1961–2002, *Supplemento,* 2004, *Indice degli autori citati,* 2004; [= Battaglia, B nel gloss.].

Benporat, Claudio, *Cucina italiana del Quattrocento,* Firenze, Olschki, 1996. Edizione di Maestro Martino, mss. Vat. (p. 79–155), Riva (p. 157–231) e New York [Cuoco napoletano] (p. 233–292; ed. non menzionata dal Scully, *Cuoco* 38, il quale tuttavia ricorda le altre ed., 37).

Benporat, Claudio, *Feste e banchetti. Convivialità italiana fra tre e quattrocento,* s.l. [Firenze], Olschki, 2001. Estratti di testi di qualità molto diversa (Siena 1326 – Milano 1499). Cita sventuratamente il LCucBo secondo la stampa Faccioli. Id., passim in *Appunti di gastronomia* (Milano, Condeco) 4 (1991) sqq.

Bergonzoni, Elena, *Due testi medievali di cucina nel manoscritto 158 della Biblioteca Universitaria di Bologna,* Bologna, CLUEB, 2006; [p. 33–57 = LCucFrB, p. 63–105 = LCucBoB]. Con elenchi degli ingredienti e delle preparazioni e degli utensili di cucina. Edizione non presa in considerazione da SchiancaCuc per es.

Bitsch, Irmgard – Trude Ehlert – Xenia von Ertzdorff – Rudolf Schulz, *Essen und Trinken in Mittelalter und Neuzeit,* [Symposion Juni 1987], Sigmaringen, Thorbecke, 1987.

Boström, Ingemar, *Anonimo Meridionale. Due libri di cucina,* Stockholm, Almqvist & Wiksell, s.d. [stampato nel 1985] (Acta univ. Stockholmiensis, Romanica St. 11); [= LCucMerA/bB; LEI: AnonimoMeridBoström e LibriCucinaBoström e CucinaBoström]. Trascrizione non sempre sicura. Glossario completo ma dalla microstruttura ridotta all'osso: senza collocazioni e senza definizioni, ma per lo più con equivalenti approssimativi.

Cappelli, Adriano, *Dizionario di abbreviature latine ed italiane,* Milano, Hoepli, [2]1912.

Castellani, Arrigo, *Grammatica storica della lingua italiana*, I. *Introduzione*, Bologna, Il Mulino, 2000; [= CastellaniGr]. Unico vol.

Castellani, Arrigo, *Saggi di linguistica e filologia italiana e romanza*, 3 voll., Roma, Salerno, 1980.

Colussi, Giorgio, *Glossario degli antichi volgari italiani*, Helsinki, poi Foligno, Umbra, 1983–2006; [GAVI; DEAF: Colussi]. Peccato che l'analisi semantica sia ridotta (per es. nessuna distinzione, a torto o a ragione, tra *anima tenera* e *gallina tenera*, 17,4,22).

Cortelazzo, Manlio – Paolo Zolli – Michele A. Cortelazzo, *DELI – Dizionario etimologico della lingua italiana*, Bologna, Zanichelli, 1999 (e rist.); [= CortZol^2].

Dictionnaire étymologique de l'ancien français, Tübingen, Niemeyer, 1971 sqq. [vd. *Dictionnaire étymologique de l'ancien français, Complément bibliographique 2007*, Tübingen, Niemeyer, 2007, o in versione in continua evoluzione in rete: www.deaf-page.de]; [= DEAF].

Faccioli, Emilio, *Arte della cucina*, Milano, Il Polifilo, 1966; [= LEI Faccioli e CucinaFaccioli e FaccioliCucina: spesso citato come un insieme, invece con abbreviazioni specifiche per i testi contenuti]; nuova ed. con aggiunte: *L'arte della cucina in Italia*, Torino, Einaudi, 1987. Contiene, p. 16–57, LCucBo [LEI: AnonimoToscano; Anonimo tosc., FaccioliCucina; LibroCucina; ecc.]; 58–105, LCucCa [LEI: AnonimoVeneziano; ecc.]; 115–204, LCucMartF [LEI: MaestroMartino; ecc.]; ecc. Compilazione ascientifica; solo l'ed. di LCucMartF vi è originale e citabile.

Flandrin, Jean-Louis – Odile Redon, *Les livres de cuisine italiens des XIVe et XVe siècles*, Archéologie médiévale 8 (1981) 393–408.

Francesco Balducci Pegolotti, *La pratica della mercatura*, ed. Allan Evans, Cambridge, Mass., Med. Acad., 1936. Titolo orig.: *Libro di divisamenti di paesi e di misure di mercatantie...*; da datare al 1340, o assai vicino (c'è una *Tavola della Pascua di Ressurresso* per 1340–1465); ms. datato al 1472. Nell'apparato critico, «M» corrisponde al ms., «P» all'ed. Pagnini 1766. Ed. non priva di errori; grafia normalizzata (!).

Frati, Lodovico, *Libro di cucina del secolo XIV*, Livorno, Giusti, 1899; [= LCucCaF].

Frosini, Giovanna, *Il cibo e i signori. La mensa dei Priori di Firenze nel quinto decennio del sec. XIV*, Firenze 1993. Analisi ricca di giornali di spese, datati maggio 1344 - aprile 1345 [f° 1–132 = 1344, 133–195 = 1345 n.st.], con esempi supplementari di più fonti e epoche; [= Frosini, *Cibo*; LEI: LibroMensaFrosini].

GAVI ⟶ Colussi.

Guerrini, Olindo, *Frammento di cucina del sec. XIV*, Bologna, Zanichelli, 1887; [= LCucFrG]; cfr. Stecchetti.

Lambert, Carole et al., *Du manuscrit à la table. Essais sur la cuisine au moyen âge et répertoire des manuscrits médiévaux contenant des recettes culinaires*, Montréal, Presses Univ. – Paris, Champion – Slatkine, 1992. Visione generale, studi, bibliografia.

Laurioux, Bruno, *Les livres de cuisine médiévaux*, Turnhout, Brepols, 1997 (Typologie de sources du m. â. occ. 77). Visione generale, bibliografia. Da confrontare con id., *Le règne de Taillevent. Livres et pratiques culinaires à la fin du Moyen Âge*, Paris, Sorbonne, 1997.

LCucBoB ⟶ Bergonzoni.

LCucBoM: il lavoro presente.

LCucBoZ ⟶ Zambrini.

LCucCaF ⟶ Frati.

LCucFiM ⟶ Morpurgo.

LCucFrB ⟶ Bergonzoni.

LCucFrG ⟶ Guerrini.

LCucMartF ⟶ Faccioli.

LCucMerA/BB ⟶ Boström.

LCuraMalM ⟶ Manuzzi.

LEI ⟶ Pfister.

Lubello, Sergio, *Excerpta coquinaria: tra filologia e ‹cucina›*, Atti del XXI Congresso Internazionale di Linguistica e Filologia Romanza, vol. 6, Tübingen, Niemeyer, 1998, 299–309.

Lubello, Sergio, *La nascita del testo: Un tipo testuale in diacronia*, in Lo scaffale della biblioteca scientifica in volgare (secoli XIII–XVI), Atti, ed. R. Librandi – R. Piro, Tavarnuzze, Firenze, SISMEL, 2006, 389–404. Con bibliografia.

Manuzzi, Giuseppe, *Libro della cura delle malattie*, Firenze, Tip. Voc., 1863 (publ. postuma a cura di L. Razzolini; rist. in *Testi di lingua citati nel Vocabolario della Crusca... Giuseppe Manuzzi*, Sala Bolognese, Forni, 1979); [= LCuraMalM, estratto di Aldobrandino, trad. di Zucchero Bencivenni, ca. 1310; sembra ident. a Battaglia «Benc. 3–1», vd. l'Intr. del Razzolini].

Martelli, Maria Ines, *La cucina italiana nel XIV secolo: uso ed abuso di piante aromatiche e di spezie. Commercio, trasporto, conservazione di questi preziosi prodotti*, Rivista di storia delle scienze mediche e naturali, anno 44, 1953, Firenze, Olschki, 1953; [= Martelli]. Osservazioni etimologico-storiche (senza rinvii per le varianti). «Libr. cuc.» = LCucBoZ.

Martellotti, Anna, *Il* Liber de ferculis *di Giambonino da Cremona. La gastronomia araba in Occidente nella trattatistica dietetica*, Fasano, Schena, 2001 (Bibl. della Ric., Cult. stran. 108); [= Martellotti, *Giambonino*]. Con edizione del *Puech von den chosten* (1ª m. XV sec.; = Puech).

Martellotti, Anna, *I ricettari di Federico II. Dal ‹Meridionale› al ‹Liber de coquina›*, s.l. [Firenze], Olschki, 2005; [= Martellotti, *Ricettari*]. [A. Martellotti, *Linguistica e cucina*, Firenze 2012, senza indici.]

Martellotti, Anna, *Quinquinelli zoè rafioli*, Università degli Studi di Bari. Annali della Facoltà di Lingue e Lettere straniere 15 (2001) 351–372; [= Martellotti, *Quinquinelli*].

Medieval Arab cookery. Essays and translations by Maxime Rodinson, A.J. Arberry & Charles Perry (foreword Claudia Roden), Totnes, Prospect Books, 2001.

Mensa ⟶ Frosini, *Cibo*.

Milham, Mary E., *Platina. On right pleasure and good health*, Tempe, Ariz., Med. & Ren. Texts & St., 1998 (Med. & Ren. Texts & St. 168). Edizione con trad. ingl. e introduzione.

Möhren, Frankwalt, *Wie gut konnte der Cruscante Francesco Redi Altitalienisch? Oder: Müssen Wörterbücher Tertiärliteratur bleiben?*, Italienische Studien 11 (1988) 93–113; [= Möhren ItSt].

Möhren, Frankwalt, *L'art du glossaire d'édition*, in David Trotter (ed.), *Manuel de la philologie de l'édition*, Berlin (De Gruyter) 2015, 397–437.

Michele Savonarola, *Libreto de tutte le cosse che se magnano*, ed. Jane Nystedt, Stockholm, Almqvist & Wiksell, 1988 (Acta univ. Stockholmiensis Rom. Stockh. 13); [= MSavonarolaCosseN]. Ms. di base Lugano [ca. 1451, con annot. dell'aut.]. Glossario in parte senza def. (p. es. FIORE, solo tre rinvii: 165, 723 e 2980; 165 corrisponde alla farina: *fiore di furmento*, 723 è err., 2980 è corretto: *fiore di mandole*).

Morpurgo, Salomone, *LVII ricette d'un Libro di cucina del buon secolo della lingua*, Bologna, Zanichelli, 1890; [= LCucFiM].

MSavonarolaCosseN ⟶ Michele Savonarola.

Mulon, Marianne, *Deux traités inédits d'art culinaire médiéval*, Bulletin philologique et historique (jusqu'à 1610), a. 1968, Paris, Bibl. nat., 1971, 369–435 (estratto dalla tesi della École des Chartes, sotto nome da nubile Marianne Bouchon, 1950); [= RecCulLibM; RecCulTrM]. Gloss. *ratta* 'rate' l. 'crépine' (anche II 61; 62).

Nocentini, Alberto, con la coll. di Alessandro Parenti, *L'etimologico. Vocabolario della lingua italiana*, Milano (Mondadori / Le Monnier) 2010.

Parodi, Ernesto G., *Rime genovesi, IX, De carnis privium et die veneris*, Archivio Glottologico Italiano 10 (1886–1888) 135–140.

Pfister, Max et al., *Lessico etimologico italiano*, Wiesbaden, Reichert, 1979 sqq.; [= LEI].

Puech ⟶ Martellotti.

RecCulLibM e RecCulTrM ⟶ Mulon.

Redon, Odile e Lucia Bertolini, *La diffusione in Italia di una tradizione culinaria senese tra Due e Trecento*, Bullettino senese di storia patria 100, 1993 [1995] 35–81. Spec. «brigata spendereccia» e la tradizione dei «XII ghiotti» [«Bo» = LCucFrG].

Rodinson, Maxime, Romanía *et autres mots arabes en italien*, R 71 (1950) 433–449.

Rodinson, Maxime, *Recherches sur les documents arabes relatifs à la cuisine*, Revue des Études islamiques [17], 1950, 95–158. Ricerca con estratti del libro chiamato *Wuṣla*; ristampato in *Medieval Arab cookery*.

Rohlfs, Gerhard, *Historische Grammatik der italienischen Sprache und ihrer Mundarten*, 3 voll., Bern, Francke, 1949-1953; *Grammatica storica della lingua italiana e di suoi dialetti*, Torino, Einaudi, 1966–1969; [= RohlfsGr].

Schianca, Enrico Carnevale, *La cucina medievale. Lessico, storia, preparazioni*, Firenze, Olschki, 2011; [= SchiancaCuc]. Si fanno riferimenti al ms. di LCucBo («AT1»), ma con numerosi errori provenienti dall'edizione Zambrini, per es. *attritino* (n° 6) sotto BORRAGINE, *fallo dolce* (n° 94) sotto ACETOSO, *insaleggiata* (n° 178) s.v. Molte parole non ci sono del tutto, per es. *calvelino, cannone, capo* (come carne), *cocina* (*cu-*), *crudo, lardare, lardello*, e un articolo creato non garantisce che LCucBo ci venga citato, per es. *abrusciare* (*-s-*), *acrodolçe* (*agr-*), *amido, battuto, capparo, castagna, catino*. Qui i commenti sono scarsi (cfr. per es. *coriandolo*).

Schubert, Ernst, *Essen und Trinken im Mittelalter*, Darmstadt, Wiss. Buchges., 2006. Assai saggistico, per es. 297–298. Nello stesso tempo una storia del cattivo mangiare e della fame. Dopo la lettura di questo libro un recensore scriveva alla fine «Gott sei Dank, dass man selbst von diesen scheußlichen Dingen, die da als Nahrungsmittel beschrieben werden und die zu erlangen unsere Vorfahren sich so quälen mussten, bislang keine hat zu sich nehmen müssen» (O.B. Rader, in *Süddeutsche Zeitung*, 16 gennaio 2007, p. 14).

Scully, Terence, *Cuoco napoletano. The Neapolitan recipe collection*, Ann Arbor, UMP, 2000. Con bibliografia, 36–40; cfr. di sopra Benporat, *Cuc.*

Stecchetti, Lorenzo [= Olindo Guerrini], *La tavola e la cucina. Conferenza tenuta all' Esposizione di Torino il 21 giugno 1884*, Firenze, Barbèra, 1884; [= Stecchetti, *Tavola*]. Osservazioni facete sulla letteratura culinaria dei sec. XIV e XV, con citazioni di LCucFr e LCucBoZ, anche Platina, e paragoni con le letterature it. e fr.

Süthold, Michael, *Manoscritto Lucano. Ein unveröffentlichtes Kochbuch aus Süditalien vom Beginn des 16. Jahrhunderts*, Genève, Droz, 1994. Anno 1524. Ci sono 12 equivalenze con LCucBo (p.264); [= Süthold, *Lucano*]. Cfr. Lubello, *Excerpta* 305.

TLIO – *Tesoro della Lingua Italiana delle Origini, CNR – Opera del Vocabolario Italiano*, dir. Pietro Beltrami, Lino Leonardi; fonte elettronica evolutiva, messa in linea dal 1998. Origini – 1375; alcune prime date indicate si trovano anche nei dizionari.

Tommaseo, Nicolò e Bernardo Bellini, *Dizionario della lingua italiana*, 4 t. in 7 voll., Torino, Unione tipogr.-ed., 1861-1879 (1,1=«1» delle rist., 1861; 1,2=2, 1865; 2,1=3, 1869; 2,2=4, 1869; 3=5, 1872; 4,1=6, 1872; 4,2=7, 1879); [= TomBel, TB nel gloss.]. [C'è una versione elettr. venduta con lo Zingarelli 2004/2008, non senza err., per es. BIANCO m., 21., *Bianco di ziuco* l. *zinco*.]

ViandValA ⟶ Aebischer.

Vollenweider, Alice, *Der Einfluß der italienischen auf die französische Kochkunst im Spiegel der Sprache*, VRo 22 (1963) 59–88 (Historischer Überblick); 397–443 (Zweiter Teil: Wortmonographien).

Wiese, Berthold, *Altitalienisches Elementarbuch*, Heidelberg, Winter, ^{2}1928.

Wuṣla ⟶ Rodinson.

Zambrini, Francesco, *Il libro della cucina del sec. XIV, Testo di lingua, non mai fin qui stampato*, Bologna, Romagnoli, 1863 (Scelta di Curiosità inedite o rare dal secolo XIII al XIX, In appendice alla Collezione di Opere inedite o rare, Commissione per i testi di lingua, Dispensa XL); [= LCucBoZ].

Zimmermann, Margarethe, *Kochkunst im spätmittelalterlichen Frankreich:* Le Ménagier de Paris, Essen und Trinken in Mittelalter und Neuzeit, ed. Irmgard Bitsch et al., Sigmaringen, Thorbecke, 1987, 103–115. Generalità con approfondimenti e bibliografia.

Libro de la cocina: Edizione

Rubrica del cocinaro. Tractato[1]**.** [f° 93r°a]

Dei cauli, in più mainere. .j. [1–4][2]
De le foglie minute[3], boragine, spinaci, biete trepice, finocchi. .ij. [5–11]
De senationi, cio è i*n* più modi. .iij. [12–14]
De la senape. .iiij. [15]
De li sparaci. .v. [16]
De le lattughe. .vj. [17]
De le çucche. .vij. [18–20]
De le pere. .viij. [21]
De le cipolle. .viiij. [22]
Dei porri. .x. [23–28]
Dei naponi, overo naoni. .xj. [29]
Dei raponcelli. .xij. [30–31]
De le rape, in più mainere. .xiij. [32–35]
Dei ceci[4] i*n* septe modi. .xiiij. [36–42]
Dei peselli, i*n* cinque modi. .xv. [43–47]
Delle fave sane, fresche *e* secche, i*n* più modi. .xvj. [48–52]
De le fave frante, i*n* due modi. .xvij. [53–54]
De le lenti, in due modi. .xviij. [55–56]
Dei fasoli, in tre modi. .xix. [57–59]
Dei funghi, i*n* tre modi. .xx. [60–62]
De la co*m*posta, i*n* due modi. .xxj. [63–64]
Dei brodi, e prima del bruodo granato, i*n* più modi. .xxij. [65–67]
De la gelatina del pesce. .xxiij. [68]
Del brodo del pesce, in due modi. .xxiiij. [69–70]
Del paparo *e* suoi savori. .xxv. [71–72]
De la grua *e* suoi savori. .xxvj. [73]
Del brodo sarracenico[5]. .xxvij. [74]
Del brodo dei caponi. .xxviij. [75–77]
De le starne *e* suoi simili. .xxviijj. [78]

1 cocinaro. Tractato.] cocinaro.tractato. (due punti).
2 Numeri romani: numerazione originale del manoscritto; numeri arabi: nostra numerazione di ciascuna ricetta o variante di ricetta individuale.
3 minute] (= lectio del testo edito) míịnute (= lectio del manoscritto; di fatto u con trattino sulla prima asta, la seconda espunta).
4 ceci] Ceci.
5 sarracenico] sartarenito. Cfr. la ricetta n° 74.

6 crispelli] Crispelli.
7 Sic.
8 ganti] Ganti.
9 crespelli] Crespelli.
10 Del civieri] sic, corr. *Dei civieri*?
11 empiere] Empiere.

[D]e li cibi da *in*fe*r*mi. [Com]*in*cia tractato.[12]

Dei cauli p*er* l' infermi. .lxxxxviij. [161]
De l'erbe minute p*er* infermi. .lxxxxviiij. [162]
Erbe minute p*er* constipati et stititi. .c. [163]
De le çucche p*er* l' infermi. .cj. [164]
Dei ceci p*er* l' infermi, sani *e* infranti[13]. .cij. [165]
De le lattuche. .ciij. [166]
Dei peselli freschi p*er* infermi. .ciiij. [167]
De l' amandolato[14] *e* farro p*er* *in*fermi. .cv. [168]
De la tria genoese p*er* infermi. .cvj. [169]
Del riso p*er* infermi. .cvij. [170]
De la farinata p*er* l' infredati. .cviij. [171]
De le triglie. .cviiij. [172]
Dei pomi lessi p*er* l' infermi. .cx. [173]
Dei pomi arostiti. .cxj. [174]
Dei predicti, altramente. .cxij. [175]

12 Marginalia su due righe, mano B. Tra parentesi quadre: nella piegatura, assai illeggibile.

13 sani *e* infranti] e sani infranti. Corretto colla rubrica della ricetta.

14 De l' amandolato] Dela mandolato. Rubrica della ricetta: *De la amandolato*, da correggere.

AL NOME DI DIO. AM*EN*. [f° 94r°a]
INCOMI*N*CIASI IL LIBRO DE LA COCINA

Dei Cauli. [.j.] [n° 1]
A fare i cauli bia*n*chi bene cotti.
Tolgli i torsi del caulo, e mo*n*dali bene, sì che de le fro*n*di nie*n*te ce rimagna; e tro*n*cali nel tenero de la cima; e qua*n*do bolle la pe*n*tola co*n* oglio *e* aqua, gittavi dentro i detti torsi, overo bia*n*cho de cauli, e mettivi del bia*n*cho de finocchi. E falli ta*n*to bollire che sia bene spesso. E se vuoli, puoi pone*r*vi de*n*tro oglio, o brodo di ca*r*ne o di capone. Pepe, polvere di spetie. Ova debattute, çaffarano a colorare; e dà al sig*no*re.

RecCulLibM I 1 Si vis caulles albos bene parare, monda tursones eorum, ita quod de frondibus nihil remaneat; et dum olla cum aqua super ignem bullierit, pone intus tursones sive albedinem caullium scilicet cum aqua predicta, et apposita ibi albedine feniculi, fac tantum bullire quod sint spissi; et loco olei, addere poteris brodium carnium quarumcumque.

A fare i cauli verdi co*n* ca*r*ne. [n° 2]
Tolgli le cime dei cauli sane, e gittale nella pentola buglie*n*te co*n* la ca*r*ne, e falli bullire. E cavali e metti nell' aqua fredda. E, tolto d'altro bruodo i*n* un' altra pentola, mettivi del bia*n*cho dei finocchi. E qua*n*do è hora del ma*n*giare, poni i detti cauli col brodo nella pe*n*tola p*redicta*; e fa bullire un poco; e puoi metta*r*vi brodo di ca*r*ne, di capone, o oglio.

RecCulLibM I 2 Ad caulles virides secundum usum imperatoris, accipe cimulas caullium sanas et in caldaria bulliente cum carnibus pone et fac bene bullire. Et inde extractis, pone in aqua frigida. Accepto alio brodio in quodam alio vase, addas albedinem feniculi et fac eam bullire. Et cum fuerit hora comestionis, pone predictos caulles cum brodio in vase predicto et facias totum parum bullire.

Dei *pre*dicti. [n° 3]

Togli i cauli e poni a cocere co*n* ca*r*ne di castrone o di porco, o ca*r*ne i*n*salata; e mettivi de*n*tro del bia*n*cho del finocchio e del petrosello, e mesta forte. Poi cavatane la ca*r*ne, mesta i decti cauli, sì che sieno bene triti. E de*n*tro puoi mettere ova debatute, pepe, çafarano, polvere di spetie. E posso*n*si fare a questo muodo el dì de digiuno, co*n* oglio, co*n* pesce i*n*salato[15].

Dei preditti. [n° 4]

Togli le cime dei cauli, e falle bullire; poi le cava, e friggele nell' oglio co*n* cipolle tagliate, e bia*n*cho di finocchi, e pome tagliate. E poni de*n*tro un poco di brodo; *e* poi fa le scudelle, e gittavi su de le spetie. Possonsi etia*n*dio fare co*n* lo lardo, col cascio e co*n* l' ova pe*r*dute; *e* pone*r*vi de le spetie; e dare[16] al signore.

De le foglie minute *e* dei finocchi. cap*itolo* .ij. [n° 5]

Tolgli spinaci e treplice biette; scioglile bene, *e* fa bollire; poi le cava *e* battile col coltello forteme*n*te; poi togli petroselli, finocchi, aneti, cipolle, *e* battile *e* tritale col coltello; e sofrigi co*n* olio bene; *e* prendi altre erbe minute; sofrigile insieme, *e* mettivi uno po[f° 94r°b]co d'acqua, e lassa bullire, e mettive[17] del pepe *e* de le specie; e dà mangiare. In questo modo si possono ponere dentro ova dibattuti, polpe di pescio sença spine, carne di castrone, di porco, o carne insalata, e diversificare seco*n*do pare a la discretione di buono cuoco. E torre magiorana, transmarino, petrosello, co*n* bone spetie, cu*m* garofani; e di queste erbe, peste forte nel mortaio, cu*m* pesce o carne battuta, porrestine fare mortadelli, coma*n*delli e molte altre cose. A questo modo poi torre erbe salvatiche overo domestiche, se d'orti non si potesseno avere.[18]

RecCulLibM I 11 De spiniargiis et atriplicibus: spiniargia sive atriplicia in aqua bene calida lota, extrahe de aqua, exprime et frige cum oleo et cepa. Postea, pone in scutella et desuper asperge species con sale.
Et si vis facere cum lardo, ponas safranum et species et cepam et acetum si vis. Cfr. RecCulLibM I 12 De foliis minutis… Fac inde tomacellos vel mortarellos…

15 i*n*salato] ĩsabato (?), ma *in sabato* poco verosimile; vd. Gloss. SABBATO.

16 Qui finisce la mano B (riprende dopo n° 175).

17 Ms. di lettura difficile.

18 Qui terminiamo la marcatura didattica delle abbreviazioni con corsivo. Parzialmente 185–198.

Del medesmo mangiare con borragine. [n° 6]

Togli borragine, spinaci e biete trepice e simili; poni in acqua fredda a bullire; poi, gittata via l' acqua, s'atritino forte col coltello; poi rimetti a cuocere con lacte d'amandole e, mesovi dentro battuto di tinca, potrai dare la quaresma al signore, con le specie e con çaffarano, messovi del çuccaro.

Del predicto. [n° 7]

ANche tollendo finochio intero, bullito, cotto con cennamo, pepe e çaffarano; e mettivi ove perdute e carne di polli, o altra carne, per lo dì[19] che tu vuoli.

RecCulLibM I 17c Accipe feniculum integrum decoctum cum cinamomo et pone ova perdita et parum de safrano, et carnes pullorum pro diebus quibus vis.

Del predicto. [n° 8]

ANche tollendo erbe minute odorifere, bullite, battute, cocte col petto de la galina, peste nel mortaio, e adiuncte de le foglie, si possono dare al signore, o a l' infermo per avere solutione di ventre.

RecCulLibM I 16 Aliter: recipe folia minuta odorifera perbullita, batuta seu percussa, decocta cum pectoribus galline, in mortario tritta. Et postea[20], dari domino vel infirmo propter dissolutionem ventris.

Dei predicti. [n° 9]

Togli finocchio biancho trito minuto e pollo a friggere con uno poco di biancho di porro trito minuto, con olio o lardo; e ponvi uno poco d'acqua, e çaffarano e sale, e fa bullire; e ponvi ova debattute, se vuoli, dentro.

Cfr. RecCulLibM I 17 Aliter: recipe album feniculum bullitum, trittum, decoctum cum lacte amigdalarum et cum sale sufficienti.

19 Ms. di lettura difficile; cfr. il testo lat.

20 Manca il verbo: *possunt* da completare secondo il ms. B (il frequente *postea* scritto meccanicamente per *possunt* ?).

Del predicto. [n° 10]

Togli finocchio ben lavato, poni a lessare; e, gittata l' acqua, frigillo con oglio o lardo, sale; e dà mangiare.

RecCulLibM I 20 Aliter: item, accipe feniculum bene lotum et pone ad lixandum. Et abiecta aqua, frige cum oleo vel lardo et sale. Et, in scutellis, super asperge species, si vis.

Salsa di finocchio. [n° 11]

Togli fiori di finocchio, e pesta nel mortaio; ponvi del çaffarano, noce moscada, garofani, cardamone, victello[21] d'ovo, e distempera con lo[22] çaffarano[23]; et è bona salsa nel mese di septembre, con onni lesso.

Corrisponde a LCucMerAB n° 43 Affare bona salsa ad omge allixo in lu mese de settembre tolli fiuri de fenocholi et pista in mortaro et mictice saffarana et nuci moscate, garofani, cardamome et ruscio de ova sicomo è dicto desopra, et destempera con vino greco, et se non ay vino greco mictice gresta et vino albo.

De senationi. Rubrica .iij. [n° 12]

Togli senationi, [*e* ...[24] adunati] tagliati minutissimamente, e lavati bene in l' acqua calda, e premuti; e poni[25] [f° 94v°a] a cuocere in una altra acqua cum carni di porco et sale abastança, o con altre carni.

Dei predicti. [n° 13]

Tolli senationes bulliti, bene triti col coltello, e poni a friggere con cipolla non molta. E anche li poni in altra acqua cum[26] oglio e sale. Et questo mangiare giova a chi non po orinare per lo vitio de la pietra.

21 victello] ūctello. Ms. assai chiaro; pergamena sottilissima e trasparente, sul verso è scritto *al vespero* [n° 20]. Vd. VITELLO nel glossario.

22 con lo] cō lo?, ms. di lettura difficile.

23 Erroneo, vd. LCucMerA.

24 Diciotto lettere illeggibili.

25 *-i* sciupata.

26 Con una *-m* finale (ꝫ) in fine di riga.

Item, a usança di marchesi. [n° 14]
Togli cimole di cauli, che si dice rapaçoli, overo cimole di rape tenere, e poni a cocere; e quando[27] sono cotte, poni a friggere con oglio, con porri o cipolle, o sença l' uno e l' altro. E possi fare sì che ciaschuno per sé, overo coniuncte insieme.

De la senape. capitolo .iiij. [n° 15]
Tolli cimole di senape, e fa bollire in acqua; e, gettata via l' acqua, fa friggere in padella con oglio e sale, overo li poni con carne a cuocere.

De li sparaci. capitolo .v. [n° 16]
Togli li sparaci, e falli bollire; e quando sieno bulliti, ponli a cocere con oglio, cipolle, sale e çaffarano, e spetie trite, o sença.

De le latughe. .vj. [n° 17]
Togli latughe con lacte frescho di capre, del mese d'aprile, con spetie e tuorli d'ova, e lardo frescho, e carni de porco; questo mangiare si chiama 'mangiare di çucche'[28], per ciò che si fa di medolle di latuche.

De le çucche. capitolo .vij. [n° 18]
Togli çucche novelle, tagliate e lavate con acqua calda; e premile fortementi in uno panno, e ponansi a cocere con carne di porco frescha, e pepe e çaffarano.

Altrimenti. [n° 19]
Anche togli çucche novelle, e lavale e premile fortemente, e con ova rotte, e con cipolle, e cascio trito fortemente; e gittale in acqua bullita, col pepe e col çaffarano, e oglio a sufficentia, e sale. E de tali si possono fare ravioli con carne battuta mista, e anche pastelli.

27 quando] qñ (in fine di riga).
28 Ms. prob. per errore *çucche*, preso dalla ricetta seguente, ma qual era la lezione originale?

Altrimenti. [n° 20]

Togli çucche secche, e polle a mollo con acqua calda al vespero; e quando sono mollificate, tagliale minute; e tagli sopra la taola, con cipolle e con oglio, pepe e çaffarano[29]; soffrigge e poni in civero, facto de aceto e molena di pane, a cocere. E a tale modo si po fare con lacte d'amandole, [f° 94v°b] pepe, cruocho, sale e oglio e con lacte di noci.

Cfr. LCucMerAB n° 113 Tolli çucche secche, ciò è le monute, in tempo de geiuno, et lexale, et quando el è lexe, mictile in una tabula et pistale ben con cotello, et frigi con olio et cipolle et fa cocere. Poy trita nuci et avellane et distempera con aqua et micti in le dicte çucche, et mictice pepe et saffarano et maiurana, et dà a magnare.

De le pere. Rubrica .viij. [n° 21]

Togli pere fresche[30], e metille in acqua a mollare; e, gittata quella acqua, polle[31] a bullire in altra acqua, con sale e oglio e poca cipolla,[32] a sofriggere con spetie e çaffarano in poca acqua; e pone a cocere. E quando saranno cotte, menestra un pocho di spetie in scutelle. E similimente puoi fare in pocho di lacte d'amandole, sença oglio e sença cipolle, ponendo un poco di çuccaro e un poco di sale.

De cipolle. Rubrica .viiij°. [n° 22]

Togli cipolle tagliate e lavate bene con acqua calda, e metti a cocere con carne o cascio, pepe e çaffarano; e poi ponnevi ova dibattute, pepe e croco, se voli, e spetie in scudelle.

De porri. Rubrica .x. [n° 23]

Togli porri bianchi, a uso di Toscana[33], triti o tagliati minuti, lavati con acqua calda; e poni a cocere con uno peço di carne di porco frescha; e poi trita la dicta carne coi predicti porri e col pepe e çaffarano e ova debattute. E sovragiongni carne di porco, o altra, e dà mangiare; e poni spetie in scudelle.

29 çaffarano] caffarano.
30 Illogico: secche?
31 polle] polla
32 Manca qlco. (?); tutta la ricetta sembra mal copiata.
33 Toscana] toscana.

Altramente a tempo di digiuno. [n° 24]

Togli porri tagliati, ben lavati e premute[34]; e poni a cocere con oglio e pane trito o gratato, distemperato con ova, pepe e cruoco. E ponvi ova sperdute, e cascio tagliato, e dà a mangiare.

Altramente. [n° 25]

Anche porri[35], fexi in quattro parti, e ben bulliti, e cavati de l' acqua, si possono friggere con oglio; sale e pepe sup*ra* le scudelle; a tempo di quaresma.

Altramente con carne. [n° 26]

Togli porri bianchi, tagliati minuto e ben[36] lavati, e cuocili con carne di castrone. E, cotti, dà mangiare con spetie.

Altramente. [n° 27]

Togli porri bene lavati, e lessali; poi li cava, e tritali minuti col coltello, e poni in padella o altro vaso a friggere con oglio e sale, overo lardo. E poni in acqua a cuocere e ciminium trito e ova debattute e cruocho, e, se vuoli ponere, carne di porco, o di castrone, o quello che ti piace.

Altramente. [n° 28]

Togli porri interi, bene lavati e fessi in quattro parti, e lessali un po[f° 95r°a]co; poi cavali[37], e poni in taola a scolare; poi togli farina, e distempera con acqua calda un poco, e mena nel catino cola mescola fortemente, e con sale dentro; poi togli quelli porri a peça a peça, e involgi in quella pasta; e poi frigilli con olio ad habundança.

34 Sic.
35 porri] et (stenogrammo depennato) porri.
36 ben] bñ.
37 cavali] cavavali.

De naponi, overo navoni. Rubrica .xj. [n° 29]
Tolli i capi di navoni, falli bullire un poco; da po' sciugali un poco; poi li poni a cuocere nel lardo dei polli. E se vuoli farli coloriti, ponvi cruoco overo ova debattute, distemperate col dicto brodo. E puoi ponervi onni carne apeçata o tratata[38] e lacte di capra, quando tu vuoli.

De raponcelli. Rubrica .xij. [n° 30]
Togli raponcelli bene bulliti in acqua, e pone a sofriggere con oglio, cipolla e sale; e quando sono cotti e apparecchiati, mettivi spetie in scudelle.

Altramente. [n° 31]
Togli raponcelli, overo paperdelli, con olio e sale e cascio gratato e ova debattute. E giongievi su cascio e ova perdute – nel dì del sabbato.

De le rape. .xiij. [n° 32]
Togli rape bullite colle foglie, e polle a cocere con carne di bue, e pepe e cruoco. Et quando sono cotte, [l]e[39] poni in scudelle per la comune famiglia.

Altramente. [n° 33]
Togli i capi de le rape, sença foglie, taglia e fa bullire in acqua. E, gittata[40] via quella acqua, pone a cuocere con capone o altra carne, e colorale con cruoco e pepe. E, poste in essa ova distemperate, cascio secco tagliato e ova lesse, mettivi su lacte di capra; e dà mangiare.

Altramente. [n° 34]
Togli rape sença foglie, mondate de corteccia, bullite e sciutte; e poni a cuocere con sale e lacte di noci; e poni pepe e cruoco.

38 tratata] *sic*. Si aspetta *tritata*.

39 [l]e] e. Sara Centili: «La correzione non è assolutamente inevitabile: potrebbe essere un esempio di paraipotassi».

40 gittata] gitta[ta]. *-ta* aggiunto.

Altramente. [n° 35]
Togli rape sença foglie, bullite, e, gittata via l' acqua, togli pane insuppato nel brodo de la carne, e le dette rape, e cascio grattato, e grasso di carne; a suolo di l' uno e a suolo di l' altro fa una suppa, che si chiama 'suppa di fanti'.

De ceci. Rubrica .xiiij. [n° 36]
Togli ceci rossi o bianchi, e, tenuti a mollo, cuocili col pepe, e col çaffarano e herbe odorifere. E quando sono queste cose cotte, ponne parte nel mortaio e pesta che [f° 95r°b] sia spessa; e ponvi brodo saporosso; e poi ponvi castagne arostite intere, e radice di petroselli, e brodo di carne.
Overo a questo modo: li puoi cuocere con la carne, se vuoli.

RecCulLibM I 22 Cicera: accipe cicera ut prius distemperata cum lexivio et, ab eodem abluta, decoque cum pipere et herbis odoriferis que, cum cocta fuerint, pone partem in mortario ad pistandum, ut sint spissa. Item repone in brodio suo et potes ponere castaneas a cortice[41] mondatas et radices petrossillorum si vis.

Altramente per dì di sabbato. [n° 37]
Togli ceci rotti, e polli a cuocere con pepe e croco, e con cascio tagliato, e ova perdute, e ova debattute.

RecCulLibM I 23a Item, aliter[42]: accipe cicera fracta et pone ad decoquendum cum oleo, pipere et safrano et cum caseo detruncato et ovis perditis et ovis debatutis.

Altrame[n]te. [n° 38]
Togli ceci rotti bulliti, e, gittata via l' acqua de la cocitura, colle predicte cose ponasi cipolla soffritta, e bene confecta con oglio o lardo, come el tempo o dì richiede.

RecCulLibM I 23b Vel aliter, cum ciceris fractis et perbullitis et, aqua bullitionis ejecta, ponatur cepa frissa et bene confecta cum lardo vel oleo, sicut dies exigit.

41 Lezione di B; A: *asc-*.
42 Aggiunto a margine (f° 97 r°b). Ms. Vat. Pal.: *Item aliter. Item in die sabbati recipe cicera.*

Altramente. [n° 39]
Togli ceci rotti bulliti, e, gitata via l' acqua, ponansi a cocere con lacte di mandole, spetie e croco; e posi fare sença spetie, con giengiovo; e siranno i ceci bianchi.

RecCulLibM I 24 Aliter: cicera fracta perbullita pone ad coquendum cum lacte amigdalarum et speciebus et safrano. Potest tamen fieri cum zinzibero albo tantum, sine aliis speciebus; et erunt cicera alba.

Altramente. [n° 40]
Togli ceci interi, e poni a cuocere con onni carne salata, lavata e spurata bene del sale; e ponvi pepe e croco, se vuoli. E poi ponervi ceci rotti, e ova perdute overo dibattute, e etiandio lardelli.

RecCulLibM I 25 Cicera integra pone ad coquendum cum omnibus salsis a sale depuratis, pipere et safrano positis. Et poteris frangere cicera et ponere ova perdita sive batuta et etiam lardellos.

Altrame[n]te. [n° 41]
Togli ceci freschi novelli bulliti, e, gittata via l' acqua, li puoi cocere con spetie, croco, sale e oglio e ova battute, cascio e carne, come tu vuoli.

RecCulLibM I 26 Cicera novella dum fuerint bene bullita, dejecta aqua, pone ad coquendum cum speciebus et safrano, sale et oleo et ovis debatutis.

Altramente di quaresima. [n° 42]
Togli ceci rotti o interi, pone a cocere con olio, sale e pesci menuçati overo battuti e distemperati nel mortaio; e, messovi spetie e çaffarano, dà a mangiare.

RecCulLibM I 27 Aliter: in quadragesima, cicera integra frange et pone ad coquendum cum oleo et sale et piscibus detruncatis vel batutis et etiam depistatis in mortario. Super sparsis speciebus, da comedentibus. Et si vis, super pone safranum.

De peselli. Rubrica .xv. [n° 43]
Togli i pesi, e poni a bullire con molta acqua. E riserva l' acqua, nella quale tu possi fare suppa a modo di Francia[43]. E poni in padella cipolla con oglio a sofriggere; e quando è sofritta, metti la dicta acqua

43 Francia] francia.

nella dicta padella; e alora togli pane, tagliato grosso meçanamente, e pone in la dicta acqua con spetie, e dentro vi si molli; poi togli i pesi predicti, e poni a cocere in altra acqua con oglio, sale e cipolla; e dà mangiare.

RecCulLibM I 28abc Documentum de pisis: pisa pone ad coquendum aqua tepida, quousque incipiant crepari. Postea, cola aquam et reserva eam, quia potes ibi sopam facere ad modum Gallicorum. Si preparaveris eam sic: pone cepam minutissime [incisam] in patella, ad frigendum cum oleo. Deinde, tere panem et bonas species distemperatas cum predicta colatura et fac bulliri. Postea, incidas panem mediocriter spissum et in cissorio concavo. Et desuper, sparge predictum brodium et herbis. Sopas gallicanas post modum[44], recipe pisa predicta et pone ad coquendum cum alia aqua tepida. Deinde, pone oleum, sal et cepam, et da comedere.

Altramente. [n° 44]

Togli i pesi ben bulliti, e, gittata via l' acqua, mettili a cocere con cascio di Briga[45], oglio e ova sperdute; e puoi metervi dentro del petrosello.

RecCulLibM I 28d Si pisa fuerint perbullita et aqua ejecta, pone ad coquendum cum caseo de Bria et oleo et ovis perditis.

Altramente. [n° 45]

I pesi freschi, cuoceli con oglio, sale, spetie, çaffarano, ova debattute; e dà a mangiare.

Peselli con carne. [n° 46]

[f° 95v°a] Metti i peselli a cocere[46] con carne bene spurata dal sale; e la dicta carne, poi che serà cotta, tagliala minuto; e metti in scudelle.

Altramente. [n° 47]

Peselli, bulliti, e gittata via l' acqua, ponli a cocere in altra acqua con carne di porco salata, e un poco de çaffarano. E poi metervi dentro carne frescha de castrone, o altra, come tu vuoli.

44 Lezione della Mulon, non logica, ma corrisponde al ms. B ...*brodium et erbis. Sopas...*; ms. A: *brodium et habebis sopas gallicanas. Post modum* (ed. Martellotti); questa parte del testo manca in ms. Vat. Pal.

45 Briga] briga. Vd. nel glossario sotto cascio.

46 cocere] cococẽ.

De le fave sane. Rubrica .xvj. [n° 48]

Fave fresche novelle, falle bullire, e, gittata via l' acqua, mettile a cocere con lacte di capra, o de pecora, o lacte d'amandole, o con carne bene spurata di sale. E mettivi ova dibattute e lardelli in scudelle, se vuoli.

RecCulLibM I 33 De fabis novellis: fabas novellas fac bulliri et [post], aqua ejecta, pone ad coquendum cum lacte pecorino vel amigdalarum. Et ponas desuper ova batuta. Et in scutellis, potes ponere carnes salsas minutissime incisas vel lardellos, si volueris. – Corrisponde a LCucMerAB n° 28.

Altramente. [n° 49]

Le fave in prima molli; mettile a bollire, e, gittatane via l' acqua, metille in altra acqua a bollire con carne di porco, o con cascio; e dà mangiare.

Altramente. [n° 50]

Fave fresche novelle, bullite, e gittatane via l' acqua, mettile a cocere con cipolla sofritta in oglio, e herbe odorifere pestate agiunte, e con pepe e çaffarano.

RecCulLibM I 34 Aliter: fabas novellas perbullitas et colatas pone ad coquendum cum cipola suffrissa in oleo cum herbis odoriferis pistatis, adjuncto pipere et sale. – Corrisponde a LCucMerAB n° 29.

Altramente. [n° 51]

Togli fiori di fave, e metti a cocere con carne di porco fresca; e quando sono quasi cotte, mettivi dentro ova debattute, lacte e spetie, çaffarano e sale; e fa che la carne sia bene debattuta; e mesta tuto, e fallo speso, quasi mortadello[47].

RecCulLibM I 31 Hoc docet de fabis et primo de floribus: recipe flores fabarum et mite ad coquendum cum pecia carnium porcinarum recentium et, in fine decoctionis, appositis ovis batutis, speciebus, safrano et sale, fac quod carnes sint bene batute et misce totum et fiat qualiter matorolium[48].

47 Vedi n° 141.

48 Ms. B *mortarellium.*

Altramente. [n° 52]

Cuoceli i fiori de fave col capone intero; e, al fine[49] de la cocitura, mettivi lacte d'amandole e ova debattute, pepe, çaffarano e sale; e cochansi in buono vaso.

RecCulLibM I 32 Item, flores fabarum coque cum pane [!] integro et pone, in fine decoctionis, lac amigdalarum, ova debatuta, piper, safranum, sal; et coquentur in bono vase.

De fave infrante. .xvij. [n° 53]

Togli fave bene infrante, mundate e sciolte e nette, e falle bullire uno bollore; e, gittatane via l' acqua, lavale molto bene, e mettile in uno altro vaso con poca acqua e sale, che sieno solamente coperte coll' acqua, e volgile speso colla mescola. E, cotte ch' ele siranno spesse, amaccale con la mescola[50] fortemente; poi le distempera con uno poco d'acqua agiunta, e fa scudelle; e metti in le scudelle mele, overo oglio fricto con cipolle, overo lardo fritto.

RecCulLibM I 36 Recipe fabas fractas et bene electas et cum eas semel bullieris, ejecta aqua, abluas multum bene et repone in eodem vase cum pauca aqua tepida et sale, quod sint bene cooperte ex aqua, et volve frequenter cum cocleari. Et, cum decocte fuerint, depone de igne[51] et frange fortiter cum cocleari. Postea, parum quiescere reponas et, cum scutellas feceris, super pone mel sive de oleo suffricto cum cepis, et comede. – Corrisponde a LCucMerAB n° 30.

Altremente. [n° 54]

Fave infrante, e lavate con l' acqua calda, mettile a bullire; e, quando aranno [f° 95v°b] bullito, lavale bene un' altra volta, e pollo a bullire in tanta acqua che[52] sieno coperte, e guardale dal fumo; e quando saranno ben cotte, menale con la maça; poi le distempera con acqua fredda, overo vino biancho, sì che sieno bene facte; poi fane minestre, e mettivi su oglio fritto con cipolle; e dà a ma[n]giare. E se volessi, poile distemperare con acqua calda; e se vuoli, mettivi su pepe, çaffarano, mele e çucharo. Con queste fave porrai dare tinca o altri pesci. E sappia che, de le predicte cose, porrai fare mortadello.

49 Ms. *al* in fine di riga.

50 mescola] mes-scola. *mes* in fine di riga.

51 F° 97 v°a. Ed. M: *igni* erroneo.

52 che] chie. i espunto.

RecCulLibM I 37 Fabas fractas, lotas cum aqua calida, pone ad bulliendum. Et post bullitionem, lava bene. Iterum pone ad coquendum in quantitate aque que possit cooperire dictas fabas. Et cum fuerint bene cocte et ducte cum cocleari, custodias bene a fumo et distempera cum aqua frigida aut cum vino albo in parva quantitate et frangantur bene. Postea, pone cepas in oleo frissas, et da comedere. Vel, si volueris, distempera cum lacte amigdalarum.
Et si volueris distemperare cum aqua calida, pone piper, safranum, mel vel zucaram. Cum istis fabis, potes dare toniam uel alios pisces pingues.

De le lenti. .xviij. [n° 55]
Togli le lenti bene lavate e nette da le pietre, e poni a cuocere con herbe odorifere, oglio, sale e çaffarano. E quando saranno cotte, tritale bene; e, messovi su ova debattute e cascio seccho tagliato, dà mangiare.

RecCulLibM I 38 Lenticulas bene lotas et electas pone ad coquendum cum herbis odoriferis, oleo, sale et safran. Et cum fuerint decocte, tere bene; et, super positis ovis debatutis et caseo sicco grattato, et da comedere.

Altramente. [n° 56]
Poni a cuocere le lenti con carne di porco frescha o insalata, e dàlle a mangiare; pur così: sença ova e cascio.

RecCulLibM I 39 [Accipe] lenticulas et pone ad coquendum, et cum eis carnes pingues salsas vel aliam pinguedinem suffrictam, et prepara ut sint sine ovis et caseo.

De fasoli. Rubrica .xviiij. [n° 57]
FAsoli bene lavati e bulliti, metti a cocere con oglio e cipolle, con sopradicte spetie, cascio gratato e ova debattute.

RecCulLibM I 40 De fasseolis: fasseolos perbullitos lotos pone ad coquendum cum oleo et cipola et bonis speciebus et caseo grattato et ovis batutis.

Altramente al modo trivisano. [n° 58]
MEtti fasoli bulliti, descachati, a cocere con carne insalata, e con pepe e çaffarano. E possonsi dare soffricti con oglio, postovi dentro un poco d'aceto, cimino e sale.

RecCulLibM I 41 Ad usum Marchie trivisine, pone fassellos bullitos descacatos ad coquendum cum carnibus salsatis, posito pipere et safrano.

Altramente. [n° 59]

Tolli[53] i fasoli bulliti, e, gittatane via l' acqua, mettili a cocere con carne di castrone, di porco, o di bue, o qualunche vuoli, e molto pesta, e un poco di çaffarano e sale; e dà mangiare.

De fungi. Rubrica .xx. [n° 60]

Togli fungi di monti, bulliti, e cipolla soffritta con lardo, e poni a bullire con spetie e altre erbe odorifere, e ova debattute; e dà a mangiare.

RecCulLibM I 43 Recipe fungum montanum recens perbullitum, cipolam suffrissam cum lardo et pone ad bulliendum cum speciebus vel herbis odoriferis et ovis batutis. Et fac de brodio parum et colora sicut volueris.

Altramente. [n° 61]

Togli fungi di monti e lessali; e, gittatane via l' acqua, mettili poi a friggere con cipolla tritata minuto, o con biancho di porro, spetie e sale; e dà a mangiare.

RecCulLibM I 42 De fungo montano: fungum montanum ad lixandum pone. Ejecta aqua, postea pone ad frigendum cum cipola incisa minutim vel [albo] porro et speciebus et sale.

Altramente. [n° 62]

Togli fungi secchi e tenuti a mollo dal vespero a la matina, e, gittata via l' acqua, tagliali minuti col coltello, e un poco di porro biancho o cipolla; e poni a friggere con oglio o lardo, e spetie e castangne e aceto, e un poco d'acqua, e sale. E puoi ce ponere mostarda con [f° 96r°a] mosto cotto, e carne di porco, se ti piaceranno.

De la composta. Rubrica .xxj. [n° 63]

Togli carotte bene lavate e bullite, e falle freddare. Et in l' acqua d'esse fa cocere rape divise in quatro parti e non molte[54] cotte; e similemente fale freddare. Poi togli radice di petroselli, di rafano, d'anati, *in libro est acciorum*[55], e biancho di porro, e finochi, pere, cappari e

53 Tolli] Polli. Per errore P iniziale rossa aggiunta.

54 Errore o desinenza dell'aggettivo seguente anticipata (RohlfsGr § 886)?

55 d'anati, *in libro est*] danati ĩ libro ẽ (*-rum* abbreviato), *in...-rum* sottolineato; macchia su *-ati* precedente; cfr. il testo latino (ms. Vat. Pal. id., ma *aciorum*). L'editore

cime di cauli; e fa spartitamente tutte cose bullire, e freddisse come di sopra; secondo i lombardi, vi possono porre de' garobbi. Poi togli mostarda bona, facta con forte aceto, seme di finocchi, anisi, e singularmente ordina a solaio; e poni raffano, tagliato minuto, in ciaschuno solaio de le predicte erbe, poni mostarda e poi herbe particularemente, come se conviene. Queste cose, così ordinate, mettile in uno vaso, e di sopra poni una taola larga, e lassa stare per otto dì.

RecCulLibM V 12 De composito theutonico: accipe carotas bene lotas et bullitas et fac eas infrigidari. In quarum aqua, facias decoqui rapas, quibus decoctis simul infrigidentur. Deinde, habeas petrossillum, radices rafani, acciorum et porrorum, albedinem feniculi et pira, capari et cimulas caullium; et fac semotim omnia fortiter bulliri; et infrigidentur ut supra. Secundum Lumbardos, possunt poni de sambucis[56]. Postmodum, non habeas mustardam cum forti aceto factam, semen feniculi et singula; postea per solaria pone particulariter omnia; in quolibet solario predictarum herbarum, pone mustardam sicut decet. Hiis ordinatis, pone desuper in quolibet solario tabulam latam cum lapide ponderoso et dimite per .8. dies. Postea, da comedere. – Cfr. LCucMerAB n° 91 Tolli carote et cimole de coli et navoni et finocchi, petrosimoli teniri et cotege... et mandole destemperate et adunate con brodo verde...

Altramente. [n° 64]

Togli rafano tagliato minuto, anasi, seme di finocchi, e poni a cuocere nel musto; e cocansi tanto che 'l mosto torni a meço; e con quello mosto distempera la mostarda; poi togli rape picciole e naponi e mele cotogne e pome, divise in quattro parti, e pere divise per meità, e carote integre, e radici di petroselli, e biancho di finocchi; e metti a cocere tutte queste cose. E quando siranno cotte, compolle ordinatamenti in uno vaso netto, interponendovi mostarda distemperata di sopra, e semi[57] predicti. E se volessi, poi ponerci del mele; e puosi fare cum çuccaro e canella distemperata col predicto, e con aceto; e reponi, e serva.

Zambrini aveva omesso questo brano e commenta nella nota 13: 'parole di niuna significazione; eccole: *danati in libro e acciorj*'. Sara Centili commenta in modo convincente: «Questa è sicuramente una glossa incorporata per errore al testo dal copista. Il testo doveva dare: 'togli radice di petroselli, di rafano, d'anati, e biancho di porro'. Di fronte al lessema strano 'anati' un glossatore accorto (chi? sarebbe interessante pensarci) ha confrontato il testo italiano con l'originale latino ed ha annotato: ‹in libro est 'acciorum' (= nel *Liber* si legge 'acciorum', il che per altro è vero)». Per *anati* vedi ANETO nel glossario.

56 Ed. Martellotti *gam-*.

57 semi] feccij. Con ſ lunga: sorprende. Cfr. il testo latino.

RecCulLibM V 11 De composito lumbardico: ad compositum lumbardicum, recipe saffranum [!, da corr.] minute incisum, semen anisi et feniculi. Pone ad coquendum in musto et coquantur usque ad consumptionem medietatis. Cum isto musto distemperetur mustarda. Postea, recipe rapas parvulas et napones, cottana, poma, et divide in .4. partes; et pira divisa per medium, carotas integras, radices petrosilli, album feniculum; et pone ad coquendum folia predicta, cottana, poma, pira, radices in aqua. Cum decocta fuerint, compone ordinatim in uno mondo vase, interponendo mustardam distemperatam superius et semina supradicta. Si volueris, potes ponere de melle. Et potest fieri cum [sumaco] et canella distemperata. Et, cum predicto musto, ad rubificandum, pone moras que inveniuntur in spinis vel etiam ponere moras que inveniuntur in arboribus que celsi dicuntur. Et potest fieri cum frasis, que in campis inveniuntur. Et potes distemperare cum zucara et aceto. – Cfr. MenagB n° 312.

De brodi: e primo, de brodo granato. Rubrica .xxij. [n° 65]

Togli pulli smembrati, e metti a friggere con cipolle e lardo; e acqua abastança; e quando siranno quasi cotti, togli erbe odorifere, tritale bene col çaffarano, pepe, garofani, cennamo e çençovo, e distempera col brodo predicto, e mesta onni cosa insieme; poi tolli ova debattute, e mettivi un poco d'acqua fredda, e agiongivi di quel brodo, [f° 96r°b] e mesta; e pone a fuoco. Et quando cominciarà a bullire, levala dal fuoco; e mangia.

RecCulLibM II 3 Pullos incisos frustratim mitas ad frigendum cum lardo et cepis. Postea, ponas aquam ad sufficientiam et, cum quasi coctum fuerit, accipe herbas odoriferas et tere bene cum safrano. Et distempera cum brodio dictorum pullorum. Et misce omnia insimul. Deinde, accipe ova et elixa. Et postea, tere et misce cum aliis. Postmodum, pone ad ignem et, cum bullierit, remove. – Copia del ms. Vat. Pal. (segue alla ricetta *De composito theutonico*, vd. sopra n° 63) De animalibus et primo de brodio granato cum pullis. Ad faciendum brodium granatum accipias pullos incisos, mittas ad frigendum cum cepis et lardo et mittas aquam ad sufficienciam; et cum quasi cocti fuerint, accipias herbas odoriferas et tere bene cum zafrano et distempera cum brodio dictorum pullorum, et misce omnia insimul. Postea accipias ova et, delaxa, mitte in ea parum aque frigide et adde de eodem brodio et dilaxa, et postea misceas omnia insimul et ponas ad ignem; et cum inceperit bulliri, tolle ab igne et comede. – LCucMerAB n° 58 Affare brodecto granato tolli pulli talgliati et soffrigili con cipolle et con lardo et mictice acqua convenevelemente, et quando ello è quasi cotti, accipe herbe oliose et tritale con saffarano et destempera collo brudo delli dicty pulli. Tolli ova et desbacti con poca de acqua freda et giungnici del dicto brodo et mesteca tucte queste cose insemi et mictele al foco et fa bollire uno bullo.

Altramente. [n° 66]

Togli caponi o galline, e lessali. E, postovi dentro[58] spetie e erbe, togli tuorla d'ova, col brodo, e mesta e debatti nel catino; poi bollano insieme fine che 'l brodo diventa graneloso. E così fa di tutti gli ucelli, con lardo, sença lardo.

RecCulLibM II 1 Capones et gallinas elixa et, positis speciebus et herbis odoriferis, in mortario tere et etiam vitella ovorum et cum brodio distempera. Postea, insimul bulliantur quousque brodium sit granatum[59]. Ita fac de omnibus avibus, sine lardo vel cum lardo.

Altramente. [n° 67]

Togli pulli tagliati grosso, smembrati o interi, e friggi nel lardo con erbe odorifere, spetie, agresta intera; e fa come di sopra, ma fa poco brodo. E ponsi fare brodi di carne, e de ucelli picciolli e grandi. E puoli colorare e fare verdi con herbe peste.

RecCulLibM II 2 Accipe pullos incisos frissos cum lardo et cum herbis odoriferis grosse incisis, vel integris in speciebus et agresta integra et vitella ovorum. Fac sicut supra, sed parum de brodio.

De la gelatina di pescio. Rubrica .xxiij. [n° 68]

Togli buono vino con un poco d'aceto, e, sciumato che fia quando bolle, mettivi dentro il pescio; e, cotto, cavalne, e fa bullire il vino tanto che torni a la terça parte; poi mettivi dentro çaffarano e altre spetie, con alloro; poi, collato il vino, mettivi spicco[60], e lassa che sia fredo; poi metti sopra 'l pescio nel catino.

RecCulLibM IV 1 Hic docet de piscibus. Et primo de galantina: ad galantinam piscium, accipe bonum vinum et parum de aceto spumando. Simul bulliantur ; et cum bullierint, piscis grossus frustratim incisus [si fuerit cum] scamis: cum eisdem ibi coquatur. Qui, cum decoctus fuerit, extrahatur, et vinum quod remanebit bulliat tantum quod solum remaneat 3ª pars. Deinde apponas safranum et alias bonas species pulverizatas cum foliis lauri. Postea, recipe piscem et a scamis monda. Aliqui tamen predictas scamas cum predicto vino distemperatas in mortario fortiter terunt et in stamina [colant]. Quam colaturam cum alio vino addunt, ut magis possit conglutinari. Et quando ista galantina est infrigidata, intus pone frustra piscium et

58 [Cioè 'nella casseruola'. Nota che questa ricetta sviluppa la precedente, ma che la ricetta lat. corrispondente precede l'altra.]

59 Ed. *grauatum*.

60 spicco] spi^c^co. La prima *c* è aggiunta.

dimitas stare per unam diem vel noctem vel amplius quousque conglutinatum sit totum. Et sic, piscis multum potest conservari. – Corrisponde a LCucMerAB n° 57 gelatina de pescie.

Del brodo del pesce. Rubrica .xxiiij. [n° 69]

PEscio bene lavato, quanto si conviene; friggilo con l' oglio habundantemente; poi lassa freddare; poi abbi cipolle tagliate per traverso, friggele con oglio remanente del pesce; poi prendi amandole monde, uva secca, ienula[61] e prugne, e frigge con le dicte cipolle insieme; e leva via l' oglio che avança; e togli pepe e çaffarano, e altre spetie electe, bene trite, e distempera con le cipolle predicte, e vino e aceto; e, distemperato fortemente, metti a fuoco fine che bullia, poi levalo dal fuoco; e poni in altro vaso, e mettilo ordinatamente a solaio col pesce predicto. E se 'l volessi dolce, ponvi o vino cotto o çuccaro competentemente.

RecCulLibM IV 2 De scapeta piscium: ad scabetiam, recipe piscem bene lotum, sicut decet, et cum oleo habundanti frige. Postmodum infrigidetur. Deinde, cepas incisas per transversum frige in oleo remanenti. Postea, habeas uvas siccas, [ienula[62]] et pruna, et frige cum cepis predictis simul, et oleum superfluum tollatur. Accipe etiam electas species et safranum: tere bene simul cum amigdalis mondatis et distempera cum vino et aceto moderate posito, ne sit nimis acrum. Tunc misce simul cum aliis. Et loco amigdalarum, potes ponere micam panis in vino madefactam et postea trittam. Postea, pone super ignem quousque bulliat et statim depone. Et cum piscis [in] cissorio concavo ordinatus fuerit, saporem predictum sparge desuper. Quod si volueris ipsum acrum dulce facere, ponas mustum coctum vel zucaram competenter. – Corrisponde a LCucMerAB n° 56 schibezo.

Altramente. [n° 70]

Togli buono vino e un poco d'aceto, e sciuma e bolla insieme[63]; poi mettivi il pescio a cocere; e, cotto, cavalo; e il vino tanto bolla che torni al terço; poi mettice alloro, çaffarano e spetie fine; e fa riscaldare il pesce, e cola il vino, e ponvi spica, e lassa freddare il pesce.

61 ienula] ienula secca, con *secca* depennato.

62 Ms. A f° 98 v°a *ze-*.

63 Zambrini corregge con *e bolla insieme e sciuma*, che sarebbe più logico.

Del paparo. .xxv. [f° 96v°a] [n° 71]

TAglia la gola al paparo, o occha; pelalo bene e bruscia[64]; taglia i piei, cavali l' interiori, e lava bene; poi togli agresto, aglio – e se tali cose non puoi avere, togli erbe odorifere bagnate in aceto – e ricusci di sotto, e poni in spiedo, e arostilo; e se non fosse grasso, mettivi dentro del lardo. E poni un poco d'acqua in una scudella, e togli il grasso che esce d'inde. E quando serà asai cotto, levalo dal fuoco, e dà mangiare, col sucho d'aranci, o di limoncelli, o di lumìe. E se vuoli, puoi fare peverada con molena di pane abrusciata, e col fegato abrusticato e pesto con la dicta molena. E tutte cose, distemperate con aceto, fa bullire; mettivi pepe, çaffarano, garofani e altre spetie bone. Del capo, piedi, ventricchi, fegato, puoi farne agresta, mettendovi dentro ova debattute, çafarano, spetie; e dà mangiare.

Cfr. sotto n° 72: RecCulLibM II 25.

Altramente. [n° 72]

Poni un poco d'acqua in una scudella, e cogli il grasso che esce del paparo, o ocha; e giungivi succhio di melangole e çuccaro che serà acrodolçe; mettivi çaffarano, e friggi in la padella; fa poi abrusticare del pane biancho, infuso in tuorla d'ova debattute, e metti nel savore predicto; e poni nel taglieri a suolo a suolo.

RecCulLibM II 25 De avibus magnatum, primo de pavone et ansere: pavonem vel anserem assa bene; et patellam vel aliud instrumentum conveniens subtus pone, ad recipiendum pinguedinem fluentem. Et colora cum safrano. Habeas etiam succum de limoncellis cum zucara mistum, ita quod sit acrum dulce. Deinde, habeas micam panis parum assatam cum vitellis ovorum bene batutis, parum de [farina] ibidem simul mixa; micam predicti panis involve et suffrige cum lardo recenti in sartagine, et istum panem in predicto sapore involve, bonis speciebus bene trittis desuper sparsis. Deinde ordinatim per solaria in cissorio pone. Et da comedere pro caponibus.

De la grua. .xxvj. [n° 73]

GRua, bene lavata, e bullita un poco in caldaia larga, mettila in lo spiedo, e arostilla, non per ciò a pieno; poi abbi cipolla tagliata a modo di dadi e bene fritta col lardo abastança, e colora col çaffarano. E abbi fette di pane alquanto abrusticate, e di buono vino cotto e mestato colla cipolla predicta; fa bullire la dicta grua, smembrata, colle

64 bruscia] bcuscia. Si aspetta una r rotonda; sbagliato.

dicte cose[65] nel vino uno bollore. E nel brodo magro del dicto savore molla il pane predicto; sopra uno taglieri grande del savore, spetie e carne ordina gradatamente[66] a solaio, come si conviene; e, a la fine de la cocitura, ponvi del grasso del dicto savore.
Simile si può fare del capo di castrone o vitella, bene pelata[67] in acqua bullita; ma denno bene lessarli. E, facto [f° 96v°b] ordinatamente, come ditto è di sopra, debiasi mettere su cascio; e poi mangia.

RecCulLibM II 26+27 De grua: gruam bene lotam et parum bullitam in olla larga pone in veru. Et assetur, non tamen ad plenum. Deinde, habeas cepam incisam ad modum taxillorum, satis suffrissam cum lardone. Et colora cum safrano distemperato cum bono vino, ita quod sit ad sufficientiam. Et, additis bonis speciebus, ibi carnes predicti gruis frustratim truncatas facias bullire in eodem, usque ad decoctionem. Deinde, accipe lescam panis aliquantulum assatam et mollificatam in predicto sapore. Postea, ordina predictum panem per solaria in cissorio, et da comedere. – Similiter potest fieri de capite eduli, agni vel vituli, depilato in aqua bullienti. Sed tamen, habunt elixari bene et ordinatim facto sint supra debet apponi caseus gratatus. – Corrisponde a LCucMerAB n° 62 + 63 ... vitello, ma si deve solamente lexare et divice giungere del cascio.

Del brodo sarracenico[68]. .xxvij. [n° 74]
Togli caponi arostiti; e i fegati loro, con le spetie e pane abrusticato, trita nel mortaio, e distempera[69] con buono vino biancho[70] e succhi agri; e poi smembra i detti caponi, e metti a bollire con le predicte cose in una pentola; e mettivi su dattali, uve grece, prugne secche, amandole monde intere, e lardo sufficiente; e dà a mangiare.
Simile modo fa de pesci marini. Pome e pere poi ponere nei detti brodi.

RecCulLibM II 8 De brodio sarracenio: pro brodio [sarraceno], accipe capones assatos et ficatella eorum cum speciebus et pane assato, tere bene, distemperando cum bono vino et succis agris. Tunc frange membratim dictos capones et cum predictis mite ad bulliendum in olla, suppositis dactilis, uvis grecis siccis, amigdalis integris mondatis et lardo sufficienti. Colora sicut placet. – LCucMerAB n° 27 Affare brudo saracinescho tolli capuni rostiti, et li fecati delli capuni con spetie et pane abrusciato trita in mortaro et destempera con bono vino, et desmembra li dicti capuni et mictili

65 [Senza il pane.]
66 La seconda *a*, in fine di riga, è difficile da leggere.
67 Sic.
68 sarracenico] sarta cenito.
69 distempera] distempera nel morta. *nel morta* depennato; Zambrini completa con *nel mortaio*, e dimentica il *con* seguente.
70 biancho] biãcho. Espunto 'a metà', come per lasciare l'alternativa di vino rosso?

a bollire colle dicte cose in una olla, et micti li dactuli integri mondati et uva greca et lardo convenevelemente et çuccaro, et fallo de quillo colore che tu voy. – Cfr. RecCulLibM IV 3; ViandValS 23 hochepot.

De brodo[71] dei caponi. .xxviij. [n° 75]
Togli caponi, e lessali; e quando siranno cotti con quelle spetie che tu vorrai, rompili in uno cattino con ova e brodo loro; e gita farina con mescola forata sopra i detti caponi rotti; e tutto questo si gitti nel bruodo, e bolla un poco; e chiamasi 'brodo apollocato'.

Altramente, 'a la provençale'. [n° 76]
Togli fegati[72], ventrichi e interiori di caponi, ben lavati e ben tagliati; e poni in una pentola con poca acqua; e cuoci con spetie e ova debattute, e colora come tu vuoli. E poi sofrigere le predicte cose, e ponervi suchi acetosi o dolci. Similmente puoi fare con capi o piedi di caponi, o loro simili.

Cfr. RecCulLibM II 4 De brodio provincialico. – Cfr. LCucMerAB n° 59.

Altramente, 'a spagnuola', si fa brodo verde. [n° 77]
Tolli ucelli, fegatelli, o carne, quantunche tu vuoli; lessali bene con bone spetie e herbe verdi pestate; e poi, agiontovi ova debattute, polle nel dicto brodo de la dicta carne, e bollano. Il brodo non de' essere spesso.

RecCulLibM II 9 De brodio yspanico: ad brodium yspanicum viride, accipe pullos vel quascumque aves vel carnes et lixa. Postea, ficatella eorum cum bonis speciebus et herbis viridibus bene tere, ovis batutis additis. Et pone in brodio dictarum carnium ad bulliendum, cum brodio non debet esse nimis spissum.

De le starne. .xxviiij. [n° 78]
Togli starne bullite, e polli smembrati, con erbe odorifere, sale, e bone spetie trite nel mortaio; e, sofritta la dicta carne con lardo, polla a cocere in un poco d'acqua nella pentolla, e mettivi su lacte d'amandole; e a la fine de la cocitura, mettivi tuorla d'ova distemperate col loro

71 De brodo] De bro. Corretto conformo all'indice.
72 fegati] fegate, con *-e* espunta e depennata; *i* soprascritto.

bruodo; e fa brodo granato, se vuoli. Simile modo si po fare de pavoni, fagiani, pollastri giovini, e ucelli piccioli.

De la gratonìa. Rubrica .xxx. [f° 97r°a] [n° 79]

Togli lacte di peccora, e distemperalo fortemente con l' ova; e poni il lardo nella padella, presso al fuocho, sì che sia calda bene. E abbi la mescola[73] forata, e spargi il lacte su la mescola intorno per la padella; e cuocele competentemente. E, levatolo dal fuoco, giungivi çuccaro; e mangia.

Item, nel dicto brodo, giongivi albumi d'ova stretti, tagliati a modo di dadi; e chiamasi 'gratonìa spagnola'. E questa puoi colorare come ti piace.

RecCulLibM III 1+2 De gratonea: gratonea lactis sic fit: recipe lac ovile et distempera cum ovis fortiter; et pone lardum in sartagine iuxta ignem, ita quod sit valde calidum. Postea, cum cocleari perforato, sparge lac in sartagine per totum. Postea, cum decoctum fuerit competenter, remoto ab igne, zucaram super adde. – De gratonea hyspanica: in dicta gratonea, adde ovorum coctorum albumina incisa ad modum taxillorum; et vocabitur gratonea hispanica. Hanc potes colorare sicut vis. – Corrisponde a LCucMerAB n° 10.

De crispelli, overo frittelle ubaldine. Rubrica .xxxj. [n° 80]

Togli farina netta biancha, e distempera con ova e fermento[74] uno poco; mettivi çaffarano; e poi metti a cocere con lardo disfatto; da poi mettivi su çuccaro o mele; e mangia.

RecCulLibM III 6 Crispellas sic fac: habeas farinam albam distemperatam cum ovis, addito safrano. Et pone ad coquendum in lardo tantum; et quando decocte fuerint, pone desuper zucaram vel mel. Et comede. – LCucMerAB n° 6 Affare crespelle tolli farina bianca et destempera colle ova et cum poco de lavamento (!) et con saffarano, et puni tucto in lardo liquido ad cociere, et puni çuccaro o mele convenevelemente.

73 la mescola] le moscola.
74 fermento] fermto, con trattino sulla *m*.

Altramente. [n° 81]

Piglia farina biancha con un poco di levame; distempera con acqua calda, e fa levare[75], cio è fermentare; poi, presi ova di luccio, o di trota, o di corvalo, o d'altro pesce, mesta forte colla predicta pasta; e, messovi dentro del çaffarano, coci come dicto è di sopra.

LCucMerAB n° 7 + 8; 7: Affare crespelle de quaresma tolli farina bianca cum poco de lavamento et destempera cum aqua et fa levetare et crescire et puni in lu sartagine cum olio bollito, et quando è ben cotte puni de mele; 8: Altre crespelle. Tolli ova ben piste o trite de luccio o de trocta o de spinola o de çaffallo et destempera colla farina et de levamento cum aqua sicomo è dicto desopre, et giungi de çaffarano et cociele sicomo dicto è desopra.

Altramente. [n° 82]

Simile puoi fare con cipolle trite con nepitella e herbe; e friggelle con oglio[76] o lardo; poi prendi farina, e distempera insieme tutte cose con albume d'ova, e mettivi[77] fiori di sambuco e altri fiori, come tu vuoli; e diversifica i colori come ti piace; e mettili in lardo bolliente con la mescola spartitamente.

RecCulLibM III 7 De fristellis. Pro fristellis faciendis, recipe farinam distemperatam cum albumine ovorum; et pone flores sambuci vel alios flores quoscumque volueris, et diversifica colorem secundum vocem et cum quibus salsamentis volueris. Pone ad coquendum in lardo cum cocleari divisim.

De guanti, cio è ravioli di ceci. .xxxij. [n° 83]

Togli ceci bianchi, ben imoli in l' acqua; lessali bene; poi, cavati de l' acqua, tritali forte, e mestali con la dicta acqua, e colali; e di quella acqua colata distempera la farina come tu vorrai; e friggansi a lento fuocho con lardo o oglio; e mettivi su del mele.

RecCulLibM III 9 De gantis: ad gantas faciendas [var. ms. V ad guantos faciendum] accipe cicera, superposita zucara vel speciebus, alba[78], bene distemperata in aqua. Postea, lixentur bene et, extracta de ista aqua, terantur fortiter et misceantur cum eadem aqua. Postea collantur et de illa aqua collata distemperetur farina. Et facias tortellas sicut volueris. Et frigantur in lento igne cum lardo vel oleo et superponatur mel. Et tales tortelli vocantur ganta. – Corrisponde a LCucMerAB n° 9.

75 e fa levare] scritto due volte per errore.
76 oglio] aglio. Cfr. n° 83.
77 mettivi] mettivi to. *to* depennato.
78 *Cicera alba* anche in RecCulLibM I 24 (= LCucBoM 39).

Altramente. [n° 84]

DIstempera la farina con l' ova; fa di poi ganti o altro, come tu vuoli; poni a cocere bene in la padella con lardo caldo o oglio.

De salciccie, overo tortelli di pescio. Rubrica .xxxiij. [n° 85]

METti il pescio in acqua bullita, sì che [f° 97r°b] si possa bene spolpare da le spine; e togli erbe odorifere, tritte bene insieme con la dicta polpa di pescio e spetie; poi metti tutto in uno panno di lino bene largo e bucato, e spremeli forte; poi metti in la padella con oglio caldo; e falle per lungo o per traverso, come ti piace.

RecCulLibM IV 23 De salciciis piscium: ad faciendum salcicias de piscibus, ponantur pisces in aqua calida ad bulliendum, ita quod possint bene depulpari a spinis. Post, accipe herbas odoriferas et species, tere bene cum pulpa piscium; et ponantur in panno lineo perforato et comprimantur fortiter. Et ponantur in frissorio cum oleo ferventi et facias oblungum, rotundum vel transversum, sicut volueris. – Corrisponde a LCucMerAB n° 11 salcize de pescie.

De crispelli di carne, overo tortelli e ravioli. .xxxiiij. [n° 86]

PRendi ventresca di porco scorticata; lessala, e tritala forte col coltello; togli erbe odorifere bona quantità, e pestale forte nel mortaio, mettivi su del cascio frescho con esse, e un poco di farina; e distempera con albume d'ova, sì che sia duro. E, preso del grasso del porco frescho in bona quantità, metti in la padella, sì che bolla, e fane crispelli; e, cotti e cavati, mettivi su del çuccaro.

LCucMerAB n° 4 Affare crespelle tolli ventresca de porco lexa et scorticata, et tritala forte in mortale, et giungi cascio frisco et poca de farina, et distempera col blanco dell' ova sì che sia duro. Tolli de grasso in bona quantità et puni in sartagine et fa bullire, et fa le crespelle; et quando elle son cote, puni sopra del çuccharo. Cfr. RecCulLibM II 54; II 60 De raviolis: ad raviolas, recipe ventrem porci et eius ficatellum vel coratella eduli vel cuiuscumque volueris, vel alias carnes; et percute fortiter in tabula cum cutello. Deinde, accipe herbas odoriferas, species, safranum et pista in mortario; et adde ova batuta, et omnia hec cum aliis simul commisce, ita quod sit bene spissum. Postea, accipe pennam de qua corata porci involuitur et facias parvos panes, involuendo de illis commixtis in dicta pellicula ad quantitatem unius ovi vel parum maiora. Et, si volueris, loco illius pellicule, fac alios de pasta. Postea istos frige in patella cum oleo vel alia pinguedine et, ejecta extra patellam, si volueris, intinguas cum melle.

Altramente. [n° 87]

Togli cascio fresco, trito forte; mettivi un poco di farina, e distempera con albume d'ova, sì che sia spesso; e metti a cocere con lardo, come dicto è di sopra; e mettivi su çuccaro, come nell'altre cose fu ditto.

LCucMerAB n° 5 Affare crespelle tolli cascio frisco bene trito. Adgiungi pocha de farina et destempera col bianco dell'ovo sì ch'el sia spisso, et puni ad cociere con lardo sicomo è dicto desopra, et puni del zuccaro desopra.

De le gualdaffe di ventri e caldumi. .xxxv. [n° 88]

Togli ventre di vitella, e lavalo con l' acqua fredda o con la calda, radendolo e mondandolo quanto puoi più mondare; poi poni il dicto ventre in la padella, sença liquore, sopra 'l fuoco, e volgilo e rivolgilo spesso, fine che possa essere bene mondo e raso; poi, anche il lava con l' acqua, come prima; poi fallo un poco bullire in acqua, e concelo, messovi dentro menta intera e sale; poi friggasi col lardo in la padella, come tu vuoli; e togli quello brodo, che si chiama 'gualdaffa'.

RecCulLibM II 57 De galdofira: recipe ventrem vituli et, bene mondato, parum elixa. Deinde, cum lardo et sale et cipola frissa parum et [tolle] brodium. Et dicitur galdafra.

De budelli[79]. .xxxvj. [n° 89]

Togli budelli de vitella giovene; lavali bene, e impili de le dicte gualdaffe cotte, tagliate minute, misticate con ova debattute e cascio gratato, spetie e sale; e, facto questo, poni a lessare. E puoli ponere a rostire; e dà mangiare.

Puoi anche ponere queste gualdaffe in bruodi o in pastelli.

E così puoi fare [f° 97v°a][80] gualdaffe de altri animali.

79 De budelli] Altramēte De budelli. *Altramēte* depennato; *De budelli .xxxvj.* aggiunto a margine.

80 Questa pagina è un palinsesto.

Altramente. [n° 90]

Togli budello mondo, lavato e raso con acqua fredda e calda e sale; poi anche[81] il lava con l' acqua. Prendi ova debatutte, cascio grattato, çaffarano, spetie, e erbe odorifere, trite e peste nel mortaio; e polle in scudella o catino, e mesta insieme; e empiase[82], e ponasi a bullire fine che sia bene cotto; e, facto questo, ponansi nello spieto, o in la graticola; e dà a mangiare.

RecCulLibM II 58 Aliter: recipe budellum bene lotum cum aqua calida et sale. Deinde ova debatuta, caseum grattatum, safranum, species et herbas odoriferas tere et misce simul; et hiis budellum impleatur. Postea, ponatur ad bulliendum in aqua calida. Deinde [assetur] in craticula.

Dei decti gualdaffi e caldume. .xxxvij. [n° 91]

Dei detti gualdaffi e budelli crudi di vacca si po fare brodo, s'ei se lavano bene; i detti budelli, tagliali e friggelli in lardo con cipolla tagliata minuto; polle[83] a bullire, e metti in essi tuorla d'ova con molena di pane, spetie, erbe; e fa brodo granato, se tu vuoli; e colora come tu vuoli. E questo brodo se chiama 'caldume'.

RecCulLibM II 59 De calcato: item, de budellis vaccinis crudis potest fieri brodium si bene laves ea et frisse in oleo cum cipola minute incisa. Postea, pone ad bulliendum cum parvo de aqua. Postea, tere vitella ovorum coctorum, panem, species, herbas bonas. Fac brodium. Et dicitur calcadum. Colora ut vis.

De la corata e ventre di porco in caldume. .xxxviij. [n° 92]

Simile fa de la corata e del ventre del porco; e lavalo bene; e, tagliato minuto, friggilo con lardo e con le cipolle, e cetera[84], come dicto è di sopra.

De li savori. .xxxviiij. [n° 93]

Togli cennamo, çençovo e pane arostito – la crosta, e sale; e pesta bene nel mortaio; poi destempera con buono vino, e un poco cola; e fa bullire un poco. Tale sapore si chiama 'cennamata', e conviensi a

81 anche] an. In fine di riga.

82 empiase] ēpiase. All'inizio con una *i* soprascritta di *e*. Cfr. n° 106 e 1077.

83 Sic.

84 e cetera] 7c.; *et* tironiano con uncino serpeggiante sulla *c* e punto seguente.

tutto: carni di capriolo e lepore arosto. Nota che la carne del capriolo si po arostire con ossa e sença ossa. Simile, quelle de li lepore e altre carne, cio è dayne, cervi e simile, a le quali si conviene il dicto savore, succhio di melangole, con spetie che tu vuoli.

Cfr. RecCulLibM II 70 salsa camelina.

De la peverada. .xl. [n° 94]

Togli pane abrusticato, un poco di çaffarano, che non colori, spetie e fegati triti e pesti nel mortaio; e distempera con aceto o vino e bruodo predicto[85]; e falo dolce o acetoso, come tu vuoli. E tale peverada si può dare con carne domestica, salvatica, e con pesce.

RecCulLibM II 68 De piperata: ad piperatam pro carnibus vaccinis, cervinis vel caprinis, accipe panem assatum mollificatum cum aceto vel brodio carnium macilento. Tere in mortario cum safrano et pipere et distempera cum aceto et brodio simul...

De civeri di lepore e altri carni. .xlj. [n° 95]

SMembra il lepore tutto, e, con poco lavare, cuocilo in acqua; poi togli il fegato e polmone cotto, pestalo [f° 97v°b] bene nel mortaio; e poi che fia cotto il dicto lepore, togli spetie, pepe e cipolla, e soffriggi nel lardo col dicto polmone e pane arostito. E poi che sono tutte cose insieme bullite, dà a taola.

Nota che tu dei il fegato e polmone cotto tritare e pestare nel mortaio, con spetie e pane abrusciato, e distemperarlo[86] con buono vino e un poco d'aceto. E poi che fie cotto e sofricto il lepore con la cipolla, gitta il dicto savore sopra 'l lepore, e lassa freddare che sia tepido; e dà mangiare.

E tal modo si po fare per li pernici, cio è starne.

Cfr. RecCulLibM II 46 De civerio leporis vel cuniculi... accipe eos et assa in veru, unguendo sepe cum lardo...; LCucMerAB n° 32 Affare civero de lepore tolli lu lepore et lessalo integro... et tolli lu fecatello dellu dicto lepore et pistalo in mortale con pepe et destempera con bono vino et con poco de acito... Magnale o voy calde o frede.

85 *Predicto* si riferisce al brodo menzionato solo nella ricetta latina.

86 Ms. *distẽpãlo.*

Altramente. [n° 96]

Togli cennamo, garofani, noci moscade, noci d'India[87], fegati d'ucelli, tuorla d'ova, e ucelli piccioli, interi o[88] partiti, e friggili con lardo; poi le cuoci nel dicto bruodo; e fa come di sopra è dicto.

RecCulLibM II 30 De conato: Habeas aviculas parvas deplumatas et mondatas. Postmodum, recipe cinamomum, nuces muscatas, inde ficatella avium, species, vitella ovorum et parum salis, zucaram, et distempera cum aqua. Et potes ponere parum de vino. Et pone ettiam cipolas frissas cum lardo. Et postea, in dicto brodio coque predictas aviculas integras vel divisas. Et potes colare, sicut vis. Istud brodium vocatur conatum.

De somacchìa di polli u de ucelli. .xlij. [n° 97]

Togli polli smembrati e frigelli nel lardo; e togli amandole, sumacho con l' acqua, e cocelli con li polli; e sia spesso; e dà a mangiare.
Simile[89] fa de polli, dei capponi, o starne, o ucelli piccioli, e budelli di capponi. In tale mangiare puoi ponere amido; e molto aiuta[90] che à fluxo di ventre.
Simile puoi fare de pesci apeçati, o battuti, ponendo oglio in luogho di lardo.

RecCulLibM II 10 De sumachia: ad sumachiam faciendam, recipe pullos integros. Frige in lardo. Postmodum, amigdalas mundatas trittas cum aqua distemperata et sumacum simul cum pullis coque, et sit spissum. Et da comedere. Cfr. RecCulLibM II 11; IV 4: pesci; LCucCaF n° 53 Polastri a sumacho; Baġdādī, *Isl. Cult.* 13,39.

De limonìa di polli. .xliij. [n° 98]

FRigansi li polli col lardo e cipolle; e pestise l' amido non mondo[91], e distemperisi col bruodo de la carne del porco, e colinse, e cochansi con li detti polli e spetie. E se non avessi amido, spessesi il brudo colle tuorla d'ova. E quando sirà presso l' ora del ministrare, metti in quello succhio de lemmonni, o di lomìe, o di cetrangule.

87 d'India] dindia.
88 Ms. *o* due volte (fine e inizio di riga).
89 Ms. inserisce prima di *Simile*: *Simile puoi fare de pesci apeçati*, depennato: queste parole seguono di sotto.
90 aiuta] *-o* corretto con *a*.
91 Errore manifesto per a*mandole non monde*; vd. il testo lat. e nell'Introd., cap. ‹Tecnica di edizione›.

RecCulLibM II 12 De limonia: ad limoniam faciendam, suffrigantur pulli cum lardo et cepis. Et amigdale mundate terantur, distemperentur cum brodio carnis et colentur. Que coquantur cum dictis pullis et speciebus. Et si non habentur amigdale, spissetur brodium cum vitellis ovorum. Et si fuerit prope horam scutellandi, pone ibi succum limonum vel limiarum vel citrangulorum. – Corrisponde a LCucMerAB n° 18 [... lumuni... citraculi]. Cfr. LCucCaF n° 119 [... ananze (!)... ben sugossi... naranze]; LCucFiM n° 13 [... aranci bene sugosi]; LCucFrG/B n° xiv / xv [lomonia / lomie]; Baġdādī, *Isl. Cult.* 13,39.

De gratomea di polli, ucelli e pesci. .xliiij. [n° 99]

Lessa li polli; e togli i fegati, amido, spetie e tuorla d'ova, e distempera col detto brodo, e fallo spesso; e quando serà bene cotto, mettivi su çuccaro menuçato; e dà a taola. Simile fa de caponi, starne; e acolora e asapora, come ditto. Simile fa de li pesci, ponendi[92] oglio per lardo.

RecCulLibM II 13 De gratonesa (!): ad gratoneam, recipe pullos et pone ad lixandum. Postmodum, ficatella eorum, amigdalas, species, vitella ovorum tere et distempera cum brodio et fac spissum. Et cum fuerit bene coctum, [superpone] zucaram. Eodem modo potes facere de aliis avibus. Colora et assapora sicut placet.

De romanìa di polli. .xlv. [n° 100]

[f° 98r°a] Frigansi li polli con lardo e cipolle; e pestise l' amido[93] non mondato, e distemperesi con succhii[94] di melegrane forti o dolci; premisi forte, e colisi bene, e mettasi coi polli; e bolla un poco, e mestise col cochiaio, o dibattisi; e mettavise su spetie. E in difecto di melegrane, si po fare brodo con herbe.

RecCulLibM II 14 De romania: de romania, suffrigantur pulli cum lardo et cepis et terantur amigdale non mondate et distemperentur cum succo granatorum acrorum et dulcium. Postea, colletur et ponatur ad bulliendum cum pullis et cum cocleari agitetur. Et ponatur species. Potest tamen fieri brodium viride cum herbis. – Corrisponde a LCucMerAB n° 19. Cfr. Baġdādī, *Isl. Cult.* 13,38.

92 Forma meridionale (RohlfsGr § 618) o errore per *ponendovi*?

93 Errore manifesto per *amandole*: RecCulLibM *amigdalas*, LCucMerAB *agmandole*. Cfr. n° 98.

94 succhii] ſucchij.

De agliata biancha con li caponi. .xlvj. [n° 101]

Togli caponi bene lessi; e col brodo distempera spetie, agli e amandole, e bollano abastança che sia spessa. Questa si chiama 'biancha agliata'. Se altramente si colorasse[95], perde il nome. Puosi fare dei caponi arostiti e lardati.

RecCulLibM II 16 De alba alliata: pro alba alleata, capones bene lixos recipe et cum brodio suo distempera species albas, allea, amigdalas. Et sufficienter fac bulliri, [quod] sit spissum. Hic cibus, secundum Gallicos, vocatur alba alleata. Si aliter coloretur, perdit nomen suum. Potest tamen fieri cum caponibus assatis et lardatis.

De blanmangieri. .xlvij. [n° 102]

Togli petti di galine cotti; e, posti sopra una taola, falli sfilare più sottile che puoi. Intanto, lava il riso e sciugalo, e fanne farina, e cernila con setaccio o stamingna; poi distempera la dicta farina del riso con lacte di capre o di peccora o d'amandole, e metti a bollire in una pentola ben lavata e netta; e, quando comincia a bollire, mettivi dentro i detti petti sfilate[96], con çuccaro biancho e lardo biancho fritto; e guardalo dal fumo; e fallo bullire temperatamente sença impeto di fuoco, sì che sia spesso, come sole essere el riso. E, quando tu menestrarai, mettivi suso çuccaro trito o pesto, o[97] lardo fritto.

Se tu vuoli, puolilo fare col riso intero, da per sé aparichiato[98] e ordinato col lacte di capra, a modo oltramontano[99]; e, quando tu il dai, mettivi su amandole sofricte nel lardo e çenzovo biancho tagliato.

RecCulLibM II 17 De albo cibo: ad album cibum, recipe pectora gallinarum decoctarum et fac defilare subtilius quantum poteris. Postea, lava risum et fac farinam. Per pannum cola eam. Postmodum, distempera dictam farinam risi cum lacte caprino vel amigdalarum. Pone ad bulliendum in olla bene monda; et cum incipit bullire, pone intus dicta pectora filata cum alba zucara et lardo. Cave a fumo et fac bullire moderate et sine impetu ignis; et sit spissum sicut risus solet esse. Et cum dabis, superpone zucaram trittam et lardum frissum. Et potes cum riso integro preparare et lacte caprino, ad usum ultramontanum. Quando datur, superponantur amigdale suffrisse, zucara et zynziber album integrum. Et vocatur gallice *blanc mangier,* id est: alba comestia. – Corrisponde a LCucMerAB n° 12 ... et lardo frisco... ad usanza de oltra mare...

95 colorasse] colasse.
96 Sic.
97 Ci si aspetta *e*; cfr. uso di *lardo* e di *çuccaro* qui sopra e nella n° 80, 87, 104 ecc.
98 Ms. *aperi*, depennato, seguito da *aparichiato.*
99 oltramontano] el tramotano. Vd. il testo latino.

Altramente di quaresima. [n° 103]

Togli amandole monde, e sciutte con tovaglia; e pestale fortemente, quanto puoi, non metendovi acqua; poi, con uno panno lino, premile quanto puoi[100]; e l' oglio che n'esce, mettilo in uno vaso; poi togli le guscie, overo corteccie rimaste, e distemperale con l' acqua fredda, e colale con la stamigna o sedaccio; e con quello lacte distempera la farina del grano del riso, come dicto è; metti a bullire, come detto è; e metti su çuccaro colla polpa del pescie [f° 98r°b] – di luccio, ranocchi, o de altro pescio che abbia la polpa biancha, e disfilata, come petto di galine; e, quando menestrarai, mettivi su çuccaro ed amandole; e mangia. Poi anche fare del biancho di porri, lessati in acqua: disfilali e distemperali con la farina predicta, come di sopra.

LCucMerAB n° 13 + 14 (= alternativa *Poi anche...*): Affare blamager in quaresima tolli amandole mundate et assuccale bene con una tovalglia et pistale, et quando elli è piste, sciucale con esse l'amandole, et l'olio che ne oscierà mictolo in uno vascello, et salvala bene la sustantia delle amandule, et destempera con acqua freda, et colala colla stamegna o con seta, et con quello lacte destempera farina de grano riso sì mentata desopra, e puni ad bollire sicomo è dicto desopra, et mictice del çuccaro et della polpa del pescie de luçço, de trocta o de altro pescie che abia la polpa biancha esfilata, et quando el se menestra, puni sopra çuccaro et olio de amandole. (14) Altro blamager. Tolli lacte de amandole sicomo è dicto desopra, destempera con farina sì como è dicto desopra, et cocilo sicomo è dicto desopre, et tolli bianco de porri forte lixi in aqua et desfilati ben colla farina predicta. Quando elli comença a bollire, fa sicomo è dicto desopra, et puni sopre succaro et olio de amandole.

Altramente[101] con lo riso. [n° 104]

Togli il riso, e lavalo forte; e, lavato, fa bullire; cavalo e ponilo sul taglieri a freddare; poi rimettelo a cocere, e mettivi su lacte di pecora, e fa bullire competentemente; e, mentre bolle, mettivi polli truncati, e mettivi su lardo fricto frescho e çuccaro. E quando farai le minestre, mettivi su çuccaro e spetie abastança, con lardo fricto.

RecCulLibM II 18 Aliter: lixa primo pullos bene. Deinde, grano risi accepto et loto fortiter, fac eum bulliri semel. Et postea, trahe de vase et pone in cissorio ad infrigendum. Et iterum repone eum in olla cum lacte amigdalarum et facias eum bullire competenter. Et dum bullierit, appone ibi pullos truncatos et, superposito lacte recenti frisso, pone in parasidibus. Postea superpone zucaram vel alias species ad sufficientiam. – LCucMerAB n° 15 Affare grano de riso tolli grano et lavalo forte, et

100 Ms. *po puoi*, *po* depennato.
101 Altramente] Altramete.

fallo bollire una fiata, et trallo fore dello vasello et mictole sopra ad uno talgliero ad refredare, et poi lo retorna nello vascello et mictice sopra lacte de pecora, et fallo bollire convenevelemente, et fino che ello bolle, puni entro pulli talgliati et lardo fricto frisco, et fa ben cociere, et puni sopra alle scudelle çuccaro et spetie con lardo fricto.

De festiggìa. .xlviij. [n° 105]
Togli polli interi netti, friggili nel lardo; poi mettili a cocere in acqua con çuccaro, spetie e çençovo[102]; e falo spesso.

RecCulLibM II 15 De festigia: ad festigiam faciendam, pullos integros frige cum lardo. Postea, pone ad coquendum cum aqua et zucara et pulvere zinziberis albi, et fac spissum.

A empiere uno pavone. .xlviiij. [n° 106]
Scortica il pavone, remanendo il capo colle penne; poi togli carne di porco, non troppo grassa, e anche pesta de la carne del dicto pavone o altro, e tritale e pestale insieme; anche pesta spetie, canella e noci moscate, quelle che tu vuoli, le quali, bene trite e peste colli albumi d'ova, e[103] mestale insieme, e disbati colle dette spetie e carne fortemente; e riserva le tuorla da per sé; poi empie il dicto pavone de la dicta carne trita e pesta, e spetie predicte. E involgi il dicto pavone in una rette di porco, e fermalo con brocche di legno. E così il metti nella caldaia in acqua tepida, e bolla soavemente. E quando serà restrecto bollendo, arostilo in spieto o in graticola. E coloralo con le tuorla d'ova debattute, le quali tu servasti; e non le torre tutte, ma del resto faraine pome, come seguita, cio è: Togli lumbo di porco crudo, e tritalo minutissimamente col coltello, e battilo forte; poi mesta la dicta carne con le dette tuorla d'ova reservate e spetie predicte, e falle sì spesso che intra le palme de le mani fatti[104] pome piccioli; e involgili in tuorla d'ova, e colorali; e mettili a bollire in acqua bollita; poi, così bolliti – e non bolliti – poi arostire; e [f° 98v°a] colorale con tuorla d'ova sottilmente con pene. De queste pome ne puo' mettere dentro nel pavone, e di fore, sotto la dicta rette. E, facto questo, rinvesti el dicto pavone del suo cuoio, pelle e pene riservate, e portalo a taola. E, levato su il cuoio, dà a mangiare. De la salsa cercha tra l'altre.

102 çençovo] çēcouo.
103 Zambrini omette *e*, non veramente migliorando la frase difettosa.
104 Sic; sintassi non soddisfacente, neanche correggendo con **facci*.

A empire una galina. Rubrica .l. [n° 107]

PElata che fie la galina, scorticala cruda; e de la carne sua e carne di porco, sença osso, bene battuta, e spetie, e ova, e lardo chiaro, cio è structo, mesedati insieme, empie il cuoio de la dicta galina. E nel' acqua bogliente nella caldaia se stringa; poi l' arosti nello spiedo, e guarda che non crepi. E in tal modo puoi fare d'altri uçelli.

RecCulLibM II 21 Aliter: excortica gallinam ut prius et, carnibus suis propriis porcinis additis sine ossibus, bene batutis, speciebus, ovis, lardo mistis[105], eius corium impleatur. Et in aqua bullienti in caldaria restringatur. Postea assetur in spico. [Cf. 20.] – Cfr. LCucMerAB n° 21.

Altramente. [n° 108]

Scortica la galina come ditto è, la cui carne si coca con le spetie. Poi prenda uno vaso di terra, facto in modo di cardafisia, cio è d'inguastara o di fiascho; metti il dicto cuoio nell' acqua nel dicto vaso, rittenendo il collo del dicto cuoio di fuore del vaso; poi empie il dicto cuoio de la dicta empitura; poi, ligato il dicto collo, e messovi un poco d'acqua, metti a cocere. E quando sirà cotto, rompi[106] il vaso, e dà a mangiare.

RecCulLib ed. Martellotti II 21b Excorticata gallinam ut prius cuius carnes cum speciebus coquantur; postea, recipe terreum vas inde factam [cardafixiam], in aqua mite deinde corium et, excepto collo pridem, corium imple illa [impletura] et mite parum aque; et, ligato collo, pone ad coquendum; cum decocta fuerit, fracto vase da domino.

A empiere uno vitello. Rubrica .lj. [n° 109]

Togli el vitello giovenne scorticato, overo pelato; arostilo e empielo come tu vuoli: puoi ponervi papari, galine, caponi, e l' empitura che sopra è dicta e qualunche altra bona; mettivi però molto lardo battuto nel ventre; poi togli il grasso che ne cade quando s'arostisse, e poni en peverata sua col pane abrusticato e çaffarano; e bolla un poco da per sé la dicta peverata; e dà a mangiare.

105 Il ms., f° 97bis r°a, dà veramente *matiscatis* (l'editrice introduce la lezione del ms. B, *mistis*).

106 rompi] ropī. Invece di *rōpi.*

A empiere uno castrone. .lij. [n° 110]

De uno castrone intero, raso, tu puoi farne come ditto è al primo modo de la galina. E per sua empitura puoi ponere galine, pernici intere lesse o smembrate. E onni cosa buona che tu vuoli. E guardalo dal crepare. Simile modo [f° 98v°b] puoi fare d'uno capreto pelato.

A empiere una spalla o altro membro. .liij. [n° 111]

Togli spalla di castrone, e leva la carne da l' osso, e togli ventresca di porco, e tutte insieme tritale e battile col coltello su la taola. E prendi erbe odorifere in buona quantità, peste con spetie e çaffarano, e mesta colla dicta carne e ventresca; giongivi cascio fresco, bene pesto con ova in bona quantità. E distempera che non sia troppo spesso né molle; poi togli una rette di porco o di castrone, e stendila su la taola, e togli la meità de la dicta carne, e stendila super[107] la dicta[108] rette; poi prendi l' osso de la spalla e pollu[109] su la dicta carne. E poi togli l' altra meità di carne, e polla sul dicto osso de l' altra parte, sì che l' osso sia nel meço, e coprilo tutto colla dicta recte; poi pollo sulla graticola del ferro, e arostilo, sì che basti; e dà a mangiare.
Simile puoi fare de gli altri membri.

RecCulLibM II 42 De spatula implenda: ad spatulam castratinam implendam, accipe eadem et elixa fortiter cum ventresca porcina. Et cum decocta fuerit, extrahe carnes ab ossibus; et cum predicta ventresca, eas percute fortiter in tabula cum cutello. Et accipe in bona quantitate de herbis odoriferis cum speciebus et safrano bene pistatis, misce cum predictis carnibus et ventresca, caseo recenti addito pistato cum ovis in bona quantitate, nec sit nimis spissum nec nimis molle. Postea, habeas rattam porcinam vel castratinam et extende super tabulam. Primo, accipe medietatem a predictis carnibus, et extende super tabulam. Accipe rattam porcinarum. Deinde, accipe os predicte spatule et pone super illas carnes extensas; et aliam medietatem carnium pone et extende super os, ita quod sit in medio. Et tunc cooperias totum de rata porcina. Postmodum, mite predictam super prunas in craticula ferrea ad assandum. Et comede. – Bartolomeo Scappi (metà XVI) cap. XXVII Spalla di Castrato ripiena... Pigliate una rete grassa di porco, si non di castrato, & si mettasi nell'acqua tepida, distendasi sù la tavola...

107 super] sup̱.
108 dicta] dicta carne. *carne* depennato.
109 Sic.

A empiere uno ventre. .liiij. [n° 112]

Togli ventre di porco, o[110] di castrone, bene lavato e necto; poi togli il grasso e carne loro cotta alquanto[111]; la quale[112] mesta con spetie e ova; e empi il dicto ventre de le predicte misture; e poni a cocere in acqua; e chiudi il forame, e pungilo con l' aco mentre esse[113] si coce. Overo[114] il puoi arostire su la graticola; e coloralo, e asapora, come tu vuoli. Ancho il puo' empire de bona ventrescha di porco, con ravioli interi. Similmente puoi empire ucelli che tu vuoli.[115]

RecCulLibM II 48 De ventre porcino implendo: recipe ventrem porci vel castronis bene lotum et sanguinem eorum coctum parum quem misce cum ovis et bonis speciebus. Et imple ventrem de predictis. Postea, sue foramen impleture cum acu et pone ad coquendum cum aqua; vel potes assare in craticula. Et colora et assapora sicut vis. Cfr. RecCulLibM II 56.

A empiere le budelle. .lv. [n° 113]

Budelli di porco o vitella, tu li puoi empire de grasso porcino e altre carni, con spetie e herbe odorifere; e fa come dicto è del ventre, ligando e pu[n]ge*n*do; e mangia.

RecCulLibM II 49 De trulis: simili modo implere poteris intestina cum sanguine vel carnibus, speciebus et herbis odoriferis. Postea, liga et coque in aqua calida. Et vocantur 'truli'.

De la suppa. .lvj. [n° 114]

Togli pane tagliato rotondo, a[116] modo di taglieri; friggilo in la padella con lardo frescho, e gittavi su bone [f° 99r°a] spetie; e togli pane abrusticato, e distemperalo col grasso che sia caduto di pavone o d'altri ucelli, e gitallo sopra 'l pane fricto nella padella. E di sopra gittavi çuccaro, o suchi acetosi; e mangia.

110 o] e. 'E' illogico; RecCulLibM: *vel.*

111 alquanto] al alquanto. Errore.

112 quale] qua[le]. *-le* aggiunto.

113 Sic.

114 Nel ms. segue, depennato, *si.*

115 Le due ultime frasi sono ripetute con piccole modificazioni: *Anche il puoi empire de bona ventresca di porco, con ravioli interi. Similmente puoi empire ucelli che tu vuoli.*

116 a] come a. *come* depennato.

Altramente. [n° 115]
Togli pane tagliato rotundo, come dicto è di sopra. E fundilo in tuorla d'ova debattuti, e friggelo in la padella; poi nel poni su nel taglieri ordinatamente a suolo a suolo. E, se vuoli, poi mettervi del çuccaro, o de le spetie; e dà al signore, col pavone o cum altri ucelli.

Del pastello romano. Rubrica .lvij. [n° 116]
Togli polli smembrati, spetie e çaffarano e herbe odorifere; mestali insieme, e friggeli un poco; poi[117] mettivi ova debattute e agresta in bona quantità. En tanto, facciasi la crosta; componi poi il pastello, facendo due o tre solari, e a ciascuno solaio mettendo spetie; al de sopra metti lardo, e copri il pastello, e fa uno foro nel meço datorno; di sopra forma ucelli di pasta pieni, o altri animali che ti piacciano; e, postovi del lardo, cuocilo nel forno; e dà mangiare.
Simile modo si po fare de cascio frescho con carne battuta.

Del pastello dei capretti. .lviij. [n° 117]
Togli capretto bene tagliato, e sepis[118] tagliate, e friggi con lardo; ancho togli erbe odorifere in buona quantità e çaffarano, e pesta forte, e cascio frescho con esse bene trito; e distempera[119] colla dicta carne; e metti in uno vaso sulla bragia, sì che sia speso alquanto, e fa la pasta nella teggia, competente sotille, e poni del lardo sofricto intra 'l testo e la pasta. Togli anche pepe sofficientemente, e carne con ova predicte, e poni nel testo; e fa un' altra pasta, e metti di sopra; e poni bragia di sotto e di sopra.

LCucMerAB n° 2 Poni uno capricto talgliato ben minuto et suffrigi forte con lardo et sopra puni quelle carni et summatamente le suffrigi posato. Le bone herbe odorifere in bona quantità et çafarame et pista forte, et formagio frisco con quelle herbe bene trite, et destempera colle ova sì che sia bene mollo, et destempera con quelle dicte carni et mictele in uno vascello sopra la brascia tanto ch'el sia uno poco spisso. Et farrai la pasta nellu texto convenevelemente sottile, et micte de lardo in mezo del testo et del pasta. Poi tolli pepe che baste et la carne colle ove, tucto mixto in su lu testo, et fa un'altra pasta et mictila desopra, et puni la brascia desopra et desocto, et spisso la cerca, et micti de lardo et manduca.

117 Segue il riempitivo ı (con trattino, quasi depennato), in fine di riga.
118 e sepis] *7* sepiç. Vd. *sepis* nel glossario.
119 Testo da completare conformemente al testo di LCucMerAB.

Altramente. [n° 118]

Togli uno capretto minuçato o polli piccioli smembrati; e friggili col lardo frescho, e cipolle minuçate, e erbe odorifere trite con çaffarano, e tuorla d'ova, e distempera fortemente, e mesta con ova; [f° 99r°b] e metti tutto in uno vaso sopra la bragia, e volge spesso, fine che sia spesso; giongivi spetie abastança; coloralo con tuorla d'ova; e fa la forma de la pasta, e richiudi tutto; fa cuocere; e mangia.

LCucMerAB n° 3 Affare pastello senza cascio tolli capritto et pulli picciuli talgliati minutamente et falli suffrigere con lardo frischo. Tolli herbe hodorose convenevelemente con saffarano. Bene trita et destempera cum ruscio de ova colla ventresca del porcho scorticata grassa, et trita bene con cortello et misca con ova et poni tucto in nello vascello alla brascia, et volglia spisso infine ch'el scia spisso et giungice del spetie convenevelemente, et colora cum ruscio d'ova, et fa la forma della pasta et includi tucte queste cose in nello testo et fa cociere.

Del pastello de ucelli vivi. .lviiij. [n° 119]

Fa il pastello, e empilo di semola, e fallo cocere nel forno; e, quando sirà cotto, gittane fuora la semola per uno bucco di sotto o da lato, e inchiudici dentro diversi ucelli vivi, quelli che tu vuoli. E fa fenestrelle nel pastello, a modo di fenestrelle di gabbia; e facto questo, ponansi nel' arbore che si dirà[120].

RecCulLibM II 29 De pastillo avium vivarum. Pastillum sive copum de avibus vivis sic compone: primo, forma copum de pasta et imple de furfure. Et, eo cooperto, pone ad coquendum. Et cum decoctum fuerit et valde infrigidatum, perfora ipsum subtiliter subtus et inde extrahe furfur et intus pone aliqua folia arborum et diversas aviculas vivas. Postea, reponas subtiliter frustrum panis que de foramine removisti. Et cave quod feceris aliqua parva foramina desuper, ne avicule ex defectu aeris suffocentur. Postea, pone dictum pastillum coram aliquibus dominis, si eos pro ludo trufare volueris; et quando ipsi aperient pastillum, aves predicte de pastillo volabunt.

Altramente pastello buono. [n° 120]

Se tu vuoli fare pastello d' animali salvatichi, fa arostire la carne, e lardala come tu vuoli; bagnala col vino con magiore habunda[n]tia di spetie.

120 Si rinvia alla ricetta n° 145.

RecCulLibM II 43 De silvestribus animalibus: si de silvestribus animalibus velis pastillum facere, vel assare, carnes larda sicut scis et balnea in vino. Postea, cum magna habundancia pulvis specierum [sparge desuper].

Altramente. [n° 121]

PAstello puoi fare di carne di bue, di castrone e di porco, tagliata molto minuta, con agli, cipolle, scalogne, agresta sana, o con erbe, a quel modo che tu vuoli.

De la torta parmesana. .lx. [n° 122]

Togli pulli smembrati e tagliati, e friggili con le cipolle ben trite con lardo in bona quantità; e, cotti i polli abastança, mettivi su spetie e sale abastança. Poi togli erbe odorifere, mettivi su çaffarano in bona quantità, e trita forte, e excoriatam[121] in bona quantità; e poni la medolla sopra 'l grasso di quello, e batti col coltello fortemente e spesso[122]; e mesta colle dicte erbe con alquanto di cascio gratato. Poi togli di queste un' altra quantità, e fanne ravioli; e togli anche cascio frescho, e fanne ravioli bianchi. Togli anche petrosello e altre erbe odorifere e cascio frescho, e fanne ravioli verdi; e tutte cose sopradicte distempera con ova. Togli anche amandole monde, pestale forte e dividile in due parti; nell' una mettivi de le spetie in bona quantità, nell' altra mettivi çuccaro; e de l' una e de l' altra quantità fane ravioli spartitamente; poi togli ova e [f° 99v°a] falli pieni. Togli anche budelli di porco bene grassi e lavati, e empili di bone erbe e cascio; e lessali bene.

Togli[123] anche presciuto crudo, e taglialo sottile, e similmente salsuccie; poi togli ova debattute, e mesta con li detti polli in uno vaso, e pollo su la bragia, e mestola[124] con la mescola, fine che sia spesso; poi levalo[125] dal fuocho, e asaporalo de sale; poi togli farina bene monda, e fanne pasta salda; e forma al modo de la tegghia e[126] la padella. Poi, collo cocchiaio, togli del brodo dei detti polli, e ungi la dicta pasta; poi, nella dicta pasta fa un solaio de carne d'essi polli; nel secondo solaio

121 Grasso sottocutaneo del ventre del maiale, senza cotenna.

122 spesso] spessa. Vd. [*spessare*] nel glossario.

123 Scritto nella scrittura corrente e nel mezzo della riga, ma con un tratto decorativo rosso nella T.

124 mestola] mescola mestola. *mescola* depennato.

125 Qui segue come riempitivo un *ı* (depennato).

126 Più logico sarebbe *o*.

poni ravioli bianchi col savore di sopre; nel tertio solaio poni presciuto e salsuccie, tagliate come ditto è. Nel quarto solaio poni de la dicta carne. Nel quinto poni dei cervelati, cio è budelli pieni di sopra detti. Nel[127] sexto de' ravioli d'amandole; e in ciascuno solaio vi si ponano dei dattari; e anche metti sopra la ditta carne il savore; e in ciascuno[128] solaio poni spetie abastança; poi[129] metti spetie di sopra che basti; e abbi la bragia, e poni il testo sopra – e di sopra e di sotto sia la bragia. Scopri spesso la dicta torta, e ungila col lardo. E s'ella si rompesse, togli la pasta sottile, e sottilemente menata, e bagnala coll' acqua, e poni su la rottura, e metti il testo caldo di sopra.

RecCulLibM V 6 De torta parmesane: ad tortam parnesanam (!), accipe pullos bene depilatos et incisos vel demembratos et suffrige eos cum cepis bene cisis cum lardo in bona quantitate. Et decoctis ipsis pullis, pone desuper species trittas cum sale ad sufficientiam. Accipe etiam herbas odoriferas in bona quantitate, tere fortiter et super pone de safrano. Postea, accipe uentrem porci; elixa fortiter; excoria eam, in pinguedinem eius fortiter percute cum cutello et misce cum herbis predictis et aliquantulum de caseo grattato et distempera cum ovis. Et fac inde raviolas albos. Et si in eisdem addideris petrosillum et alias herbas odoriferas, potes facere raviolas virides. Item, accipe amigdalarum mondatarum aliquam quantitatem et tere eas fortiter. Et divide per medietatem, in quarum una parte pone de speciebus in bona quantitate et in alia ponas zucaram et de utrisque facias raviolos semotim. Item, accipe budella porcina bene pinguia lota et imple ea de bonis herbis et caseo et lixa. Item, recipe presucum et ettiam salcicias et inscinde subtiliter et ova fracta commisce cum eis et ibi pone pullos prius dictos et sepe misce cum cocleari, donec sit spissum. Postea, remove ab [igne] et assapora cum sale. Ultimo, recipe farinam albam mondatam et fac inde pastam solidam. Postea, forma ad modum testi et appone farinam parum inter pastam et testum cum cocleari. Postea, de brodio dictorum pullorum inunge pastam et facias in predicta pasta plura solaria. In primo solario pone carnes pullorum; in secundo solario pone raviolos albos et saporem desuper; in tertio solario, pone presuccum et salcicias; in .4°. solario, de eisdem carnibus; in .5°. solario, de cervellatis; in .VI°. solario, de raviolis amigdalarum; et sic deinceps si habeas fercula. Et in quolibet solario, pone dactilos et species ad sufficientiam. Postea totum cooperias pasta et pone super prunas et testum desuper. Et postea, cooperi de prunis super et subtus et frequenter dictam tortam discooperias et unge cum lardo. Et si forte frangatur dicta torta, accipe pastam subtiliter operatam et balnea cum aqua et pone super fracturam et pone testum calidum desuper. Postea, quandoque videbitur esse cocta, porta coram domino cum magna pompa. – Il testo lat. è copiato come prima ricetta in LCucMerAB.

127 Scritto nella scrittura corrente e nel mezzo della riga, ma con un tratto decorativo rosso nella N.

128 ciascuno] ciascucuno. *uc* espunto.

129 Qui segue come riempitivo un *ı* (depennato).

De la torta di caponi, fagiani, ucelli, coratelle e pesci. .lxj. [n° 123]

PUoi anche fare torta de capponi, fagiani, starne, ucelli salvatichi e domestichi, piccioli e grandi, de coratelle – e de pesci marini e di fiumi, e di pomi, e di simili cose nei dì del digiuno, e di pesci battuti con spetie, con lacte d'amandole o ova; e asaporala e colorala[130], come tu vuoli.

De la casciata. Rubrica .lxij. [n° 124]

TOgli cascio frescho, lavato e bene premuto, e speçato minuto colle mani nel catino; poi togli ova, e sbattile [f° 99v°b] bene insieme col detto cascio e con lardo pesto e battuto, e un poco di pepe, se tu vuoli; e metti nella crosta, e asapora di sale; e fa cocere. Nelle predicte cose, se vi se mette menta nepitella pesta, si chiama 'erbata'. E puosi fare con scalongne e çucche. E puosi fare tale casciata sença la crosta di sopra.

Del coppo di polli o d'altri ucelli. .lxiij. [n° 125]

SMembra i polli o ucelli; distempera la farina con l' acqua calda, e falla molto dura; poi fa la forma del coppo de la dicta pasta, e mettivi dentro i polli predicti coll' agresto non trito, çaffarano e spetie, e un poco d'acqua fredda; e chiudelo di sopra con la pasta; e cocasi nel forno, overo tra i testi; e al sommo del coppo poni uno peço di lardo largo.

RecCulLibM II 23 De copo avium: ad faciendum copum de pullis vel aliis avibus, depluma et monda eos; et demembrentur vel integre remaneant, sed magis proprie sunt demembrate. Postea, accipe pastam albam valde duram et fac formam copi et ibi pone aves predictas cum agresta non tritta, safrano et speciebus trittis et parvo de aqua frigida et parvis [lardellis]. Postmodum claudatur de pasta desuper et coquatur in furno vel testo. Et da comedere.

Del coppo d'altre cose, e da ciascuno giorno. .lxiiij. [n° 126]

SImile coppo puoi fare de carne di bue, di porco, come dicto è di sopre[131]. E, per mancamento d'agresto, puoi mettarvi succhio di cetrangole, d'aranci e acqua rosada.

130 colorala] colorola.

131 Sic.

RecCulLibM II 24 Similiter potest fieri copum de carnibus vaccinis vel porcinis; et in defectum agreste, potest poni succus citrangulorum et aqua rosacea frigida.
E puoi fare coppo di carne di capriolo e d'altri carni, e di coratelle di capretto, con herbe odorifere, spetie e çaffarano; e diversificare e colorale come tu vuoli. E di ceci, fagiuoli, e di çucche, e d'altre mixture che si pongono nei pastelli.

Del pastello d'anguilla. .lxv. [n° 127]

Anguille scorticate, bene lavate e nette, tagliale; e, fatta la crosta dura, mettivele dentro; gittavi su spetie in bona quantità, e ponvi un poco d'oglio e succhio d'aranci, citrangole, o lemmoncelli; e cuoci intra i testi; e, cotto, mangialo caldo, che è migliore.

Del coppo de la[m]preda. .lxvj. [n° 128]

Togli la lampreda bene lavata e striccata col sale; non si tagli, nè non si scortichi; in ciascuno foro del capo metti uno garofano; e, facto il coppo de pasta dura, ponavise dentro la dicta lampreda sana, a modo di cerchio, con spetie, çaffarano; mettavise dentro acqua rosada; [f° 100r°a] e colorala di sopra come vuoli, e coprila.
Simile modo si po fare de lamprede picciole, sença garofani, con acqua rosada e succhi di citrangole, aranci, o lomìe.
Anche possono le lamprede arostire, e mangiarle con la salsa.

RecCulLibM IV 5–7 De lampreda in pastillo: copum de lampreda grossa sive pastillum, quod idem est: accipe lampredam bene lotam fricatam cum sale et non incidatur alico modo. In quolibet foramine capitis, pone unum gariofilum et, facto copo de dicta pasta, ponatur ibi dicta lampreda sana, ad modum circuli, cum croco et speciebus trittis. Et intus, ponatur aqua rosacea. Postea, pone coopertorium de eadem pasta et in superiori parte ; colora ipsum cum croco et mite ad coquendum. – Similiter potest fieri de lampredis parvis cum gariofilis et aqua rosacea et succo citrangulorum vel limonum. – De lampreada piperata: lampreda piperata potest sic preparari: lampreda, quando est bene lota et cum sale fricata, assetur bene super craticulam. Tunc, facias piperatam cum pipere et croco et safrano et mica panis assata, distemperatis cum aceto. Et cum ipsis bullias dictam lampredam assatam. Potest etiam comedi cum salsa viridi vel cum succo de limoncello et aqua rosacea. – Corrisponde a LCucMerAB n° 78.

Del pastello de le trote e d'altri pesci. .lxvij. [n° 129]

Fa la forma de la pasta dura a longheça de la trota, o vuoli rotunda; e togli la trota, bene[132] scagliata, lavata, e insalata; e le cose dentro,[133] mettila ne la dicta pasta; ponvi spetie su, ben trite con çaffarano e oglio; e chiudi la dicta pasta secondo la forma de la trota, e facciansi corna in ciascuno capo de pasta, a modo di barche. E facciansi due fori nella dicta pasta, uno presso al capo, l'altro presso a l' altro capo, overo si faccia uno foro nel meço; e cochasi nel forno, overo nei testi; poi che sirà bene cotto, mettasi per quelli fori acqua rosada, overo succhio d'aranci o di citrangole. E al tempo di carne, ponasi ine del lardo distructo, e non de l' oglio.

Similmente si po fare coppo, overo pastello, d'altri pesci, de sardine, alleci[134], triglie e altri, per quello medesmo modo.

RecCulLibM IV 8 De troitis in pastillo: pastillum de troitis: fiat forma de pasta ad longitudinem troite, et troite bene scamate, lote et eventrate ibi ponantur et parum de oleo; bonas species trittas cum safrano desuper sparge. Postea, claudatur pastillum, et fiant cornua in quolibet capite, ad modum barche. Postea, fac duo foramina, unum prope caudam et aliud ad caput, vel tantum unum in medio. Postea, dequoquatur. Postquam fuerit bene coctum, per illa foramina ponatur aqua rosacea et succus citrangulorum vel limonum. Et tempore carnis, potes ponere lardum loco olei. [Cfr. 9–13; 16.] – Corrisponde a LCucMerAB n° 81 ... talgliala et tra fore le interiora, et scì la sala et mictela in la dicta forma...

Del polpo. .lxviij. [n° 130]

Polpo grosso si po lessare e mangiare col sale e comino; o altri pesci simili al polpo che si chiamano 'moscatelli'.

RecCulLibM IV 14 De pulpis: de pulpis grossis: possunt elixari et comedi cum sale et cumino vel aliis piscibus simul[135] pulpo qui dicuntur calamatum. Extrahantur intestinas per auriculas [cfr. 15]. – LCucMerAB n° 69 polpo grosso... moscarello.

132 bene] e facciãsi bene. *e facciãsi* depennato.

133 insalata; e le cose dentro, mettila] insalata [trattino verticale pallido] e le cose dentro [puntino pallido] mettila. Vd. gli altri testi: si aspetta altra cosa. Se il testo è tuttavia corretto, si pensa a qlca. messa dentro (erbe, spezie).

134 alleci] Alleci.

135 Ms. A f° 98 v°b; B: *vel.*

De seppia. .lxviiij. [n° 131]

Togli la seppia, aprila, e cavane il nero, e servalo; poi taglia la seppia minuto, e friggila in oglio con le spetie; e quando sirà fritta, mettili un poco d'acqua, e bolla ine dentro; poi distempera quello nero riservato, che si chiama 'sale di seppia', col buono vino, e poni nel bruodo con herbe odorifere e spetie; e dà mangiare.

Cfr. RecCulLibM IV 16 De trillis vel pulpis vel calamatis, de brodio pro sipiis. ... Ad brodium pro sipiis sive pulpis sive calamatis, pisces predicti bene loti et incisi suffrigantur cum oleo et cepis, reservato felle nigro sipie. ... Postea, cola et mitas fel nigrum reservatum. Et post, parum bulliat.

Del nero de la seppia.[136] [n° 132]

Nota, che 'l nero de la seppia si dè ligare di capo, che non si sparga; e porre al fumo; sì che, quando volessi fare salsa, savore, bruodo o altro mangiare nero, tu ricorra a quello. Item nota, come ditto [f° 100r°b] è, in ciascuna salsa, savore o brodo si possono ponere cose pretiose, cio è oro, petre pretiose, spetie electe, overo cannoni, erbe odorifere o comuni, cipolle, porri a tuo volere; per li sani e per l' infermi.

Cfr. RecCulLibM II 31: De auro ponendo in pastillo.

Del pescio calamato. .lxx. [n° 133]

A Rostire il pesce calamato, cavali l' interiori per li orecchi, e per quelli medesmi mettivi sale, overo per la bocca che esca per quello – sia spatio in modo di spada[137]; e fallo cocere un poco, presso al fuoco; poi il larda sottilmente e studiosamente, quasi fosse uno fagiano; e di novo l' arosti abastança; e mangia col succhio d'aranci, citrangole, acqua rosa, o lemoncelli.

RecCulLibM IV 15 Ad assandum piscem qui dicitur muscatellus [...] et mite sal per easdem [le aperture], sive per os; et per eundem pone spitum et [fac] parum decoqui iuxta ignem. Postea, larda eum subtiliter, quasi faisanum. Iterum assetur sufficienter et comedatur cum succo citranguli, aqua rosacea vel limocelli. – Ms. Vat. Pal. Ad assandum piscem qui dicitur calamatum extrahantur intestina per auriculos et mitte sal... – LCucMerAB n° 70 Ad arrustire la palamita, tralli li intistini della palamita

136 Segue *.lxx.* depennato.

137 Testo difettoso. La bocca è effettivamente all'interiore del seno palleale, c'è anche un spazio allungato; ma tutto questo non si completa per fare un testo coerente. Vedi gli altri testi.

per le orecchie et mictice sale per le orecchie et per la boccha et mictili uno spito de legno che sia facto ad modo de una spada per la boccha et falli osscire per la coda... larda soctilemente sicomo uno fasciano... citrangoli... lomoni.

De l' interiori e budelli di pesci. .lxxj. [n° 134]

LE interiori di pesci, lavati e tagliati non minuto, friggili con oglio e cipolle suttilmente tagliate; e poni con esse bone spetie, çaffarano e magiorana trita; distempera con un poco d'acqua bogliente; e tolli una merola di pane, bene trita e distemperata anche con poca acqua, e bolla un poco; e in luogho di magiorana, puoi ponere comino; si vorrai il predicto brodo fare spesso con amandole non monde e pestate, diste[m]peresi col vino; e, colate queste cose, non vi si pona çaffarano; giuntovi su seme di coriandoli e carvi[138], trito cum çuccaro[139].

RecCulLibM IV 24 De interioribus piscium: ad preparandum interiora piscium lota et incisa, cum oleo et cepis subtiliter incisis non multum minutim sufrigantur. Et pone cum eis bonas species, crocum et majoranam trittam. Ad bulliendum distempera[140] cum pauca aqua et adde postea micam panis bene trittam et etiam distemperatam cum pauca aqua. Et bulliant.
Et loco majorane, potest poni cuminum. Et si volueris, predictum brodium inspissa cum mica panis et amigdalis mondatis pistatis et distemperatis cum vino et collatis. Hic non ponitur crocus, addito semine coriandri et carvi tritto cum zucara. – Corrisponde a LCucMerAB n° 71 interegiora del pescie (*...carni*, corr. *carvi*).

De gratonata de polli. .lxxij. [n° 135]

Polli smembrati, friggili con lardo e con cipolle; e mentre si friggono, mettivi uno poco d'acqua, sì che si cochano bene nella pentola, e volgili spesso etiandio con la mescola; mettivi su spetie, çaffarano e succhio d'uva agresta, e fa bullire; e per ciascuno pollo togli quatro tuorla d'ova, e distempera coll' agresto crudo[141], e sbatti insieme nel catino; e insieme, coll' arte[142] dei polli, fa oni cosa bullire; e, bullito, levalo dal fuoco; e mangia.

LCucMerAB n° 23 Affare grattonata tolli pulli talgliati et soffrigi con lardo et con cipolle in una olla et iungili dell'acqua ad poco ad poco finché siano ben cotti, et

138 carvi] carui *o piuttosto* carni. *Carni* sarebbe illogico, vd. il testo latino.
139 çuccaro] çuccato.
140 Ed. Mulon *trittam, ad buffiendum. Distempera* da correggere.
141 crudo] e fa bullire crudo. *e fa bullire* depennato.
142 LCucBoB *latte.*

voltalo spisso senza çuccaro[143] et iungi spetie et saffarana convenevelemente, et micty sopra suco de uva gresta et falle bullire, et per ciascuno pullo mictivi quatro velucci de ova, et destempera con agresta cruda et desbacty insemi in una scudella et collu brudo delli pulli, et tucte queste cose fa bullire et cociere; et se tu non ay de agresta tolli de cascio della vaccha. Destempera con aqua et fa sicomo è dicto desopra.

De sardamone di carne. .lxxiij. [n° 136]

Togli carne di castrone, del petto; taglia minuto, e fa bullire forte; e quando sirà bullita, acciò che non sappia di bec[f° 100v°a]cume, leva via l' acqua, e friggi la carne col lardo; poi mettivi su abastança di quella acqua, in tanto che poco rimagna di quello brodo; e quando siranno cotte, mettivi su coriandoli e carote[144] bene trite con spetie e çaffarano abastança. E se non avessi coriandoli, mettivi del comino; e mangia.

LCucMerAB n° 24 Affare sarcamone tolli carne de castrone talgliate minutamente et fa bullire forte sì che non sappia de pecorino, et quando elli è bollita giecta via l' aqua et sofrigi la carne col lardo in una olla et mictivi sopre dell'autra acqua convenevelemente sì che poco remanga de brodo, et quando elli è cocta puni sopra colliantri et garofani bene triti con spetie et saffarana, et se tu non poy avere coliantri et garofani, mictice cimino.

De la fromentiera col pollo. .lxxiiij. [n° 137]

Togli frumento buono calvelino, o altro buono, mondo e pesto nel mortaio, bene lavato. E, la sera, il metti a lessare; e quando comincia a crepare, mettivi dentro in la pentola gallina grassa o bona pettorina di castrone calda; coprila bene, e servala così, fine a la matina; la matina cava la gallina, o la carne, e polla sul taglieri, e serva. Il grano metti a cocere col lacte di capra o pecora, giontovi su lardo o grasso sofricto; poi togli la dicta carne e sfilala da l' ossa, e fa minestre; e su vi metti lardo fricto. Questo è buono cibo; e se non avessi lacte, fallo con ova e cascio.

LCucMerAB n° 22 Affare formentato tolli formento ben mundo et pisto nello mortale et ben lavato et mictolo da sera ad lexare, et quando comeza ad crepare micte la bona gallina grassa o altra carne de crastato col dicto formento et tolli dal foco et coprilo bene et laxalo stare fine alla matina, et la matina tra fora la gallina o

143 L'edizione corregge con *cucchiaro*, che non è meglio.

144 Sorprende in questa posizione; cfr. LCucMerA.

la carne et micte lo grano ad cociere col lacte de pecora, et zungi grasso o lardo. Facto, tolli le dicte carni et desfilale dale osse et mictele a cociere collo dicto grano et mestica spesso, et quando tu menestrarai puni sopra alle scudelle lardo fricto. Et questo civo è bono da ingrassare, et se tu non poy avere lacte de pecora, fa con ova et con cascio.

Del farro di spelta. .lxxv. [n° 138]

Togli il farro de la spelta monda e rotta, e fallo bullire un poco; e, gittata via quella acqua, lava il detto farro molto bene, e ritornalo a cocere con lacte di capra, o di pecora, overo d'amandole[145], fine che sia ben cotto. Trita il cascio frescho, e mestalo con albume d'ova, e mettilo nel dicto farro bogliente; e bolla un poco. E puoi metarvi carne di galline o di polli, a modo di blanche mangieri; e di sopra metti del grasso del porco; e se 'l vuoli fare giallo, coloralo di çaffarano e tuorla d'ova; e ponvi del çuccaro.

De la çeunia di colombi, polli e altri ucelli. .lxxvj. [n° 139]

Quando tu occidi polli, colombi o altri ucelli, riserva il sangue e li fegatelli; poi, smembrati, li friggi con le cipolle e col lardo, giuntovi dentro origano secco, bene pestato, distemperato con vino; poi togli il sangue de li predetti, e i fegatelli con uno poco [f° 100v°b] di pane brusticato, e pesta forte; e distempera con aceto e vino, e colora sutilmente; e poni a bullire coi detti ucelli, agiuntovi dentro del pepe competentemente; per li columbi spetialmente, vi si ponano capo d'agli; e mangia.

LCucMerAB n° 33 Affare çeuma colombina o de altri celli o de pulli tolli sangue et li fecatelli delli dicti occielli, et desmembra li dicti aucielli o pulli et soffrigili con lardo et cipolla et giungice rigano sia bene pisto, et destempera con vino. Poy pista lo dicto sangue et li figatelli con uno poco de pane brusciato et destempera con acito et con vino et cola sottilemente et mictile ad bollire colli dicti aucielli et giungnice zuccaro et musto et pepe. Colli columbi spezialemente pone [cavedam; ed.: *codaium* 'caput alii'].

145 amandole] amandole piene. *piene* depennato.

De la ova piena[146]. .lxxvij. [n° 140]

Togli ova, lessali e mondali, e parti ciascun per meço, e cava inde il tuorlo; e, presa magiorantia, çaffarano e garofani, distempera coi detti tuorla d'ova; e pesta forte, agiuntovi dentro cascio grattato; e, per ciascuno otto ova, distempera uno ovo crudo; e, fatto questo, d' esso savore empi le pacche de l' ova, e friggile con buono lardo; e mangia, agiontovi il savore che si dise[147] 'verçuço francioso'.

De l' ova fritte, arostite e sbattute è si noto che non bisogna dire d'essi.

RecCulLibM III 12 De ovis, primo de implendis: ad faciendum ova plena, findas unumquodque per medium, dum fuerint bene cocta [in aqua] et hoc integra. Tunc extrahe rubedinem et, acceptis majorana, safrano, gariofilis, distempera cum rubedine predictorum ovorum; et pista fortiter, adjuncto parum de caseo. Per singula octo ova, distempera unum ovum crudum. Hoc facto, de isto sapore imple albedines ovorum. Et frige cum bono lardo; et cum agresta comede. Sim.: LCucCaF n° 47.

Dei tomacelli, overo mortadelle. .lxxviij. [n° 141]

Togli il fegato del porco, e lessalo; poi lo cava, e tritalo sulla taola col coltello fortemente e speso; overo tu il gratta colla gratusia al modo del cascio secco. Poi abbi magiorana e altre erbe odorifere, bene peste col pepe e dicto fegato, e nel mortaio distempera con l' ova tanto che sia spesso. Poi abbi rete di porco, e, a modo di monticelli tondi, li copri; e spartitamente li friggi nella padella col lardo; e, cotti, cavali e poni in una pentola nova. E prese spetie con çaffarano e pepe, distemperato con bono vino, gettalo sopra essi nella pentola; e falli bullire competentemente; e mangia.

RecCulLibM II 64 Aliter: ad mortarolum aliter faciendum, accipe epar porcinum et parum lixa. Deinde, extrahe de aqua et super tabulam fortiter percute. Et postmodum, maioranam et alias herbas odoriferas fortiter pista in mortario cum pipere et epate supradicto; et distempera cum ovis, ita quod sit spissum. Deinde, habeas ratam porcinam et frige in sartagine cum lardo. Postmodum, pone omnia simul in olla et, acceptis bonis speciebus et safrano distemperatis cum bono vino, proice super illis in olla et fac bullire, apposito brodio carnium.

146 piena], con *-a* molto debole: cancellata? Vd. ovo nel glossario.

147 Sic.

De li fegatelli. Rubrica .lxxviiij. [n° 142]
Togli il fegato, taglialo a peçij e arostili nel spiedo; e quando non serano bene cotti, involgi sopra essi la rete del porco; e fa cocere. E, cotti, mettili in una pentola voita. E falli su il savore, come ditto è di sopra. E, involgendolo ciascuno fegatello per sé in la rete del porco, è migliore.

Del coppo di lacte caprino o pecorino. .lxxx. [n° 143]
Togli farina biancha, distemperala e falla pasta per lo coppo, a modo di berreta, e poni nei testi, sì che sia forte. Poi togli lacte [f° 101r°a] con ova debattute, insieme con çaffarano, e metti nella forma; e cocilo competentemente[148]; e puoi rompere l' ova sane con esso, che si cocano nel lacte.

RecCulLibM III 4 De copo sive de pastillo de lacte: ad copum de lacte, accipe pastam duram et fac copum sicut panem unius pastilli; et pone in furno parum, ut aliquantulum dure fiat. Deinde, accipe lac cum ovis batutis simul mixtis et safranum et proice in dicto copo, sed non multum impleas. Et decoque competenter et comede.

De la gelatina di pesci sença[149] oglio. .lxxxj. [n° 144]
METti a bullire vino con aceto, e mettivi dentro a cocere i pesci bene lavati; e, cotti, cavali, e poni in un altro vaso. E in lo dicto vino e aceto metti cipolle tagliate per traverso, e fa tanto bullire che torni a la terça parte; poi mettivi dentro çaffarano, comino e pepe; e getta tutto sopra 'l pescio cotto; e lassa freddare. Questa è 'schibetia di tavernaio'.

Cfr. RecCulLibM IV 1 Hic docet de piscibus. Et primo de galantina. Cfr. supra n° 68; LCucMerAB n° 56; 57 Affare gelatina de pescie senza olio fa bollire vino con aceto et schiumalo...

Del giardino. .lxxxij. [n° 145]
NElle gran feste e dì pascuali, fa di pasta uno arbore, o vite, o giardino. E in su l' albore apicca pomi, pere, o ucelli, o uve, o ciò che tu vuoli, diversi, facti de pasta distemperata con ova; e debbiansi empire de empiture sopra dette; e colorale de diversi colori[150], come giallo,

148 competentemente] competentemte.
149 sença] senca.
150 Ms. *colori* scritto due volte.

verde, biancho e nero; a onore del detto arbore, poni nel meço d' esso un pastello, overo gabbia, piena d'ucelli[151]; e in tale arbore puoi ponere tutti i fructi, li quali troverai secondo diversi tempi. Quando si portarà nella corte, facciasi sotto l' albore, o vite, o giardino, fuocho di legne altamente, e ponanvise vergelle odorifere, e ponanvise pomposamente.

Del dulcamine, cio è frittelle non quaresimali. .lxxxiij. [n° 146]
Togli farina, distemperata con ova et acqua, e asutigliata e stesa; tagliala a modo di foglie, o di fichi, o come vuoli; e friggele nel lardo o oglio ad habundança; e, cotte, mettivi su del mele bullito; e mangia.

De li erbati. .lxxxiiij. [n° 147]
De tutti i fiori e altre più erbe predette, de qualunche tu vuoli, puoi fare erbolato con cascio e ova e spetie; e dèsi cocere nel forno o tra i testi; la crosta si chiama 'erbata'.

De le lasangne. .lxxxv. [n° 148]
Togli farina bona biancha; distempera [f° 101r°b] con acqua tepida, e fa che sia spessa; poi la stendi sottilmente; lassa sciugare; debbiansi cocere nel brodo del capone, o d'altra carne grassa; poi metti nel piatello col cascio grasso grattato, a suolo a suolo, come ti piace.

Cfr. RecCulLibM III 10 De lasanis: ad lasanas, accipe pastam fermentatam et fac tortellum ita tenuem sicut poteris. Deinde, [divide] eum per partes quadratas ad quantitatem trium digitorum. Postea, habeas aquam bullientem salsatam, et pone ibi ad coquendum predictas lasanas. Et quando erunt fortiter decocte, accipe caseum grattatum.

Del mele bullito cole[152] noci, detto nucato. .lxxxvj. [n° 149]
Togli melle bullito e schiumato, con le noci un poco peste, e spetie, cotte insieme; bagnati la palma de la mano coll' acqua, e extendilo; lasa freddare; e dà a mangiare.
E poi ponere amandole e avellani in luocho di noci.

151 Si rinvia alla ricetta n° 119.
152 Altrove sempre *con le*, anche nella ricetta.

De li tortelli. .lxxxvij. [n° 150]

DE pasta tu puoi fare onni instrumento che tu vuoli, cio è ferro da cavalo, fibbie, anelli, lettere e onni animale che tu vuoli. E puoli empiere, se tu vuoli; e cocere nella padella col lardo – e con oglio e pesci[153]; e colora come vuoli.

Cfr. RecCulLibM V 7c.

De la ioncada. .lxxxviij. [n° 151]

Togli lacte puro, chiaro, colato, e mettivi pressame di capretto e[154] d'agnello; e quando sirà stretto, lavalo bene, e compollo tra i gionchi, e dà al signore; overo che tu il poni nell' acqua fredda fine a hora di mangiare.

De la panicia col lacte. .lxxxix. [n° 152]

Togli legume bene sciolto da le pietre e da rena; e, bene lavato e pesto, fallo bullire con un poco d'acqua; poi giungivi su del lacte abastança, con lardo overo grassa di porco sofricta; e coloralo come vuoli. E questo cibo tu puoi mangiare col capretto arosto.

Dei savori, e prima del savore per l' arosto. .lxxxx. [n° 153]

PEsta il basilico nel mortaio, e ponvi del pepe, e distempera con l' agresta[155]. Questo savore è buono con onni arosto e ova lesse. E, mancando questo[156], abbi melerancie[157], citrangole, o lemoni.

RecCulLibM II 65 De sapore pro assaturis: sapor pro qualibet assatura: accipe basilicum et piper et tere in mortario et distempera cum agresta. Et deficiente agresta, pone succum citranguli vel lumie. – Corrisponde a LCucMerAB n° 51 ... citranguli.

153 Come piatto di quaresima.

154 Sic. La lezione *o* sarebbe più logica.

155 agresta]: sembra finire con una *-o*, corretta con un'asta per ottenere una *a* onciale. C'è *agresta* ed *agresto* nel testo, vedi il glossario.

156 Si riferisce ad *agresta*.

157 melerancie] melerancie *o* mele rancie.

Dei savori con li pipioni. .lxxxxj. [n° 154]

Fegato dei pipioni, arbuscialo[158] e cocilo sotto la bragia; poi lo pesta nel mortaio col pepe, e col pane abrusticato e insuppato nel vino e[159] nel' aceto. E stempera. Se 'l vuoli fare bullire, puoi; se no, dàllo crudo.

RecCulLibM II 34 [De salsa] pro columbis: pro columbis vel pullis, accipe ficatella eorum sive jecora, quod idem est. Et assa super prunas. Et post, tere in mo[r]tario cum pipere et pane assato mollificato et distemperato cum vino et aceto. Et fac bullire, si vis. – Corrisponde a LCucMerAB n° 53.

Del savore con la grua. .lxxxxij. [n° 155]

Togli il fegato de la grua e arostilo [f° 101v°a] sulla bragia; poi piglia bone spetie, magiorana, çaffarano e il ditto fegatello; e pesta bene onni cosa insieme, e due tuorla d'ova metti con essi, e distempera con buono vino e un poco d'aceto; poi mettivi un poco di mosto cotto, aciò che sia chiaro[160] dolce.

RecCulLibM II 35 Pro grua assata: pro grua assata, accipe ficatellum, assa in prunis. Postea, accipe safranum, bonas species, majoranam et tere omnia simul in duo rubea ovi assata in igne. Tere cum eis et distempera cum bono vino et parum aceti. Et postea, ponas ibi parum de musto cocto [ut sit acrum vel dulce]. – Corrisponde a LCucMerAB n° 54.

Savori per papari e per porchetta. .lxxxxiij. [n° 156]

Fa come ditto è di sopra, excepto il vino cotto. E il grasso che cola del paparo, mettilo nel savore. Simile fa con la porcella arostita. E se non vuoli fare tale savore, fa salsa verde.

RecCulLibM II 36 Pro pavone assato: facias pro pavone assato saporem ut supra de grua, excepto musto cocto. Pinguedinem que fluit de pavone mitas in salsa. Sic facias de porcello assato. Et si non vis facere talem saporem, facias saporem viridem. – Corrisponde a LCucMerAB n° 55.

158 Sic; cfr. *abrusciata* n° 71, *abrusciato* 95 e 192.

159 Sic; anche nel testo latino.

160 *Chiaro* 'distintamente'; Zambrini corregge con *acro*, che corrisponde al testo latino.

Savore per malardi e anatre. .lxxxxiiij. [n° 157]

Fa come ditto è di sopra del savore de la grua; non porre però çaffarano[161] per tucti ucelli de rivera[162]. Per queste cose che ditte sono, il discreto cuocho porrà in tutte cose essere docto, secondo la diversità dei regni. E porrà i mangiari variare e colorare, secondo che a lui parrà.

RecCulLibM II 37 Pro avibus de riparia sapor: pro maslardo sive anate, ansere et cigno, et pro omnibus avibus de riparia, facias sicut dictum est pro grua. Non ponas tamen safranum. Et pinguedo distillata ab eis debet reponi super in salsa.

De la pastringa. .lxxxxv. [n° 158]

Togli cascio grasso e taglialo minuto, e togli rete di porco; queste cose[163] mesta con farina e ova, e distempera; e, messovi çaffarano, poni nelle croste a cocere; e falla biancha, o tu la colora, come tu vuoli.

RecCulLibM II 62 De brustinga: ad brustingam, recipe ratam porcinam, caseum pinguem; omnia minutim incisa misce cum farina et cum ovis distempera. Et, addito safrano, pone ad coquendum cum crustis, vel sine crustis. Et facias albas, vel colora, sicut vis.

Del solcio dei piedi d'ucelli e di capo di porco. .lxxxxvj. [n° 159]

Fa lessare i piedi e capi fortemente; giungivi aceto in bona quantità e foglie di salvia; e mangia.

E puoi lo servare per .xv. giorni, a tempo di verno.

¶ Anche di questi medesmi fa come ditto è di sopra; e quando la carne sirà quasi cotta, giungivi aceto nell' acqua abastança, sì che non sia troppo forte nè debile. Fallo poi bullire sì che torni al terço, a tempo di state; e poni la carne in altro vaso; mettivi su foglie d'alloro, e togli spetie e çaffara[no], e distempera col brodo preditto. Poi cola il brodo sopra la carne preditta, e giungivi su de spico bene trito, e asapora di sale; e mangia. E se spico non avessi, mettivi [f° 101v°b] del comino. Similmente si po fare gelatina di porcello, di polli, o altri ucelli, che tu vuoli.

161 çaffarano] caffarano.
162 rivera] civera.
163 Vd. il testo latino.

RecCulTrM II 17 Sulta, id est 'souet' in gallico, hoc modo fit: extremitates porci, videlicet pedes, auricule et caput frustratim incise, bene decocte et infrigidate, in aceto bono mediocriter salsato ita ut tantum submergantur. RecCulLibM II 41 De galantina: ad galantinam pro carnibus, lixa eas. Et cum fuerint quasi cocte, super addas aque acetum ad sufficientiam, ita quod non sit nimis forte nec debile. Fac bullire usque ad tertiam partem. Et si fuerit in estate, fac bullire cum brodio predicto. Deinde, pone carnes in alio vase, superposito lauro. Postea de bonis speciebus et safrano distempera cum brodio predicto. Postmodum, cola brodium super easdem carnes et super adde de spica, [cardamomi] et de cumino bene tritto. – LCucMerAB n° 37 Affare sorso de orecchie et de carni de porco... Poy le micti in acito et frondi de salvia, et poy lassale annare quindici dì; n° 38 Affare gelatina delle dicte carni lexale sicomo è dicto desopra, et quando illo è quasi cocte giungi in l'acqua acito convenevelemente sì che non scia multo forte né dolce....

Del cascio arostito. .lxxxxvij. [n° 160]

Togli cascio di Bria[164] che è grasso, o buffalino o altro che tenero e grasso sia; mondalo, e, essendo molto frescho, lavalo; poi lo metti in uno bastone, fesso in due parti, overo ne la roccha, e volgilo al fuocho fine a tanto che comincia a fondere, overo scorrere e sfilare per lo caldo; poi il metti sul pane, tagliato sottilmente, overo in nebula per taglieri; e porta al signore.

Dei cauli per l' infermi. .lxxxxviij. [n° 161]

Fa bullire un poco i cauli nell' acqua semplice. E da per sé coci la carne di castrone un poco in un'altra acqua. Poi cava i cauli e la dicta carne, e metti onni cosa in una pentola, e cocili bene; e mettivi del petrosello; e cocili, come tu vuoli; per infermi.

De l' erbe minute. .lxxxxviiij. [n° 162]

Spinaci, borragini, petrosello, biete, aneto e simili cose fa bullire. E, gittata via l' acqua, poi le batti minutissimamente su la taola. E mettile a cocere con lacte d'amandole; e guardale dal fumo.

Per li constipati, stititi, e che non orinano. .c. [n° 163]

Togli spinaci, incutiali con[165] pochi finocchi, petrosello e borragine e malve, bene lavate; fa bullire; poi le trita, e metti a cocere con carne di castrone.

164 Bria] bria. Vd. sotto cascio nel glossario.
165 incutiali con] ī cutialͨcō.

Anche caulo laxativo per infermi: Togli cauli di pastino, e mettilo nel brodo dove sia stato cotto il capone, e cocili bene, e mettivi poco sale. Anche nei dì di giugno[166]: togli cauli di pastino con finochi, e cocili con oglio, lacte e çaffarano.

De le çucche. .cj. [n° 164]

Togli çucche[167] novelline; lavale bene con acqua calda, e spremile fortemente; e metti a cocere con lacte d'amandole.
Nota che i mangiari d'erbe e foglie minute per l' infermi si possono cocere nel brodo de la carne che si dà a loro.

Cfr. LCucMerAB n° 89: Et sappi che tucte herbe che se fando per infermi se possuno cocere in lo brodo delle carne che se coce per quilli.

Dei ceci per l' infermi. .cij. [n° 165]

Togli ceci rossi o bianchi; metti [f° 102r°a] a cocere con oglio e sale e pepe e çaffarano e un poco di ruta; pesta nel mortaio; e mangia.
Anche togli ceci infranti, e lessali; e, gittata via l' acqua, mettili in un' altra acqua a cocere con oglio o lardo battuto, sale, çaffarano, spetie, tuorla d'ova battute, e un poco di cascio; e mesta tutte cose insieme; e dà mangiare.

De le latuche. .ciij. [n° 166]

Togli lattuche, fesse in due parti, e cocile sença sale; e, poste sul taglieri, dàle a mangiare con verde salsa o savore.

Dei peselli freschi per l' infermi. .ciiij. [n° 167]

Togli i pesi novelli, e lacte[168] spesso, e amandole, e ponvi un poco di sale; poi fa uno coppo di pasta, bene composto; giungivi su, se tu vuoli, çuccaro; e metti a cocere; e mangia.

166 Sic, con spazi uguali. Vd. DIGIUNO nel glossario.

167 çucche] cucche.

168 Segue uno spazio libero (per sette lettere circa) in fine di riga (previsto per una rubrica più lunga?).

De l' amandolato[169] e del farre[170] per l' infermi. .cv. [n° 168]

Togli l' amandole, e mondale; pestale, e distempera con acqua bullita; e poni lacte a cocere con la merola del pane, overo farro; e ponvi tuorla d'ova sane o pesti, overo distemperati, e mettivi çaffarano e çuccaro e un poco di sale.

De la tria genoese per l' infermi. .cvj. [n° 169]

METti la tria nel lacte de l' amandole bullito, e un poco di sale; e dà a mangiare.

Cfr. RecCulLibM II 66 De tria ianuensis: ad triam ianuenssem, suffrige cipolas cum oleo et mite in aqua bullienti, decoque, et super pone species; et colora et assapora sicut vis. Cum istis potes ponere caseum grattatum vel incisum... LCucFiM 43 Se vuoli fare tria di vermicelli per xij persone, togli due libre di mandorle e una libra di vermicelli e una libra di çucchero. E togli le mandorle ben monde e ben macinate e bene colate, e togli i vermicelli ben netti, e mettili a bollire in acqua poca. E quand'anno levato il bollore, mettivi quantità di latte di mandorle e fallo cuocere con esso, e mettivi quantità di çucchero; e quando è cotto, mettivi çafferano stemperato. Questa vivanda vuol esere gialla e spessa; e poni spetie sopra scodella[171]. LCucFr[G/B] xxi Se vuoli tria di capponi o di carne di cavretto. Tolli li capponi o carne di cavretto, e isvembrali; e mettili nella pentola col lardo fresco e assai cipolla talliata e aceto; e quando sono meçi cocti, tolli lacte di mandorle stemperato con acqua e con agresto e buone spetie con esso a bollire, e avosine seche; e metti, quando lo mangiare è cotto, datari e uve saracinesche lavate con vino caldo, e gruoco, avosine, e datteri, si vuole dare, .ij. per homo. [collaz. sul ms.]

Del riso per l' infermi. .cvij. [n° 170]

METti el riso a cocere nell' acqua dovi sieno stati cotti i piei del capretto, e mettivi lacte d'amandole e çuccaro.

De la farina per infreddati. .cviij. [n° 171]

FA bullire l' acqua con quatro oncie di adragante[172] e cum due oncie di çuccaro; e, mentre bolle, mettivi la farina biancha a poco a poco, mestando forte col cocchiaio, e lassa bene cocere; e dà a lo 'nfreddato.

169 De l' amandolato] De la amandolato. Cfr. l'indice con n. 14.

170 Sic. Nell'indice e nella ricetta: *farro.*

171 La stessa ricetta si chiama semplicemente *buon vermicelli* in LCucFr[G/B] xxxiii (ms.).

172 adragante] adrag̃. Con uncino serpeggiante sulla g.

Puoi anche cocere a l' infermi starne, polli, pesci, secondo la valitudine de lo 'nfermo, simplicimente lessi, overo nei bruodi, secondo che di sopra è dicto. E ova sperdute e molte altre cose[173] ministrare.

De le triglie per l' infermi. .cviiij. [n° 172]
Lessa le triglie, con petrosello e con çaffarano; e dà mangiare.

RecCulLibM IV 16a De trillis vel pulpis vel calamatis, de brodio pro sipiis. Lixa bene trilias pro non bene sanis, cum petrossilo et croco.

De po[f° 102r°b]**mi lessi per l' infermi. .cx.** [n° 173]
Lessa i pomi, poi li taglia; lassa freddare; e dà a lo infermo.

De pomi arostiti. .cxj. [n° 174]
Involgi i pomi nelle scope, e metti sotto la bragia; lassa cocere; poi li taglia; metti nel vino; e dà a lo 'nfermo.

Dei predetti, altramente. .cxij. [n° 175]
Taglia per meço i pomi, e cavane li grani dentro; e quelli luochi voiti empili de çuccaro pesto; poi ragiungni el pomo, e metti nello spieto[174] a rostire, sì che i pomi paiano interi. E quando siranno bene arostiti, dàlli a lo infermo.

***[175]

Carne arostita è più savorita che la lessa, perchè [n° 176]
è cotta nel suo humido, e quella nell' altrui.

173 cose] cosse cose; *cosse* depennato.

174 Senza dubbio mano B, in margine: *overo poni in su* [*car*]*boni* (foro nella pergamena!) *focosi.*

175 Fine del ricettario vero e proprio. Con questa ricetta finisce anche l'indice preposto al libro. Il manoscritto ha uno spazio libero di 19 righe, dopo, la mano B continua con le ricette medico-dietetiche, senza numerazione dei capitoli.

A cocere prestamente e bene uno arosto. [n° 177]
Togli[176] carboni, e[177] con essi coci; e quando sono bene acesi, gittavi su vino, e dureranno, più e più focosi. E anche togli olio, e lardo bene pesto e battuto, mesta insieme, e ungi con esso la carne.

De la insalegiata de cipolle. [f° 102v°a] [n° 178]
Togli cipolle, cuocele sotto la bragia; poi le monda, e tagliale per traverso longhette e sottili; mettili alquanto d'aceto, sale, oglio e spetie. E dà a mangiare.

A trare il sale de la pentola. [n° 179]
Metti nella pentola una medolla di pane[178] involuppata in panno lino biancho. O che tu la tieni sospesa presso al brodo; e trarà il sale.

A cavare il fumo del mangiare. [n° 180]
METti nella pentola una noce forata. E trarà a se il fumo.

Frictelle nuove. [n° 181]
Prendi medolla di pane gratugiata bene, e sugho d'erbe fine, menta, petrosello; e togli ova, e stempera insieme; e metti a friggere nel lardo frescho, structo in padella. E poi le metti per taglieri, e gittavi su polvere di çuccaro.[179]

Del modo a prendere medicine. [n° 182]
Chi avesse in horrore il prendare medicina, tolla prima agresta, arancio o aceto, e gargariçi; o mastichi tralci de vite o pomi, e sputi; e poi prenda medicina.

176 *T* non rossa, ma con trattino decorativo rosso, altrettanto la *E* seguente.

177 *e* preceduta di un tratto verticale rosso.

178 Marginalia aggiunta di altra mano: *altri dice farina.*

179 Fine della trascrizione di Zambrini (p. 91); ma Zambrini aggiunge due capitoli: *A chi non avesse levame* [n° 193] e *A fare agresto* [n° 194]. Il ductus del manoscritto cambia con la ricetta precedente (n° 181): scrittura più piccola, 50 righe invece di 45, ma la stessa mano (B).

Del modo a prendere pillole. [n° 183]

Tolli una neola o parte, mettila nel vino, poi involgili dentro la pillola, poi la poni nel cuchiaio; e prendi.

Secundo, tolli il mele bene spurato, involgila in esso; e prendi.

Tertio, involvila in polta; e prendi.

Quarto, mettila in uno ovo da bere; e prendi.

Quinto, mettila in vino dolce spetiato; e prendi.

Sexto, mettila in pelle di cerasa o d'uva; e prendi.

Septimo, piglia la pillola con uno stile o aco, e infondila in cera liquida, cavalane subito; e prendi.

Presa la medicina, non si dè la persona afatigare, a ciò che la natura non si tiri in derietro dal suo operare, che porrebbe seguire vomito.

Item. E poi che la medicina comincia a operare, non dorma.-

Item. E non tocchi cosa fredda.

Cominciato a operare, facendo vomito è utile cosa, per ciò che la natura s'aiuta, e purgasi di sotto e di sopra[180].

Se la medicina[181] indugia a operare, tolli uno mattone caldo, spriçalo con vino, e poni su lo stomacho.

E anche operando, poni su lo stomacho panicello caldo, per ciò che aiuta a operare.

Se non menasse punto, facciasi uno cristere o [f° 102v°b] provochisi il vomito.

I moderni tollono electuario di succo rosado.

¶ Regula è che in uno dì non si danno due medicine, [n° 184]
a caso è il contrario.

E per ciò, etiandio, il cristere abstersivo si fa il dì sequente a la medicina[182].

Segni se la persona è bene purgata. [n° 185]

Versus.[183] Est sitis, est[184] estus, stercus, ventositas ani:

180 Questa frase è aggiunta dalla stessa mano (*Cominciato a* nella righa 42 dopo *fredda.*, ed *operare... sopra* nel margine inferiore, con un segno di inserimento: $_{\wedge}$; la connessione è segnalata con una I larga).

181 medicina]: *me* con *na* soprascritto sopra *e*.

182 medicina]: *medi* con *na* soprascritto sopra *i*.

183 Abbreviato (*V* con barra inclinata), in margine.

184 est] ē.

Al medicinato vene sete; ma quando tosto quando tardi, secondo le medicine acute e non acute, stomachi freddi o caldi.

Riscaldamento e graveça è segno che 'l soperchio è evacuato.

Stercho demostra, se purgare si de' la collera e già està la flemma, purgato è, per ciò restringi[185].

Ventosità di sotto è segno d' essere purgato.

¶ Regula è che onni cosa è più perfecta quanto [n° 186]
nel suo sapore o fetore che sia è più intensa e più avança. Fore che l' aloe, che di sua natura è amaro e fetido; e quello è migliore che è meno amaro e fetido.

Aurea alexandrina è bona a onni vitio di testa e [n° 187]
maximamente reumatica passione che al capo, a gli occhi, a l' orecchie e a le giengie discende, e a graveça de tutti i membri. Tolline quanto è una castagna, desfala nel vino caldo, e tieni in bocca asai, quando vuoli andare a dormire. E chi avesse febre, prenda con acqua calda tepida[186].

Mastice è bona *contra* l' umidità che descende dal capo a gli occhi e ai denti, e *contra* il dolore de le tempie.

Empiastro, f*acto* di lapdano e mastice, posto sopra i denti laxi, li conferma.

A la puça de le giengie. [n° 188]

Lavati la bocca e le giengie con aceto dove cotta sia la menta romana, cio è ortolana; poi, te le frega con polvere di menta overo con menta secca.

Al dolore dei denti. [n° 189]

¶ Dicesi che l' aglio pesto, posto sul polso de le braccie, molto mitiga il dolore dei denti.

Anche posto nella bocca de la matrice provoca il mestruo.

¶ Anche posto nel canale del cavallo el fa urinare tosto.

A gli orecchi. [f° 103r°a] [n° 190]

¶ Togli amandole amare, pestale o tritale; mettile intra due foglie verdi sotto la cennare caldissima; poi le spremi; e l' olio, che n' uscirà, stilla in orecchia quando lo audito fosse impedito, o puça inde uscisse.

185 Frase poco chiara.

186 Ms.: con un punto tra *calda* e *tepida* (il punto indica la più breve delle pause; marca la collocazione); vd. CALDO nel glossario.

¶ Scrivesi che chi avesse ruta in bocca, e fusse coperto tutto [n° 191]
di ruta verde, pote sciguramente andare a occidere il basalischo.

De lo aceto. [n° 192]

Aceto è freddo in primo grado, e seccho in .iij°. Sua virtù è penetrativa, per la sutilità di sua substantia, e divisiva e constrictiva. Conforta l' apetito perchè mordica. Fanne salsa, cio è, tolli salvia, petrosello, pepe e menta, e stempera con aceto; e mangia con carne; e fa appetito. Aceto, se trova stomacho pieno, relaxa, se vacuo, lo stringe.

¶ Vale contra la debeleça venuta per enfermità: tolli aceto e ponvi dentro pane abrusciato; e de così insuppato ungi la bocca, le nare e le vene pulsatili; poi liga tale pane sopra i polsi, e conforta.

L' aceto si fa in più modi artificiatamente:

p*r*ima. Poni vino in vaso meço pieno, e lassa discoperto.

S*ecund*o. Roventa aciaio o petra, mettilo dentro e lassa la bocca discoperta.

Tertio. Fa bullire in acqua uno vaso pieno de vino, e pollo al sole per tre dì, o più.

Quarto, ne pone la glosa i*n* ‹la legge›, 'i*n* ve*n*ditionib*us*', p*aragrafo* finale, .ff.[187], 'de *con*trahe*n*da e*m*ptione': alcuni modi[188].

La prova del' aceto è che, posto in su la terra o ferro freddo, se bolle, è buono. Se no, non.

A chi non avesse levame. [n° 193]

¶ Tolli uno pane, e gratugialo; intridilo con la farina; questo non farà buono pane, ma de questo poi esce buono levaduro.

A fare agresto. [n° 194]

Togli del taso, cio è gromma de vino biancho; pestalo bene. Fallo cocere con vino o acqua, e sirà agresto.

187 Corrisponde a *Pandectis.*

188 Spiegazione di questo scherzo da giurista nell'Introd., cap. ‹Autori e destinatari›.

A fare spetie forti. [n° 195]
Togli de pepe libra una. – Çaffarano uncia .i., garofani (?[189]) uncie .i½.[190].

Spetie dolci. [n° 196]
Çenzovo beledo o colomi, uncie .vj. [f° 103r°b] – Canella fina, uncia .½. – Garofani, uncie .i½. – Noci moschade, uncie .i½. – Çaffarano, uncia .j.[191]

Contra 'l male de chi avesse la borsa grossa. [n° 197]
Recipe: Fegato di gallo, ardilo, fanne polvere; mescola cum due tanto commino, pesto sottile; mettivi bolio armenico per la meità che è el comino; mesta insieme; poi prendi di questa polvere uno cuchiaio per volta, e dàllo a bere con vino biancho caldo.
Anche, quando vene la rottura, usa la radice del nagalico pesta; fanne frittelle nell' oglio; mescolavi peli di lepore tagliati, bene triti. Stempera con acqua piovana tanto che ne facci frictelle o migliaccio.

Impiastro proprio a questo defecto; a porre di sotto. [n° 198]
Recipe pece navale, *dramme*[192] .ij.; litargiro, sangue de dragone, cera biancha, cera rossa, pece greca, galbino, ana *dramme* .ij.; bolio armenico, *dramme* .ij.; giesso, gomma arabica, *dramme* .iiij.; mastice, *dramme* .ij.; aristologia lunga e tonda, ana *dramme* .vj.; trementina, *dramme* .ij.; verditerra *dramme* .x.; galla, *dramma* .i.; consolida magiore e minore, ana *dramme* .ij.; sangue de homo tracto de vena dal barbieri de frescho, libra .j.; e confeci così:
Tolli una pellicella de montone frescha con peli, come è scorticata; cocila in acqua piovana e bolla per spatio d'una hora; poi cola questa acqua; poi mettila in una pentola roça. Fa bollire tanto che torni a meço; poi vi metti cera e litargiro, pece greca, mastice, olibano, gomma arabica, galbino, l' armoniaco e la galla. Facto questo, reponi

189 Lettura difficile, si vede qlca. come *qr.fā* (con tilde o uncino sul primo segno e trattino sull'ultimo). Cfr. LCucCaF 75 *Specie negre e forte per fare savore: toy mezo quarto de garofali e do onze de pevere e toy arquanto pevere longo e do noce moscate.*; vd. anche SchiancaCuc 627a: pepe, garofani, noce moscata come standard.

190 Mettiamo ½ al posto dell'abbreviazione usuale (simile a ɘ).

191 Cfr. LCucCaF 74.

192 Abbreviato ʒ (Ʒ con tilde mediana sottile).

la *dicta* pentola al fuoco; mettivi el gesso, el bolio, e poi il sangue de l' omo; tuttavia mesta con diligentia a fuoco lento; poi mettivi l' aristologia, poi l' aloe epatico, mummia e sangue de dragone. Fa queste cose cocere tanto che sieno spesse sì che si possino fasciare che non coli; e ponni sopra la parte rotta; tengna 'l braghieri stia *in* posa. Guardisi da pasti ventosi e da gridare; e dè non essere stiticho, usi cassia o manna. Non ponti a l' uscire del corpo.

Glossario

Il glossario comprende quasi tutte le parole. L'elaborazione delle notizie non è uniforme ma dipende dalle necessità: il primo obiettivo è penetrare completamente il testo oltre l'analisi lessicale. Il secondo è la descrizione del linguaggio specialistico della cucina nell'ambito del lessico[1]. Il terzo è di natura lessicografica: il glossario deve servire alla lessicografia e nello stesso tempo illuminare in maniera critica la lessicografia. Si veda su questo punto l'introduzione nel cap. ‹Glossario critico›.

I **lemmi** non presenti nel nostro testo con la grafia scelta come lemma (tranne forme flessionali regolari dei nomi) stanno tra parentesi quadre, **[ ]**; gli infiniti non presenti nel testo che rappresentano forme flesse con grafia analoga appaiono con la sola parentesi quadra di chiusura, **]**; le attestazioni o parole citate di altri testi stanno tra parentesi graffe, **{ }**. Le *varianti grafiche* si trovano tra parentesi tonde, **( )**. Brevi *contesti* vengono dopo i numeri di rinvio. Le *collocazioni* e distinzioni semantiche sono precedute da ■. I rinvii si riferiscono alla numerazione delle ricette, nel caso del sommario (*Rubrica...*) al numero della ricetta a cui è premesso un R. Un numero di ricetta può rinviare a più di una attestazione nella ricetta (anche se segue una citazione). Al desiderio degli editori corrisponde la parziale normalizzazione delle forme dei lemmi che ne deve semplificare la reperibilità, per cui *gettare* (raro) prima di *gittare* (normale) e [*pezza*], invece di *peça* (con rinvio in entrambi i casi). La normalizzazione di *abastança* per es. pareva superflua (stessa posizione alphabetica). ‹Lat.› rimanda al testo di RecCulLibM citato nell'edizione, a meno che non segua una diversa indicazione.

Il materiale è da datare in maniera diversa: **LCucBoM n° 1–175: II terzo del XIV sec.**, n° 176–198: **ca. 1400**; il manoscritto, ovvero la grafia: **ca. 1400**; altri testi citati: LCucFiM m. XIV; LCucFr[G/B] m. XIV (collazionato col ms.); LCucCaF fine XIV; LCucMerA/bB ca. 1400; LCucMart-F ca. 1460; AldBencLB 1310; LCuraMalM iniz. XIV; Frosini, *Cibo* 1344

1 Le *citazioni* seguono spesso interessi enciclopedici, per l'esattezza culinari, e dunque di linguaggio tecnico. Non abbiamo introdotto la qualificazione 't. di cucina' (ma vd. ERBA per es.), però 't. di farmacia', ed sim. (vd. ADRAGANTE).

e 1345 (Mensa); ecc. (per essi: rinvii selettivi). Vd. l'Introduzione, cap. ‹Glossario, Riassunto›, per le attestazioni cerniera rilevate – prime, ultime, rare, interessanti (per forma o per senso); primo riferimento: LEI, poi TLIO, poi Battaglia ecc.; marcate, specialmente per i lessicografi sbrigativi, con il segno Δ (ce ne sono 282).

Per le indicazioni bibliografiche si veda la Bibliografia (solo qui, per il Glossario, B = Battaglia (GDLI) e TB = TomBel). I rimandi si riferiscono non all'inizio di una voce nel dizionario citato ma alla collocazione direttamente interessata (per es. per un significato, una correzione o un'aggiunta).

abastança avv. 'a sufficienza, abbastanza' 12 *pon... cum carni... et sale abastança*; 65; 73; 101; 104; 118; ecc. (senza spazio tra *a* e *b-*). LEI 5,109,29 *a bastanza* avv. 'a sufficienza, molto' [dal «1363», = morte di M. Villani, B]; ib.,118,11 *abbastanza* (+ agg. / avv.) 'sufficientemente, quanto basta' [dal «1499», = morte di Marsilio Ficino, B; distrib. poco chiara, sembra che la classif. è graf.]. Δ 1ª att.: a. 1294, CortZol^2; TLIO.

[**abbondantemente**] avv. *(habundantemente 69)* 'in gran quantità, copiosamente' 69. LEI 1,206,9 [graf. ca. 1443]; TLIO [H- XIV].

[**abbondanza**] f. *(habundança* 28; 146, *habundantia* 120) 'gran quantità' 120; ■ *ad habundança* loc.avv. 'in gran quantità, copiosamente' 28; 146. LEI 1,201,11 loc.avv. [sec. XV] Δ. 1ª att.: sec. XIII, TLIO.

abrusciare] v.tr. (*abruscia-* 71; ecc., con metatesi *arbuscia-* 154) 'far prender colore a un alimento sulla viva fiamma o nel forno, abbrustolire' 154 *arbuscialo* (il fegato); ■ p.pass. agg. 71 *molena di pane abrusciata*; 95 *pane abrusciato*; 192; {LCucFiM 10 *abruscialo*; LCucMerAB n° 6, vd. 80; 27, vd. 74}. LEI 7,866,23 *abbruciato* agg. 'incotto [!], abbronzato dal fuoco' [ca. 1313 – ca. 1480; 901,6 Salent.merid.]; *abbrusciare* 'abbrustolare' (ecc.); ad TLIO. Δ

abrusticare v.tr. e p.pass. agg. 'far prender colore a un alimento sulla viva fiamma o nel forno, abbrustolire' 71 *fegato abrusticato*; 72 *fa poi abrusticare del pane*; 73; 74; 94; 109; 114; 154. LEI 7,964,53 [1ª att. «1863, LibroCucina, TBGiunte», err.: = LCucBoZ; anche *abb-* da corr. Δ]; B 1,36c: D'Annunzio; TLIO [una att. secondo Faccioli].

abstersivo ⟶ ASTERSIVO.

[**acciaio**] m. *(aciaio* 192) 'ferro bonificato al fuoco, acciaio' (come reagente) 192 [per fare aceto]. LEI 1,417,3 [graf. 1598]; TLIO [graf. XIII]. Δ

acendere] v.tr. 'mettere il fuoco, accendere' 177 *carboni... sono bene accesi.* LEI 1,255,3 [*acc-* 1353; dal 1585... (+ graf.; cfr. ib. 256,18)]; TLIO.

aceto m. 'prodotto dalla fermentazione acetica soprattutto dell'uva, aceto' 20; 58; 62; 63 *forte a.* (con alta acidità); ecc.; ■ id., uso medic. 182; 188; 192 (qualità secondo la dottrina umorale; fabbricazione; *prova del'a.*: acidità). LEI 1,381.

acetoso agg. 'che contiene aceto o ha sapore d'aceto' 76 *suchi acetosi o dolci;* 94 *con aceto o vino... e falo* *dolce o acetoso;* 114. LEI 1,379,31 [dal 1364: graf.]; TLIO.

aco ⟶ AGO.

acolorare] v.tr. 'colorare (un cibo con uova, spezie, ecc.)' 99 *e acolora e asapora come ditto.* Lo Zambrini aveva già nel 1863 indicato nel suo gloss.: «Manca al Vocabolario questo verbo»; TB 1,92c [Fir. m. XIV]; TLIO [LCucBo XIV, sola att.].

acqua f. (*acqua* 5; ecc., *aqua* 1; 2) 'liquido vitale fornito da sorgenti, dalla pioggia ecc.; acqua nella quale qlco. ha cotto' 1; 2; 5; 6; ecc.; ▪ *a. fredda* 6; ecc; ▪ *a. calda* 12; ecc.; ▪ *a. tepida* 106; ecc.; ▪ *a. calda tepida* 187; ▪ *a. bullita* 'acqua portata ad ebollizione' 19; ecc.; ▪ *a. della cocitura* 'acqua nella quale qlco. ha cotto' 38; ▪ *a. rosa* 'acqua di rose' 133; ▪ *a. rosada* 'id.' 126; 128; 129; *a. piovana* 197 e 198 (medic.). Ad LEI 3^1,397,19 [*a. bollita*]; 47 [*a. calda*]; 400,16 [*a. fredda* dal 1584]; 402,24 [*a. piovana*]; 405,14 [*a. tiepida* fine XIV]. 1310 AldBencLB *aqua tiepida*: 1ª att., vd. gloss. *tiepido*; Frosini, *Cibo* 185. Δ

acrodolçe ⟶ AGRODOLCE.

acuto agg. t. di medicina 'che ha azione attuale, con decorso rapido (medicina)' 185 *medicine acute e non acute.* Ad LEI 1,586 [l. 46: di malattia; B 1,144b, accez. 10.: id.]; TLIO 7. [di *febbre* e *infermitade*, corr. «Detto della febbre»]. Δ

adragante m. t. di farmacia 'gomma raccolta spec. sull'Astralagus gummifer, gomma adragante (lassativo e utile per impiastri)' 171. B 1,180b; TLIO.

adunati pl. 'messi insieme' ? 12 (testo precedente illeggibile). Cp. LCucMerAB 91,3 *adunate,* cit. qui colla ricetta n° 63. Possibilmente ad B 1,184c; TLIO ADUNARE 2.1., Restoro D'Arezzo.

afatigare v.tr. 'procurare fatica a qlcu., affaticare qlcu.' 183 *la persona afatigare.* B 1,199a; TLIO.

agiunto p.pass. agg. (*agiunto* 50; ecc., *agionto* 77; 140, *adiuncto* 8) 'che viene messo in più' 50 *herbe... agiunte*; 53; 77; 139; 140; ▪ *adiuncto de* 'che è aggiunto di' 8 *erbe... adiuncte de le foglie.* Grafia *agionto* ad LEI 1,700,52; 54 [*agionto,* ante 1499]; TLIO [*agionto* Stat. sen. 1309–10]. Δ

agliata biancha f. nome di una vivanda a base di cappone lesso, con una salsa fatta del suo brodo e con aglio e mandorle pestate [R]101; 101 *Questa si chiama ‹biancha agliata›* (= lat. *secundum Gallicos vocatur alba alleata*). *Questa* si riferisce a 79 e 144; *agliata* 'salsa...' è attestato in LCucCaF n° 3 (con *aglio, molena de pan, brodo,* senza mandorle), in LCucMartF p. 119 (*agliata,* senza ricetta) e 157 (cap. delle salse: *agliata biancha,* con mandorle; *agliata pavonaza,* con mandorle e uve nere). LEI 2,134 [da corr., cfr. S. Lubello MélPfister^2 336]. Frosini, *Cibo* 164; SchiancaCuc.

aglio m. 'pianta erbacea con bulbo commestibile a spicchi (Allium sativum), aglio' 71; 189; ▪ (al pl.) prob. 'spicchi di un aglio' 101; 121; ▪ *capo d'agli* 139 ⟶ CAPO. LEI 2,145,38 [ca. 1340]; 48 [1452, ma 161,1: ca. 1310; prob. da aggiungere 'spicchio...']. Frosini, *Cibo* 103 [fine XIII]; TLIO.

agnello m. 'piccolo della pecora, agnello (primo della generazione successiva)' 151 *pressame... d'agnello.* LEI 1,1338,5; TLIO [Doc. savon. 1178–82].

[**ago**] m. 'strumento per cucire, ago' *aco* 112; 183. LEI 1,558,48.

agresta f. 'condimento liquido fatto d'uve verdi o non mature fermentate, con sale (chiaro o no, anche con bacche intere), agresto' 67 *a. intera* ('senza colatura'; = lat. *a. integra*); 116; 121 *a. sana* ('senza colatura'); 153; 182 (LEI 1,1376,25 [«iniz. XV» = LCucBo]; TLIO AGRESTA¹); ■ nome di una salsa (piuttosto che di un piatto?) a base di frattaglie (d'uccelli) e agresto 71 (vd. la ricetta: *agresto / erbe... aceto / peverada / agresta*; LEI 1,1376,35 [ancon. mod. 'salsa...']; TLIO AGRESTA² 1 e 2 Δ). Cfr. S. Lubello MélPfister² 334.

agresto agg. 'acerbo, per non essere maturo, agresto', *uva agresta* '(parte di) uva non matura (che può servire a fare agresto)' 135 *succhio d'uva agresta... agresto.* LEI 1,1372,37 [*(uva) agresta* pugl. sec. XVI]; TLIO [agresto¹ e sotto AGRESTA¹ 1.1 Δ].

agresto m. 'condimento fatto d'uve verdi o non mature fermentate e con sale (liquido, chiaro o no, anche con bacche intere)' 71; 126 *per mancamento d'agresto, puoi mettarvi succhio di cetrangole, d'aranci...*; 125 *a. non trito* 'non sminuzzato' (= lat. *agresta non tritta*); 135 *a. crudo* 'id.'; 194 (bis; ricetta: sembra essere un sostituto). 1ª att. ca. 1310 LCuraMalM 32; Frosini, *Cibo* 164; TLIO [AGRESTO² 1318–20; ecc.]. LEI 1,1374,12 [*agresto verde*, Bencivenni, Crusca, controllabile: AldBencLB 63r41]; 14 [*agresto* iniz. sec. XV]. Cfr. S. Lubello MélPfister² 334. Vd. anche → VERÇUÇO. Per l'agresto secco vd. P. Cresc. lat. l.IV, De agresto... *Agrestum fit duplex: liquidum et siccum... siccum sic faciendum est: ... et soli expone donec siccetur* (incun. Straßburg 1486 g3v°, 3); gli stessi indic. in EstL 1564 120b [*verius sec*]. Δ

agro agg. 'che ha sapore pungente e acido, agro' 74 *succhi agri.* TLIO; LEI 1,351,39.

[**agrodolce**] agg. (*acrodolçe* 72) 'che ha sapore agro e dolce insieme, agrodolce' 72; [cp. 155]; {LCucFiM 10 *agra e dolce*; LCucMerAB 54,4 *agro et dolce*; 56,9 *voy ch'el sia agro dolce*; 67,11 *fare agro et dolce*; [MSavonarolaCosseN 2749 *né sia agro né dolce*]}. TLIO [solo LCucBo, cit. err.]; CortZol² [sec. XVII]; LEI 1,358,40 [dal 1879, solo sensi figurati o estesi (ripresa err. da TB 4,1955); «dal fr.», 360,6, senza dubbio err.]. Δ

aiutare] v.tr. t. di medicina 'giovare, azionare favorevolmente' 97; 183 *poni su lo stomacho panicello caldo, per ciò che aiuta a operare* (TLIO 3.2.; ad LEI 1,723,33); ■ v.pron. 'azionare in favore di se stesso, adoperarsi' 183 *la natura s'aiuta* (ad LEI 1,724; cp. TLIO 3.2.1.). Δ

{**albame** ⟶ ALBUME.}

[**albero**] m. (*albore* 145, *arbore* ᴿ145; 119; 145) 'albero' (fatto di pasta ecc., come decorazione sulla tavola) ᴿ145; 119; 145.

albume d'ova m. 'bianco dell'uovo, albume' 79; 82; 86; 87; 106; 138. LEI 1,1514,8 ALBŪMEN [*albumo d'o.* sec. XV (Cura asturi StN 38, n° 27;61), fior.a. *albume d'uovo* ca. 1310]; CortZol²; TLIO. {LEI 1,1465,22 ALBĀMEN, ragg. *albame della ova* LCucMerAB 145,2, nuovo tipo sem. Δ}

allece f. 'specie di piccolo pesce di mare, alice / acciuga' 129; {LCucMerAB LXX *alici* pl.; ecc.}. GAVI 18,4,135. TB1,306a ALECE [1707];

B 1,304b ALICE [*aleche* XIII ecc., «merid.», v. LEI 2,129,33]; REW 4001 HALEX: it.merid. *alice*; CortZol²; LEI 2,126,5 [1525; *-l-*; cfr. TLIO]. Δ

alloro m. 'albero sempreverde delle Lauracee con foglie aromatiche (Laurus nobilis)' 159 *foglie d'alloro* (TLIO; B 1,335b ['albero' dal Petrarca]; CortZol² [Bocc.]); ■ per sineddoche *alloro* 'foglia d'alloro, come condimento' 68; 70. Martelli 19 [senza differenz. semant.]. TLIO [1289–2ª m. XIV]; GAVI 18,4,282; cfr. LCucMerAB 36 *folglia de lauro*.

aloe m. 'droga ottenuta da un genere di piante delle Liliacee con fusto molto corto, foglie carnose disposte a rosetta, fiori rossi, gialli o verdicci in pannocchie portate da uno scapo più o meno allungato (Aloë)' (la varietà lucida si ottiene per concentrazione rapida a temperatura elevata, da cui si ha un prodotto vetroso, scuro, con riflessi verdastri) 186 *aloe, che di sua natura è amaro e fetido* (LEI 2,204,36 [ca. 1347 = 1340]; 1ª att. sec. XIII Reg. san. GAVI 18,4,315 = TLIO, anche AldBencLB) Δ; ■ *aloe epatico* 'id., varietà della stessa droga (che si ottiene per concentrazione al sole e a bassa temperatura del succo delle foglie, e che diventa rossa-bruna e opaca)' 198. TLIO 2.1. [def.?]. LEI 2,205,29 [*aloe epatico* «1347ca., BalducciPegolotti, B»; corrisponde a 1340 Franc. Balducci Pegolotti, ed. Evans p. 375: *Aloe sono di tre maniere, cioè cetrino e patico e cavallino*; Francesco scrive altrove *aloe patico* (70; 293) e la copula ripetuta fa parte del suo stile; la citazione nel B è piuttosto falsa; il LEI compila le due ‹varianti› prese dallo stesso passaggio dell'unico ms.: nella linea 26 *patico* e nella 29 *epatico*: l'ultima è da eliminare]. Δ

alquanto avv. 'una certa quantità, alquanto' 73; 112; 117; 122; 178 *a. d'aceto*.

amandola f. (*amandola* 69; ecc., *mandola* 39) 'seme del mandorlo senza guscio, mandorla' 39; 69 *amandole monde* (spellate); 74 *a. monde intere*; 97; 101; ecc., anche 134 *a. non monde* e 138 *amandole piene* [*piene* depennato] (colle bucce) (LEI 2,997,1 [«it.» *amandola* fine XV–1730]; TLIO); ■ *lacte d'a.* ⟶ LATTE; ■ *amandola amara* 'mandorla amara' 190 (LEI 2,1002,21 [it.a. *mandole amare* pl.: 1431], ma anche 2,1014,9 sotto «Sintagmi» [dal 1320ca.]; TLIO [SerapJacI 85,1sqq.; Mascalcia L. Rusio]; 1ª att.: ca. 1310 LCuraMalM 15 *mandorle amare* pl. Δ). Cfr. ⟶ RAVIOLO.

amandolato m. 'cibo (pappa) in cui le mandorle sono i costituenti principali' R168; 168. LEI 2,1006,38 [solo it.mod., def. varie] Δ. {LCucFiM 37 e 38 *mandorlata* (*cotta* e *cruda*); LCucFr[G/B] indice li e lii *mandorlata* [ms.; senza ric.] (TLIO: XIV; LEI 2,1016,21: ante 1548) Δ; LCucMerAB C *ambandolata* (graf. ad LEI) Δ; CI *mandolata* (LEI 2,1006,29: 1525; CortZol²: fine XIV LCucCa) Δ.}

amaro agg. 'che ha sapore che può procurare dispiacere, né dolce né acido, amaro' 186 (detto dell'aloe); ⟶ AMANDOLA *amara*. LEI 2,495,25 ['di sapore opposto al dolce' (!) dal ca. 1319]; 512,19 [rinvio] Δ; TLIO [dal 1252/58].

amido m. 'sostanza bianca ottenuta dai grani per es. per macerazione, usata in cucina per dare consistenza, come colla, ecc., amido' 97; 98; 99; [100: vd. Introd., cap. ‹Nozioni dedotte dalla filiazione testuale›]. CortZol aveva soppresso la prima att. di *amido*, proveniente dalla Crusca (perché forse inventato dal Redi, Crusca[3], vd. per esso Möhren ItSt 11, 1988, 93–113, spec. 105, e cp. CortZol[2]), ciò che ha prodotto la prima datazione «ante 1577». In realtà, l'att. si trova nella Crusca[1] (Aldobr., trad. Bencivenni, iniz. XIV, vd. anche 1310 AldBencLB). LCucBoM dà tre att.; anche in LCucFr[G/B] ciii, LCucFiM XXXVI, LCucCaF n° I, ecc.; cp. fr. *amidon* (sec. XIII LSimplMedD 3, n° 13, con descrizione della confezione, secondo Matthaeus Platearius; FEW 24,510a: 1302), ecc.; mlt. *amidum* già nel sec. IX (MltWb), lat. mlt. *amylum* (< gr.). LEI 2,1026 'sostanza organica composta di carbonio, idrògeno e ossìgeno; farina non molita': bizzarro [compila informazioni enciclop. da Battaglia e il gloss. di SerapJacI 2,60, che trae la sua def. errata dall'etimologia greca mal compresa; datazioni da corr.: l. 13 «dal 1499», l. 18 «fine sec. XV» (= LCucCa !)]; B 1,392b [Benciv., = TLIO]. Cfr. anche 1340 Franc. Bald. Pegolotti, e 1344 Mensa in Frosini, *Cibo* 54 [da corr. l'opinione sull'att. della Crusca]. {Ad LEI inoltre *amido* per est. 'cibo a base di amido' metà sec. XIV LCucFiM XXXVI e LCucFr[G/B] indice l. Δ}

[**ammaccare**] v.tr. (*amacca-* 53) 'schiacciare (per ottenere una pasta per es.)' 53 *amaccale* (le fave) *con la mescola*. B 1,394b, accez. 3. [dal Redi; v.rifl. P. Crescenzi (= TB) e Galileo]; TLIO [1342/48 e 1360; la 3ª att. err.]. Δ Per l'etim. cp. CortZol[2]; GAVI 18,4,228.

[**ammoniaco**] m. (*armoniaco* 198) t. di farmacia 'specie di gommoresina di una pianta (senza dubbio Dorema ammoniacum Don. / Peucedanum ammoniacum Nees e non Ferula galbaniflua Boiss. o sim.)' 198. HoppeDrog 1,437a; LEI 2,827,30 [ragg. ib. II.1.a. *sale armoniago* SerapJacI 2,68]; TLIO.

ana avv. t. di farmacia 'per uguale porzione' 198. Parola greca nella terminologia farmac. it. TB 1,411; B 1,434c [Redi]; TLIO [1340/60 Greg. d'Ar. Fiori di med.]; FEW 24,512a [HMondB].

anatra f. 'uccello acquatico commestibile degli Anseriformi con becco largo e piatto, piumaggio al fondo generalmente grigio (Anas), anatra' [R]157; 157. LEI 2,1060,2.

anche cong. (*anche* [R]79; ecc., *ancho* 112; 117) 'anche'.

anello m. 'oggetto o struttura a forma di cerchio, anello' 150 (*tortello* in forma di a.). LEI 2,1142,8 [«dal 1498» = B 1,463b, linea 4 Savonarola]; CortZol[2] [m. XIV Scala del Par.]; cfr. TLIO 4. Δ

aneto m. 'pianta erbacea delle Ombrellifere, con foglie composte (usate come erba aromatica o verdura, anche la radice) e semi simili all'anice (Anethum graveolens)' 5 (verdura); 162 (*erbe minute*...); – *anato* 63 *radice di... anati*. LEI 2,1163,42; 1165,5; 1166,9: da considerare l'uso come verdura e aggiungere la variante *anato* (cfr. la variazione ⟶ ANISI/*anasi*). Martelli 22 [senza l'att. come verdura]. TLIO [sec. XIII Reg. San.; ecc.]. Δ

anguilla f. 'pesce anguilliforme, lungo e tondo (Anguilla anguilla), anguilla' [R]127; 127 *anguille scorticate*. LEI 2,1218,40.

animale m. 'bestia (spec. da macello)' 89; 116; 120 *animali salvatichi*; 150. LEI 2,1339,8.

anisi m.pl. (*anisi* 63, *anasi* 64) 'semi aromatici della Pimpinella anisum, pianta erbacea delle Ombrellifere, anice' 63; 64. LEI 2,1377,35 [*aniso* 'pianta...' 1542]; 39 [*anaso* 1704]; 46 [venez.a. *anisi* pl.]; 1378,2 [*anasi* iniz. XVI]; ecc.; 1381,20; ecc. Cfr. TLIO 1.1. Δ

apeçare] v.tr. 'dividere in pezzi' 29 *carne apeçata*; 97 *pesci apeçati*. B 1,564c APPEZZARE [1861, TB]; TLIO [XIV-XV Bibbia]. Δ

apiccare] v.tr. 'applicare, impiccare' 145 *in su l'albore apicca pomi* (di pasta). B 1,566c APPICCARE.

apollocato p.pass. agg. 'che è fornito di pollo' 75 *brodo dei caponi... chiamasi ‹brodo apollocato›*. TLIO sola att. Δ

apparecchiare] v.tr. (*apparecchiati* 30, *aparichiato* 102) 'preparare (un cibo per il pasto)' 30; 102 *riso... da per sé aparichiato*. B 1,549b; TLIO 1.3.

appetito m. 'desiderio di mangiare (come bisogno corporale), appetito' 192 (salsa all'aceto) *fa appetito*. B 1,563c; TLIO.

aprire] v.tr. 'fare un'apertura (tagliando)' 131 (*la seppia, aprila*).

arancio m. prob. 'frutto della Citrus aurantia, arancia amara' 71 *aranci / limoncelli / lumie*; 126 *cetrangole / aranci*; 127 *aranci / citrangole / lemmoncelli*; 128 *citrangole / aranci / lomie*; 129 *aranci / citrangole*; 133 *aranci / citrangole / lemoncelli*; ■ per elissi 'succo d'arancio amaro' 182 *tolla... arancio o aceto e gargariçi*. Frosini, *Cibo* 123 [1ª att. sec. metà XIII; def. semplicemente 'arancia']. B 1,608a [dal 2° t. XVI]; CortZol² [Folgore]; TLIO [a. 1327; ident. err. bot.]. Δ Cfr. → MELANGOLA.

arbusciare → ABRUSCIARE.

ardere] v.tr. 'distruggere per azione del fuoco, ardere' 197 *ardilo* (*fegato*, in farmac.). LEI 3¹,987,41.

aristologia f. t. di farmacia 'pianta erbacea domestica delle Aristolochiacee con foglie picciolate alterne e fiori giallo-verdastri allungati, aristolochia', due varietà: Aristolochia lunga e A. rotonda, *aristologia lunga e tonda* 198. LEI 3¹,1178,1 [aggiung. *a. tonda*]; TLIO Δ; ib. 20 [*a. lunga*].

armoniaco → AMMONIACO.

arostire v.tr. 'cuocere per azione diretta del calore, senza liquido, arrostire' 71; 73; ecc.; ■ *arostito* p.pass. [R]160; [R]174; 36; 93; 95; 101; 140 → OVA; 156; 160; 175; 176. B 1,697a ARROSTIRE; b ARROSTITO; TLIO. Cfr. → ROSTIRE.

arosto agg. 'che è arrostito' 93; 152; ■ m. 'pezzo di carne arrostito, arrosto' [R]153; 153; 177. B 1,697b ARROSTO m.; 697c agg. [sec. metà XIV]; TLIO.

arte f. 'prodotto del fare a regola d'arte' 135 *e insieme, coll'arte dei polli* (cotta da parte), *fa oni cosa bullire* (= LCucMerAB 23 *tucte queste cose*). Prob. ad LEI 3¹,1430 sg. (3.a.) [l'ed. Zambrini propone 'membra', lat. *arto*, ma vd. LEI 3¹,1507]; cfr. MltWb 1,983,69 ARS «opus affabre factum». Δ

artificiatamente avv. 'a regola d'arte, con artificio' 192 *aceto si fa in più modi artificiatamente*. LEI 3¹, 1503,38.

asai avv. 'a sufficienza' 71 *asai cotto*;

187 *tieni in bocca asai* (di tempo). LEI 1,832,42.

asaporare] v.tr. 'dare sapore a una vivanda aggiungendovi uno o più condimenti, insaporire' 99; 112; 122 *asaporalo de sale*; 123; 124 *(sale)*; 159 *(sale)*. B 1,749b ASSAPORARE [1671]; CortZol² [altra def.]. Δ

[**assottigliare**] v.tr. (*asutigliare* 146) 'rendere sottile' 146 (pasta). B 1,781a; TLIO 1.

[**astersivo**] agg. (*abstersivo* 184) 'che lava' 184 *cristere abstersivo*. Grafia anche SerapJacI [ms. a. 1404]; TLIO. LEI 1,190,52 [grafia da aggiungere]; Möhren ItSt 11,106. Δ

atritare] v.tr. 'pestare qlco. fino a ridurla in pezzetti minuti, tritare' 6 (le erbe) *s'atritino forte col coltello*. Ad B 1,836a ATTRITARE; cfr. TLIO. Δ

audito m. 'facoltà di udire, udito' 190 *quando lo audito fosse impedito*. LEI 3², 2280,1.

aurea alexandrina f. nome di un elettuario complesso 187. LEI 3²,2370,24–29 [*aurea ales.* XV sec., *aula allex.* 1376, *aurea alex.* 1423; da modif., anche la def.; n.10: il mlt. è più antico: sec. XII; def. err.: «... a base di oro», all'origine non contiene oro, vd. AntidNicD §1, MildenbergerTrut 158 e H. Brunsschwick, *Distiliren*, Straßburg 1532 f° lxiiija *genant... darumb das sie übertreflich ist... als das gold übertrifft all andere metall;* da un certo Alessandro (ad TLIO?)]. FEW 25,979b, III.5. [dat. di lat. *aurea alexandrina* da corr.: iniz. XIV è la data del ms. del testo fr.; def. err.]. TLIO [1310 ecc., def. come LEI]. Δ

avançare] v.intr. 'sporgere in fuori, avanzare' 69 *oglio che avança* (LEI 1,36,7); ▪ 'superare in potere' 186 (farmac.), TLIO AVANZARE¹ 2.6; ad LEI 1,35,22.

avellano m. 'nocciola, frutto (senza guscio) dell'avellano, Corylus avellana' 149 *ponere amandole e avellani*. Masc. per il frutto; ad LEI 1,91. TLIO. {LCucMerAB 113 *avellane* f.pl., vd. qua la ricetta n° 20.} Δ

avere v.tr. 'possedere; ottenere' 5; ecc.; *abbi* imperat. 'prendere (un ingrediente, per cucinare)' 69 *poi abbi cipolle*; 73; 141; 153; 'provvedere, fornirsi (di qlco.)' 79 *abbi la mescola forata*; 122 *bragia*, TB 1,779a, 106. Vd. → TOGLIERE.

bagnare] v.tr. 'porre (cibi) in un liquido per umettare o marinare' 71 *erbe odorifere bagnate in aceto* (anche LCucMerAB; ad LEI 4,914 o 916,1 ?; ad TLIO 2.) Δ; ▪ 'spargere un liquido su (qlco.)' 120 (*carne*) *bagnala col vino*; 122 *(pasta) bagnala coll'acqua*; 149 *bagnati la palma de la mano coll'acqua*. TLIO 1.

barbieri m. 'chi per mestiere taglia e rade la barba e i capelli e chi è chirurgo pratico, barbiere (nel senso mediev.)' 198 *sangue de homo tracto de vena dal barbieri*. LEI 4,1233,39; 1234,20seg.; 1237,18 [distinzione problematica (anche 'flebotomo')]; TLIO 1.1. [solo Cavalca].

barca → CORNA.

basalischo m. 'mostro col corpo di rettile e testa di gallo, con poteri malefici e terribili, basilisco' 191 *occidere il basalischo*. LEI 4,1707,37; B 2,83a BASALISCHIO.

basilico m. 'pianta erbacea con foglie ovali molto aromatiche (Ocymum basilicum), basilico' 153 *pesta il basilico nel mortaio*. LEI 4,1693,11.

bastare] v.intr. 'essere sufficiente, bastare' 111 *sì che basti*; 122. LEI 5,97,8.

bastone m. 'ramo d'albero diritto tagliato (e lavorato) per usi vari, bastone' 160 *bastone fesso in due parti* (tiene un formaggio da arrostire). LEI 5,124,45+125,13 [sen. 1383]; B 2,102b [def. strette]; TLIO.

battere] v.tr. 'lavorare (con un utensile, a colpi ripetuti) per sminuzzare, ridurre, amalgamare e sim.' 5 *e battile e tritale* (*petroselli* ecc.) *col coltello*; 8; 42; 97; 106; 107; 109; 111 *tutte insieme tritale e battile* (carni); ecc.; ▪ p.pass. agg. 5; 19 *carne battuta mista*; 41 *ova battute*; 109; 116. TLIO [att. unica: sen. fine XIII Fatti; aggiung. BATTUTO]; LEI 5,487,6 [1618 ecc.]; 24 [*battuto*, 1570 ecc.]; 490,38 [1452 ecc.]: classific. discutibile. Δ

battuto m. 'pesto (di verdure, carne, pesce ecc.)' 6 *b. di tinca*. TLIO [1ª m. XIV; ecc.]; LCucFr[G/B] indice e ric. XVI; LCucFiM 1; LCucMerA/BB. LEI 5,487, 36 [dal 1865, TB, CortZol² id.]. Δ

beccume m. 'cattivo gusto e odore (animale, spec. di becco)' 136 *carne di castrone... acciò che non sappia di beccume* (= LCucMerAB 24 *non sappia de pecorino*). LEI 5,895,12 ['lezzo caprino, puzzo, cattivo odore', def. cumulativa; att.: LCucBo e dial. lig. – sic.]; cfr. ActesParfums 187. Δ

beledo agg. '(zenzero) di origine non specificata, benché senza dubbio del subcontinente indiano (dov'è detto ‹domestico›)' ⟶ ÇENZOVO.

bene, *non bene cotto* ⟶ CUOCERE.

bere v.assol. 'inghiottire qlco. più o meno liquida, bere' 197; 183 ⟶ OVO.

berreta f. 'copricapo, berretta' 143 *coppo a modo di berreta*. LEI 6,1,20; TLIO.

biancho agg. 'bianco' 145 (colore di un cibo); 158 (id.); 179. Cfr. AGLIATA, BLANMANGIERI, CAULO, CECE, ÇENÇOVO, CERA, FARINA, FINOCCHIO, LARDO, PANE, POLPA, PORRO, RAVIOLO, VINO, ZUCCHERO.

biancho m. 'parte bianca di qlco.' 1 *biancho de cauli* (⟶ CAULO), *biancho de finocchi*; 64; 3 *b. del finocchio e del petrosello*; 4 *b. di finocchi*; 9 *b. di porro*; 61; 63; 103; {LCucFiM 33 *il bianco* (di *porri*)}. B 2,209b, 7. [2ª m. XIV dell'occhio, 2ª m. XIII dell'uovo, con def. generale non docum.]; TLIO [14.3.: uovo]. Δ

bieta f. (*bieta* ᴿ5; ecc., *bietta* 5) 'verdura con foglie e costole fogliari grosse che si mangiano (Beta vulgaris cicla e sim.), bietola' 5 (vd. infra); 162; ▪ *biete trepice* pl. ᴿ5; 6; *treplice biette* pl. 5. LEI 5,1349 [*bieta* ca. 1340 Palladio ecc.; aggiung. TLIO; SchiancaCuc; *bietta* da aggiung.; la n. 7 rifiuta la lezione di *b. t.* / *t. b.* come ‹sintagmi› (con riferimento al Faccioli, che riproduce erroneamente l'ed. Zambrini, da ciò il *-pli-* err. nel LEI), però questa interpretazione è richiesta dalla sintassi (eccetto nel titolo ᴿ5; nella ricetta 5, *t. b.* vale per lat. *atriplex* 'bietolone' di RecCulLib)]; LEI 3²,2035 [lat. ATRIPLEX, I, tipo *-pi-* (2036,4 anche *-pli-*); *trepice* manca, 1ª att. per la forma priva della *a-*; TLIO: m. XIV *treppece*] Δ; 2036 [II, tipo *-pli-*, *treplice* manca, anche quella 1ª att] Δ. Nella collocazione (o composizione) una denominazione è attributiva rispetto all'altra (cp. *bietarapa*, *bietola rapa*, *appio petrosello* et sim., vd. RohlfsGr § 995); significato: 'specie di bietolone' (in ted. Gartenmelde), una verdura con foglie che si mangiano come la bietola. {Ad LEI 5,1361,4: *bietulo* LCucMerBB 47.}

[**bietulo** → BIETA.]

blanmangieri m. (*blanmangieri* 102, *blanche mangieri* R102; 138) nome di una vivanda più o meno bianca, a base di petto di pollo, farina e latte R102; 102; 138. Vd. Introd., cap. ‹Libri di cucina francesi più antichi›; → MANGIARE; TB 5,77a BIANCO MANGIARE solo; B 2,210b id.; 9,659a MANGIARBIANCO; Frosini, *Cibo* 143; Süthold, *Lucano*, 10. Δ Cfr. TLIO BRAMANGIERE.

bocca f. t. di medicina / anat. 'cavità del capo, limitata dalle labbra, bocca' 187 *castagna... tieni in bocca*; 188; 191 (LEI 7,1101,40); ■ 'parte esterna della bocca, le labbra' 192 *tolli aceto... ungi la bocca* (LEI 7,1106,50); ■ *bocca de la matrice* 'bocca dell'utero' 189 (LEI 7,1206,13: ca. 1350...; ad TLIO); ■ *bocca* zool. 'apertura vicina al seno palleale del calamaro che evacua urina, feci, nero, anche l'acqua propulsata (e che non è la bocca), imbuto o sifone' 133 (ad LEI 7,1211; TLIO) Δ; ■ per est. 'apertura (di un vaso)' 192 *vaso... lassa la bocca discoperta* (prob. LEI 7,1252,34; TLIO 8.).

bolio armenico m. t. di farmacia 'miscela argillosa contenente ossidi di ferro che le conferiscono una colorazione prevalentemente rossa, bolarmenico' 197 (uso medic.); 198 (id., anche *bolio* solo, ellitt.). TLIO; LEI 3¹,1304,1 [*bolio a.*] e 1303,54 [*bolo a.*].

bollire v.tr. (*bollire* 1; ecc., *bullire* R149; 2; ecc.) 'cuocere in un liquido che bolle' 1; 5; 15; ecc. (LEI 8,46,4; 7; TLIO 2.1.); ■ v.intr. *bollire* 3 sg. pres. 'essere in ebollizione (acqua, grasso ecc.)' 68; 86; 102; 106 *mettili a bollire in acqua bollita* (LEI 8,47,43: 1336–38; 1560...; TLIO 1.); – *bolliente* p.pres. agg. 82; 107; 134; 138 (LEI 8,84,47; TLIO 1.); ■ id., per meton., rif. al recipiente 1 *quando bolle la pentola* (TLIO 1.1.); – *bugliente* p.pres. agg. 2 *pentola bugliente* (TLIO 1.1.; ad LEI 8,85); ■ v. assol. 'formare bolle (in seguito ad una reazione chimica)' 192 *se bolle* (pass.: aceto in reazione) (TLIO 5. [del mosto]; ad LEI 8,39,5 ?) Δ; ■. Cp. → CUOCERE.

bollore m. 'stato di un liquido al momento di essere portato a ebollizione (subito sospesa)' 53 *falle bullire uno bollore*; 73. LCucFiM 11. LEI 8,52,43 o più avanti: 53,30; TLIO.

borragine f. 'pianta erbacea (Borrago officinalis) che si mangia come verdura e come erba aromatica' 6 (bis); 162; 163; – *boragine* R5. B 2,317c [Bocc.]; TLIO [1309–10 ecc.].

borsa f. 'borsa scrotale', *borsa grossa* 'ernia scrotale (parziale o totale)' 197. Ad LEI 8,305; cfr. TLIO 1.4. Δ

braghiere m. 'cinto erniario, brachiere (oggi: con pelotte)' 198. GAVI 17,3,495 [ven. 1ª m. XV]. Ad LEI 6,1661 e TLIO. Δ

bragia f. 'legna o carbone incandescenti e senza fiamma viva, brace' 117 *b. ... poni b. di sotto e di sopra*; 118; 122 *di sopra e di sotto sia la b.*; 154 *cocilo sotto la b.*; 155 *sulla b.*; 174. LEI 7,196,25. Per il *fuoco di sotto e di sopra* dipendente della pentola, vd. LCucFiM 1.

bria / briga → CASCIO.

{**brillare** → PANICCIA.}

brocca f. 'chiodo senza capocchia o grosso ago, bacchetta a punta (usata in cucina)' 106 *brocche di legno*. LEI 7,610,25 [sec. XIX ? (-*c*-1467)]; cfr. TLIO 1.3. e 2.1. Δ

brodo m. (*brodo* R69; ecc., *bruodo* R65; 2; 75; ecc., *brudo* 98) 'alimento liquido, ottenuto facendo bollire in acqua salata carne, verdure o altro, mangiato con o senza aggiunte, e usato anche nella preparazione di cibi' [R]69; [R]74; [R]75; 1; ecc.; {LCucMerAB 23; 27; 58}; ■ scelta d'att.: 69 *brodo del pesce* (pesce arrostito con marinata, cfr. SCHIBEZO); 73 *brodo magro* 'b. sgrassato'; 75 *brodo apollocato* 'brodo di polli con carne d'essi'; 77 *brodo verde* (‹*a spagnuola*›, con molte erbe); 78 *brodo granato* 'b. con pezzi (piccoli) di carne' (?); 91 id. (cfr. GRANATO). B 2,390a; ItSt 11,107. Vd. → SARRACENICO.

brusciare] v.tr. 'consumare, distruggere, per azione di fiamma viva (peli, penne), strinare' 71 *paparo... pelalo bene e b[r]uscia.* Prob. ad LEI 7,891,4 [manca il verbo; ib. 12 cp. con 931,23, ecc.]. Δ Cp. → ABRUSCIARE.

brusticare] 'far prender colore a un alimento sulla viva fiamma o nel forno, abbrustolire' 139 *pane brusticato.* LEI 7,964,32. Cp. → ABRUSTICARE.

bucato agg. 'che ha aperture, è pieno di buchi (detto di un pannolino)' 85 *panno di lino bene largo e bucato.* LEI 6,516,30 [dal 1492]; TLIO [*sasso bucato*].

bucco m. 'apertura tondeggiante, buco' 119. LEI 6,516,48 [mil.a. 1480; *buco* dal 1313]; TLIO [*-c-* dal 1288]. Δ

budello m. 'canale alimentare che fa seguito allo stomaco, intestino' (utilizzato per l'aliment.), pl. *-i* [R]89; [R]134; 89 *budelli de vitella giovene... impili*; 90 *-o*; 91 *dei... budelli crudi di vacca si po fare brodo*; ib; 97 *budelli di capponi* (= interiora?); 113; 122 *budelli di porco... cervelati cioè budelli pieni*; 134 *budelli di pesci* (= interiora?; LCucMerAB 71 scrive *interegiora*); pl. *-e* f. [R]113; 113. Ad LEI 6,1262,40 [it.sett. sec. XIV]; 41 [fior.a. 1499, con indic. come *del lupo, de la gallina*, ecc.]; CortZol[2] [*budello*, doc. Lucca 1288, da corr. con *budella* pl.: *lav[or]era(n)no co·lloro mani tucte budella di bu*: budella come materia prima per salsicce (l'ed. è un esempio del lavoro emendativo del Castellani: *laveranno* del ms. è molto buono; per il pl.f. vd. LEI 6,1270,44: 1306, da antidatare, cp. ib. 1271,36: 1304]; TLIO 1.3. Δ

bue m. 'maschio castrato dei bovini addomesticati, bue' 32 *carne di bue... per la comune famiglia* (= i servitori); 59; 121; 126. LEI 6,1234,9; TLIO 1.3.; Frosini, *Cibo* 69. Carne meno pregiata a quanto pare, ma vd. LCucFiM 12; 21; comune in LCucFr.

buffalino s.m. o agg. 'formaggio di latte di bufala (fem. del Bubalus bubalis)' o 'che proviene dal bufalo' 160, vd. → CASCIO. LEI 7,1083,14 [s.m.: Levanto 1529]; 1082,45–1083,11 [agg.: it. 1887...; sen. 1301–03; ecc.; = TLIO (cuoio)]; la def. dell'etimo lat. BUBALUS, 'bue selvatico, bisonte', confonde due animali (lat. *urus* e *biso*) e il bufalo medievale e moderno è un terzo, Bubalus (arnee) bubalis.

buono agg. (*buono* 5; ecc., *bono* 5; ecc.) 'idoneo ad adempiere la propria funzione (persona)' 5 *buono cuoco*; ■ 'che ha qualità (cose)' 52; 68; 70; ecc.; ■ 'che è idoneo (cose)' 153 (*Questo savore è buono con onni arosto*); 187 *aurea alexandrina è bona a onni vitio di testa*; ■ *in buona quantità* 'abbondantemente' 111; 117; – *in bona quantità* 86 (anche *bona quantità*); 111; 116; 122; 127; 159.

cadere] v.intr. 'andare verso il basso, cadere' 109 *il grasso che ne cade*; 114. LEI 9,473,22 [(grassa) lomb. XV]; 26 [(acqua) tosc. iniz. XIV]: distrib. delle accez.?, vd. TLIO. Δ

çaffarano ⟶ ZAFFERANO.

calamaio m. (*calamaio* R133, *calamato* 133) 'mollusco dei Cefalopodi, con corpo bianco roseo punteggiato di scuro e prolungato in otto braccia e due tentacoli, simile alla seppia (Loligo vulgaris)' R133 *calamaio, che è pescio*; ▪ *pescio calamato... pesce calamato* 133 (lat. *calamatum* ms. Vat.). B 2,510c [sotto -ARO, senza -ATO; iniz. XIV sec. Crusca, poi metà XVI]. Cfr. TLIO CALAMAIA.

caldaia f. 'recipiente grande e rotondo per farvi cuocere qlco., caldaia' 73 *c. larga*; 106; 107. B 2,532a; TLIO.

caldissimo agg. 'molto caldo' 190 *cennare caldissima*.

caldo agg. 'che ha una temperatura relativamente elevata' 12 *acqua calda*; ecc.; att. scelte: 84 *lardo caldo*; 122 *testo caldo*; 127 *mangialo caldo*; 183 *panicello caldo* (medic.); 187 *vino caldo* (medic.); 'id. (nel senso della dottrina umorale)' 185; ▪ *caldo tepido* 'moderatamente caldo' 187 *acqua calda tepida* [cfr. *olio caldo tepido*, ric. med., Giordano [Ruffo] Rusto, *Malscalzie*, Bol. 1561, cap. 142, p. 66; corrisponde a JordRufRP 546 *uile chaut*; lat. *oelo aliquantulum tepefacto*, ms. 2ª m. XIII, orig. ca. 1250] Δ; ▪ m. 'calore intenso' 160. B 2,535a.

caldume m. 'brodo fatto con trippe o interiora' R88; R91; R92 *corada e ventre di porco in caldume*; 88 (titolo che vale per più ricette); 91 *caldume... gualdaffi e budelli crudi di vacca... questo brodo se chiama ‹caldume›*; 92 *corata e ventre di porco in caldume*. Accezione manca LEI 9,1290; la sua def. 'interiora di animale appena macellato' è etimologizzante; 1ª att. ca. 1338 Stat. mess. TLIO. LCucMerBB CXXI: titolo solo (brodo o carne ?). Cfr. m. XIV LCucFr[G/B] cxi *caldume gentile: Tolli ventri di bue o di porco o di castrone... fallo sofrigiere in pentola* (prob. senza il brodo), e il piatto sic. attuale *quarume* o *caldume*: trippe con o senza il brodo. Δ

calvelino agg. *frumento calvelino* 'specie di grano (varietà di spelta, senza ariste)' 137 *frumento buono calvelino, o altro buono*. Δ TLIO [id., s.m.]. Cp. ⟶ SPELTA. {Cfr. *calvello* B 2,561c [1ª metà XIV]; REW 1532 CALVUS.}

{**cammellina** ⟶ CENNAMATA.}

canale del cavallo m. 'tubo, canale uretrale' 189 *aglio... posto nel canale del cavallo el fa urinare tosto*. LEI 10,588,37+41+43+ ad 592, 18 [qua 1ª att.]; cp. CortZol²; TLIO. Δ

canella f. 'corteccia aromatica del Cinnamomum, spec. zeylanicum, cannella, cinnamomo' 64; 106; ▪ *canella fina* 196 (quella di Ceylon?, dalla corteccia più sottile e più pregiata; se è così, sarebbe un indizio che il Cinnamomum cassia, come non ‹fino›, era utilizzato). LEI 10,1238 tra l.12 e 37 [def. problem.]; TLIO; per la cosa: Franc. Bald. Pegolotti 206; 254; 270; 294; 361; ecc.; SchiancaCuc. ⟶ CANNONE; CENNAMO; SPEZIA.

cannone m. 'cannella integra, non polverizzata' ? 132. Cp. LEI 10,1026. ⟶ CANELLA.

capo m. 'testa (di un animale macellato)' R159 *porco*; 71 *paparo*; 73 *castrone, vitella*; 76 *capone*; 106

pavone; 128 *lampreda*; 159 *porco*; ▪ id. (dell'uomo) 187; ▪ (est.) 'parte di una pianta comparabile ad una testa' 29 *capi di navoni*; 33 *capi de le rape, sença foglie*; 139 *capo d'agli* (senso non isolato dal B) Δ, cfr. → CIMA; ▪ 'estremità' 129 *uno presso al capo, l'altro presso a l'altro capo* (di un involucro) (B 2,698b, 8.); ▪ *di capo* 'dall'inizio' 132 (cfr. TLIO CAPO 5.; B 2,699a, 9.) Δ.

capparo m. 'boccio floreale della Capparis spinosa, pianta arbustiva delle Capparidacee con fiori grandi di color bianco o rosa, consumato come condimento, cappero' 63. B 2,721c; Martelli 26; Frosini, *Cibo* 105 [*capparo* ecc. ca. 1340 ecc.]; TLIO [*-a-*, mant. e sen.].

cappone m. (*cappone* 97; 123, *capone* [R]75; ecc.) 'gallo castrato da giovane (quindi tenero e grasso)' [R]75; [R]101; [R]123; 1 *brodo di carne o di capone*; 2; 33 *cuocere con capone o altra carne*; 52; 66; 74; 75; 76 *interiori di caponi... capi o piedi di caponi*; ecc. B 2,722c; TLIO.

capra f. 'specie di mammifero ruminante (spec. domestico), capra' 17 *lacte... di capre*; 29 *l. di -e*; 33; 48; 102; 137; 138. B 2,725c.

capretto m. (*capretto* [R]117; ecc., *capreto* 110) 'piccolo della capra' (macellato) [R]117; 110; 117; 118; 126 *coratelle di c.*; 152; 170 *piei del c.* B 2,727a; TLIO 1.2.; Frosini, *Cibo* 73; ▪ *pressame di capretto* 151, → PRESAME.

caprino agg. 'di capra' [R]143 *lacte c.*; 143. B 2,730c; TLIO.

capriolo m. 'piccolo ruminante selvatico della famiglia Cervidi (Capreolus capreolus), capriolo' (macellato) 93 (bis); 126; {LCucMerAB 34}. B 2,731c; TLIO.

carbone m. 'pezzo di carbone di legna' 177 *togli carboni, se con essi coci, e quando sono bene acesi, gittavi su vino, e dureranno più, e più focosi.* Cfr. B 2,745b.

cardafisia f. 'specie di fiasco (di terracotta)' 108. TLIO [solo id.: XIV]; Petrocchi Nòvo diz., 1, 1900, 377b [solo «P. Fanfani»]; SchiancaCuc confronta *cafisso.* Mlt. id., RecCulLib.

cardamone m. 'seme del cardamomo (Elettaria cardamomum), usato come spezia e farmaco' 11. B 2,751c; TLIO; Martelli 27; Hoppe-Drog 1,452a [la var. ‹maior›, Cardamomum longum, non coltivata, è poco usata]. Δ

carne f. 'parte degli animali (soprattutto i muscoli dei quadrupedi, anche degli uccelli, ecc. [pesce: 7]) destinati all'alimentazione' [R]86; [R]102; [R]136; 1 *brodo di carne o di capone*; ecc.; att. scelte: 5 *c. insalata... c. battuta*; 7 *c. di polli o altra carne* (nel digiuno ideologico: pesce !]; 15; 18 *c. ... frescha* (= non salata); 19 *c. battuta mista*; altre cit. scelte: 29 *c. apeçata o tratata*; 46 *c. bene spurata dal sale*; 47 *c. di porco salata*; 59 *c. di castrone, di porco, o di bue, o qualunche vuoli*; 67 *brodi di c., e de ucelli picciolli e grandi*; 93 *c. del capriolo... lepore e altre c., cioè dayne, cervi e simile*; 94 *c. domestica, salvatica*; 106 *c. del... pavone*; 176 *c. arostita è più savorita che la lessa.* – C'è il pl. *carni* [R]95; ecc.; *altre carni* 12; *altri carni* 126; anche *altre carne* 93. B 2,782a, 16.; TLIO 6.; Frosini, *Cibo* 70. Cfr. → TEMPO.

carota f. (*carota* 64; 136, *carotta* 63) 'grossa radice carnosa commestibile, di colore giallastro o rossiccio (anche biancastro), di una pianta erbacea con foglie pennatosette (Daucus carota, più varietà), carota' 63; 64; 136 [err.?; LCucMerA: *garofani*]. LCucFr[G/B] lxxxviii *carote vermilie* pl. (ms.). B 2,792c [sec. XVI]; TLIO [ca. 1395 Sacchetti (comparaz.: naso)] Δ; MSavonarolaCosseN *karotta* Δ. Secondo AndréAlim 17, lat. *pastinaca* ha preceduto lat. *carota* come denominazione della stessa radice: da confermare. In mlat., *carota* si trova nominata insieme con *pastinaco*, vd. MltWb 2,301.

[***carrubo**] m. 'frutto (intero) del carrubo, carruba'? *garobbi* pl. 63 (si mettono nella *composta*). SchiancaCuc [= *gambusso* 'cavolo cappuccio']; B 2,806a [*carruba*, frutto: ca.1340; *-o*: albero: XV]; 6,595a GAROBBO [solo LCucBo]; TLIO [da *carruba*, solo 1385/95 Fr. da Buti: albero]. Δ

carvi m. 'cumino dei prati (Carum carvi)' 134 (vd. la nota al testo). B 2,820c; TLIO. Cp. SguaitamattiAr 132–135.

casciata f. nome di una torta (con o senza copertura) a base di formaggio ^{R}124; 124 *De la casciata... cascio fresco, lavato e bene premuto... e metti nella crosta* (con *ova* e *lardo*);... *puosi fare tale casciata sença la crosta di sopra*; {LCucMerBB 56,1 e titolo id.}. Per la formaz. cp. → ERBATA: *caseus* + *-ata* (*cassa* e der. sembrano non conoscere *-sc-*, vd. TLIO). {Cp. B 2,832b CASCINA, < *CAPSIA; 847a CASSATA: 1957, < sic., «< ar.»; TLIO CASSATA «specialità gastronomica siciliana», sic. 1348 (pane e formaggio), «etimo non accertato»; VarvaroSorn 1,184b < **caseata* 'torta di formaggio', pensando per il sic. a un prestito due-trecentesco dall'Italia centrale con -ss- ipercorretto.} Δ

cascio m. 'cibo fatto di latte coagulato con caglio, formaggio' ^{R}160; 4; ecc.; att. scelte: 31 *c. gratato* (più volte); 33 *cascio secco tagliato*; 55 id.; 86 *c. frescho* (più volte); 148 *cascio grasso grattato*; ▪ *c. di Bria* [*bria*] / *briga* m. con alta probabilità 'formaggio di vacca dalla Brie, il Brie (o questo tipo)' 44 *briga*; 160 *cascio arostito: Togli cascio di Bria* [*bria*] *che è grasso, o buffalino o altro che tenero e grasso sia* (!). La ricetta 160 è senza corrispondenza nel RecCulLib; alla ricetta 44 corrisponde RecCulLibM I 28 dove si parla anche di *sopas gallicanas* e di *caseo de Bria*. Prime att. francesi: *frommage de Champaingne... frommage de Brie*, Paris ca. 1265 Crieries f° 246 r°b, 29 (ms. ult. quarto XIII); *frommage de Brie* Apostoile BN fr. 837 f° 226r°a,8; Apostoile *fromage de Brie* BN fr. 19152 f° 71v°b,30; anche fine XIV DeschQ 9,48,1387, DMF sub *from. de presse*; *fromaiges du païs de Brie... pour donner aux estraines*, 1407, G. Roger, *Fabric. des fromages de Brie*, Meaux 1899, 4 (senza rinvio preciso; comun. M. Dubois, Arch. dép. Seine et Marne); 1420 RecCulChiqS 46r; TLF 4,955a: XV sec. Martyre S. Denis, = sec. quarto XV MistHag5S 1112; toponimo mlt. *Bria* (CptRoyF /-M, ecc.) e *Briga* (Dauzat, *Top. fr.* 1960, 59, ecc.). Cfr. RecCulLibM p. 378; Laurioux MélRedon 327–331; LCucBoZ p. 93: da *bricco* 'montone' o *becco* 'caprone', senza prove, ma vd. AIS 1046; 1068; 1069. Faccioli 27 n.5 'con latte di *bricca*: asina?' (cfr. LEI 8,261,46 trent. *burìcio* 'asino'), commentato come fantasioso in SchiancaCuc BRIA. Frosini, *Cibo* 136. TLIO

BRIGA² [2 att. LCucBo, XIV, etim. incerto]. Un contatto con la Brie e il suo formaggio particolare non è troppo sorprendente, i mercanti toscani frequentavano le fiere di Troyes, Bar e Provins (v. *Tresetto, Bari* e *Proino*, Franc. Bald. Pegolotti).

caso (a -) loc.avv. 'casualmente' 184.

cassia f. t. di farmacia 'albero delle Papilionacee i cui frutti hanno una polpa scura dolce usata come lassativo, cassia fistula' 198 *de non essere stiticho usi cassia.* B 2,849c; TLIO; Möhren ItSt 11,108; Frosini, *Cibo* 185.

castagna f. (*castagna* 36; 187, *castangna* 62) 'frutto della Castanea sativa, castagna' 36 *castagne arostite intere*; 62; ▪ id., come misura 187 *Tolline quanto è una castagna* [ca.1400]. B 2,852b; Frosini, *Cibo* 123; TLIO 1.2. [come misura: tosc. 1340/60 e 1361] Δ.

castrone m. 'montone castrato' (macellato: agnello castrato) R110; 3 *carne di castrone o di porco*; 5; ecc. B 2,864c; TLIO; Frosini, *Cibo* 71.

catino m. (*catino* 28; ecc., *cattino* 75 Δ) 'recipiente per lo più rotondo, per uso domestico, spec. per lavorare cibi, catino' 28; 66 *debatti nel catino*; 68; 75; 90; 124; 135. B 2,882c [-*o* e -*a* !]; TLIO; Frosini, *Cibo* 194; 218.

caulo m. 'cavolo, spec. il cavolo cappuccio' R1; R161; 1; ecc.; 161 (*per l'infermi*); 163 id.; ▪ *cauli bianchi* 'parti bianche del cavolo: nervature grosse, piccioli, tronco' [⟶ TORSO] 1; ▪ *cauli verdi* 'parti verdi delle foglie del cavolo' 2 Δ; ▪ *caulo di pastino* 'cavolo cresciuto in un terreno lavorato e ingrassato (cavolo più tenero)' 163 (*per infermi* !; bis) ⟶ PASTINO. B 2,894b [2ª metà XIV]; 934a CAVOLO. Aggiung. 1310 AldBencLB 78,12 *Chavoli sono... salvatichi e dimestichi. I dimestichi sono ancora di due maniere, sì come verdi e tutti rossi* [non rilev. nel gloss.; nel TLIO]. Cfr. BIANCHO, CIMA, CIMOLA, RAPAÇOLO.

cavallo m. 'animale domestico, cavallo' *cavalo* 150 *ferro da cavalo*; ▪ *cavallo* 'pene' 189 (medic.) Δ.

cavare v.tr. 'estrarre, tirare fuori, cavare' 2; 3; 4 (*cauli*) *falle bullire, poi le cava*; ecc.; nota 180 *cavare il fumo del mangiare.* B 2,921a, 8.

ce forma debole di *ci*, avv. con valore indet., enclitica 70 *poi mettice alloro.* RohlfsGr § 899.

cece m. 'pianta erbacea delle Papilionacee con semi commestibili (Cicer arietinum), con più varietà; il suo seme' R36; R83; R165; 36 *ceci rossi o bianchi*; 37 *ceci rotti*; 38 id.; 39 id.; 40 *ceci interi... ceci rotti*; 41 *ceci freschi novelli*; 42; 83 *ceci bianchi*; 126; 165 *ceci... ceci rossi o bianchi... ceci infranti.* Varietà rossa e bianca [cece *biancho* / *sanguigno* / *rosso* / *neri* nel P. Crescenzi, Frosini, *Cibo* 106, senza def.; *ceci neri*, sen. XIV m., Ric. Laur., TLIO, senza def.; *cieci bianchi*, fior. 1364, Ric. Rub. Bern., TLIO, senza def., ragg. GAVI 3,2,35 ven. sec. XIV *ceser blanch*]; B 2,936c [le colloc. si trovano solo in una cit. di Tommaseo]. Si tratta di varietà di ceci con guscio bianco (di fatto giallastro), rosso o nero (bruno scuro), già descritte dall'Alberto Magno (Veget. 6,299, MltWb 2,570a). Δ

çençovo m. ⟶ ZENZOVO.

[cenere] f. (*cennare* 190) 'residuo polveroso che resta da legna o carbone bruciati (anche ancora ardente)' 190. Cfr. *cienare* Stat. sen. 36,13; ecc., TLIO.

cennamata f. 'salsa con la cannella come spezia tipica' 93. TLIO [solo LCucBo, graf. err.]. {Corrisponde a mlt. *salsa camelina* RecCulLibM; LCucFiM 46 e 47 *salsa cam(m)ellina*; LCucFr[G/B] indice liii *salsa cammelina*; lxiiii; LCucMerAB 40 *salsa camilina*; B 2,586c [*salsa cammellina* sec. XIV Pataffio]; TLIO [*]CAMELLINO [< [*]*cannellino*]; cp. Frosini, *Cibo* 175 *spezie camelline*. LEI 10,3°, Laurioux, Manger au m.â., 2002, 269–270, e SchiancaCuc 104b: < CAMĒLĪNUS agg., per il colore; FEW 2[1],621b: < chamaemēlinus.} Δ

cennamo m. 'corteccia aromatica del Cinnamomum, spec. zeylanicum, cannella, cinnamomo' 7; 65; 93; 96. ⟶ CANELLA. Martelli 29. B 2,963c; TLIO.

cennare f. ⟶ CENERE.

cera f. t. di farmacia 'sostanza idrorepellente, somigliante alla grassa (di api, anche di certe piante ecc.), cera' 183 *cera liquida* (liquefatta con olio, per pillole); 198 *c. biancha* (imbiancata, per impiastro), *c. rossa* (ammorbidita con olio e colorata con henna p.es., anche propoli?, vd. MildenbergerTrut 324–326, per impiastro). Cp. TLIO [2. 'sostanza cosmetica']. Δ

cerasa f. 'frutto del ciliegio' 183. Cp. Frosini, *Cibo* 124 [*ciriegia*]. B 2,985a [ca. 1500; «centro-merid.»]; TLIO.

cercare] v.tr. 'adoperarsi per trovare qlco., cercare' *cercha* 3 pres. 106.

cerchio m. 'figura, struttura e sim. a forma circolare' 128 *pona... la dicta lampreda sana, a modo di cerchio*. B 2,993c, 8.; TLIO.

cernere v.tr. 'scegliere setacciando' 102 *fanne farina, e cernila con setaccio*. B 2,1002a, 2. [«Benciv., Crusca», manca Crusca[1]!; ca. 1500 Δ]; TLIO 3.

cervelato m. 'specie di salsiccia (fatta di erbe e formaggio)' 122 *budelli di porco bene grassi e lavati, e empili di bone erbe e cascio, e lessali bene... cervelati cioè budelli pieni di sopra detti*. Cp. B 3,7a [CERVELLATA, sec. XVI]. TLIO due att. anteriori: Bonvesin e ante 1311.

cetrangola f. (vd. cit.) prob. 'frutto della Citrus medica, cedro' 126 *cetrangole / aranci*; – *cetrangula* 98 *lemmonni / lomie / cetrangule*; – *citrangola* 127 *aranci / citrangole / lemmoncelli*; 128 *citrangole / aranci / lomie*; 129 *aranci / citrangole*; 133 *aranci / citrangole / lemoncelli*; 153 *melerancie / citrangole / lemoni*. Cp. B 2,941c CEDRANGOLA 'lupinella' (?) P. Crescenzi; 3,21c CETRANGOLO [ad esso vd. Möhren ItSt 11,109; AldBencIB; CortZol[2]]; TLIO [-o, «... amaro»]. Δ

çeunia f. nome di un cibo fatto d'uccelli e il sangue e i fegatelli loro [R]139; 139 (lettura accertata). Anche, trascritto *çeuma*, in LCucMerAB e RecCulLib versione Châlons 319, vd. SchiancaCuc 717b. {Prob. altra cosa: pers. *zawanj* 'a sausage, a meat-pudding' Steingass 629b.} Δ

chiaro agg. 'che è limpido e puro, chiaro' 151 (latte) (B 3,54c, 3.); ■ *lardo chiaro* 'lardo che è strutto e purificato' 107 *l. c. cioè structo* (cp. TLIO 2.) Δ; ■ *chiaro* avv. 'distintamente, chiaramente' 155 *che sia chiaro dolce* (B 3,56c, 21. ['in modo distinto']; cfr. TLIO 6.).

chiudere] v.tr. 'congiungere, chiudere (un'apertura)' 112; 125 *coppo... e chiudelo di sopra con la pasta*; 129.

ciascuno agg. 'ognuno' R126; ecc.; ■ 'ogni (con valore distributivo)' 140 *per ciascuno otto ova*. B 3,115b.

cibo m. 'vivanda preparata per il pasto' 137 *questo è buono cibo*; 152. B 3,116c; TLIO.

cima f. 'parte più alta, sommità (di verdure, spec. del caulo: fronde giovani e tenere)' 1; 2; 4; 63. SchiancaCuc. B 3,141b, 6.; TLIO [sub 1.: «con rif. ad un ortaggio» (anche *c. di sambuci?*)]. Le cime di cavoli e di rape erano molto pregiate (cfr. lat. *cymae*, AndréAlim 23). Cfr. → RAPAÇOLO.

cimino m. (*cimino* 58, *ciminium* (forma latinizzante) 27, *comino* 130; ecc., *commino* 197) 'cumino (Cuminum cyminum)' 27; 58; 130; 134; 136; 144; 159; 197 (medic.); {LCucMerAB 24 vd. qui ricetta n° 136}. Martelli 32. B 3,147a; 1046b; TLIO [*ci-* anche tosc.].

cimola f. 'cima tenera di certe verdure' 14 *cimole dei cauli che si dice rapaçoli, c. di rape*; 15 *c. di senape*. Δ Cp. B 3,148a CIMOLO [sec. XX] e TLIO [XIV].

cipolla f. 'bulbo commestibile della cipolla' [come condimento] 4; 5; ecc.; [come verdura] R22; 22. B 3,171c; TLIO [distinguere?]. Cfr. → SEPIS.

civero m. (*civero* 20, *civieri* sg. [o corr. il testo?] R95) 'brodo di cottura preparato con vino e aceto, fegato, polmone, pane, aromi; anche l'intingolo stesso' 20; 95 *civeri* (sg.?, ricetta dopo *Nota*; LCucMerAB 32 id.; LCucCaF n° 14 *ciuiro* (!); 15 id.; 16 id.; lat.: *De civerio leporis*: gallicismo?). Frosini, *Cibo* 166 ['salsa' discutibile]; Martellotti, *Giambonino* 84; 247 [«*civiere*, un calco su (ar.) *baṣalīya* (< fr. *cive*...)», senza prove (cfr. SchiancaCuc); la formazione sarebbe da spiegare; la *bessalia* del Puech n° 7 non è uguale]; TLIO [LCucBo e LCucCa, da corr.]. Δ

[clistere] m. (*cristere* 183; 184) t. di medicina 'introduzione di liquidi medicamentosi nel retto, clistere' 183; 184 *il cristere abstersivo si fa il dì sequente a la medicina*. B 3,230a; TLIO [2.2 'fare (il, un) c.'].

cochiaio → CUCHIAIO.

cocina f. 'attività del cucinare' titolo *Libro de la cocina*. B 3,1030c, 2. Cp. TLIO [def.?].

cocinaro m. 'libro di cucina, ricettario' R1 *Rubrica del cocinaro. Tractato*. Cp. B 3,1031b CUCINARIO agg. [sec. XVIII]. Δ

cocitura f. 'esposizione (di un alimento) all'azione di una fonte di calore, cottura' 38 *l'acqua de la c.* (B 3,247c, 1. [1ª metà XIV]; TLIO 1.: dal 1286); ■ 'modalità e durata della cottura' 52 *al fine de la cocitura*; 73; 78 (B ib., 2. [sec. XVII] Δ). Frosini, *Cibo* 210.

colare] v.tr. (*colare* 70; ecc., *collare* 68) 'far passare un liquido attraverso un filtro per separare materie eterogenee, colare' 68; 70; 83; 93 (?); 98; 103; 134; 151; 159; 198 (B 3,271c, 1.); ■ v.intr. 'scorrere giù, sgocciolare' 156 *il grasso che cola del paparo*; 198 (B 3,272a, 8. [se 7. e 8. sono da distinguere, sarebbe la 1ª datazione di 8. 'traspirare grasso...': Ariosto], TLIO 1.1. [intr.]).

collera f. 'liquido vischioso e filante, giallo-verdastro, che si raccoglie nella cistifellea, bile' 185. B 3,289b.

collo m. 'parte del corpo che nei Vertebrati unisce il capo al torace, collo', per est. 'parte della pelle (di una gallina per es.) che copre il collo'

108 *rittenendo il collo del dicto cuoio di fuore del vaso, poi empie... poi, ligato il dicto collo...* B 3,295bc. Δ

colombo m. 'uccello dei Colombiformi, piccione' (macellato) R139; 139; *columbo* 139. B 3,306a, 1. [senza distinzione dall'uccello macellato; 1ª att.: Folgore]; TLIO [id.].

colomi → ZENZOVO.

colorare v.tr. 'tingere (un cibo con uova, spezie ecc.)' 1; 33; 67; ecc.; ■ v.assol. 94. B 3,312c [non distinto e non attest.]; TLIO [id.]. Cp. → ACOLORARE.

colore f. 'tinta che si vede sui corpi, colore' (detto di cibi colorati) 82; 145. B 3,313c; TLIO.

colorire] v.tr. 'colorare (un cibo con uova, spezie ecc.)' 29 *farli coloriti.* B 3,317b [non distinto e non attest.]; TLIO [id.].

coltello m. 'strumento per tagliare e sminuzzare, coltello' 5 *battile e tritale col coltello*; 6; 13; 27; 62 *tagliali minuti col coltello*; ecc. B 3,328c; TLIO.

comandello → TOMACELLO.

comino → CIMINO.

cominciare] v.intr. 'avere inizio' 65 *cominciarà a bullire*; 102 (*bollire*); 137 (*crepare*); 160 (*fondere*); 183 (*operare*: medic.). B 3,354b, 4.; TLIO.

competentemente avv. 'con giusta proporzione' 69; 79; 104; 139; 141; 143. B 3,402b, 2. [sec. metà XIV]; TLIO [prima metà XIV].

comporre] v.tr. 'mettere insieme varie parti perché formino un tutto organico, comporre' 64 *compolle ordinatamenti in uno vaso*; 116; 151; 167. B 3,419a; TLIO 1.4.

composta f. 'cibo a base di ortaggi (anche frutta) stufati o sbianchiti, macerato sottaceto' R63; 63; [64 ortaggi e frutta]. B 3,424a [1ª att. P. Crescenzi, = TB e TLIO 1.1.]; TLIO [1. e 1.1.]. Cfr. Frosini, *Cibo* 145; MöhrenLand p. 301: commento (1986).

comune agg. 'che è considerato generale, generico' 32 *comune famiglia* (il gruppo dei servitori); ■ 'che è generale, non specificato' 132 *erbe odorifere o comuni.* B 3,440c, 12. e 11; ad TLIO 2.

conciare] v.tr. 'fare le preparazioni necessarie (per il buon gusto di una vivanda)' 88 *ventre... concelo.* B 3,467a, 3. [1ª metà XVI; 'preparare' sec. metà XIV]; TLIO 5.3.

confermare] v.tr. 'rendere fisso' 187 *denti laxi... conferma.* B 3,517a; ad TLIO.

conficere] v.assol. 'preparare in modo che sia pronto all'uso (cibo, medicina)' 198 *Recipe... e confeci così*: (l'*impiastro*); ■ p.pass. *confecta* 38 *cipolla soffritta e bene confecta con oglio o lardo.* TB 2,1612c, 4; cfr. TLIO 2. e 2.1.

confortare] v.tr. t. di medicina 'dare ristoro' 192 *aceto... conforta l'apetito... conforta.* B 3,537c, 8; ad TLIO.

congiungere] v.tr., *coniuncto* p.pass. 'unito, congiunto' 14 (fare verdure) *coniuncte insieme.* B 3,550b; 553a; TLIO.

consolida f. t. di farmacia 'una delle piante Borraginacee', *consolida magiore* 'pianta erbacea la cui radice ha la proprietà di migliorare contusioni e fratture (Symphytum officinale)', *consolida minore* 'pianta erbacea utile per contusioni e fratture (Symphytum bulbosum)' 198 *consolida magiore e minore.* B 3,611a [solo *c. magg.* P. Cresc.]; TLIO [a. 1368]; B 10,471b [*c. minore* sec. XVIII]; TLIO [Thes. pauper., XIV], → MINORE.

constipato → COSTIPATO.

constrictiva → COSTRITTIVO.

contrario m. 'cosa opposta, contrario' 184. B 3,683a, 8.; TLIO.

convenire] v.pron. 'essere appropriato' 63 *poni mostarda e poi herbe particularemente, come se conviene*; 69; 73; 93. B 3,718b, 17.; TLIO 4.1.

coperto agg. 'che è cosparso, ricoperto' 53 *coperte coll'acqua*; 54; 190 (medic.: corpo). B 3,744c, 3.; TLIO.

coppo m. 'specie di pasticcio tondo (e globoso ?) dall'involucro di pasta con copertura, e con un ripieno (di carne, pesce ecc.)' [R]125; [R]126; [R]128; [R]143; 125; 126; 128 (pesce); 143 *falla pasta per lo coppo, a modo di berreta, e poni nei testi, sì che sia forte* (per aggiungere il ripieno); 167. Cfr. B 3,754b, 9. ['dolce campagnolo tipico della Romagna', sec. XX]; Süthold, *Lucano*, 32. Δ

coprire] v.tr. 'mettere una cosa sopra, coprire' 111; 116 *copri il pastello*; 128; 137; 141. B 3,755b; TLIO.

corata f. (*corata* 92, *corada* [R]92) collett. 'interiora di animali macellati (senza intestino [e stomaco?])' 92 *c. di porco*. B 3,762c [Dante con glossa del Buti, < TB; culin. solo 1935; vd. anche CortZol[2]]; TLIO [doc. 1354, senza distinz. del senso culin.]. Δ

coratelle f. pl. (*coratelle* 123; 126, *coradelle* pl. [R]123) 'interiora di animali macellati (di taglia media?; senza intestino [e stomaco?])' [R]123; 123; 126 *coratelle di capretto*. B 3,762c [dal 1545]; GAVI 3,4,45 [«non retrodatabile»]; TLIO [pl.: LCucBo (123), sing.: 1359–63]; Mensa 1344 e 1345 in Frosini, *Cibo* 74 [*curatelle di caverto* e var.]; LCucCaF 20 *coradella di chapreto*; lat. 1265, CortZol[2]. Δ

coriandolo m. 'erba aromatica, Coriandrum sativum, coriandolo' 134 *seme di coriandoli*; ▪ 'seme del Coriandrum sativum, coriandolo' 136 *coriandoli... se non avessi coriandoli, mettivi del comino*. Martelli 35. B 3,779b; TLIO.

corna pl.f. '(un paio di) parti (di qlco.) a forma di corno' 129 *facciansi corna in ciascuno capo de pasta, a modo di barche*. B 3,790a, 10.; TLIO 4.

corpo m. 'parte centrale di animali o dell'uomo, tronco, spec. il ventre' 198 *non ponti a l'uscire del corpo*. B 3,804b, 10. 'ventre, pancia; intestino' [Cavalca *corpo voto*, ecc.]; TLIO.

corte f. 'dimora del sovrano (senza stalle, cucina ecc.)' 145 *quando si portarà nella corte...* (il cibo molto elaborato). B 3,854c, 3.; TLIO 3. o 5.

corteccia f. 'strato che nelle piante forma la parte esterna, corteccia' 34 (*rapa*); 103 *amandole monde... premile... togli le guscie overo corteccie rimaste* (denominazione impropria, si tratta del residuo [della sansa dopo l'estrazione dell'olio, vd. nell'Introd., cap. ‹Confronto della traduz.›]; nota: per fare il latte di mandorle si usano mandorle non pelate della buccia, vd. LCucFiM 26 ecc.). B 3,857b; TLIO 1.2.

corvalo m. 'specie di pesce, corvello, prob. Corvina nigra' 81 *ova di luccio o di trota o di corvalo*. B 3,868c [senza att., 'nome volgare del pesce ombrina', senza prova e dubitabile]; REW 2269; TLIO [solo LCucBo; «pesce marino, simile al rombo» poco prob.]; SchiancaCuc ['cefalo'] Δ. La Umbrina cirrosa (corvo, corvello), più grande, 50 cm invece di 30, della stessa famiglia (Sciaenidae), fornirebbe uova più grandi.

cosa f. 'entità materiale nominata senza specificazione (con riferimento a cibi)' [R]126; 5 *mortadelli, comandelli e molte altre cose*; 36 *queste cose cotte*; 38; ecc. B 3,870c, 5.; TLIO.

così avv. 'in questo modo, così' 56 *pur così*; 63; 66; 89; 106; 137; 192; 198 *confeci così...*

[**costipato**] m. (*constipato* [R]163; 163) 'chi è affetto da costipazione intestinale' [R]163; 163. Cfr. B 3,900a [solo agg., dal 1778]; TLIO [def. err.] Δ.

[**costrittivo**] agg. (*constrictivo* 192) t. di medicina 'che costringe, costrittivo' 192 *virtù... constrictiva* (dell'*aceto*). {LCuraMalM 13 [def. err.].} B 3,908b, 4. ['astringente', Benciv., Crusca[1]: altro che LCuraMal o AldBencL]; TLIO [dall'iniz. XIV Libro pietre prez.]; CortZol[2] [a. 1334].

cotogna ⟶ MELA.

crepare v.intr. 'spaccarsi aprendosi in crepe, crepare' 107 *empie il cuoio de la dicta galina... e guarda che non crepi*; 110; 137 *(frumento)*. B 3,953a; TLIO.

crispello m. (*crispello* [R]80; ecc., *crespello* [R]86) 'frittella (fatta di farina, o di carne o formaggio o uova di pesce con farina)' [R]80; [R]86; 80 *De crispelli overo frittelle ubaldine*; 86. TLIO [*cre*-, solo LCucBo]. Martellotti, *Quinquinelli*, 364. Da *crispare* 'diventare crespo o leggermente ondulato'; cfr. mlt. *crispella*, LathamDict 518c [sec. qu. XIII].

cristere ⟶ CLISTERE.

croco m. (*croco* 22; ecc., *cruoco* 24; 29; 32; 33; 34) 'spezia costituita dagli stigmi del Crocus sativus, zafferano' 22; 24; 29; 32; 33 *colorale con cruoco*; 34; 37; 39 *spetie e croco*; 40; 41. Di orig. lat.-gr.; più usuale, e unico dopo la ricetta n° 41: ⟶ [ZAFFERANO], di orig. araba. LCuraMalM 26 *gruogo* [def. err.]. Martelli 37; Frosini, *Cibo* 169. B 3,1002c, 2. ['polvere...' da corr.]; ad TLIO.

crosta f. 'strato esterno indurito che ricopre la superficie di alcuni cibi (come il pane) e sim.' 93 (pane) (B 3,1012a, 3. [sec. XVIII; ib. «per estens. 'tozzo di pane'», poco convincente; fine XIII]; TLIO [2ª m. XIII]); ■ 'pasta che forma l'involucro di una torta o sim., con o senza copertura' 116 (di un *pastello*); 124 *metti nella crosta... e fa cocere... puosi fare tale casciata sença la crosta di sopra*; 127 *crosta dura* (precotta); 158 (B 3,1012c, 9. [sec. metà XIV, *in crosta* 'cotto al forno' err.]; 1ª att. AldBencLB, anche LCucFiM 1; 39); ad TLIO 2.2.1. Δ; ■ per est. 'torta con involucro di pasta' 147 *la crosta* (alle verdure) *si chiama ‹erbata›* (B 3,1012c, 9. [sec. metà XIV, 'crostata']; TLIO 2.2. [m. XIV LCucFiM 44]).

crudo agg. 'non cotto' 91; 106; 107; 122; 135; 140 ⟶ OVO; 154. B 3,1019b; TLIO.

çuccaro ⟶ ZUCCHERO.

çucche ⟶ ZUCCA.

[**cucchiaio**] m. (*cuchiaio* 183; 197, *cocchiaio* 122; 171, *cochiaio* 100 Δ) 'utensile del mangiare, cucchiaio' 100; ecc. B 3,1028a.

cuocere v.tr. 'sottoporre (vivande) all'azione del calore (nella pentola, nell'acqua, nel forno ecc., anche il pane o sim.), cucinare' 6; 12; 15; ecc.; 52 *cuoceli i fiori*; ecc.; – *cocere* 3; 14; ecc.; 119 (pastello); ecc.; 52 *cochansi* (pass.); 98 id.; ecc.; ■ *cotto* p.pass. 1; ecc.; ■ *non bene cotto* 'cotto meno che a puntino' 142. Cp. COC-; BOLLIRE; MOSTO; QUASI. B 3,1049c; TLIO.

cuoco m. (*cuoco* 5, *cuocho* 157) 'chi

per mestiere cucina, cuoco' 5; 157 *il discreto cuocho.* B 3,1051b; TLIO.

cuoio m. 'pelle degli animali (non lavorata)' (qua: uccelli) 106 *rinvesti el dicto pavone del suo cuoio, pelle e pene riservate*; 107 (*galina*); 108. B 3,1052a, 2.; ad TLIO.

dado m. 'piccolo cubo che reca impressi sulle sei facce i punti da uno a sei, usato per giochi, dado' 73 *cipolla tagliata a modo di dadi*; 79. LCucFiM 2. B 3,1092a; TLIO.

daino m. ⟶ DAYNE.

dare v.tr. 'servire (un cibo)' 4 *dare al signore*; 6; 8; 54; 58; 94; ▪ 'somministrare (una medicina)' 184 *in uno dì non si danno due medicine.* LEI D DARE I.1.e.

datorno avv. 'approssimativamente' 116 *fa uno foro nel meço datorno.* B 3,43c, 2. [P. Crescenzi].

dattaro m. (*dattaro* 122, *dattalo* 74) 'frutto della palma da datteri, dattero' 122 *dattari*; 74 *dattali.* LEI D 10,37 [*-li*, «tosc.» = LCucBo]; 11,40 [tosc. iniz. XIV]; 12,14 [*-o*, sen. 1614].

dayne pl. (f.?) '(più di uno) mammifero dei Cervidi il cui maschio porta corna allargate e appiattite, Dama dama (loro carne come cibo)' 93 *savori... lepore e altre carne, cio è dayne, cervi e simile.* B 4,1a; 1b [dal fr. *daim*, ma lat. *dama, -ae* m.]; ad TLIO [1 att., *chavalo... como una* (ms.?) *deina*, XIV; «da *daino* incrociato con *damma*»; cfr. DAINO]. Unico ipsilon nel testo.

debeleça f. t. di medicina 'caratteristica, condizione di chi è debole, debolezza' 192 *aceto... vale contra la debeleça venuta per enfermità.* B 4,61a; ad TLIO 1. [3], [4].

debile agg. 'che manca d'intensità, di forza (gusto)' 159 *aceto nell'acqua abastança, sì che non sia troppo forte nè debile.* B 4,59c, 12. [ad 'poco penetrante...', D'Annunzio, 'di scarsa gradazione alcoolica...', P. Cresc.]; ad TLIO 1.2.4. [1373–74; cfr. DEBOLE 4.1.].

demostrare ⟶ DIMOSTRARE.

dente f. 'ognuno degli organi destinati alla masticazione, dente' (medic.) 187; 189.

derietro ⟶ sub TIRARSI.

descachare] v.tr. 'levare parti non desiderate' (?) 58 *fasoli bulliti descachati* (lat. *descacatos*). Cfr. *cacchio* 'germoglio; seme', < lat. *catulus.* Δ

descendere ⟶ DISCENDERE.

dì m. 'giorno' 63; 145; 184; 192; ▪ 'giorno, con riferimento al digiuno ideologico' [R]126 *Del coppo d'altre cose, da ciascuno dì*; 3 *el dì de digiuno*; 7 *per lo dì che tu vuoli*; 31 *nel dì del sabbato*; 37; 38 *come el tempo o dì richiede*; 123; 163. Uso non documentato in B 4,308c. Δ

dibattere] v.tr. (*dibatt-* 5; 22; 40; 48; 100, *debatt-* 1; ecc., *debat-* 3; 90) 'sbattere per modificare la consistenza di (qlco.)' 51; 66; 100 (carne cotta: *dibattisi*); ▪ p.pass. agg. 1 *ova debattute*; 3; 5; ecc.; 40 *ova perdute overo dibattute*; 48 *o. d.*; ecc. LEI 5,491,28; 40. Cp. ⟶ OVO.

[difetto] m. (*difecto* 100, *defecto* 198) 'mancanza', *in difecto di* loc.prep. 'per mancanza di' 100 (B 4,384a [iniz. XVII], ma vd. TLIO); ▪ t. di medicina 'minorazione di salute, difetto' 198 (B 4,381c, 12.; TLIO 2.1).

digiuno m. 'astensione dal cibo (per ideologia)' 3 *el dì de digiuno*; 23 *a tempo di digiuno*; 123. B 4,412a, 1.; cp. TLIO 1. Vd. ⟶ GIUGNO.

diligentia f. 'caratteristica di chi lavora con provvedimento e conoscenza pratica, diligenza' 198 *mesta con diligentia.* B 4,453c, 5.; TLIO.

[dimostrare] v.tr. (*demostr-* 185) 'mostrare apertamente una condizione, una caratteristica e sim., con segni esteriori, dar prova' 185 *stercho demostra se purgare...* B 4,482b, 6.; TLIO.

[disbattere] v.tr. (*disbat-* 106) 'sbattere per modificare la consistenza di (qlco.)' 106 *mestale insieme, e disbati colle dette spetie e carne fortemente*; {LCucMerAB 30 *(favi)*}. Ad LEI 5,495,30 [sec. XIV; la def. si limita all'uovo e alla forchetta: da corr.]. B 4,584c [Soderini, morte 1597]. Ad TLIO.

discendere] v.intr. (*dis-/des-* 187) 'propagarsi verso il basso per giungere (di cose)' 187 *reumatica passione che al capo, a gli occhi, a l'orecchie e a le giengie discende... umidità che descende dal capo.* B 4,591a, 7.

discoperto p.pass. agg. 'che è senza coperchio, scoperto' 192 (*vaso*; *bocca*). B 4,620a; TLIO.

discretione f. 'volontà priva di limiti imposti dall'esterno' 5 *a la discretione di buono cuoco.* B 4,640a, 6. o 1.; TLIO 3.

discreto agg. 'che opera con ragione' 157 *il discreto cuocho.* B 4,637b; TLIO 1.2.

disfare] v.tr. (*disfatto* p.pass. 80, *desf-* 187) 'sciogliere (in un liquido)' 187 *desfala nel vino caldo* (B 4,663c, 10. ['stemperare... con acqua' troppo ristretto]; ad TLIO 2.); ■ *disfatto* p.pass. agg. 'liquefatto e sciolto (nella pentola)' 80 *lardo disfatto* (B 4,663a, 9.; ad TLIO 2.1).

disfilare] v.tr. 'separare (la carne) dall'osso facendo piccoli pezzi' 103 *polpa biancha* (di pesce), *e disfilata come petto di galine;... disfilali* (*porri*); {LCucMerAB *desfilare*}. B 4,671c [2ª m. XVI]. Cp. TLIO DISFILATO. Cfr. → SFILARE. Δ

distemperare v.tr. (*distemperare* 11; ecc.; 54; ecc., *destemperare* 93) 'sciogliere (una materia più solida o secca in un liquido)' 11; 24; 28 *togli farina, e distempera con acqua calda*; 29; ecc.; anche 53 *fave infrante... distempera con uno poco d'acqua agiunta.* B 4,793b; TLIO.

distructo p.pass. agg. 'liquefatto, strutto' 129 *lardo distructo.* B 4,821c [v.tr., liquefare la colla: «Benciv. Crusca» esiste: 1310 AldBencLB 49r18; lardo: sec. XVI]; TLIO [1ª m. XIV Palladio *pece*; m. XIV LCucFiM 10 *lardo*]. Δ

diventare] v.intr. 'acquistare caratteristiche, stato o condizione nuovi e diversi dai precedenti, diventare' 66 *diventa graneloso.* B 4,857b; TLIO.

diversificare v.tr. 'rendere vario' 5 *diversificare, secondo pare a la discretione di buono cuoco* (v.assol.); 82 (colori); 126. B 4,859b; TLIO.

dividere] v.tr. 'scomporre in parti un tutto, dividere' 122 *dividile in due parti.* B 4,866a.

divisivo agg. t. di medicina 'che è atto a decomporre' 192 *virtù... divisiva* (dell'*aceto*). B 4,881a, 2. [solo Pietro Ispano volg.]; ad TLIO. Δ

docto → DOTTO.

dolce agg. 'che ha il sapore simile allo zucchero, al miele e sim., dolce' 69 (cibo); 76 *suchi acetosi o dolci*; 94 *dolce o acetoso*; 100 *melegrane forti o dolci*; 155 (cibo) (B 4,903c); ■ 'che contiene caratteristicamente più zuccheri rispetto ad altro' 183 *vino dolce spetiato*; ■ 'che non è piccante' 196 *spetie dolci* → SPEZIA Δ.

dolore m. 'sensazione di sofferenza fisica, dolore' 187; 189 *mitiga il dolore.*

domestico agg. 'che è allevato (animale) o coltivato (pianta)' (per lo più opposto a selvatico) 5 (*erbe*); 94 (*carne*); 123 *ucelli salvatichi e domestichi.* B 4,931c, 11. e 12.; TLIO.

dormire v.intr. 'riposarsi per mezzo del sonno, dormire' 183 (medic.) (B 4,967c, 1.); 187 *andare a dormire* (medic.) (B 4,968c, 11.)

[**dotto**] agg. (*docto* 157) 'che è valente nella sua arte, dotto' 157 *cuocho... docto.* B 4,979a, 4.; TLIO.

dove avv. 'nel luogo in cui (con valore rel.), dove' 163; 188; *dovi* 170.

[**dovere**] v.tr. 'avere l'obbligo di fare, dovere', forme: *denno* 3 pl. pres. 73; *debia(si)* 3 sg. pres. cong. 73.

dramma] f. 'specie di misura di peso (ottava parte dell'oncia), dramma' 198 (abbrev. ʒ). B 4,1000a, 2.; TLIO.

dulcamine m. (collett.) 'insieme di frittelle dolci di piccola dimensione, di forma varia (qua: cibo di giorno di grasso, reso dolce col miele)' R146; 146 *Del dulcamine, cioè frittelle non quaresimali.* TLIO [solo LCucBo] Δ.

durare] v.intr. 'conservarsi, durare' 177 *carboni... dureranno.* B 4,1035c; TLIO.

duro agg. 'di consistenza compatta' 86 (una miscela); 125 (pasta); 127–129 (id.). B 4,1040a.

ei pron. pers. 3 pers. pl. 'essi' 91.

[**eletto**] agg. (*electo* 69; 132) 'selezionato secondo criteri di qualità' *spetie electe* 69; 132 id. B 5,85c, 4.; TLIO.

[**elettuario**] m. (*electuario* 183) 'preparato farmaceutico semidenso o sciropposo ottenuto mescolando medicamenti con miele, sciroppo e sim., elettuario' 183 *electuario di succo rosado.* B 5,93a; TLIO 1.

empiastro ⟶ IMPIASTRO.

empiere v.tr. 'far pieno, imbottire' R106–113; 106–113 *empiere le budelle*; 150. B 5,138a [*émpiere* e *empire*]; TLIO.

empire v.tr. (*empire* 90; ecc., *impi-* 89; [90 *īpiase* corretto con *ēpiase*]) 'far pieno, imbottire' 89; 90; 106–110; 112 *empire de bona ventrescha di porco*; 113; 119; 122; 140; 145.

empitura f. 'composizione di cibi che serve a imbottire (una gallina ecc.)' 108; 109; 110; 145; {LCucMerAB 72 *impletura*}. B 5,142a [senso manca nonostante TB: LCucBoZ]; TLIO [id.]. Δ

enfermità ⟶ INFERMITÀ.

erba f. (*erba* R162; ecc., *herbe* 36; 50; 55; 63; 67; ecc.) t. di cucina 'pianta, generalmente verde, che si mangia' R162; 5 *erbe* pl.; 5 *erbe salvatiche overo domestiche*; 63; 66; ecc.; 77 *herbe verdi*; ecc.; 91 (= lat. *herbas bonas*); 100; 121; 122; 147; 164 (B 5,229a, 4.); ▪ *erbe minute* pl. 'verdura composta di foglie del tipo di spinacio o prezzemolo, tagliata a pezzetti' R162; R163; 5; 8 *erbe minute odorifere* (bis); 162 *erbe minute: spinaci, borragini, petrosello, biete, aneto e simili cose* (⟶ MINUTO agg.); ▪ *erba fina* 'erba aromatica' 181 Δ; ▪ *erba odorifera* 'id.' 36 *herbe odorifere*; *ecc.*; 71 *erbe odorifere bagnate in aceto*; 78; 85; 86; 90; 111; ecc.; 132; 141 (B 11,818a, ODORIFERO 1.: 1° t. XIV).

erbata f. nome di un cibo fatto di formaggio fresco, uova ed erbe, su crosta 124 *casciata... se vi se mette menta, nepitella pesta, si chiama ‹erbata›*; 147 [*erbati*: senza crosta] *la crosta si chiama ‹erbata›*. B

5,231b [solo LCucBo]; TLIO [solo 124, aggiung. m. XIV Gl. lat.-aret.: senso?]. Δ

erbato m. nome di un cibo fatto con erbe, formaggio, uova, cotto al forno o al fuoco di sotto e di sopra R147; 147. TB 2,512a [s.m., «Girald. Nov. Mt.»]; B 5,231b [*(frittelle) erbate* agg., 1339–64; s.m. solo 'terreno...' 1853] Δ.

erbolato m. nome di un cibo (sformato) fatto d'erbe, con formaggio e uova, cotto al forno o al fuoco di sotto e di sopra 147. TLIO [1324–28 Jacopo della Lana]; Frosini, *Cibo* 148: Mensa prob. anteriore ad Ant. Pucci, B 5,232b; SchiancaCuc. {LCucMerBB 38 e 39: *suco* d'*(h)erbolato*: prob. erbe pestate per fare un *erbolato*.} Δ

[**estate**] m. (*state* 159) 'stagione calda dell'anno' 159 *a tempo di state.* B 5,429c; TLIO.

mlt. **estus** ⟶ VERSUS.

etiandio avv. 'altresì, inoltre' 4; 40; 135; 184.

evacuare] v.tr. t. di medicina 'espellere (sostanze, dal corpo, nel senso della dottrina umorale)' 185 *'l soperchio è evacuato.* B 5,516b, 3. (cp. 2.); cfr. TLIO 1.

mlt. **excoriata** f. 'grasso sottocutaneo del ventre del maiale, senza cotenna' 122. Cp. TLIO ESCORIARE.

excepto prep. 'fuorché, eccetto' 156.

extendere] v.tr. 'stendere (pasta e sim.)' 149 *bagnati la palma de la mano coll'acqua... extendilo* (il *nucato*). Niente sotto ESTENDERE B 5,431c; ⟶ STENDERE. Δ

fagiano m. 'uccello galliforme selvatico con lunga coda, piumaggio dai vivaci colori nel maschio, fagiano' (macellato) R123; 78; 123; 133 [lardellato]. B 5,574c, 2.; TLIO 1.1.

[**fagiolo**] m. (*fagiuolo* 126, *fasolo* R57; ecc.) 'seme commestibile di una Leguminosa (prob. spesso Vigna unguiculata / sinensis, fagiolo dall'occhio)' (non pensare al fagiolo d'orto, peruviano) R57 *fasoli* pl.; 57; 58; 59; 126 *fagiuoli* pl. B 5,575c, 1. [data dal Boccaccio la pianta americana, Phaseolus vulgaris]; TLIO; DEAF F 57,3.

famiglia f. 'insieme delle persone che costituiscono il seguito di una casa signorile' 32 (cibo destinato alla) *comune famiglia.* B 5,622c, 4. [def. cumul.]; TLIO.

fante m. 'bambino' 35 *suppa di fanti.*

fare v.tr. verbo modale frequentissimo 1 *falli tanto bollire*; ecc.; ■ 'produrre (cibi ecc.)' 1; 2; ecc.

farina f. 'prodotto della macinazione di semi, spec. di cereali, farina' 28; 75; 80 *f. netta biancha*; ecc.; 102 *riso... fanne farina... farina del riso*; 103 *farina del grano del riso*; ecc. (B 5,686a; TLIO); ■ 'farinata' 171 *De la farina per infreddati.* Δ

farinata f. 'alimento a base di farina cotta in acqua, e sim.' R171; [ricetta 171: *farina per infreddati*]. B 5,688a; TLIO.

farro m. (*farro* R138; R168; 138, *farre* 168) 'grano senza la gluma (e franto) di un Triticum con seme vestito, spec. del farro grande' R138; R168; 138 *Del farro di spelta... Togli il farro de la spelta monda e rotta... farro*; 168 *del farre per l'infermi... farro.* Per *farre*, cfr. RohlfsGr § 353; Frosini, *Cibo* 59. B 5,693c; TLIO.

fasciare v.tr. t. di medicina 'applicare, fissare con una fascia' 198 *che sieno spesse sì che si possino fasciare che non coli.* Cfr. B 5,698° e TLIO.

fasolo ⟶ FAGIOLO.

fava f. 'seme reniforme commestibile della Vicia faba, una leguminosa con grandi fiori (che si mangiano), che si mangia cotto fresco o dopo ammollamento del seme secco' (sempre al pl.) [R]48 *Delle fave sane, fresche e secche*; [R]53; 48; 49 *Le fave in prima molli*; 50; 51 *fiori di fave... metti a cocere con carne*; 52 (id.); 53 *fave bene infrante*; 54. MSavonarolaCosseN l. 258 *Fava, pasto da vilano.* B 5,741b, 1., sec. alinea; TLIO; Frosini, *Cibo* 108.

febre f. t. di medicina 'aumento della temperatura corporea dovuto a malattia, febbre' 187. B 5,764c; TLIO.

fegatello m. 'fegato d'uccelli, di porco ecc. (come vivanda); pezzo tagliato di fegato' [R]142; 77; 139; 142 (porco, vd. 141); 155; {LCucFr[G/B] indice lx *feghatelli* (ms.)}. B 5,789c [def.: rete spiegata male]. TLIO. Per *fegatello / fegato* vd. l'Introd., cap. ‹Linguaggio specialistico›.

fegato m. 'fegato (come vivanda)' 71 *fegato abrusticato*; 74; 76; 94; 95 (*lepore*); 96; 99; 141; 142 *De li fegatelli... togli il fegato*; 154; 155; 197. 1ª att. AldBencLB 66r37 (anche TLIO); B 5,790b, 2. [da 1545].

fenestrella → FINESTRELLA.

fermare] v.tr. 'assicurare, fissare (con qlco.)' 106 *involgi il dicto pavone in una rette di porco e fermalo con brocche.* B 5,831b.

fermentare v.intr. 'lievitare sull'azione di un fermento' 81 *fa levare cioè fermentare.* B 5,839b; TLIO [dal 1399].

fermento m. 'specie di lievito' [→ LEVAME] 80. B 5,840b; TLIO.

ferro m. 'metallo solido grigio, ferro' 111; 192 *prova del'aceto è che, posto in su... ferro freddo, se bolle* (come reagente; cp. B 5,860c; TLIO 1.1. è un acciaio); ■ *ferro da cavalo* 'applicazione protettiva dello zoccolo, ferro di cavallo'150 (*tortello* in forma di f. di c.) (B 5,863a, 7; TLIO sotto 3.).

fesso p.pass. (*fesso* 28; ecc., *fexi* pl. 25) 'diviso, spaccato in più parti' 25 *porri, fexi in quattro parti*; 28; 160; 166.

festa f. 'giorno di celebrazione, festa' 145 *nelle gran feste e dì pascuali fa di pasta...*

festiggìa f. (*festigìa* [R]105, *festiggìa* 105) nome di un piatto al pollo [R]105; 105. Vd. l'Introd., cap. ‹Linguaggio specialistico› Δ. TLIO [solo LCucBo 105].

fetido agg. 'che emana un puzzo spiacevole' 186 (*aloe*). B 5,890c; TLIO.

fetore m. 'proprietà per cui determinate sostanze producono sensazioni spiacevoli sull'organo dell'olfatto, odore cattivo' 186 (*aloe*). B 5,891c; TLIO.

fetta f. 'porzione tagliata di un cibo, fetta' 73 *fette di pane.* B 5,892a; TLIO.

fiascho m. 'recipiente (di vetro o di terracotta o altro materiale) più alto che largo, col collo meno aperto' 108 [di terra: serve alla cottura di una gallina]. Frosini, *Cibo* 197 (*f. di vetro*). B 5,918c [def. ristrettissima ergo falsa]; TLIO.

fibbia f. 'fermaglio di vestimenti ecc., fibbia' 150 (*tortello* in forma di f.). B 5,926b.

[**fico**] m. 'frutto del fico (Ficus carica), fico' 146 *fichi* pl. B 5,935b, 2; TLIO 2.

finale agg. 'che viene per ultimo (in una serie), finale' 192 *p[aragrafo] finale.* B 5,1018c, 2. [sec. XVI; distrib. semant.?]; TLIO.

fine f. e m. 'momento terminale di qlco., fine' 52 *al fine de la cocitura*; 73 *a la fine de la cocitura*; 78 id.;

■ *fine a* loc.prep., esprime il limite cui si giunge, con riferimento al tempo, 'fino a' 137 *fine a la matina*; 151; 160; ■ *fine che* cong. 'fino a quando, finché' 66; 69 *fine che bullia*; 88; 90; 118; 138. RohlfsGr 2,92; B 5,1025a.

[**finestrella**] f. *(fenestrella* 119) 'finestra piuttosto piccola' (non di un edificio) 119 *fa fenestrelle nel pastello... fenestrelle di gabbia.* B 5,1036a; TLIO 2.

fino agg. 'che è tenuto in pregio' 196 *canella fina* (⟶ CANELLA); ■ *spetie fine* pl. 70 (⟶ SPEZIA); ■ *erbe fine* pl. denomin. collett. 'erbe (verdi) aromatiche' 181 (ad B 5,1030b; ⟶ ERBA).

finocchio m. *(finocchio* [R]5; ecc., *finochi* pl. 63; 163) 'pianta erbacea coltivata per il piede (le guaine fogliari carnose e bianche), foglie, fiori e semi commestibili, finocchio dolce' [R]5; 1 *biancho de finocchi*; 2 *b. dei f.*; 3 *b. del f.*; 4 *b. di f.*; 5 (bis); 10; 11 *f., fiori di f., è bona salsa nel mese di septembre*; 63 *seme di f.*; 64 id.; ib. *b. di f.*; 163; – *finocchio biancho* 9 (il piede); – *finochio intero* 7 (il piede). Cp. Martelli 41; Frosini, *Cibo* 110; SchiancaCuc. B 5,1051c; TLIO [distinguere *f. biancho* e *intero* ? Δ].

fiore f. 'fiore' (usato in cucina) 11 *fiori di finocchio*; 51 e 52 ⟶ FAVA; 82 *fiori di sambuco e altri fiori* (nei *crispelli*); 147 *tutti i fiori.* B 6,7c; TLIO [inserire l'uso culin.; def. 2.1.1.].

fiume ⟶ PESCE.

flemma f. e m. t. di medicina 'uno dei quattro umori del corpo, flemma (nel senso della dottrina umorale), linfa' 185. B 6,65b; TLIO.

fluxo m. t. di medicina 'fuoriuscita di liquidi organici dalle cavità del corpo umano o animale in cui sono contenuti, flusso' 97 *somacchìa... e molto aiuta che à fluxo di ventre* ('diarrea'). B 6,81b, 5; *flusso di ventre* ib. 81c [Giamboni]; TLIO.

focoso agg. 'che fa fuoco' 177 *carboni... più focosi.* B 6,91b; TLIO.

foglia f. 'un organo delle piante, foglia' (come cibo) 32 *rape bullite colle foglie*; 33; 34; 35; 146; 159; 190; ■ t. di cucina *foglie minute* 'verdura del tipo spinacio, borragine o bietola, tagliata a pezzetti' [R]5 [la rubrica vale per il cap. ij]; 5; 8 [*foglie* solo: ellissi]; 164; {LCucMerAB LXXX *folglia menute*; ecc.}. B 6,96a. Cfr. ⟶ ERBA; MINUTO.

fondere v.intr. 'diventare più o meno liquido (un corpo solido), fondere' 160 (formaggio) (B 6,130c, 8. [2o qu. XIII]; ad TLIO); ■ *fundere*] v.tr. 'immergere (un corpo solido in un liquido), infondere' 115 *pane... fundilo in tuorla d'ova* (cfr. TLIO 2. Δ).

forame m. 'apertura che dà accesso ad una cavità' 112 *chiudi il forame* (del stomaco imbottito); {LCucMerAB id. ecc.}. B 6,147b; TLIO [1., cp. 1.5].

forato agg. 'che presenta uno o più fori' 75 *mescola forata*; 79 id.; 180 *noce forata* (per *cavare il fumo del mangiare*). B 6,150a [distingue 'bucato', 1303–06 ecc., da 'tutto coperto di fori' (mestola), esso da 1623 Δ]; TLIO.

fore ⟶ FUORE.

forma f. 'aspetto esteriore, contorno, forma' 129 *secondo la forma de la trota*; ■ 'oggetto modellato per contenere qlco., forma' 118; 125 *fa la forma del coppo* (di pasta); 129 *fa la forma*; 143. B 6,165c, 1.

formare] v.tr. 'modellare qlco., formare' 116 *forma ucelli di pasta*; 122. B 6,179b, 1.

forno m. 'costruzione (in muratura) in cui si cuoce il pane o altri cibi, forno' 116 *cuocilo nel f.*; 119; 125; 129; 147. B 6,203a, 1.; TLIO.

foro m. 'buco (forato o no), foro' 116 (nel *pastello*); 129 (id.) (B 6,204c, 1.; TLIO 1.); ▪ t. d'anat. 'orifizio in un corpo (animale ecc.)' 128 *foro del capo* (*lampreda*) (B 6,204c, 5.; TLIO 1.3.).

forte agg. 'con forza di coesione elevata, resistente' 143 (pasta, per essere precotta) (B 6,21a, 7.; TLIO 2.); ▪ 'che colpisce intensamente i sensi' 63 *forte aceto* (con alta acidità); 100 *melegrane forti* [prob. 'amare'] *o dolci*; 159 (gusto); 195 *spetie forti*. B 6,210c, 6. [*arancio forte*, sec. XVI]; 212a, 10 [senape ecc., iniz. XIV, strutt. sem. poco convincente]; TLIO [10.1.1., 10.].

forte avv. 'con forza' 3; 5; 6; 81; 83; ecc.

fortemente avv. (*fortemente* 5; ecc., *fortementi* 18) 'con forza' 5; 18; 19; 28; ecc. Vd. nell'Introd., cap. ‹Morfosintassi›.

franto p.pass. agg. 'diviso in pezzi, rotto' [R]53 (*fave*). {LCucMerAB. B 6,296a, 1; 'macinato...' LCucMartF}. TLIO 1.3. [XIV ex.]. Δ

freddare v.intr. 'diventare freddo' 63 *falle/fale fr.*; 69; 70; 95 *lassa fr. che sia tepido*; 104 *ponilo sul taglieri a fr.*; 144; 149; 173 (TLIO 1.1.); ▪ v. pron. 63 (B 6,321a, 4).

freddo agg. (*freddo* 2; ecc., *fredo* 68) 'freddo' 2; ecc. (B 6,322b, 1.; TLIO 1.); ▪ 'id. (nel senso della dottrina umorale)' 162; 185 (B 6,322c, 3. ['che per sua natura...', senza indic. esplicita del rapporto con la dottrina umorale]; TLIO 2.).

fregare] v.tr. 'strofinare qlco. spec. energicamente, fregare' 188 *le giengie... poi, te le frega con polvere*. B 6,328a, 1.; ad TLIO 1.

fresco agg. (*fresco* 17; ecc., *frescho* 56 (*-a*); 104; 198) 'di ciò che è stato fatto, preparato, colto e sim. da poco tempo' 17 (*lacte*) (o non acido?); 198 *pellicella frescha* (cp. B 6,352c, 7.; TLIO 3.3.); ▪ 'non stagionato (detto di formaggio)' 86; 87; 111; 116; 117; 122; 124; 138; 160 (B ib. [Palladio; aggiung. LCucFiM 1]; TLIO 4.); ▪ 'non salato (detto di carne ecc.)' 17; 18; 23; 47; 51; 56 *carne di porco frescha o insalata*; 86; 104 *lardo fricto frescho*; 114; 118; 181 (anche LCucFiM 14 *lardo salato o fresco*. B 6,352c, 7. ['non conservato...' anno 1671]; TLIO 4.[7]) Δ; ▪ 'non seccato, verde' [R]48 *fave sane, fresche e secche*; 21; 41; 45; 48; 50; 167 (cp. B 6,353a, 9.; TLIO 4.); ▪ *de frescho* loc.avv. 'da poco tempo, di fresco' 198 (B 6,355b, 37. [*di fresco*, m. XIV]; TLIO 3.1.1.).

friggere v.tr. 'cuocere in padella o tegame (nell'olio o nel grasso)' 4; 9; ecc.; – *frigere* 10; 28; 97; 98; ▪ *fritto* p.pass. agg. 53; 54; 73; 102; 131; 140; – *fricto* 53; 104; 114; 137. B 6,361a; TLIO.

frittella f. (*frittella* [R]80; ecc., *fritella* [R]146, *frictella* 181; 197) 'cibo che consiste in un impasto di farina (o sim.) e d'uova (con o senza lievito, e con ingredienti facoltativi), fritto nel grasso (nella padella)' [R]80; [R]146; 80 *crispelli, overo frittelle ubaldine* (lat.: *crispellas*; testo lat. ad 82: *fristellis*; ⟶ UBALDINO); 146 *dulcamine, cioè frittelle*; 181 *Frictelle nuove. Prendi medolla di pane gratugiata*; 197. Frosini, *Cibo* 149. Miniatura in ms. Modena, BagnascoCoqu dopo 160, tav.

IX. B 6,369b; TLIO 1. e 1.1. [cronol.?].

fromentiera f. (*fromentiera* 137, *frementiera* R137) 'piatto di frumento franto, più o meno liquido, scodellato' 137; *frementiera* R137; {LCucCaF 24 *formentra* (altra ric.)}. TB 2,1,935c [solo LCucBoZ]. Δ

frondi f.pl. 'insieme di foglie, fogliame' 1 (del *caulo*). B 6,378c, 3.; TLIO.

frumento m. 'grano (tritico)' 137 *frumento buono calvelino o altro buono.* B 6,400c; TLIO [rinviare a *calvelino*]. ⟶ CALVELINO.

[**frutto**] m. (*fructo* 145) 'organo delle piante che contiene i semi, frutto' 145.

fumo m. 'specie di nube prodotta dalla combustione, fumo' 54 *guardale (fave) dal fumo*; 162 id.; 102 sim. (SchiancaCuc; B 6,450a; TLIO); ■ 'sapore e odore sgradevole di fumo (in un cibo)' 180 (ad B e TLIO); ■ *porre al fumo* 'affumicare' 132 Δ.

fundere ⟶ FONDERE.

fungo m. (*fungi* pl. 60; 61; 62, *funghi* pl. R60) 'vegetale non verde di varie specie, con corpo di forma varia, spec. a cappello, che cresce nei prati e nei boschi' (come cibo) R60; 60 *fungi di monti*; 61 *fungi di monti*; 62 *fungi secchi e tenuti a mollo dal vespero a la matina.* B 6,463a; locuzioni ad TLIO sotto 1.

fuoco m. 'fuoco (in cucina)' 65 *pone a f... levala dal f.*; 71; 79 *presso al fuoco* ('a fuoco vivo'); 69 *metti a f.*; 102 *sença impeto di f.*; 133 *cocere... presso al f.*; 135; 198; *fuocho* 79; 83 *lento fuocho* (TLIO sotto 3.2.); 122; 145 *fuocho di legne* (decorativo); 160. [V. anche ⟶ VINO.] B 6,469c, 2.; TLIO 3.2.

fuora avv. 'fuori' 119.

fuore avv. (*fuore* 108, *fore* 106; 186) *di fuore* 'dalla parte esterna' 106; 108; ■ prep. 'eccetto' 186.

gabbia f. 'contenitore formato da (sottili) sbarre, usato per rinchiudervi animali, spec. uccelli, gabbia' 119; 145 (un *pastello*!). B 6,517b; TLIO.

galbino m. t. di farmacia 'resina di piante del genere Ferula (Ferula erubescens, galbinfera ecc.), galbano' 198. DEAF G 78,51. [B 6,546b GALBANO e GALBINA solo; 1340 Franc. Bald. Pegolotti.] Δ

galla f. t. di farmacia 'noce di galla (più specie)' 198. DEAF G 79,36; B 6,550c; TLIO. La galla di Cynips calicis sulla Quercus petraea Liebl. fornisce un prodotto che contiene una quantità notevole di una cera gialla (v. la ric.); più usuale la galla di Cynips tinctoria sulla Quercus ilex L. (HoppeDrog 1,899).

gallina f. (*gallina* R107; 66; 137; 138, *galina* 8; 102–110) 'femmina del gallo, gallina' R107; 8 *petto de la g.*; 66; 102–110; 137; 138 *carne di galline o di polli.* B 6,557a [distingue, 1., l'animale, e 2., la sua carne].

gallo m. 'maschio della gallina (Gallus gallus)' 197 (uso farmac.). B 6,559c e TLIO [senza indic. dell'uso farmac.].

ganto m. ⟶ GUANTO.

gargarizzare] v.intr. t. di medicina 'fare gargarismi' 182 *gargariçi* 3 sg. cong. B 6,592c; TLIO.

garobbi ⟶ CARRUBO.

garofano m. 'chiodo di garofano, bocciolo floreale di una pianta delle Mirtacee (Eugenia caryophyllata) essiccato con il calice e usato come spezia, garofano' 5 *-i*; 11; 65; 71; 96; 128 *metti uno garofano*; 140; 195; 196. Martelli 46. B 6,595c, 2. Cfr. ⟶ SPEZIA.

gelatina f. 'cibo freddo di pesce o di

carne cotto, col brodo ridotto, solidificato per le sostanze collose contenute' R.xxiii. *gelatina del pesce*; R68; R144; 68 *g. di pescio... lassa che sia fredo*; 144; 159 *Del solcio dei piedi... Similmente si pò fare gelatina di porcello, di polli, o altri ucelli*; {LCucCaF 30–33 (33 ≈ n° 68)}. Ad TLIO. Frosini, *Cibo* 149. B 6,628a. Cfr. → SOLCIO.

[**gengiva**] f. 'parte della mucosa boccale che riveste le arcate dentarie e circonda i colletti dei denti' *giengie* pl. 187 (dolore); 188 *a la puça de le giengie... giengie*. B 6,662c; TLIO.

[**gesso**] m. t. di farmacia 'polvere di gesso, minerale bianco di calcio, gesso' *giesso* 198. B 6,707c, 2; TLIO.

gettare] v.tr. (*gettare* 15; 141; 144, *gittare* 1; 2; ecc., *gitare* 39; 75; 114) 'versare (solidi o liquidi)' 1; 2; ecc.; 15 *gettata via l'acqua*; ecc.

giallo agg. 'che ha il colore del fiore di tarassaco, giallo' 138 *fare giallo, coloralo di çaffarano e tuorla d'ova*; 145. B 6,761a, 1.

giardino m. 'rappresentazione di un giardino fatto di pasta ecc. (su un vassoio, come elemento decorativo della tavola)' R145; 145. B 6,769c [senso gen.].

giengiovo m. → ÇENÇOVO.

giesso → GESSO.

gionchi m.pl. → GIUNCO.

giorno m. 'giorno' 159; ▪ 'giorno, con riferimento al digiuno ideologico' 126 [= R126 *dì*]. Denominazione usuale: → DÌ. Ad TLIO.

giovare] v.tr. t. di medicina 'essere utile' 13 *questo mangiare giova a chi non pò orinare*. B 6,831b, 1., «in partic.».

giovene agg. (*giovene* 89, *giovenne* 109; *giovini* pl. 78) 'giovane' (di animali macellati) 78; 89; 109. {Cfr. *gallo... zovene... dico zovene che anco non ha usato la donna* MSavonarolaN 1551.}

giugno m. 'astensione dal cibo (per ideologia)' 163 *nei dì di giugno* (con spazio chiaro; errore non escluso); → DIGIUNO.

[**giuncata**] f. (*gioncata* R151, *ioncada* 151) 'formaggio fresco non salato (posto a scolare su una piccola stuoia di giunchi o sim.; anche, che si tiene al fresco nell'acqua)' R151; 151. B 6,884b, 1. [Anon. sec. XIV; LCucBo; sec.XV ecc.]; TLIO [1362; LCucBo; XIV sm.]. {Per est.: *ioncata de agmandule* (per i giorni di digiuno ideologico) LCucMerAB 26 (titolo XXIIII *Zunchata de agmandole* l. *Çunchata de ammandole*): retrodata B 6,884b, 2. ['torta...' LCucMartF]. Δ} Cfr. DEAF J 537,25; SchiancaCuc 281b.

[**giunco**] m. (*gionchi* pl. 151) 'pianta erbacea con foglie cilindriche (Juncus), giunco' (TLIO), ▪ *gionchi* m.pl. 'supporto fatto di ritagli di giunco (per formaggi freschi e sim.)' 151 *compollo* (il latte *stretto* lavato) *tra i gionchi* (cfr. TLIO 1.1.; B 6,884c, 2. ['fusto...'; 'sparto' L. Fresc. dubbio]).

giungere] v.tr. (giungere 72; 79; 152; 159; 167, *giongere* 31; 79; 111; 118) 'mettere in più, aggiungere' 31 *giongievi su cascio*; 72; ecc. B 6,885b.

glosa f. 'nota esplicativa apposta ai testi, glossa' 192 (testo giurid.). B 6,936a, 2.

gola f. 'collo (dell'uccello)' 71 *taglia la gola al paparo*. B 6,958b.

gomma f. t. di farmacia 'succo vischioso, che fuoriesce da incisioni di steli e fusti di certe piante o alberi, gomma', *gomma arabica* 'gomma ricavata da certe acacie, spec. Acacia senegal' 198. DEAF G 981,45. Manca B 6,970a (dove altre compos.), ma vd. sotto ARABICO, 1,605c, 5. [più att. in AldBencLB, anche Franc. Bald. Pegolotti].

grado m. 'una delle quattro estensioni o intensità che possono avere le quattro qualità delle cose (nella dottrina umorale)' 192 *aceto è freddo in primo grado.* 1ª att. AldBencLB; MSavonarolaN. Ad B 6,1011c. Δ

{**graminea** ⟶ GRATONÌA.}

granato agg. 'che contiene pezzi (piccoli; di carne) e presenta una consistenza densa (detto di un brodo)' *(bruodo) granato* R65; 65; 78; 91; {LCucMerAB id.}. SchiancaCuc 89ab; 711b. Ad B 6,1034b. Δ (TLIO 2. def.?) Cfr. ⟶ APOLLOCATO, BRODO, GRANELOSO.

graneloso agg. 'che è pieno di granelli e presenta per questo una consistenza densa (detto di un brodo)' 66 *bollano insieme fine che 'l brodo diventa graneloso* (ricetta vd. *Brodo ⟶ granato*). B 6,1055c, 1. [senso generale]; cp. TLIO. Δ Cp. ted. *sämige Suppe/Sauce*: ‹granellosa› (*Same = grano*) = densa per il fatto di contenere numerose particelle piccole.

grano m. 'seme, spec. delle Graminacee, usato come cibo, grano' 103 *la farina del grano del riso*; 137 (B 6,1058c; TLIO 1.); ■ 'seme (di un frutto)' 175 *pomi... cavane li grani dentro* (B 6,1059a, 2.; ad TLIO 3.).

grassa f. 'tessuto adiposo dell'animale macellato, sostanza untuosa contenutavi' (come cibo) 152 *lardo overo grassa di porco sofricta.* 1ª att. AldBencLB 64v13; ecc. [v. il gloss. per corrispondenze con fr. *graisse*/ *craisse*]; nota MSavonarolaN *galli... grassi di meza grassa.* Δ

grasso agg. 'che contiene molti grassi' 71; 106; 122; 137; 148; 158; 160. {LCucFiM 42 *fichi... grassi* 'carnosi, polposi'. Cp. Gleßgen MélKontzi 197.}

grasso m. 'tessuto adiposo dell'animale macellato, sostanza untuosa contenutavi' (come cibo) 35; 71–73; 86; 109 *togli il grasso che ne cade quando s'arostisse*; 112–114; 122; 137 *lardo o grasso sofricto*; 138; 156. B 6,1070a.

graticola f. 'utensile di cucina costituito da una serie di sbarrette metalliche, graticola' 90; 106 *arostilo in spieto o in graticola*; 111 *gr. del ferro*; 112. B 6,1073a, 2.; TLIO 2.1.

gratomea, *gratonata*, *gratonea* ⟶ GRATONÌA.

gratonìa f. nome di una frittata piuttosto liquida, cotta nel lardo fritto R79; 79 (si sparge latte battuto con l'uovo in una padella calda con lardo fritto) (= RecCulLibM *gratonea*; LCucMerAB 10 *graminea* !, prob. err.: la ricetta non contiene altre cose); ■ *gratonìa spagnola* f. id., con aggiunta di cubetti di albume cotto 79; ■ *gratonea* f. (*gratonea* R99, *gratomea* 99) nome di un intingolo d'uccelli, uova, lardo, in brodo R99; 99 *gratomea ... Simile fa de li pesci ponendi oglio per lardo* (al digiuno ideologico; = lat. *gratonesa*); ■ *gratonata* f. nome di un intingolo simile (al pollo) R135; 135 *gratonata de polli* (= LCucMerAB XXI *gratinata* e 23 *grattonata*; cfr. ib. *gratonea* CXXXXVI e 129: lat.). SchiancaCuc 290ab. Da comparare con il fr. *cretonnee*, ViandValS 11; CarCharL 240 con n.44; ecc.; MenagB 213,19; 214,13 *cretonnee a jour de poisson*, FEW 16,314b sub KERTE; 315a [«apr. 1350» = *cabrit en grato-*

nia, sec. qu. XIV]; 315b; 374b [sub *KRATTŌN, err.]. B 6,1077c GRATONIA [nonostante la citazione di LCucBo, la def. è sbagliata; < fr. *creton*; confusione con GRATTONATA, ib. 1081a]. Cp. sp. *gratonada*, dal fr., VRo 22,65 [Nola]; Corom² 3,202a. Δ

grattare] v.tr. (*gratt-* 35; 90; ecc., *grat-* 31; 57; ecc.) 'sminuzzare grattando, grattugiare' 24 *pane trito o gratato*; 31 *cascio gratato*; 35 *c. grattato*; 57; 89; 90; 122; 140 id.; 148 id.; 141 *fegato... tu il gratta colla gratusia al modo del cascio secco.* B 6,1079b, 6. [sec. XVI]. Δ

gratugiare] v.tr. e p.pass. agg. 'sminuzzare qlco. passandola su e giù per la grattugia, grattugiare' 181 *medolla di pane gratugiata*; 193 *gratugialo* (*pane*). LCucFiM 21 *cascio grattugiato.* B 6,1081c [fine XIV; p.pass. agg., ib., 1340]; TLIO [solo una att. rediana, Crusca³, «1300»: ?].

gratusia f. 'utensile da cucina su cui si grattano formaggio, pane secco e sim., grattugia' 141 *fegato... tu il gratta colla gratusia al modo del cascio secco.* B 6,1081a; TLIO 1.

graveça f. t. di medicina 'senso di pesantezza' 185 *riscaldamento e graveça è segno che...*; 187 *graveça de tutti i membri.* B 7,7b, 2. [med.: m. XVI]. Δ

{**gravioli** LCucMerAB ⟶ RAVIOLO.}

gridare v.intr. 'emettere con forza suoni alti di voce, gridare' 198 (medic.: da evitare in caso di *rottura*).

gromma f. 'incrostazione prodotta dal vino nelle botti, taso, gromma' 194 *taso, cioè gromma de vino biancho.* B 7,56c. (Cp. GROME TLIO?)

grosso agg. 'che supera la misura ordinaria, grosso' 130 *polpo grosso*; ▪ id. in funz. di avv. 43 *tagliato grosso*; 67; ▪ id., agg., come stato patologico 197 *borsa grossa* ⟶ BORSA. B 7,67c, 18. ['enfiato, gonfio' fine XIII Iacopone (milza); ca. 1400 B. Pitti (*anguinaie grosse* 'ernia'?)].

grua f. 'grosso uccello (Ralliformi) con lunghe zampe e collo e becco lunghi, grigio, gru' ᴿ73; ᴿ155; 73; 155; 157. B 7,78b GRU.

gualdaffa f. (*-e* f. pl., *-i* m. pl., vd. infra) 'parte del ventre di vitello (delle interiora o frattaglie ?, anche d'altri animali) che si prepara come cibo' ᴿ88 *De le gualdaffe, ventri et caldumi* (titolo vale per più ric.); ᴿ91 *-i*; 88 *gualdaffe* (RecCulLibM II 57 *de galdofira*, var. *galdofra,... galdafra*, var. *goldofra*, cfr. V 10)... (il brodo ottenuto) *si chiama ‹gualdaffa›* (lat. *galdafra*; ricetta poco chiara); 89 *budelli de vitella... impili de le dicte gualdaffe... Puoi anche ponere queste gualdaffe in bruodi o in pastelli... gualdaffe de altri animali*; 91. B 7,100a [solo LCucBo; 'vivanda a base di trippa; busecchia. Anche: budello' non convincente]; SchiancaCuc. Δ

guanto m. 'specie di frittella (simile al ⟶ RAVIOLO, ma prob. con involucro di pasta)' 83 *guanti cioè ravioli di ceci* (con ceci e farina, dolce, non riempito; lat. ...*Et facias tortellas sicut volueris... tales tortelli vocantur ganta*); – *ganti* ᴿ83; 84. B 7,105c, 10. ['ravioli', LCucBo e 1601 Garzoni]; TLIO 2. [«frittella di ceci» err.]. Δ Il nome deriva dalla forma.

guardare] v.tr. 'preservare' 54 *guardale dal fumo*; 102; 162; ▪ v.intr. 'fare attenzione' 107 *guarda che non crepi*; 110; ▪ v.rifl. 'astenersi' (medic.) 198 *guardasi da pasti ventosi* (B 7,113c, 19. 'evitare...').

guscia f. 'guscio, pellicina (di certi frutti, anche uova)' 103 *guscie* pl. (di mandorle) → CORTECCIA. B 7,175c, 3. [*guscia d'uova* Bocc., prime att. fem.].

habund- → ABBOND-.

herba → ERBA.

ienula → INULA.

imolare] v.tr. 'bagnare, immergendo in acqua o in un altro liquido, per rendere mollo' 83 *ceci... imoli in l'acqua*. B 7,371a; TLIO 1.

impedire] v.tr. 'rendere impossibile, impedire', 190 *quando lo audito fosse impedito*. B 7,423b.

impeto m. 'intensità violenta, impeto (di cose)' 102 *impeto di fuoco*. Ad B 7,460c, in fine [«In senso concreto: burrasca, tempesta...»]; TLIO 1.

impiastro m. (*impiastro* 198, *empiastro* 187) t. di medicina 'mistura medicamentosa simile a una pasta che aderisce alla cute, impiastro' 198; 187. B 7,470b; TLIO.

impire] → EMPIRE.; **impletura** → EMPITURA.

inchiudere] v.tr. 'chiudere dentro, rinchiudere' 119 (uccelli nel *pastello*). B 7,674a.

incominciarsi v.pron. 'avere inizio' 1 (titolo). B 7,710a, 4.

incutiare] v.tr. 'buttare giù (per arricchire)' (?) 163 *Togli spinaci, incutiali* [ms. *-li*] *con pochi finocchi, petrosello e borragine e malve...; fa bullire; poi le trita*. Cfr. LCucBoZ n.43; REW 4354; lat. *incutiare* 'concutere, quassare' TheSLL 7^1,1103,15; mlat. 'to strike on, thrust into' LathamDict 1319a. B 7,778b solo 'causare...'. Δ

inde avv. loc. 'da lì, indi' 71; 140; 190.

indugiare] v.intr. 'tardare a operare, indugiare' 183 *se la medicina indugia a operare*. B 7,850c.

ine avv. 'in quel luogo, ivi' 129; 131. Vd. Introd., cap. ‹Morfosintassi›; B 7,869a, 1.

[**infermità**] f. (*enfermità* 192) 'condizione di chi è infermo, infermità' 192. B 7,916c.

infermo m. 'malato' [R]161–173; 8; 132; 161 *l' infermi* -175; *lo 'nfermo* 171; 174; *lo infermo* 173; 175. B 7,917c, 1.

infondere] v.tr. 'bagnare leggermente qlco. (in un liquido)' 183 *infondila* (la *pillola*) *in cera liquida*; ■ *infuso* p.pass. 'bagnato leggermente' 72 *pane... infuso in tuorla d'ova debattute*. B 7,971c ['immergere...'].

infranto agg. 'diviso in pezzi, rotto' [R]165 *ceci*; 53 *fave bene infrante*; 54; 165. B 7,990c ['franto...'].

infreddato m. (*infreddato* 171, *infredato* [R]171) 'chi ha il raffreddore' [R]171; 171 *farina per infreddati, ... dà a lo 'nfreddato*. B 7,994b [LCucBo; XVI-XVII]. Δ

inguastara f. 'specie di fiasco (di vetro o altro materiale) col collo lungo' 108. B 7,1086a INGUISTARA; Frosini, *Cibo* 198.

insalare] 'condire con sale (un cibo)' 129; ■ p.pass. agg. 'che è trattato con sale per conservarlo (detto di un cibo)' 3 *carne insalata ... pesce i.*); 5 (*carne*); 56 (id.); 58 (id.). B 8,79a.

insalegiata f. 'cibo d'erbe e piante commestibili (crude o cotte) che si mangiano condite con sale, aceto, olio ecc., insalata' 178 *insalegiata de cipolle* (arrostite *sotto la bragia*). TB 4,2,1970a INSALEGGIATA [solo LCucBoZ; graf. da corr.]; SchiancaCuc sotto INSALATA. Δ

instrumento m. 'attrezzo o dispositivo utile o necessario, strumento' 150 *onni instrumento che tu vuoli, cioè ferro da cavalo, fibbie, anelli, lettere* (fatti di pasta). B 8,618b.

insuppato → INZUPPATO.

intanto avv. 'nel frattempo' 102.

integro agg. 'che è intero, non spezzato' 64 *carote integre.* B 8,180b.

intenso agg. 'che si manifesta con forza, intenso' 186 *cosa... nel suo sapore... più intensa.* B 8,209c, 2. [1ª att., ma distrib. semant. dubbia]. Δ

interiori m.pl. 'interiora degli animali (commestibili o no)' R134; 71 (*paparo*); 76 *togli fegati, ventrichi e i. di caponi*; 133 (del calamaio: buttate via?); 134 (pesci: uova e latte?; = LCucMerAB 71 *interegiora del pescie*). B 8,237a, 6. [att. ult. come cibo].

intero agg. 'che è intatto, non spezzato' 7 (*finochio*); 28 (*porri*); 36 (*castagne*); 40; 42 *ceci rotti o interi*; 52 (*capone*); 67 *pulli... smembrati o i.*; 67 (*agresta*); 74 *amandole monde i.*; 88 (*menta*); 96; 102 (*riso*); 110 (*castrone*); 112 (*ravioli*); 175 (*pomi*). B 8,250a, 2.

interporre] v.tr. 'mettere in mezzo, interporre' 64 *interponendovi mostarda distemperata.* B 8,255a.

intra prep. 'tra (loc.)' 106 *intra le palme*; 117; 127 *cuoci intra i testi*; 190.

intridere] v.tr. 'stemperare in un liquido un altro liquido o polvere' 193. B 8,353a.

[**inula**] f. (*ienula* 69) 'pianta erbacea perenne delle Composite, Inula helenium L. (?), da cui radice giova alla digestione' 69 (pesce...) *uva secca, ienula e prugne* (RecCulLibM ms. A *zenula*, B *ienula*; LCucMerAB 56 *una* [l. *uva*] *secha et vibene* [!]). Cp. Martelli 40 [aggiung. Apicio I IV *Oleum Liburnicum* con *helenium*]. B 8,383a [m. XV]. Δ

involgere] v.tr. 'mettere un oggetto dentro qlco. che lo ricopre e racchiude' 28; 106 *involgi il... pavone in una rette di porco... pome* (di *carne*)... *involgili in tuorla d'ova*; 142 *involgi sopra essi la rete* (bis); 174; 183 (med.: *pillola*). Prob. ad B 8,465c, 1.

involuppare] v.tr. 'inviluppare (in un panno per es.)' 179 *medolla di pane... involuppata in panno lino.* B 8,473a [dall'Aretino solo]. Δ

[**inzuppato**] agg. (*insuppato* 35; ecc.) 'immerso (in un liquido) fino a imbeversene' 35 *pane insuppato nel brodo*; 154 (B 8,481a, 1.; TLIO); ■ 'imbevuto (con brodo, vino), inzuppato' 192 (B 8,481a, 2. [sec. XVI]). Cp. Meier RF 98,245, etim. di *zuppa.* Δ

ioncada ⟶ GIUNCATA.

[**ladano**] m. (*lapdano* 187) t. di farmacia 'resina raccolta da piante del genere Cistus, ladano' 187. B 8,684c [3° t. XV]. Δ

lampreda f. 'specie di Vertebrato acquatico tondo e lungo con bocca adatta a vivere (parte delle specie) come parassita esterno di pesci (tre specie: lampreda minore / Lampreta planeri, 20 cm, non parassita; l. di fiume / L. fluviatilis, 55 cm, parassita; l. di mare / Petromyzon marinus, 120 cm, che risale anche i fiumi, parassita)' R128; 128. La ricetta parla di *lamprede* e di *lamprede picciole*; è possibile che siano due specie e non esemplari grandi e piccoli; il testo lat. dà *lampreda grossa* e *l. parva*; dato che la «grossa» entra intera in un *coppo* (*coppo de pasta dura, ponavise dentro la dicta lampreda sana, a modo di cerchio*) e la ricetta variante sembra usarne di più di una, non è escluso che il libro parli delle l. di fiume e l. minori; ma, se i pesci sono venduti in grandezze differenti, sarebbe da concludere più semplicemente che il *coppo* contiene lamprede di fiume, una grande o più di una piccola. B 8,728a; TLIO.

lapdano ⟶ LADANO.

lardare] v.tr. 'lardellare (con pezzi di lardo)' 101 (*caponi*, tra pelle e polpa?); 120 (*animali salvatichi*); 133 *calamato... il larda sottilmente e studiosamente, quasi fosse uno fagiano* (dunque tra pelle, che è sottilissima, e polpa, o piuttosto involgere in sfoglie di lardo). 1ª att. sec. XIII Regimen san., TLIO. B 8,767c, 1. [LCucBo]. {LCucFr [G/B] xx scrive *fagiano... metti due follie di salvia sotto l'ala, tra buccia et buccia, e tolli li lardelli et pillottalo minutissimo et metti a fuoco*: sembra non corrispondere all'accez. mod. di *pillottare*; 1ª att.: m. XIV [etim.: mettere molte «pillotte» di lardo sotto la pelle, vd. la cit., o, come scrive Doni nel '500, sformare una palla di lardo per fare sgocciolare il grasso]; B 13,479c [dal 3° qu. XV]. Δ}

lardello m. 'pezzetto di lardo' 40; 48. B 8,768b e TLIO [LCucBo: nostro n° 48]. Δ

lardo m. 'grasso sottocutaneo (del dorso, anche delle pareti addominali) del maiale (fresco o conservato salato, anche strutto), lardo' 4; ecc.; att. interess.: 17 *l. frescho* [+ 114; 118; 181]; 29 *poni a cuocere nel lardo dei polli* (strutto di cottura, col grasso dei polli?, cfr. n° 98 e 100, TLIO altrimenti); 53 *metti in le scudelle mele... overo l. fritto*; 80 *l. disfatto*; 99 *Simile fa de li pesci ponendi oglio per l.*; 102 *l. biancho fritto*; 104 *l. fricto*; 107 *l. chiaro cioè structo*; 117 *l. sofricto*; 122 *ungila* (*torta*) *col l.*; 129 *ponasi ine del l. distructo e non de l'oglio*; 137 *l. fricto*; 152 *l. overo grassa di porco sofricta*; 181 *friggere nel l. frescho, structo in padella*. B 8,768c; TLIO [anche *lardo frescho* (Doc. eugub.): def.?]; Frosini, *Cibo* 169. Cfr. ⟶ POLLO.

largo agg. 'che è di misura abbondante, largo (in una dimensione)' 63 (*taola*); 125 (*lardo*) (B 8,774a, 1.); ▪ 'che è di misura abbondante, capace (recipiente)' 73 *caldaia l.* (B 8,774b, 3. [solo Dante]); ▪ 'che è rado (di un tessuto)' 85 *panno di lino bene largo e bucato* (ad B 8,774). Δ

lasangne f.pl. 'insieme di placche di pasta sottile (di solito più o meno quadrate, larghe tre dita), che, lessate e disposte a strati con un ripieno, formano un cibo' [R]148; 148. LCucFiM 39 *fae ij fogli di lasagne grandi* (che, lesse e fritte, formano croste di una torta di frutti cotta). Cfr. Apicius IV ii 14;15: pasticcio a strati di *lagana*. Arberry Isl. Cult. 13,211; Vollenweider VRo 22,440–443; B 8,783c; TLIO 1. e 2.!; Frosini, *Cibo* 59; S. Serventi e F. Sabban, *La pasta*, 2000, 30–34: < lat. *laganum*; Martellotti, *Giambonino* 88; 92; 290; Quinsat ZrP 124,410 rinvii; Möhren in *Früchte vom Baum des Wissens*, ed. D. Bandini ed U. Kronauer, Heidelberg 2009, 90–91; SchiancaCuc.

[**lasciare**] v.tr. (*lassare* 5; ecc.) 'permettere (con inf. o p.pass. o *che* + congv., con valore causativo)' 5 *lassa bullire*; 63; 68 *lassa che sia fredo*; 69; 70; 95; 144; 148; 171; 173; 192 *lassa discoperto*; *la sa* 3 pres. 149.

[**lassativo**] agg. (*laxativo* 163) t. di farmacia 'che purga' 163 *caulo laxativo per infermi*. AldBencLB *laxativo*. B 8,797a. Δ

[**lasso**] agg. (*laxo* 187) 'allentato, che non è fissato, lasso' 187 *denti laxi*.

B 8,799b LASSO², 1. (?, cfr. 5.) [iniz. XVII]. Δ

lato m. 'parte laterale, lato' *da lato* 'lateralmente' 119.

[**latte**] m. (*lacte* ᴿ143; ecc.) 'alimento costituito da latte animale munto; liquido bianco alimentare come il latte (fatto di semi)' ᴿ143 *l. caprino o pecorino*; ᴿ152; 6 *l. d'amandole*; 17 *l. frescho di capre*; 20 *l. d'amandole... l. di noci*; 21 (*am.*); 29 (*capra*); 33 (*cap.*); 34 (*noci*); 39 (*mandole*); 48 (*cap., pec., am.*); 51; 52 (*am.*); 78 (*am.*); 79 (*pec.*); 102 *riso con l. di capre o di peccora o d'amandole*; 103 (come fare il l. di mand.); 104 (*pec.*); 123 (*am.*); 137 (*cap., pec.*); 138 (*cap., pec., am.*); 143; 151 *l. puro, chiaro, colato*; 152; 162 (*am.*); 163; 164 (*am.*); 167 *lacte spesso* (?, → SPESSO); 168; 168 (*am.*); 169 *lacte de l'a.*; 170 (*am.*). Per *latte d'amandole* cfr. B 8,827b, 10. ['bevanda rinfrescante...' astorico; «Bencivenni, Crusca» dubbio di per sé: manca nella 1ª ed., ma si trova veramente in AldBencLB 56r16, inoltre latte di mand. amare, 55v42, e in LCuraMalM 26: *farina d'orzo, e latte di mandorle, e uova molli*, anche LCucFiM 12; 13 *mandorle... stenperate col brodo de' capponi... questo latte*]. Δ

[**lattuga**] f. (*lattughe* pl. ᴿ17, *latughe* 17, *lattuche* ᴿ166; 166, *latuche* 17; 166) 'pianta erbacea (coltivata) con foglie che formano un cesto più o meno compatto, dall'umore bianco, lattuga' (si mangia cotta [166] o in latte rappreso [17]) ᴿ17; 17; ᴿ166; 166 (per infermi ?); 17; 166. B 8,833b ['...foglie si mangiano in insalata' falso per molte att., anche per AldBencLB 82r8 *latughe... si quocono legiermente... e donano talento d'usare con femina*]; TLIO.

lavare v.tr. 'pulire (con acqua e altro)' 10; 12 *lavati bene in l'acqua calda*; 18; 19; ecc., att. scelte: 54 *bullito, lavale bene un'altra volta.*; 151 *quando sirà stretto* (il latte), *lavalo bene*; 160 (*cascio... molto frescho*); 188 *lavati la bocca e le giengie con aceto*; ▪ sost. 95 *con poco lavare.*

legge f. 'complesso delle norme che costituiscono l'ordinamento giuridico di uno Stato, spec. la compilazione giustinianea' 192. Ad B 8,895c ?

legne f. pl. 'legname da ardere' 145 *fuocho di legne.*

legno m. 'materia fornita dagli alberi e destinata a vari usi (lavorare, ardere ecc.), legno' 106 *brocche di legno.*

legume m.sg. coll. 'semi delle leguminose quali fagioli, piselli, ceci, lenticchie, fave e sim., legumi' 152. B 8,934b.

lemone m. → LIMONE.

lente f. 'seme commestibile della lenticchia, una Leguminosa, con frutto a baccello romboidale con due semi schiacciati' ᴿ55; 55 *lenti bene lavate e nette da le pietre*; 56. AldBencLB. B 8,946c, 2. Δ

lento agg. 'di lunga durata e poca intensità, lento' *lento fuocho* 83; 198 *fuoco lento.* TLIO [sub AGRO: p.1361 P. Ubertino da Br. 64,2,9 *lento fuoco*; niente nell'art. gigantesco FUOCO]; CortZol²; B 8,952c, 22. [Leonardo da Vinci]. Δ

lepore m. 'lepre (selvatica)' ᴿ95; 93; 95; ▪ uso in farmacia: vd. → PELO. B 8,961a [2ª m. XIV]. Δ

lessare v.tr. 'cuocere (un cibo) poco tempo nell'acqua bollente, prob. spesso sbollentare' 10 *finocchio...*

poni a lessare; e, gittata l'acqua, frigillo con oglio; 27 [sim.]; 28 *lessali un poco*; 68 ...*lessali... poi friggili*; 73; 75; 77; ecc. B 8,968a; ib. LESSATO [1ª att. err.: *lessati* «Anonimo Toscano», impr. Faccioli, = LCucBoM n° 27 *lessali*; 2ª att.: Redi; cfr. p.p.: n° 103 porri lessati in acqua]; TLIO [sotto 1 anche «Detto di persone»: Inferno].

lesso agg. 'che è cotto (nell'acqua)' R173; 33 *ova lesse*; 101; 110; 153; 171; 173; 176 *carne arostita è più savorita che la lessa* (B 8,969a; TLIO); ■ s.m. 11 *salsa... con onni lesso* (B 8,969a [solo Dante, al fig.: li lessi dolenti (nell'Inferno), con glossa del Buti]); TLIO.

lettera f. 'ognuno degli elementi grafici di cui è costituito un alfabeto, lettera' 150 (*tortello* in forma di l.).

levaduro m. 'pasta acida' 193. B 8,1005a [LCucBo e MSavonarola-Cosse; «dallo spagn.» non convincente, cfr. occ. *levadura*, fr. *levure*, FEW 5,276b]. Cfr. → LEVAME. Δ

levame m. 'pasta di frumento fermentata, che si adopera per provocare la fermentazione di più farina a cui si mescola con acqua, pasta madre, lievito del pane, pasta acida' o (anche) 'lievito ottenuto da colture (di zuccheri)' ? 81; 193. B 8,1005b ['lievito' troppo ridotto o falso]. Cfr. → LEVADURO.

levare v.tr. 'rimuovere, portar via, levare' 65 *levala dal fuoco* (sim: 71; 79; 122; 135); 69 *leva via l'oglio* (136: *l'acqua*); 106 *levato su il cuoio*; 111 *leva la carne da l'osso* (B 8,1011c, 35.); ■ v.intr. 'lievitare (della pasta)' 81 *fa levare cioè fermentare* (B 8,1016a, 73. [solo fine XIII e 1494]).

libra f. 'unità di misura di peso, libbra' 195; 198.

libro m. 'insieme di fogli rilegati che contengono un testo, libro' titolo.

ligare v.tr. 'stringere una cosa o più cose assieme con una fune e sim., legare' 108 (*collo*); 113 (*budelle*); ■ 'attaccare con una fune e sim.' 192 *liga tale pane sopra i polsi*; ■ 'tenere unito, collegare' 132 *'l nero de la seppia si de' ligare di capo, che non si sparga.*

limoncello m. (*limoncello* 71, *lemoncello* 133, *lemmoncello* 127) 'frutto (piuttosto piccolo) di una specie di Citrus' (?) 71 *aranci / limoncelli / lumie*; 127 *aranci / citrangole / lemmoncelli*; 133 *aranci / citrangole / lemoncelli.* {LCucMerAB *lomoncelli*, *lum-*, ecc.}. B 9,85a.

[**limone**] m. (*lemone* 153, *lemmonne* 98) prob. 'frutto della Citrus limonum, limone' 98 *lemmonni / lomie / cetrangule*; 153 *melerancie / citrangole / lemoni.* {LCucMerAB *lomone, lum-*}. Iniz. XIV Aldobrandino trad. Bencivenni, Möhren ItSt 11,110. B 9,85b, 2. [da Leonardo da Vinci]. CortZol² [discute ancora Crusca]. Δ

limonìa f. nome di un piatto (intingolo) aromatizzato tipicamente al limone o altro agrume R98; 98 *limonìa di polli... succhio de lemmonni, o di lomie, o di cetrangule.* {LCucFr [G/B] (metà XIV) indice e ric. xiiii e lxxviiii *lomonia*; LCucFiM 13 *lumonia* (si fa con *aranci bene sugosi*); LCucCaF 119 *limonia*; LCucMerAB 18 *limonia*}. B 9,85c ['pollo...' incerto; «deriv. da *limone*» falso o incerto]; TLIO [def.]. Cucina ar.: spesso di pollo, anche pane di mandorle (Med. Ar. cook. 316: Waṣf; Martellotti, *Giambonino* 290). Δ

lino m. → PANNO.

liquido agg. 'che non è solido, che

può fluire, liquido' 183 *cera liquida.* B 9,130a, 4. [XIV].

liquore m. 'liquido (di cottura)' 88 *poni il dicto ventre in la padella sença liquore.* B 9,132a.

litargiro m. t. di farmacia 'minerale rosso (tossico, trovato in miniere o ottenuto mediante la calcinazione di piombo, ossido doppio di piombo, var. rossa), usato in farmacia e come pigmento, litargirio' 198. B 9,150c; TLIO [def.].

[**lombo**] m. (*lumbo* 106) 'massa muscolare della parte posteriore dell'addome dell'animale macellato, lombata' 106 *l. di porco crudo.* B 9,204b, 3. [4° qu. XIV].

lomia f. → LUMIA.

longh- → LUNG-.

luccio m. 'pesce predone di acqua dolce, dalla carne dura bianca molto liscosa, luccio' 81 *ova di luccio*; 103 *polpa... di luccio.* B 9,238b; TLIO.

lumbo → LOMBO.

lumìa f. (*lumìa* 71, *lomìa* 98) 'frutto di una Citrus, specie di limone incrociata (C. lumia pyriformis?)' 71 *aranci / limoncelli / lumìe*; 98 *lemmonni / lomìe / cetrangule*; 128 *citrangole / aranci / lomìe.* B 9,275c. Cfr. → LIMONCELLO.

[**lunghetto**] agg. (*longhetto* 178) 'assai lungo' 178 *cipolle... tagliale per traverso longhette e sottili.* B 9,301a, 48. [senza def.].

[**lunghezza**] f. (*longheça* 129) 'estensione massima di qlco. che è più lungo che largo, lunghezza' 129. B 9,292b.

lungo agg. 'che si estende in lunghezza' 198; ▪ *per lungo* loc.avv. 'nel senso della lunghezza' 85 *falle per lungo o per traverso* B 9,300c.

luogho m. *in luogho di* 'al posto di (un'altra cosa)' 97; 134; *in luocho di* 149. B 9,310a.

maça → MAZZA.

magiorana f. 'specie di erba aromatica di cui si usano i rametti fogliati (Origanum maiorana), maggiorana' 5; 134; 141; 155. Martelli 53. B 9,430a; TLIO.

magiorantia f. 'maggiorana' 140 (ms. sic). Δ

magiore agg. t. di farmacia 'che è più grande (di una varietà più piccola)' 198 *consolida magiore* (B 9,438a, 36.: t. bot., P. Cresc.; 10,471b, 32., curcuma); ▪ 'più considerevole (un numero ecc.)' 120 *magiore habundantia.* B 9,434b, 14.

magro agg. 'povero di grassi (di cibi)' 73 *brodo magro* (nella ricetta, brodo sgrassato). B 9,480b, 2.

malardo m. 'germano reale' R157; 157. Bocc., Caccia di D. VIII 3; ecc. B 9,502a. [orig. germ. err.]. Dal mlt. *maslardus* (RecCulLibM), < afr. *malart*, REW 5392; FEW 6^1,426a MASCULUS.

male m. t. di medicina 'stato patologico, malattia' 197 *contra 'l male de chi avesse la borsa grossa.* B 9,520b, 5.

malva f. 'pianta delle Malvacee, con foglie lungamente picciolate e crenate e fiori rosei (prob. Malva silvestris, usata in cucina e farmacia), malva maggiore' 163 *malve* pl. (come verdura, con azione medic.). Martelli 55. B 9,582b.

mancamento m. 'il fatto che qlco. manchi, mancanza' 126. B 9,598b; TLIO 1.

mancare] v.tr. 'non essere disponibile, mancare' 153 *mancando questo...* B 9, 602b.

[**mando(r)lata** → AMANDOLATO.]

mangiare v.tr. 'ingerire (un cibo)' 5; 10; 23; 26; ecc. (B 9,654a; TLIO); ▪ sost. m. 'atto del mangiare' 2; 151 (B 9,658c; TLIO 1.); ▪ 'cibo' 6; 13; 17; 97; 132; 157 pl. *-i*; 164 id.; 180

sg. (B 9,659a, 2.; TLIO 1.2.). Cfr. ⟶ BLANMANGIERI.

maniera f. 'modo di fare' (in cucina) R1; R32. Gallicismo, solo nell'indice; ivi anche, e nel testo solo: *modo*.

manna f. 'sostanza zuccherina leggermente purgativa ottenuta per incisioni del tronco dell'orniello (frassino da manna, Fraxinus ornus, Italia meridionale, e spec. Sicilia), manna' 198 *de non essere stiticho usi cassia o manna*. B 9,700a, 3; TLIO 2. Lo stesso nome che quello del cibo biblico (B 9,699b, 1.; TLIO 1.).

mano f. 'mano' 124 *speçato minuto colle mani*; ⟶ PALMA.

marchese m. 'abitante della Marca Trevigiana' (?) 14 *Item, a usança di marchesi*. Non è una ricetta ricca: il nome sembra non derivare dal titolo feudale. Martellotti, *Ricettari* 29 n.15.

marino agg. 'di mare' *pesci marini* 74; 123. B 9,810a, 6.

masticare] v.tr. 'schiacciare qlco. ripetutamente coi denti, masticare' 182 *mastichi* 3 sg. cong. B 9,903c; TLIO.

mastice f. t. di farmacia 'resina che stilla dal lentisco (Pistacia lentiscus), usata come droga' 187 *mastice è bona contro... m.*; 198 (bis). Frosini, *Cibo* 187. B 9,907a; TLIO.

matina f. 'parte del giorno fra il levare del sole e il mezzogiorno, mattina' 62 (⟶ SERA; VESPERO); 137 *la matina cava la gallina* (cotta di sera)..., *e serva*. Cottura sera/mattina anche LCucFiM 12.

matrice f. t. d'anat. 'organo dell'apparato genitale femminile, destinato a sostenere lo sviluppo del feto, utero' 189 *aglio... posto nella bocca de la matrice provoca il mestruo*. B 9,936a.

mattone m. 'pietra fabbricata con argilla, mattone' 183 *mattone caldo* (medic.). B 9,959b; TLIO 1.

maximamente avv. 'in primo luogo, principalmente' 187 *maximamente reumatica passione*. B 9,898c.

[**mazza**] f. (*maça* 54) 'specie di grosso pestello, utensile da cucina per schiacciare per es. legumi bolliti' 54 *menale (fave) con la maça*. B 9,975a, 15. e TLIO 1.3 [LCucBo *mazza* (da corr.), att. unica]. Δ

meço agg. ⟶ MEZZO.

medesmo agg. 'che è identico' 6; 129; 133; 159. B 9,1009b.

medicina f. t. di medicina 'sostanza semplice o composta che per le sue proprietà è dotata di virtù terapeutiche, medicamento' 182–185. B 9,1025b, 5.

medicinato m. t. di medicina 'chi ha ottenuto un farmaco' 185 *al medicinato vene sete*; {LCucMerAB CXXIIII}. Per l'agg. vd. B 9,1028a; il sost. manca. Δ

medolla f. ⟶ MIDOLLA.

meità ⟶ METÀ.

mela cotogna f. 'frutto del cotogno' 64 (-*e* pl). B 10,13a.

melangola f. prob. 'arancia amara, melangola' 72 *succhio di melangole*; 93 id. B 10,14c; TLIO [1 att., XIV]. Cfr. ⟶ ARANCIA.

[**melarancia**] f. (*melerancie* pl. 153) prob. 'frutto della Citrus aurantia, arancia amara' 153 *melerancie/citrangole/lemoni*. B 10, 17a [def. doppia inadeguata]; TLIO. Frosini, *Cibo* 128.

mele m. (*mele* R149; ecc., *melle* 149) 'sostanza dolce che le api producono, miele' R149; 53; 54; 64; 80 *mettivi su çuccaro o mele*; 146 *mele bullito*; 149; 183 *mele bene spurato*. Frosini, *Cibo* 170.

melegrana f. 'frutto del melograno

(Punica granatum), melagrana' 100 *succhii di melegrane forti o dolci... melegrane.* B 10,13a.

membro m. 'arto (di un animale macellato)' R111; 111 (v. SPALLA)... *altri membri* (B 10,38b,1.); ■ 'id. (dell'uomo)' 187 *graveça de tutti i membri* (B 1038b, 2.).

menare] v.tr. 'far muovere qlco. per mescolare' 28; 54 *(fave) menale con la maça*; 122 (B 10,59a, 20.); ■ t. di medicina 'indurre la purga' 183 *se non menasse punto, facciasi uno cristere* (B 10,59a, 18. [2 att.]).

menta f. 'pianta erbacea dall'odore acuto usata come aroma, menta (prob. Mentha viridis, selvatica e ortolana)' 88; 124; 181; 192 (Martelli 59; B 10,91c); ■ *menta romana* prob. 'Mentha spicata' uso medic.: 188 *giengie... menta romana cioè ortolana, poi te le frega con polvere di menta overo con menta secca* (B 10,92a ['Balsamita suaveolens' dubbio]). HoppeDrog 1, 711b. Cfr. ⟶ NEPITELLA.

merola f. 'parte soffice (del pane), midolla' *merola di pane* 134; 168 *m. del pane.* Cfr. ⟶ MIDOLLA. B 10,179c, 1. [«In partic.: mollica di pane» per il solo LCucBo non è corretto]. Etim. discussa, vd. FEW 6^1,638a.

[**mescidare**] v.tr. (*mese-* 107) 'mettere insieme, miscidare' *mesedati* p.pass. m.pl. 107 *ova e lardo... mesedati insieme.* B 10,188a [m. XIV].

mescola f. 'utensile da cucina, grande mestolo, talvolta bucherellato' 28; 53; 82; 122; 135; ■ *m. forata* 75; 79. B 10,189a.

mescolare] v.tr. 'rimestare mettendo insieme sostanze, mescolare' 197 *... polvere, mescola cum... commino, ... mescolavi peli.* B 10,191c, 1. Prima att. sec. XIII Cron. fior. Schiaffini; Benciv., vd. Möhren ItSt 11,110 e AldBencLB gloss. Δ

mese m. 'mese' (come epoca di un certo cibo) 11 *mese di septembre*; 17 *mese d'aprile.*

mesedato ⟶ MESCIDARE.

mestare] v.tr. 'agitare mescolando, mestare' 3; 51; 65 *mesta onni cosa insieme*; 66; 73 *mestato*; ecc. B 10,224a.

mestolare] v.tr. 'rimestare, mescolare' 122 *mestola con la mescola.* Δ

mestruo m. t. di medicina 'mestruazione' 189 *aglio... posto nella bocca de la matrice provoca il mestruo.* B 10,238b.

[**metà**] f. (*meità* 64; ecc.) 'metà' 64; 111; 197.

mettere v.tr. (*mettere* 1; ecc., *metere* 21; 44; 47; 49; 103, *mettare* 2; 126, *metare* 138) 'collocare, porre una cosa in un determinato luogo, mettere' 1; 2 *mettarvi*; ecc. (spec. *metti* imper.). Cfr. Introd., cap. ‹Vocalismo›. Meno frequente che ⟶ PORRE.

[**mezzanamente**] avv. (*meçanamente* 43) 'di dimensione media' 43 *tagliato grosso meçanamente.* B 10,305b.

[**mezzo**] agg. (+ con valore avv.) (*meço* 64; 111; ecc.) 'di cosa che costituisce la metà di un intero' 192 *vaso meço pieno* (B 10,319a, 7.); ■ s.m. 'punto intermedio, mezzo' 111 *nel meço*; 116; 129; 145 (B 10,322a); ■ *(parti) per meço* 140; 175 id. (*taglia* ~) (B 10,332a); ■ *a meço* 64 *cocansi tanto che 'l mosto torni a meço*; 198 sim. (B 10,329a, 47. [solo Palladio]).

[**midolla**] f. (*medolla* 17; ecc.) 'parte soffice (del pane), midolla' 122; 179 *m. di pane*; 181 *m. di pane gratugiata*; {LCucMerBB *modolla, med-*} (B 10,367b, 1.); ■ 'parte più interna di qlco. composto, cuore (anche polpa)' (nell'es. detto di *latuche*)

17 (ad B 10,368a, 4. [la frammentazione non permette l'integrazione dell'att.: 'polpa, seme, gheriglio, endosperma']; cfr. AldBencLB). Δ Cfr. ⟶ MEROLA.

migliaccio m. 'specie di sformato con ingredienti vari impastati con uova sbattute ecc., migliaccio' 197 (con tali ingredienti) *facci frictelle o migliaccio*; {LCucFiM 23 *miglacci bianchi... togli tanto lievito che sia un meço pane... farina*; LCucFr [G/B] xxx *milliacci* pl.; LCucMerBB LXI *miliaccio bianco* = 43 *vinacio* [l. *milacio*?] *bianco*}. Sembra che la forma e la cottura siano gli elementi centrali della denominazione (all'origine prob. una polenta di miglio arricchita); la distinzione del B 10,379c, 1. ['torta con sangue'] e 2. ['con formaggio'] è problematica; TLIO; cfr. Frosini, *Cibo* 150: gran 'torta' [meglio: sformato] di formaggio e uova; SchiancaCuc [senza LCucBo].

minestra f. 'porzione individuale (destinata ad essere portata a tavola, spec. in scodella)' 54; 104 (risotto liquido al pollo) *quando farai le minestre mettivi su çuccaro*; 137 *fa minestre*. B 10,440a [la differenziazione nella ‹def.› ('Vivanda... Anche: piatto...') non è eseguita nelle att.; le prime att. documentano 'porzione..']. Vd. ⟶ MINESTRARE. Δ

ministrare v.tr. (*menestrare* 21; 102; 103, *ministrare* 98; 171) 'fare le porzioni (mettendo in scodelle); servire' [distinzione?] 21; 102 *quando tu menestrarai, mettivi suso çuccaro*; 103; ■ inf. sost. 98 *presso l'ora del ministrare, metti in quello succhio de lemmonni*; 171. TB 3,275; B 10,458a, 2.

minore agg., usato in t. di farmacia 'che è più piccolo (di una varietà più grande; caratterizza spesse volte una tutt'altra pianta)' 198 *consolida magiore e minore*. B 10,471b, 32. t. bot. [fine XIV Serap. Crusca; def. err.].

minutissimamente avv. 'molto minutamente' 12 *senationi... tagliati minutissimamente*; 106; 162. Möhren ItSt 11,110: Libro cur. malatt. dubitabile. Δ

minuto agg. 'in piccoli pezzi' [sempre di verdure sminuzzate, lardo, ecc.; con la terminazione *-o*, può trattarsi anche dell'avv.] 9 (bis); 20 *çucche... tagliale minute*; 23 *porri... tagliati minuti*; 27; 62; 63; 64 (lat. *-e*); 89; 92; 121; 124; 138. AldBencLB 23v40; LCucFiM 34. B 10,481c, 2. ['sminuzzato', di terra e sim.]; 487b, 49. [gastron. *insalata minuta...*, sec. XVIII; s.m. ant. 'vivanda... erbaggi sminuzzati...' Bencivenni]; cp. Frosini, *Cibo* 114 [*minuto* m. 'erbaggi misti' (si compra tutto pronto al mercato)]. Cfr. ERBA, FOGLIA.

minuto agg. con valore avv. 'minutamente' 26 *porri bianchi tagliati minuto*; 46; 61 (lat. *-im*); 91 (lat. *-e*); 131; 134; 136. TB 3,283c; B 10,481c, 2.

[minuzzare] v.tr. (*minuçato* p.pass. 118, *menuçato* 42; 99) 'ridurre in pezzi o pezzettini, sminuzzare' 42 *pesci menuçati overo battuti*; 99 (*çuccaro*); 118 (*capretto* e *cipolle*). B 10,492a, 1. [minuzzare biscotti ecc.]; 492c [carne ecc.: distinzione problematica].

misticare] v.tr. 'mesticare, mescolare' 89 *gualdaffe cotte, tagliate minute, misticate con ova*. B 10,225c [sec. XIV].

misto agg. 'che è composto da elementi di qualità diversa, misto'

19 *carne battuta mista* (d'animali vari?). B 10,580a.

mistura f. (*mistura* 112, *mixtura* 126) 'miscuglio di cose o sostanze diverse (mangiabili), mistura' 112; 126. B 10,584a.

mitigare] v.tr. 'rendere meno intenso, mitigare' 189 *mitiga il dolore*. B 10,606a.

moderno m. 'uomo che esercita un'arte nell'epoca attuale secondo convinzioni o conoscenze attuali, spec. in contrapposizione a ciò che è stato prodotto in passato' 183 *i moderni tollono...* (in medicina). B 10,660a, 12. [dal Petrarca]; TLIO: Dante, Conv. (uomini in gen.). Δ

modo m. (*modo* R12; ecc., *muodo* 3) 'qualità variabile dell'essere, dell'operare, del sentire, modo' R12; R36; R43 *in cinque modi*; ecc.; 5 *a questo modo*; 20; 36; 43 *a modo di Francia*; ecc.; 73 *tagliata a modo di dadi*; ecc.; 102 *a modo el tramo[n] tano*; ecc.; 110 *simile modo puoi fare d'uno capreto*; ecc.; 122 *forma al modo de la tegghia* (forma e grandezza); ecc. Cp. → MANIERA e i nomi propri.

molena f. 'pane (secco) senza o con la crosta, ridotto in briciole, pangrattato' (piuttosto che 'interiore del pane') *molena di pane* 20; 71 *molena di pane abrusciata... la dicta molena* (lat. *micam panis*); 91 *molena di pane*. B 10,697b [LCucCa; 'mollica' polisem.]; REW 5649. Δ

mollare v.tr. e assol. 'rendere molle (per immersione)' 21 *metille in acqua a mollare*; 49 *molli* imperat.; 73 *molla il pane*. B 10,712c.

molle agg. 'che non è duro, molle' 111 (impasto). B 10,713b.

mollificare] v.tr. 'rendere molle (per immersione)' 20 (*çucche secche*). B 10,730c.

mollire v.pron. 'diventare molle, ramollirsi' 43 *pane... vi si molli* (nell'acqua). B 10,732a [it. mod.].

mollo (a –) loc.avv. 'in ammollo' 20 *polle a m. con acqua calda al vespero*; 36 *tenuti a m.*; 62 id. B 10,733a, 8. [iniz. XIV (Siena)].

mondare v.tr. (*mondare* 1; ecc., *mundare*] 53) 'privare qlco. della buccia, del guscio, della scorza e sim. (verdure, uova, formaggi e sim.)' 1; 34; 138; 168; 178; ▪ 'pulire (alimenti)' 53; 88; 100; 122. B 10,776b, 1.

mondo agg. 'privato della buccia, del guscio, della scorza e sim.' 69; 74; 103; 122; 134; 138 (B 10,784b, 4. [Palladio]; 1ª att. AldBencLB) Δ; ▪ 'ripulito (da residui non desirati)' 88 *ventre in la padella sença liquore sopra 'l fuoco, e volgilo e rivolgilo spesso, fine che possa essere bene mondo e raso*; 90 *budello mondo*; 98; 122; 137.

monte m. → FUNGO.

monticello m. 'piccolo monte' 141 *tomacelli... a modo di monticelli tondi*. B 10,860a, 3.

montone m. 'maschio della pecora, montone' 198 *pellicella de montone* (in farmac.). B 10,861a.

mordicare] v.tr. assol. t. di medicina 'consumare, corrodere a poco a poco (per l'azione di certe sostanze)' 192 *aceto... conforta l'apetito perchè mordica*. B 10,895b [m. XVI]. Δ

mortadella f. nome di un cibo (tra polpetta e salume) fatto di un impasto tritato (fegatello, fave, carne, pesce, ecc.) formato (con una rete di maiale per es.) e fritto R141 pl. *-e*; 141 *tomacelli, overo mortadelle* (con fegatello, uova). {LCuc-

CaF 46.} Non c'è mirto. B 10,935c; TLIO [«insaccato...»]. Δ

mortadello m. nome di un cibo (tra polpetta e salume) fatto di un impasto tritato (fegatello, fave, carne, pesce, ecc.) formato (con una rete di maiale per es.) e fritto 5 pl. *-i* (verdura, carne o pesce); 51 sg. *-o* (fiori di fave, carne); 54 sg. *-o* (impasto tritato di fave e pesce). B 10,936a [distinzione 1. e 2. non convincente; le due accez. att. con LCucBo solo; 3.: est., Bocc.]; TLIO. Δ

mortaio m. 'recipiente pesante usato per frantumare e polverizzare, mediante il pestello, mortaio' 5 *peste forte nel mortaio*; 8; 11; 36; 42 *battuti e distemperati nel mortaio*; 74 ecc. B 10,936b; TLIO.

moscata ⟶ NOCE.

moscatello m. 'mollusco simile a un piccolo polpo, con unica fila di ventose sui tentacoli (così chiamato per l'odore di muschio che sembra emanare), Ozaena/Eledone moschata, moscardino' 130 *altri pesci simili al polpo, che si chiamano ‹moscatelli›*. {RecCulLibM IV 15 *muscatellus*; LCucMerAB 69 *moscarello* (cp. per esso *moscardino*, B 10,983c, 3.: moderno; CortZol²: Florio 1598)}. B 10,984c, 4. [att. unica; sotto 1., 'varietà di vino moscato', infatti, è un derivato indipendente di *moscato* agg.]. TLIO [LCucBo, con *moscarello* LCucMerAB]. Δ

mostarda f. 'salsa densa a base di senape e aceto, mostarda' 62 *m. con mosto cotto*; 63 *mostarda bona facta con forte aceto*; 64. CortZol² [1ª data: 1288]; CastellaniGr 124; AldBencLB 65v41; Frosini, *Cibo* 171; B 10,1001c [Poesie mus. = sec. XIV M. Zaccaria, ed. Corsi, 313,8, ms. sec. XV]. Δ

mosto m. (*mosto* 62; ecc., *musto* 64) 'succo di uva, mosto' 64; ■ *mosto cotto* 'mosto cotto prima di fermentare' 62; 155. B 10, 1002c.

mummia f. t. di farmacia 'materiale balsamico preso da cadaveri imbalsamati (antichi) cioè mummie' 198. B 11,75a, 8.

nagalico m. 'anagallide (Anagallis)' ? 197 (contro la *rottura* della *borsa*) *usa la radice del nagalico*. [LEI 2,1039,40 piem. *nogàla*, ma nessun der. con *-ico*.] Δ

naoni ⟶ NAPONE.

napone m. (*napone* 29; 64, *navone* 29, *naone* [cp. ⟶ NEBULA/*neola*; [TAVOLA]/*taola*] ᴿ29) 'specie di cavolo con grossa radice carnosa commestibile, simile alla rapa, prob. Brassica napus rapifera, navone' ᴿ29 *naponi overo naoni*; 29 *naponi overo navoni... tolli i capi di navoni*; 64. Δ {AldBencLB *navone* (1ª att.); LCucMerAB 91}. B 11,175a *-p-* [LCucBo]; 269a *-v-*; TLIO [NAVONE, senza *nap-*]; Frosini, *Cibo* 115; AIS 1360 ‹RAPA› 189; 455; 456. [Zingarelli 2008 NAVONE solo 'ravizzone' (= colza, una pianta di coltura moderna) e data per err. «av. 1320» (= ca. 1335 Pallad.).] Δ

nare f.pl. t. di anat. 'narici del naso' 192. B 11,181a.

natura f. 'energia, forza generatrice dell'universo' 183 (medic.:) *la natura non si tiri in derietro dal suo operare;... la natura s'aiuta* (B 11,224b); ■ 'essenza costitutiva di cose, proprietà' 186 *l'aloe, che di sua natura è amaro e fetido* (B 11,228b, 15.?).

navale agg. ⟶ PECE.

nebula f. (*nebula* 160, *neola* 183) 'piccolo pane sottile (senza lievito)' 160; 183 *tolli una neola o parte,* *mettila nel vino, poi involgili dentro la pillola.* Cp. abruzz. *nevola*; → NAPONE/*naoni*. TB 3,455 [LCucBoZ [160] 'fettolina...' da corr.]; B 11,288a, 5. [160: unica att.; dove «region.»?]. Δ

neola → NEBULA.

nepitella f. 'specie di menta, calaminta, nepitella' 82 *nepitella e herbe*; ▪ appos. *menta nepitella* 124 *m. n. pesta*. Martelli 61. B 11, 361a.

nero agg. 'che ha il colore del carbone e sim., nero' 132 *mangiare nero*; 145. Cfr. → PEVERADA.

nero m. 'nero di seppia' R131; 131 *seppia... cavane il nero e servalo*; 132 *nero de la seppia... quando volessi fare salsa, savore, bruodo o altro mangiare nero, tu ricorra a quello.* B 11,374c, 54. [sec. XX]; CortZol² [*nero di seppia* Gar. 1895]. Δ Cfr. → SEPPIA.

netto agg. (*netto* 53; ecc., *necto* 112) 'privo di macchie, di sudiciume, di brutture, netto' 53; 55; 64; 102; 105; 112; 127.

noce f. 'frutto del noce (Juglans regia)' 180 *noce forata*; ▪ 'parte interna della noce che si mangia' R149; 20 *lacte di noci*; 34 id.; 149 *ponere amandole e avellani in luocho di noci*; ▪ *noce moscata* 'parte interna del seme del noce moscato (Myristica fragrans)' 106; 11 (*-ada*); 96 (*-ade* pl.); 196 (*n. moschade*) (SchiancaCuc 439b; B 11,477c [dal 1340]; CortZol² [da 1301–03]; anche AldBencLB); ▪ *noce d'India* 'nux Indica condita (noce moscata immatura, integra, conservata)' o 'noce di cocco' o altra, 96; {LCucFr[G/B] cv *noci d'India*} (cfr. Martelli 63; Frosini, *Cibo* 171; SchiancaCuc 438b; B 11,477c [dal 1340]; CortZol² [M. Polo]). {Nota *olio di noci* AldBencLB.}

novellino agg. 'venuto da poco, novello' (di verdure) 164. B 11,605c, 4. [di verdure: 1ª m. XVIII]; CortZol² [F. Sacchetti = *santi novellini*?]. Δ

novello agg. 'venuto da poco, novello' (di verdure) 18; 19; 41; 48; 50; 167. B 11,607a, 4.

nucato m. 'dolce fatto di miele e noci, torroncino' 149. B 11,624b [unica att., ma due def.]; TLIO [LCucBo]. Δ

nuovo agg. (*nuovo* 181, *novo* 133) 'che è la prima volta che si vede, si conosce, nuovo' 181 *frictelle nuove* (titolo della ricetta) (B 11,676c,1.); ▪ *di novo* 'un'altra volta, nuovamente' 133 *di novo l'arosti* (B 11, 682b).

o cong. (*o* passim, *u* 97 (titolo)) 'o' passim. Grafia *u* assai rara, vd. LEI 3²,2568,27; anche 2571,46; ecc.

[oca] f. (*occha* 71, *ocha* 72) 'uccello degli Anseriformi, oca (domestica, macellata)' 71; 72. Frosini, *Cibo* 85; 91. B 11,749a, 3. [2ª m. XIV; fine XV; ecc.]. Δ

occhio m. 'organo della vista, occhio' 187 (medic.).

occidere → UCCIDERE.

odorifero agg. 'che ha odore e sapore aromatico', qualifica spec. → ERBA, una volta *vergelle odorifere* (ardite) 145. B 11,817c, 1.

[ogni] agg. (*onni* 29; ecc., *oni* 135) 'ogni' 29; ecc.

olibano m. t. di farmacia 'specie di gommoresina di Terebintali (usata in farmacia e, bruciata, per culti), incenso, olibano' 198. B 11,867a, 1.

olio m. (*olio* 5; 9; 28; ecc., *oglio* R144; 1; 2; 3; 4; 10; ecc.) 'sostanza liquida untuosa..., olio (spec. di oliva)' 1; 2; ecc.; 10 *frigillo con oglio o lardo*; passim (B 11,873c); ▪ 'id. (di mandorla)' 103; 190; {LCucMerAB 13;

14, vd. qua sotto 103}. Le olive non vengono mangiate (v. anche Frosini, *Cibo* 134: *per un alberello d'ulive*, anno 1345); olive verdi, rosse e nere mangiate, vd. AldBencLB 75v23. Per [oło], Tosc. occid., vd. RohlfsGr § 280. Vd. → NOCE (*olio di n.*).

[**oltramontano** agg. 'che è al di là dei monti, spec. delle Alpi, o ne proviene' 102 *a modo [oltramontano*, ms. *el tramotano]* (lat. *ad usum ultramontanum*). GAVI 17,4,261. Cfr. B 21,154b (?).]

oncia f. (*oncia* 171, *unc*ia 195; 196) 'unità di misura di peso, oncia' 171; 195; 196. B 11,954a.

oni agg. → OGNI.

onore m. 'ornamento materiale che conferisce pregio, onore', *a onore* 'per conferire prestigio (prestato a qlco.)' 145 *a onore del detto arbore* (fatto di pasta). Cfr. B 11,1008b, 28. e 29. [mal documentato]. Δ

operare v.intr. t. di medicina 'agire, avere effetto, operare' 183 *la natura non si tiri in derietro dal suo operare* (anche di un farmaco; più volte, anche la forma *operando*). AldBencLB 24v15; ecc. B 11,1042a, sotto 23. [sec. XVI]. Δ

ora f. (*ora* 98, *hora* 2; 151; 198) 'periodo di tempo della 24ª parte del giorno' 198 (B 11,1090b); ■ 'momento' 98 *o. del ministrare*; 2 *hora del mangiare*; 151 *h. di m.* (B 11,1092a, 2.).

ordinare] v.tr. 'mettere in ordine' 63 *ordina a solaio... ordinate*; 73 *o. gradatamente a solaio*; 102. B 12,28b, 1.

ordinatamente avv. 'secondo un'ordine determinato' 69; 73;115; *ordinatamenti* 64. B 12,38a.

orecchia/-o] sost. t. di medicina 'organo di senso, orecchio' *orecchie* f.pl. 187; *orecchia* f.sg. 190 (B 12,62b); – *orecchi* m.pl. 190 (B 12,66c); ■ t. di zool. / cuc. 'seno palleale del calamaro che contiene la branchia' *orecchi* m.pl. 133 (manca nel B sotto ORECCHIO, c'è 'branchia di pesce' sotto ORECCHIA, 12,62c, 1. [2ª m. XVII]). Δ

origano m. 'erba aromatica mediterranea, pelosa e rossastra (Origanum vulgare), origano' 139 *o. secco*. Martelli 65. B 12,101a.

orinare] v.intr. (*orinare* 13; 163, *urinare* 189) t. di medicina 'emettere l'orina, urinare' 13; 163; 189 *aglio... fa urinare*. AldBencLB. B 12,110b.

oro m. 'metallo nobile giallo, oro' (come aggiunta per rendere un cibo più interessante e per un effetto terapeutico) 132 *...per li sani e per l' infermi*.

[**orrore**] m. (*horrore* 182) 'forte sensazione di ribrezzo o ripugnanza, orrore', ■ *avere in horrore* 'detestare' 182. B 12,157c, 17.

orto m. 'terreno dove si coltivano gli ortaggi, orto' 5 *poi torre erbe salvatiche overo domestiche, se d'orti non si potesseno aver*e (orto professionale ?). B 12,165b, 1.

ortolano agg. 'd'orto' (opposto a selvatico) 188 *menta romana, cioè ortolana* (→ MENTA). B 12,172c, 6.

osso m. 'organo costitutivo dello scheletro dei Vertebrati, osso, spec. di animali macellati' 107 *sença osso*; 111 *osso... osso de la spalla*; – *ossa* pl. 93 *la carne del capriolo si po arostire con ossa e sença ossa*; 137. B 12,232a.

overo avv. (*overo* R29; ecc., *overi* R80 [*-i* avverbiale analogo ? (RohlfsGr § 142 e 885: *anzi, altrimenti*, ecc.)]) 'ossia' R29; R80; 1; ecc.; ■ 'oppure' R85; R141; 5; ecc.

ovo s. 'uovo (spec. della gallina)' *ovo* m.sg. 11; 140; *ove* f.pl. 7 *ove perdute* 'uova affogate'; *ova* m.pl. 5; *ova* f.sg. 140; *ova* f.pl. R140 *ova* *piene* 'uova imbottite' (LCucCaF 47 molto sim.); 1 *ova debattute* 'u. mescolate'; ecc.; passim, tra cui: 4 *ova perdute* 'u. affogate'; 31 id.; 37 id.; 40 id.; 19 *ova rotte* 'u. strapazzate'; 24 *ova sperdute* 'u. affogate'; 44 id.; 171 id.; 79 *albumi d'ova stretti* 'albumi duri'; 140 *la ova piena... ovo crudo... ova fritte* 'u. fritte nel tegame', *arostite* (al fuoco, o *sotto la bragia* 174 ?) *e sbattute* 'u. strapazzate'; 143 *rompere l'ova sane con esso* (brodo, dove si trovano *ova debattute*) 'aggiungere uova affogate'; 153 *ova lesse* 'u. sode'; 183 *ovo da bere* 'u. da bere, fresco e crudo'; ▪ 'id. (spec. del pesce)' 81 *ova di luccio o di trota o di corvalo o d'altro pesce.* {Nota *uova molli* pl. 1310 AldBencLB 23r46; 48v22; LCuraMalM 26; *ove plene... ben duri* LCucCaF 47.} B 12,300c; 21,564a [analisi poco profonda]. Cfr. → ALBUME, TUORLA.

pacca f. 'una delle due metà di un tutto (rotondeggiante, qua le metà bianche, senza tuorlo, dell'uovo cotto duro)' 140 *empi le pacche de l'ova.* {LCucCaF 47 *li elapi.*} B 12,314c. Cp. aneap. *pakke* 'natica' REW 6153a; *paccone* 'prosciutto'?, Iacopone, B 12,317c. Δ

padella f. 'utensile da cucina poco profondo, spesso munito di un lungo manico, usato spec. per friggere, padella' 15; 27 *padella o altro vaso a friggere*; 43; 72; 79; ecc. B 12,331a; TLIO.

palma f. 'parte interna della mano, palma' 106 *le palme de le mani*; 149. {1310 AldBencLB.} B 12,424a; TLIO.

pane m. 'alimento fatto di farina, cotto al forno, pane' att. scelte: 20 *molena di p.*; 24 *p. trito o gratato*; 35 *p. insuppato*; 73 *fette di p.*; 93 *pane arostito - la crosta*; 95 *p. abrusciato*; 109 *p. abrusticato*; 114 *pane tagliato rotondo a modo di taglieri... p. fricto nella padella*; 134 *merola di p.*; 154 *p. abr. e insuppato*; 179 *medolla di p.*; 181 *medolla di pane gratugiata* (B 12,466c); ▪ *p. biancho* 72 (B 12,454a PANBIANCO [1ª m. XV]). Δ

paniccia f. (*paniccia* ^{R}152, *panicia* 152) 'poltiglia'? (< 'farinata (di panico), paniccia') ^{R}152; 152. La ricetta non contiene del panico e nessun'altro grano; cfr. LCucFr [G/B] xxxviii *Tolli panico brillato... questa paniccia*; cxv *paniccia di carne ... sia spessa*, senza panico, ma con *merolla di pane*; LCucMerBB XXXX *paniccia de porco*; 32,1 *paniça* con *milglio overo panico*; XXXXVII *paniça.* SchiancaCuc; B 12,480b. Δ {*Brillare* v.tr. 'levare le cuticule (di certi grani) con un'operazione al pistello' è citato in TLIO secondo LCucFiM 52 (*ariso*; att. unica); aggiung. LCucFr[G/B] xxxviii (*panico*): prime att. Δ}

[pannicello] m., *panicello caldo* t. di medicina 'pezzuoletta impregnata di sostanze medicamentose o riscaldate e quindi applicata a scopo curativo' 183 *poni su lo stomacho panicello caldo.* B 12,488c, 4. [sec. XVI]. Δ

panno m. 'tessuto (di lino, usato in cucina per filtrare, spremere ecc.), panno (lino)' 18 *premile fortementi in uno panno*; 85 *panno di lino*; ▪ *panno lino* 103; 179. RohlfsGr § 991. Frosini, *Cibo* 202 *panni lini* 'indumento intimo maschile, brache' (perché no 'pannolino (per la cucina)'?). B 12,490a [*panno di lino*, sec. XV]; 494c [signif. gen.]; CortZol^{2} [id.]. Δ Cfr. → STAMIGNA.

paparo m. 'oca maschio giovane, papero (macellato)' R71; R156; 71; 72; 109; 156 *savori per papari e per porchetta.* B 12,516b, 2.; TLIO.

paperdello m. 'specie di ortaggio (utilizzabile come il *raponcello*)' 31 *raponcelli overo paperdelli.* B 12,516a [unica att.; «da *raperello*?»]. La prossimità di *pappardella,* specie di pasta, può produrre confusioni (v. B 12,523c [l'att. dal Grazzini, metà XVI, si riferisce probabilmente all'ortaggio]). TLIO [«sign. incerto», solo LCucBo]. [Frosini, *Cibo* 63: pasta.] Δ

[**paragrafo**] m. 'ciascuna delle parti in cui è diviso un capitolo di uno scritto, paragrafo' 192 *paragrafo* [abbrev.] *finale.* B 12,550a, 2. [1ª m. XIV; XVI; ecc.].

parere] v.intr. 'sembrare conveniente, parere' 5 *pare a la discretione* (3 sg. pres.); 175 *paiano* 3 pl. cong. pres. B 12,592b.

particularemente avv. 'con riferimento ad una sola cosa, singolarmente' 63 *poni mostarda e poi herbe particularemente.* B 12,677b, 4. [sec. XVI]. Δ

partito p.pass. agg. 'tagliato a pezzi' 96 *ucelli piccioli, interi o partiti.* B 12,697a.

passione f. t. di medicina 'dolore fisico' 187 *reumatica passione.* B 12,768c, 2.

pasta f. 'impasto di farina stemperata con acqua, lavorato in una massa più o meno duttile (con o senza mezzo fermentativo), pasta' 28 (impasto semiliquido per friggere qlco. con involucro; è chiamato *pasta molle* in LCucFiM 42; in AldBencLB 76v42 si involge una zucca di *pasta molle* [mezzo solida] per cuocerla con crosta nel forno); 81 *farina... con un poco di levame... pasta*; 116–118; 122 *p. salda... p. sottile*; 128 *p. dura*; ecc. {AldBencLB}. B 12,784c; TLIO; CortZol² ['massa...' per AldBencLB, 'farina...' per Mensa in Frosini, *Cibo* 64: distinzione dubbia].

pastello m. 'vivanda composta da un involucro di pasta, di forma variabile, e un ripieno, cotta al forno, pasticcio' R117–119; R127; R129; 19; 89; 117; 119 *pastello de ucelli vivi* (→ VIVO); 120; 121; 126; 127; 129; 145; ■ *pastello romano* prob. 'pastello dal ripieno disposto in strati (‹alla romana›)' R116; 116 *facciasi la crosta; componi poi il pastello, facendo due o tre solari.* B 12,789a, 1. [«di carne» da corr.]; TLIO [sotto 1.].

pastino m. 'terreno (lasciato incolto per qualche tempo) ben lavorato (anche ingrassato)' 163 *Togli cauli di pastino.* B 12,794b: LCucBo; 1ª att.: P. Crescenzi, TB; LCucMerAB 85; 86; SchiancaCuc; doc. Melfi 1572, ed. F. Patroni Griffi et al., *Minoranze*, Mil. 2002, 59. → CAULO.

pasto m. 'cibo o cibi assunti' 198 *guardisi da pasti ventosi.* B 12,794c, 3.

pastringa f. nome di un cibo composto di formaggio, rete di porco, farina e uovo (cotto su un fondo di pasta) R158; 158 *De la pastringa... cascio grasso... rete di porco... poni nelle croste.* Lat. *brustinga*; *rata... cum crustis, vel sine crustis.* B 12,804b [unica att.; indica «sen. mod. *pastingoli*» che si trova in Man 2,1,402c 'sorta di manicaretto']; TLIO [solo LCucBo]. Δ

pavone m. 'uccello galliforme, pavone' (come cibo) R106; 78; 106; 114; 115. B 12,877b, 3.; TLIO.

peça / -o → PEZZA / -O.

pece f. 'catrame (vegetale o fossile) assai consistente (per natura o come residuo della distillazione) e sim.', *pece navale* 'id., preparazione usata dapprima per calafatare navi, pece nera' (uso medic.) 198 (*impiastro*) (B 11,253a; TLIO 1); ▪ *pece greca* t. di farmacia 'residuo solido, bruno chiaro, della distillazione di certe oleoresine, usato per vernici, mastici, in medicina, ecc., pece greca' 198 (bis, *impiastro*) (B 12,902c; TLIO 1.1).

pecora f. (*pecora* 48; ecc., *peccora* 79; 102) 'ovino allevato spec. per la lana, la carne, la pelle, il latte, pecora' (qua si usa il latte) 48 *lacte di capra, o de pecora, o lacte d'amandole*; 79; 102; 104; 137; 138. B 12,904a.

pecorino agg. 'di pecora' R143 *lacte... p.*; 143. B 12,907c, 1. {'cattivo odore e gusto di becco' → BECCUME.}

pelare] v.tr. 'privare dei peli, delle penne, pelare (un animale macellato)' 71 (*paparo*); 73 (*castrone, vitella*); 107 (*galina*); 109 (*vitello*); 110 (*capreto*). B 12,950a, 6. ['volatile']; 950b ['animali'].

pelle f. 'rivestimento esterno del corpo degli animali, pelle' 106 (*pavone*) (B 12,965b, 6.); ▪ 'strato esterno membranoso di frutti e sim., buccia' 183 (*cerasa, uva*) (B 12,967b, 12. [sec. XV]). Δ

pelo m. 'pelo (di animale)' (usato in farmacia) 197 *peli di lepore tagliati*; 198 *pellicella de montone frescha con peli*. B 12,972a, 2. [generale].

penetrativo agg. t. di medicina 'che ha la forza di penetrare' 192 *aceto... sua virtù è penetrativa*. B 12,1009a, 2. [P. Cresc.]; TLIO [1., con att. medic.].

penna f. 'penna (dell'uccello)', al pl.: rivestimento del corpo dell'uccello R106; 106; ▪ *pene* pl. 106 (usate come strumento per spennellare qlca.). B 12,1017b; TLIO [ad 3.].

pentola f. (*pentola* 1; ecc., *pentolla* 78) 'recipiente (fornito di coperchio) per la cottura dei cibi' 1; 2; 74; ecc.; 141 *p. voita*; 198 *p. roça* (B 12,1064a; TLIO); ▪ meton. 'cibo (nella pentola)' 179 *trare il sale de la pentola*, ad TLIO.

pepe m. 'una spezia piccante (frutto del Piper nigrum), pepe' 1; 3; 5; ecc. Martelli 67. B 12,1073a [sarebbe bene distinguere *pepe nero* (1e att.: AldBencLB e LCuraMalM 4), *pepe bianco* (1a att.: LCuraMalM 22; Franc. Bald. Pegolotti 296a; B: Tr. Mascalcie ecc.) e *pepe lungo* 'Piper longum L.' (1a att.: AldBencLB; B 12,1073b: Tr. Mascalcie e Franc. Bald. Pegolotti 296a, dove anche *pepe tondo*; ecc.)]. Cp. → SPEZIA. Δ

pera f. 'frutto del pero' R21; 21; 63 [in una *composta* di verdure]; 64 [id.]; 74 [in un piatto al cappone]; 145. 1a data precisa: 1310 AldBencLB. B 12,1083c [Franc. da Barberino, Doc. am., Egidi, 1,264,3]. Δ

perduto → OVO.

perfecto agg. 'privo di difetti, perfetto' 186. B 13,3b, 2.

pernice f. 'uccello selvatico, pernice grigia, starna' 95 *pernici cioè starne*; 110. B 13,67c; TLIO [1. senza LCucBo e 2.: def. Δ]. (SchiancaCuc 'pernice rossa' meno prob.)

persona f. 'essere umano in quanto tale, individuo, persona' 183 (un malato); 185 (id.). B 13,103b.

pesce m. (*pesce* R68; ecc., *pescio* (cfr. RohlfsGr § 353; B 13,167c) R133; R144; 5; 68; 69, *pescie* 103) 'animale aquatico vertebrato, anche invertebrato, pesce o mollusco' R68; R69; R85; ecc.; R133 *calamaio che è pescio*; R143; R144; 3 *pesce insalato*;

5 *polpe di pescio sença spine*; 68; 69; ecc., nota 74 *pesci marini*; 103 *polpa del pescie*; 123 *pesci marini e di fiumi*; 130 *pesci simili al polpo, che si chiamano ‹moscatelli›*. Frosini, *Cibo* 97 [*pescie marino* ecc.]. B 13,160b, 1.; 162b, 2.; TLIO. Cfr. → CALAMAIO.

pesello m. 'seme commestibile del pisello, una leguminosa, di forma rotonda (di più varietà?), che si mangia fresco (talvolta immaturo) o dopo ammollamento del seme secco' (sempre al pl.) ^R43; ^R167 *peselli freschi*; 43 *De peselli. Togli i pesi*; 46; 47; 167 *Dei peselli freschi... Togli i pesi novelli*. 1310 AldBencLB 68r1 *peseli*; Frosini, *Cibo* 115; B 13,564b; TLIO.

peso m. 'seme commestibile del pisello' (sempre al pl.) 43 *De peselli. Togli i pesi*; 44; 45 *pesi freschi*; 167 *pesi novelli*. Frosini, *Cibo* 116 [dà come 1ª att., *pesi minuzzati*, dal «Libro della cocina», che è il LCucBo, att. però erronea come quella di B 13,177b, dove Anon. tosc. LXVI–1–27 *pesi minuzzati*; corrispondono a LCucBoM 42 *pesci menuçati*, in una ricetta quaresimale di ceci con pesce]. AldBencLB 69r16: 1ª att.; B 13,177b [2 att.] e 565c [un'att. di *piso*, sec. XVI]. Δ

pestare v.tr. 'ridurre qlco. in frantumi, pestare' 11 *togli fiori di finocchio e pesta nel mortaio*; 36; 50 *herbe odorifere pestate*; 59; ecc. B 13,182b.

pesto p.pass. e agg. 'che è pestato' 5 *erbe peste forte*; 8; 67 *con herbe peste*; 71; 90; ecc. B 13,192b.

petrosello m. 'specie d'erba aromatica, prezzemolo' 3; 5 (*-i* e *-o*); 44; 122; 161–163; 172; 181; 192 (Martelli 71; B 13,205c; TLIO; Frosini, *Cibo* 117: *pretosemoli* e *petrosemoli*); ■ *radice di petroselli* 36; 63; 64 (non documentato, ma vd. B 14,323c, Benc. Crusca; 1310 AldBencLB 24r2). Δ

petto m. 'carne della regione toracica (degli animali macellati)' 8 (*galina*); 102 *petti di galine... sfilate*; 136 (*castrone*). LCucFr[G/B] i [*blasmangieri*, vd. la cit. qui sopra nell'Introd.]. B 13,216a, 5. [bue: sec. XVI; gallina: Dante]; CortZol² [TB Tratt. Cuc. XLIX = LCucFr[G] i, ma con trascrizione indipendente dell'ed.!]. Δ

pettorina f. 'carne della regione toracica (degli animali macellati)' 137 *pettorina di castrone*. B 13,220a, 4. [solo LCucBo]. Δ

peverada f. (*peverada* ^R94; 71; 94, *peverata* 109) 'salsa piccante al pepe (spesso di colore scuro), fatta con pane e fegato abbrustoliti' ^R94; 71 *fare peverada con molena di pane abrusciata e col fegato abrusticato*; 94 (ricetta; cfr. il testo lat.: *cum... pipere*); 109. {LCucMerAB CXXXVI *peverata negra*; ecc., SchiancaCuc 502–505}. B. von Gemmingen ZrP 103,499 [sp. *pebrada* Roberto de Nola, ed. 1520, savore per coniglio, pepe non indicato]; B 13,223c, 2.

[pezza] f. (*peça* 28) 'pezzo', ■ *a peça a peça* 'pezzo per pezzo' 28 *togli quelli porri a peça a peça*. Ad B 13,227b, 30. (c'è *a pezzo a pezzo*, B 13,235b, con differ. semant.) e TLIO. Δ

[pezzo] m. (*peço* 23; ecc.) 'parte di materiale solido separata o staccata da un tutto, pezzo' *peço* 23; 125; 142 *taglialo a peçij*. B 13,231a, 2.

piacere] v.intr. 'corrispondere ai propri gusti, piacere' 27; ecc.

piatello m. 'piatto di portata (di un singolo commensale), piattello' 148. B 13,316a.

picciolo agg. 'piccolo' 64; 78; 96; 97; 106; 118; 123; 128; *picciolli* pl. 67.

piede] f. (*piede* 71 (*piedi* pl.); 76; 159, *piei* pl. [R]159; 71; 170) 'estremità dell'arto inferiore dell'animale, piede' (come cibo) [R]159 *piei d'ucelli*; 71; 76; 159; 170 *piei del capretto.* B 13,377b, sotto 2. [sec. XVI]. Δ Per tosc. *piei* vd. CastellaniGr p. 313.

pieno agg. 'che contiene tutta la quantità di cui è capace, pieno' 145 (*gabbia piena d'ucelli*); 192 (*stomacho, vaso meço pieno*); ▪ 'non vuoto' 116 *forma ucelli di pasta pieni*; ▪ 'intero, non diviso o separato' 138 *amandole piene* (*piene* depennato); ▪ *a pieno* 'interamente' 73; ▪ 'imbottito' [R]140 (*ova*); 122 (*ova, budelli*); 140 (*ova*) (B 13,407c, sotto 1. ['imbottito' sec. XVI, dipende dalla distrib. semant.]). Δ

pietra f. (*pietra* 13; ecc., *petra* 132) 'frantume di roccia, pietra' 55 *lenti... nette da le pietre*; 152; 192; ▪ *petre pretiose* 132 → PRETIOSO; ▪ t. di medicina 'calcolo' 13 *vitio de la pietra* (B 13,432c, 29.; nuova 1ª data precisa: 1310 AldBencLB). Δ

pigliare] v.tr. 'prendere (qlco. per usarlo)' 81; 155; 183 *piglia... con uno stilo o aco.*

pillola f. t. di farmacia 'preparazione farmaceutica di forma tondeggiante o sim., pillola' 183. B 13,477c [con AldBenc]; TLIO.

{**pillottare** → LARDARE.}

piovano → ACQUA.

pipione m. 'colombo allevato per le sue carni, piccione' [R]154; 154. B 13,539b.

poco avv., ▪ *a poco a poco* 'gradatamente, a piccole dosi' 171 *mettivi la farina... a poco a poco.* B 13,697a [sec. XVII; buona distr. sem.?, 'gradualmente' av. ca. 1257]. Δ

pollastro m. 'pollo giovane' 78 *pollastri giovini.* Frosini, *Cibo* 87. B 13,781c; TLIO.

pollo m. 'gallinaceo considerato sotto l'aspetto culinario, pollo' [R]97; ecc.; 7 *carne di polli*; 29 *lardo dei polli* (cfr. 98 e 100); 78; ecc. B 13,785a; TLIO.

polmone m. 'organo respiratorio degli animali macellati, polmone' (come cibo) 95 (ter; *lepore... fegato e polmone cotto... e altri carni*). {LCucMerAB 35; 20 *pulmone*}. B 13,788c, 3. [sec. XVI]; ad TLIO. Δ

polpa f. 'carne senza spine o ossa e senza altri tessuti; lembo di questa carne (spec. al pl. e partic. di pesce)' (pesce, ranocchio; altrove bue, pollo) 5 *ponere dentro ova dibattuti, polpe di pescio sença spine, carne di castrone*; 85; 103 *p. del pescie di luccio, ranocchi, o de altro pescio che abbia la polpa biancha.* M. XIV LCucFiM 12 *polpa magra di bue*; 24 *polpa di pollo... le polpe del pesce*; 31; 55 *gamberi... le polpe delle code.* B 13,792b, 6. [iniz. XVI]; TLIO 1.1.

polpo m. 'mollusco dei Cefalopodi, con otto tentacoli (Octopus vulgaris)' [R]130; 130. B 13,795b; TLIO.

polso m. t. d'anat. 'regione dove si sente il movimento del sangue, spec. quella compresa tra avambraccio e mano, polso' 189 *polso de le braccie*; 192. B 13,798b; TLIO 1.3.

polta f. 'cibo a base di farinacei (frumento o altro grano) cotto in acqua e resa consistente col rimestare continuo, polenta' 183. B 13,800c [sec. XVI]; 801a ['pastone per animali' Pallad.]; TLIO.

polvere f. (e m.) 'materiale solido scomposto in minutissimi frammenti per usi vari, farmaceutici, culinari ecc., polvere' 1 *p. di spetie*; 3 id.; 181 *p. di çuccaro*; 188 *p. di menta* (uso medic.); 197. B 13,811b, 14; TLIO.

poma f. 'mela' *pome* pl. 4; 64; 74; ■ est. 'oggetto in forma di mela' 106 *pome* (ter). B 13,821c.

pomo m. 'frutto del melo, mela' 175; – *pomi* pl. R173 *pomi lessi per l'infermi*; R174 *p. arostiti per l'infermi*; 123; 173; 174; 175; 182 (B 13,828b, 3.); ■ est. 'raffigurazione di una mela' 145 *pomi* (di pasta).

pomposamente avv. 'con pompa, solennemente' 145 (cfr. RecCulLibM V 7 portetur pompose coram domino). B 13,840c; TLIO [solo Villani].

porcella f. 'porco giovane femminile' 156 (nel titolo ⟶ PORCHETTA; = lat. *porcellus*; LCucMerAB 55: *porcella*). B 13,894c [fine XIV; *porcella pregna* ca. 1325]; TLIO 1.2. [LCucBo, perché?].

porcello m. 'maiale di poche settimane' 159. B 13,897b; TLIO.

porchetta f. 'maialino cotto intero al forno o allo spiedo (con ripieno ?)' R156; 156. B 13,899c, 3.; TLIO.

porcino agg. 'di porco' 113 *grasso porcino*. B 13,901a; TLIO.

porco m. 'maiale (macellato)' R92; R159; 3; 5; ecc.; 18 *carne di porco frescha*; ecc.; 47 *carne di porco salata*; ecc. Frosini, *Cibo* 76, Mensa. B 13,902c, 2. [sec. XIV Libello per conservare... 3 *porci giovani*]; TLIO. Cfr. ⟶ GRASSO, VENTRE, RETE, CAPO.

{**porrata** f. (LCucFiM) ⟶ sotto PORRO.}

porre v.tr. 'mettere' 1; ecc. Nota: *porre* più freq. che *mettere*; infin. *ponere* 5; ecc., più freq. che *porre* 63; 132; 157; 198; – *pone* imperat. 21; ecc.

porro m. 'specie d'ortaggio verde con base cilindrica bianca, costituita dalla parte inferiore delle foglie (Allium porrum), porro' R23; 14; 23; 24; 25 *porri fexi in quattro parti*; 27; 28 *porri interi bene lavati e fessi in quattro parti*; ecc.; ■ *porri bianchi a uso di Toscana* 'porro con parte bianca lunga (?, coltivato rincalzandolo per provocarne l'imbianchimento?)' 23; *porri bianchi* id.? 26; 62 (manca B e TLIO). LCucFiM 33 *porrata... togli iiij maçi di porri. Biancho di porro* ⟶ BIANCHO. Δ

posa f. 'sosta di ciò che si muove, posa' (?) 198 *tengna 'l braghieri stia in posa*.

potere] v. Forme: *possi fare* 14; 43; *posi f.* 39; *ponsi f.* 67; *puosi f.* 64; 101; 124. Ecc.

predetto p.pass. agg. (*predetto* 139; 147; 175, *preditto* 4; 159, *predicto* R175; 3; ecc.) 'che è stato menzionato in precedenza' 2; 23; 38; 43; ecc. (B 14,84c); ■ s.m. 'ciò che è predetto' R175; 3; 4; ecc. (B 14,85a [ca. 1400]). Δ

premere] v.tr. 'comprimere (per far perdere l'acqua)' 12; 18; 19; 24 *porri tagliati, ben lavati e premute*; 100; 103 *amandole... con uno panno lino premile*; 124 (*cascio*). B 14,150a, 11.

prendere v.tr. (*prendere* 5; ecc., *prendare* 182) 'prendere (un ingrediente, per cucinare)' 5; 69; 82; 86; ecc.; ■ 'ingerire (medicina)' 182; 183; 197. B 14,172a, sotto 43. Cp. ⟶ TOGLIERE.

[**presame**] m. (*pressame* 151) 'sostanza che fa coagulare il latte, caglio, presame' 151 *pressame di capretto e d'agnello*. B 14,211b. Δ Il presame di capretto o d'agnello (al posto di quello di vitello) produce un formaggio più piccante.

presciuto m. 'coscia di maiale, trattata con sale (e salnitro) e fatta seccare o cotta, prosciutto' *presciuto crudo* 'prosciutto seccato' 122; ib. *presciuto.* B 14,691b; TLIO.

presso (a) prep. loc. e temp. 'vicino a' 79 *presso al fuocho* ('a fuoco vivo'); 98 *presso l'ora*; 129; 133 *presso al fuocho* (*pesce calamato*!).

prestamente avv. 'velocemente' 177 *cocere prestamente e bene uno arosto.* B 14,260c.

pretioso agg. 'che ha grande valore, prezioso' 132 *cose pretiose* (nel cibo) (B 14,319c); ■ *petre pretiose* ib. (B 13,431a, 10.).

prima avv. 'per primo' R65; R153; 88 (fare qlco.) *come prima*; 153; 182; ■ *in prima* locuz.avv. 'per primo' 49. B 14,337c, sotto 3.

primo agg. num. ordin. 'primo' 110 *al primo modo*; 192 *in primo grado* (dottrina umorale); ■ avv. 65.

proprio agg. 'che è appropriato, adeguato' 198 *impiastro proprio a questo.* B 14,672a, 9.

prosciutto ⟶ PRESCIUTO.

prova f. 'ogni esperimento compiuto per accertare la natura e le caratteristiche d'una cosa, prova' 192 *la prova del'aceto* (grado di acidità). B 14,765c.

provocare] v.tr. 'stimolare una funzione corporea, provocare' 183 *provochisi il vomito*; 189 *provoca il mestruo.* B 14,794c, 16.

prugna f. 'frutto del susino' 69; 74 *prugne secche.* B 14,829b.

puça ⟶ PUZZA.

pulsatile agg. 'che pulsa, pulsatile' 192 *vene pulsatili.* B 14,936c, 1. [1481]; TLIO [solo PCresc].

pungere] v.tr. 'fare un piccolo foro (con l'ago), pungere' 112 *pungilo* (lo stomaco imbottito) *con l'aco mentre esse si coce*; 113. B 14,945b, 4.

punto avv. 'per nulla (rafforzativo della neg.)' 183 *se non menasse punto.* B 14,1000a.

pur avv. 'anche, pure' 56 *pur così.*

purgare v.tr. t. di medicina 'svuotare l'apparato digerente inducendo l'evacuazione o il vomito (per curare secondo la dottrina umorale)' 183 *purgasi di sotto e di sopra*; 185 *persona bene purgata... purgare...* B 14,1022b, 4. Per le teorie della purga vd. S. Lieberknecht, *Canones*, Stuttgart 1995, 51–54.

puro agg. 'che non contiene parte altrui, impurità, puro' 151 *lacte puro.*

[**puzza**] f. (*puça* 188; 190) 'cattivo odore, puzzo' 188 *puça de le giengie*; 190 (*orecchi*). B 14,1072c.

qualunche pron. rel. inv. 'tutto ciò che' 59 *o qu. vuoli*; 147; ■ agg. rel. inv. 109 *e qualunche altra bona.*

quando avv. 'in quale momento, quando' 1; ecc.; ■ *quando... quando* 'ora... ora' 185. B 15,56b, 16.

quantunche agg. rel. inv. 'tutto ciò che' 77 *qu. tu vuoli.* B 15,68b, 6.

quaresima f. (*quaresima* R146; 42; 103, *quaresma* 6; 25) 'periodo di penitenza di quaranta giorni non festivi, dalle Ceneri al Sabato Santo (nella religione cristiana); giorno di digiuno (ideologico)' R146 *fritelle non di quaresima*; 6; 25; 42; 103. B 15,74a; TLIO. Cfr. ⟶ SABBATO.

quaresimale agg. 'che è conforme alle regole della quaresima (o del digiuno ideologico)', *frittelle non quaresimali* '*frittelle* un po' differenti da quelle tradizionali durante la quaresima (i ‹quaresimali›)' (?) 146 (all'olio o lardo). B 15,75a, 2.; TLIO 2.

quasi avv. 'poco meno che, quasi' 51 *quasi cotte*; 65 id.; 159; ■ 'come se fosse' 51; 133.

radere] v.tr. 'liberare raschiando da peli' 110 *castrone intero raso* (B 15,252a, sotto 1.); ▪ 'raschiare per ripulire' 88 *ventre di vitella... radendolo e mondandolo... raso*; 90 *budello mondo, lavato e raso* (B 15,252b, 3.).

radice f. ⟶ NAGALICO, PETROSELLO.

rafano m. (*rafano* 63; 64, *raffano* 63) 'radice piccante commestibile del Raphanus sativus, pianta erbacea coltivata in parecchie varietà' 63 (bullito; crudo?); 64 (bullito). Martelli 73. B 15,288c, 2. [P. Crescenzi bene classificato ?]; SchiancaCuc.

ragiungnere] v.tr. 'mettere in più, aggiungere' 175 *ragiungni el pomo.*

[**rancia** f.] ⟶ MELARANCIA.

ranocchio m. 'specie di animale anfibio anuro, rana' (come cibo) 103. B 15,443a, 1. [da una att., 1ª m. XV, ma senza specificare che si tratta di un cibo]. Δ

rapa f. 'pianta delle Crocifere, coltivata per le sue foglie e la sua grossa radice carnosa commestibile (Brassica rapa); la sua radice' ᴿ32; 14 *cimole di rape tenere* (B 15,446c); 32 *rape bullite colle foglie*; 33 *capi de le rape sença foglie*; 34 id.; 35 id.; 63; 64. Ad TLIO.

rapaçolo m. prob. 'specie di rapa (Brassica rapa spec.) piccola con foglie verde chiaro, coltivata per la radice carnosa bianca e le foglie' (?) 14 (sono cotte le foglie:) *cimole di cauli che si dice rapaçoli* [‹*cauli*› è approssimativo]. B 15,450b ['cima o germoglio di cavolo', solo LCucBo; TLIO id. (da corr.)]. Frosini, *Cibo* 118: *rapero[n]zoli* [identific. bot., Campanula rapunculus, non esclusa, ma problematica, vd. GenaustBot2 528b]. B 15,451a; CortZol². Prob. ortaggio identico o vicino a ⟶ RAPONCELLO (le due ricette mancano in RecCulLibM e LCucMerAB); cfr. ⟶ CIMA; SchiancaCuc. Δ

raponcello m., vd. ⟶ RAPAÇOLO, ᴿ30; 30 (tra ricette per *naponi* e *rape*) *togli raponcelli bene bulliti in acqua e pone a sofriggere*; 31 *raponcelli overo paperdelli*. B 15,465c ['Campanula rapunculus' probl.; unica att.]; TLIO [«signif. incerto», solo 31]. Δ

raviolo m. 'specie di frittella di una certa forma (piuttosto piccola e spessa, fatta con farina e acqua, con vari ingredienti pestati: formaggio o carne o mandorle ecc., con o senza uova o verdure)' ᴿ83; ᴿ86; 19 *ravioli con carne battuta mista*; 83 vd. GUANTO; 86 *De crispelli di carne, overo tortelli e ravioli* [v. la ricetta lat. II 60: inviluppato in rete di porco o di pasta]; 112; 122 (mistura di carni, formaggio, erbe) *fanne ravioli; ... cascio frescho, e fanne ravioli bianchi; ... petrosello e altre erbe odorifere e cascio frescho, e fanne ravioli verdi; ... r.; ... r. bianchi; ... ravioli d'amandole.* Non c'è rapa nelle ricette. Con un involucro di pasta si chiama ⟶ GUANTO. LCucFiM 14 *raviuoli fasciati colla rete del porco*; LCucCaF 60 *Quinquinelli zoè rafioli* (di mandorle solo o con carne, senza involucro); 77 (carne, formaggio, uova, rete di porco); De carnis (ca. 1300, ed. Parodi) 97 *capon grosi con bone raviole*; LCucFr[G/B] xxii (pasta facoltativa: *raviuoli... le croste volliono essere sottili facendoli in crosta*, collaz. col ms.); LCucMerAB LXXXV *ravioli* = ricetta 55 *gravioli.* Vollenweider VRo 22,418–432 [dal lat. *rubeola*: non convinc.]: Salimbene ad a.1284 *raviolos sine crusta* ecc.; cp. Frosini, *Cibo* 154 [def. da corr.; si compra talvolta pasta per farli]; la distinzione (p. 155 s.), a), con pasta (e cotto), b), senza pasta (e fritto), pare convincente, ma le ricette sono variabili; con la pasta saranno nel LCucBo *guanti* (che vi sono fritti, tuttavia); il termine *guanto* è assente del testo della Mensa]; Martellotti, *Quinquinelli* 365 [rinvia a DC 7,2c: 1243 Matthieu Paris *rabiolas*]. FEW 10,73a,-1 [lat. RAPUM: improb.; ib. 72a, 4.a. agg. iniz. XIV RecCulViaunde f° 118r° / 223 (ed. H n° 8), l. 20 *ravieles*]; Höfler RLiR 53,120–124 [frpr. e fr.]; SchiancaCuc; B 15,564a [da *rava*, improb.]; Nocentini 977b [da *raffio* 'uncino'].

mlt. **recipe** locuz. 'prendi' 197 (non abbrev.); 198 id. B 15,642a [prestito].

regula f. 'precetto, norma indicativa, regola' 184 *regula è che in uno dì non si danno due medicine*; 186. B 15,731b.

relaxare → RILASSARE.

rena f. 'sabbia, rena' 152 *legume bene sciolto da le pietre e da rena.* B 15,796a.

reporre] → RIPORRE.

restringere] v.tr. 'limitare l'estensione di qlco.' 185 *restringi* (la purga) [frase poco chiara] (B 15,907b, 2); ▪ *restrecto* p.pass. agg. 'serrato e ridotto di volume (sull'azione del calore)' 106 (*pavone*) *serà restrecto bollendo.* Ad B 16,894ab, 5. [brodo, salsa sec. XIX] Δ.

rete f. (*rete* 141; 142; 158, *rette* 106; 111, *recte* 111) 'omento (specie di tessuto retiforme grasso nel ventre, detto rete grassa) del maiale o castrone usato per ravvolgervi fegatelli, polpette o sim. da cuocere in tegame; usato anche come ingrediente' 106 *rette di porco... dicta rette*; 111 (*porco* o *castrone*); 141; 142 *r. del porco;... involgendolo ciascuno fegatello per sé in la r. del porco, è migliore*; 158 (tagliato minuto). B 15,919c, 21. [«Popol.»; possib. 1e att.: LCucFiM 14 *reti di castrone* e LCucBoM]. Δ Corrisponde a *rat(t)a* in RecCulLibM (gloss. 'rate' l. 'crépine').

reumatico agg. 'che è caratterizzato da affezioni più o meno scure, con dolori lancinanti' 187 *reumatica passione che al capo, a gli occhi, a l'orecchie e a le giengie discende.* B 15,965b: attrib. difficile.

richiedere] v.tr. 'comportare come necessità' 38 *come el tempo o dì richiede.* B 16,93b, sotto 5.

richiudere] v.tr. 'congiungere, chiudere (un'apertura)' 118. B 16,96a.

ricorrere] v.tr. 'fare ricorso a, avvalersi di qlco.' 132 *quando volessi... tu ricorra a quello.* B 16,151, 6.

ricucire] v.tr. 'cucire (per chiudere dopo avere aperto)' 71 *ricusci* (un *paparo*). B 16,168c, sotto 4; ad TLIO; CortZol[2].

[**rilassare**] v.tr. assol. (*relaxare* 192) t. di medicina 'distendere, spec. una tensione fisica, rilassare' 192 *aceto... relaxa.* B 16,356c, 1. Δ

rimanere] v.intr. (*riman-/reman-* vd. infra) 'restare come residuo' 1 *niente ce rimagna*; 106 *scortica il pavone, remanendo il capo colle penne*; 136; ▪ p.pres. agg. 'che resta' *oglio remanente* 69; p.pass. 103 *corteccie rimaste.* B 16,388b, 15.

rimettere] v.tr. 'mettere di nuovo (loc.)' 6 *rimetti a cuocere*; 104.

rinvestire] v.tr. 'rivestire (un uccello macellato delle sue penne)' [R]106; 106 *rinvesti el dicto pavone del suo cuoio.* Ad B 16,610a, 3. ['fiancheggiare...' sec. XVI]. Δ

[**riporre**] v.tr. (*reponi* imperat. 64; 198) 'rimettere di nuovo (in un luogo)' 198 *reponi... al fuoco* (B 16,683c, 1.);

■ 'mettere in serbo (per un tempo)' 64 *reponi* (una *composta*, cfr. 63) (ad B 16,684ab, 3.).

riscaldamento m. t. di medicina 'aumento della temperatura (del corpo)' 185. B 16,757a, 4.

riscaldare v.intr. 'acquistare calore' 70 *fa riscaldare il pesce*. B 16,759a, 13. [sec. XIV].

riservare] v.tr. (*riserv-* 43; ecc., *reserv-* 106) 'mettere o tenere da parte per un uso futuro, serbare' 43; 106; 131; 139 *riserva il sangue e li fegatelli*; ■ p.pass. agg. 106 *tuorla d'ova reservate*. B 16,808a, 1. [sec. XV]. Δ Cp. ⟶ SERVARE.

riso m. '(seme del) riso; riso cotto' R102; R170 *riso per infermi*; 102 *riso... farina del r.*; 103 *farina del grano del riso*; 104; 170. KahaneByz 399,116; B 16,820a.

[**ritenere**] v.tr. (*rittenere*] 108) 'non lasciare andare, trattenere' *rittenendo* 108 *nel dicto vaso, rittenendo il collo del dicto cuoio*. B 16,927b.

ritornare] v.tr. 'volgere qlco. indietro, ricollocare' 138 *ritornalo a cocere con lacte*. B 16,968c, 22.

rivera f. 'corso d'acqua, riviera' 157 *ucelli de rivera*. B 16,1063b, sotto 1.; anche AldBencLB.

rivolgere] v.tr. 'rimestare (per es. col cucchiaio)' 88 *volgilo e rivolgilo spesso*. B 16,1072c, sotto 2. [una sola att. fine XIV].

roccha f. 'strumento simile alla rocca da filare usato come girarrosto' 160 *metti... ne la roccha e volgilo al fuocho*. Ad B 17,10c, 1.: estensione non specificata. Δ

roço ⟶ ROZZO.

romanìa f. nome d'un piatto (intingolo) aromatizzato tipicamente con succo di melagrana R100; 100 *romanìa di polli*. Il nome rimane anche se il succo è sostituito con un brodo verde. Rodinson R 71,434–437; SchiancaCuc. Anche nel *Puech von den chosten* bavarese (Martellotti, *Giambonino* 312). B 17,36c, 2. [unica att.; def. ed etim. err.]. Δ

rompere v.tr. 'ridurre qlco. in pezzi, in frammenti' 75 *caponi... cotti... rompili in uno cattino*; 108; 122 (ad B 17,58); ■ *rompere l'ova sane con esso* (brodo) [= uova affogate, si rompe il guscio solo] 143 (B 17,59a, 3.); ■ p.pass. agg. *rotto* 'infranto, spezzato' 19 *ova rotte* ('strapazzate', cfr. ⟶ DIBATTERE; OVO); 37–40 *ceci rotti*; 44 *ceci rotti o interi*; 75 *caponi rotti* (la carne spezzata, in brodo); 138 (*spelta*); ■ t. di medicina 'deteriorato (una parte del corpo)' 198 *la parte rotta* (parlando di un'ernia) (B 17,67b, 55. ['ulcerarsi...' sec. XV; ib. 'ammalarsi a morte' da corr.: immagine]) Δ.

rosa, **rosada** (acqua ~) ⟶ ACQUA; *rosado* ⟶ SUCCO.

rosso agg. ⟶ CECE; CERA.

rostire v.tr. 'arrostire' (sempre dopo la prep. *a*) 89 *ponere a rostire*; 133; 175. B 17,122b, 1. [fine XIV LCucCa ecc.]. Δ Cfr. ⟶ AROSTIRE.

rotondo agg. 'che è circolare, tondo' 114; *rotundo* 115; 129. B 17,142b.

rottura f. 'parte in cui qlco. è rotto, rottura' 122 (pasta) (B 17,156a, 1.); ■ t. di medicina 'ernia (scrotale) acuta' 197 (B 17,156c, sotto 3. [dopo 1373; XVI; XIX]).

roventare] v.tr. 'rendere rovente, arroventare' 192 *roventa aciaio o petra*. B 17,159c [fine XIV].

[**rozzo**] agg. (*roço* 198) 'non rifinito, rozzo' 198 *pentola roça* (farmac.). B 17,182b.

rubrica f. 'titolo di un articolo di codice o trattato' R1 [sembra collett.:

'insieme di...']; 12; 21; 22; ecc. B 17,204b, 2.

rubricato agg. 'colorato di rosso' (?) R149 *mele bullito con le noci, dicto nucato rubric[a]to* (ms. *rubricto*, modellato su *dicto*?, assente dalla ricetta; tale cibo diventa rossiccio). Cfr. B 17,205b RUBRICATO 'colorato di rosso' (fine XV). Δ

ruta f. 'pianta con odore intenso usata per aromatizzare (Ruta graveolens), ruta' 165; 191 (magia). Martelli 78. B 17,277b. Cfr. ⟶ VERDE.

sabbato m. 'sabato (come giorno di digiuno ideologico)' [3, vd. la nota]; 31 *nel dì del sabbato*; 37. Sono permessi formaggi e uova, ma non carne, vd. Introd., cap. ‹Cibi quaresimali›. B 17,290c [senza att. con questa inform. encicl.]. Δ

salato p.pass. agg. 'trattato con sale per conservarlo (detto di un cibo)' 40 *carne s.*; 47. B 17,381b, 2.

salciccia ⟶ SALSICCIA.

saldo agg. 'che ha una consistenza compatta, uniforme e quasi dura' (detto di pasta da stendere in sfoglia) 122. B 17,388c, sotto 1. [Cavalca ecc.].

sale m. 'sale marino o salgemma' 9; 10; 12; ecc.; ■ *sale di seppia* ⟶ SEPPIA.

salsa f. 'condimento aromatico fatto a base di liquido prodotto durante la cottura dalle vivande, spec. dalle verdure' 11 (a base di *fiori di finocchio*); 106; 132 (cfr. ⟶ SAPORE) (B 17,426b); ■ *salsa verde* 'specie di salsa alle erbe' 156 *s. verde*; 166 *verde s.*; prob. anche 128 (*salsa* [*verde* dimenticato?] per *lamprede*; lat.: *salsa viridi*; LCucMerAB 80 *salsa verde*); 198 (all'aceto) (prob. ad B 17,426c, 1.). Vd. anche ⟶ AGLIATA, AGRESTA, CENNAMATA, MOSTARDA, NERO, PEVERADA, SAPORE.

[salsiccia] f. (*salciccie* pl. R85; 85, *salsuccie* pl. 122 (TB *-i-* err.)) 'specie di cibo composto, spec. sulla base di maiale tritato, formato in un budello e cotto o fritto ecc.; per est., cibo preparato in simile modo' (nella ricetta fatto di pesce spolpato) R85; 85 *salciccie overo tortelli di pescio... metti tutto in uno panno di lino... poi metti in la padella* (B 17,429a, sotto 1., come colloc.; trascriz. da corr.); 122; {LCucFiM 32 *togli le salsicce e fanne morselli e tortelletti sofritti*; LCucMerAB 11 *salcize de pescie*}. Frosini, *Cibo* 79; TLIO fine XIII Serv. Lambertazzi; CortZol²; GAVI 16,1,86; SchiancaCuc.

salvatico agg. 'che cresce e si sviluppa senza l'intervento e le cure dell'uomo (detto di pianta o animale), selvatico' 5 *erbe salvatiche*; 94 *carne domestica, salvatica*; 120 *animali s.*; 123 *ucelli s.* B 18,538b, 1. e 2.

salvia f. 'pianta perenne con foglie coperte di peluria grigia, fortemente odorose ed aromatiche (Salvia officinalis), salvia' 159 *foglie di salvia*; 192 (medic.). Martelli 80; Frosini, *Cibo* 119; B 17,477b.

sambuco m. 'alberetto con grandi infiorescenze bianchicce e odorose da cui deriva una infruttescenza di piccole bacche nere, Sambucus nigra' 82 (frittelle ai) *fiori di sambuco.* Martelli 82. B 17,483c. {Cfr. LCucCaF 71 *Sambugado zoè lacte con fior de sambugo*; 72; LCucFr[G/B] indice e ric. lxxxx *sambucata* (ms.); LCucMerAB CXXXXIII *sambuchate.* SchiancaCuc; B 17,483b. (> Ingl. *sambocade*, ante 1399 Forme of cury, Vollenweider VRo 22,79 n.2).}

sangue m. 'liquido vitale dei Vertebrati, sangue' 139 (di *ucelli*, come cibo) (B 17,498c, sotto 2.); ■ t. di farmacia *sangue de (h)omo* 198 *sangue* *de homo tracto de vena dal barbieri de frescho, ... poi il sangue del'omo.* Δ

sangue de dragone m. t. di farmacia 'resina marrone rossiccio estratta da piante e d'alberi diversi, sangue di drago' 198 (bis). B 17,507a; cfr. AldBencLB.

sano agg. 'che non ha malattie, sano' 132 (uomini) (B 17,522a, 1.); ■ 'intero o integro' R48 *fave sane, fresche e secche... fave frante*; R165; 2 *cauli sane*; 48; 121 *agresta sana* prob. 'senza colare'; 128 *lampreda sana*; 143 *ova sane... cocano nel lacte*; 168 *tuorla d'ova sane o pesti* (B 17,523c, 6.).

sapere] v.intr. 'avere sentore, sapere' 136 *che non sappia di beccume.* B 17,549b, 27.

sapore m. (*sapore* 93, *savore* R71; ecc.) 'condimento aromatico fatto a base di liquido prodotto durante la cottura dalle vivande, spec. dalla carne, arricchito o no di ingredienti vari, salsa' R71; R73; R93; R153 *del s. con arosto*; R154–156; R157 *s. per malardi*; 72; 73; ecc.; 132 *nero de la seppia... quando volessi fare salsa, savore, bruodo o altro mangiare nero*; 140 (ripieno di *ova piena*!); 166 *con verde salsa o savore*; ecc. (Frosini, *Cibo* 174 [def. da corr.]; B 17,560a, 4.); ■ 'proprietà per cui determinate sostanze producono sensazioni sugli organi del gusto, sapore' 186 (medic.) (B 17,559c, 2.). Cfr. → SALSA.

[**saporito**] agg. (*savorito* 176) 'che ha (buon) sapore, saporito' 176. B 17,563a, 1.

saporosso agg. 'che ha sapore intenso e gradevole, saporoso' 36. B 17,564c.

sardamone s. nome d'uno spezzatino (di carne o di pesce) R136; 136 *sardamone di carne* (*castrone*); {LCucCaF 92 *Sartramone overo savore d'ogni carne. A fare bon sartramone in carne overo in pesse*; LCucMerAB: titolo *sardamone*; ricetta *sarcamone*}. SchiancaCuc 599b; B 17,576c [«etimo incerto: forse da *sarda* 'erba campestre'»; il Cagliaritano citato dà anche 'infiorescenza del castagno', «è *sarda* che viva nel senese»; che sarebbe l'uscita *-mone*?; c'è anche *sarda* 'sardina', che non è meglio].

sardina f. 'genere di pesce marino piuttosto piccolo (Sardina pilchardus), sardina' 129. B 17,578a; CortZol². Δ

[**sarracenico**] (**brodo** –) (ms. *brodo sartarenito* R74; ms. *sarta cenito* 74) nome di un brodo fatto con pollo o pesce e, tipicamente, con frutta secca (*dattali, prugne secce, uve grece, fegati* e *pane abrusticato* dando un colore scuro) R74; 74 [lat. in fine: *Colora sicut placet*]. BagnascoCoqu 255 ['nero' non convincente]; SchiancaCuc 90b; 599b; 670b; 673a. {MenagB n° 123 *brouet sarasinoiz*, un cibo di anguilla colorato allo zafferano} B 17,568c ['che si riferisce ai Saraceni...']. Δ

sartarenito / sarta cenito → SARRACENICO.

sav- → SAP-.

sbattere] v.tr. e p.pass. agg. 'agitare (una sostanza, spec. liquida) affinché assuma consistenza, si amalgami e sim., sbattere' 124 (uova ecc.); 135; 140 → OVO. LEI 5,492,16 [dal 1577...; ante 1466; ecc.]. Δ

scagliare] v.tr. 'levare le scaglie (ai pesci), scagliare' 129 *trota bene scagliata.* LCucFiM 31 *tinche... scaglate.* B 17,744b [sec. XVI]. Δ

scalogna f. (*scalogne* pl. 121; *scalongne* pl. 124) 'pianta vicina della cipolla, più piccola (Allium ascalonicum), scalogno' 121; 124. GenaustBot[2] 80b; Frosini, *Cibo* 120 [1[a] att. ca. 1240 ecc.]; B 17,769a [1301–3].

{**scarcunove** '?' titolo di ricetta, senza ricetta corrispondente, LCucFrG p. 17 (ed. B [cxliv]).}

schibetia f. nome di un piatto dove il liquido di cottura, all'acqua o vino e all'aceto, è utilizzato come marinatura (con carne o pesci) 144 *gelatina di pesci... Questa è ‹schibetia di tavernaio›*. Corrisponde a *schibezo* m. LCucMerAB 56 (= LCucBoM 69); cfr. *schibeci* m. LCucFiM 10 *pollastri a schibeci* (... *questa vivanda vuol esere... agra e dolce*); ib. 25 *pesci a schibeci... metadella d'aceto e d'acqua per metade... questo schibeci*; LCucFr[G/B] f°86v°a indice xliij *lepore a scinbeci*; dopo cxxvii *schibecce di pesci*. Vd. *supra*, Introd., cap. ‹Confronto della traduz.›, nota 171; Lubello, *Excerpta*, 299: citaz. di LCucBoZ n.37; Lubello, in M. Bierbach – B. von Gemmingen, *Kulturelle und sprachliche Entlehnung*, Bonn 1999, 100–101, att. suppl. B 17,1000b [SCHIBEZIA 'scapece', con LCucBo come unica att.; «alter. di *scapece*»; *scapece*, B 17,819b, è dato secondo Lessona]; SchiancaCuc 603a. Dall'ar. (< pers.) SIKBĀĞ 'piatto acidulo', FEW 19,158b, prob. col suff. *-ia*; CoromCat 3,449a; Kiesler n° 263; Martellotti, *Giambonino* 315–317; 348. Δ

sciogliere] v.tr. 'disfare, svolgere ciò che si trova intrecciato' 5 (B 18,58b, 18.); ▪ *sciolto* p.pass. 'che è separato (dalle parti non desirate), scelto' 53 *fave bene infrante, mundate e sciolte e nette*; 152 *legume bene sciolto da le pietre e da rena* (ad B 18,68b, 7. [fine XIV *fior sciolto da l'erba*]).

sciugare v.tr. 'privare dell'acqua, asciugare' 29 *sciugali*; 102 (B 18,89c, 1. [2[a] m. XV]; GAVI 16,2,183 [sec. XIII]); ad TLIO [ASCIU-]; ▪ v.intr. 'perdere umidità' 148 *lassa sciugare* (B 18,90a, 6. [fine XIV LCucCa]; TLIO 2).

sciumare] v.tr. (*sciumare* 68; 70, *schiumare* 149) 'rimuovere la schiuma, schiumare (cibi)' 68; 70; 149 *melle bullito e schiumato*. B 17,1030c.

sciutto p.pass. 'che è stato asciugato' 34; 103 *amandole monde e sciutte con tovaglia*. B 18,93b, 2. [Aretino]; TLIO.

scodella f. ⟶ SCUDELLA.

scolare v.intr. 'perdere un liquido, gocciolare' 28 (porri cotti) *poni in taola a scolare*. B 18,112a, 7. [LCucBo]. Δ

scopa f. 'arbusto sempreverde delle Ericacee, a rami pelosi e piccole foglie lineari verticillate o scagliose (soprattutto la Calluna vulgaris, o ancora la grande Erica arborea, utili per confezionare scope per spazzare), scopa', *scope* pl. 'ramicelli della scopa' 174 *involgi i pomi nelle scope e metti sotto la bragia*. B 18,196b [nota P. Crescenzi: *La scopa è arbuscello molto piccolo...*].

scoprire] v.tr. 'liberare da ciò che copre, chiude, scoprire' 122 *scopri spesso la dicta torta e ungila*. B 18,212c, 2.

scorrere v.intr. 'colare' 160 (formaggio al fuoco). B 18,239c, 16.

scorticare] v.tr. 'levare la pelle ad animali uccisi o macellati, a certe carni, scorticare' 86 *ventresca di porco scorticata*; 106 *scortica il pavone*; 107 (*galina*); 108 (id.); 109 *vitello giovenne scorticato*; 127 (*anguille*);

128 (*lampreda*); 198 (*pellicella de montone*). B 18,257b [distingue 'privare della pelle un animale ucciso' (quadrupedi e pesce) da 'staccare la pelle dalla carne' sec. XVI; cfr. TLIO 1.1].

scrivere] v.tr. 'esprimere pensieri e sim. per mezzo della scrittura, scrivere' 191 *scrivesi che...*

scudella f. (*scudella* 4; ecc., *scutella* 21) 'piatto fondo, usato spec. per servire (in porzioni individuali) cibi secchi o liquidi, per es. verdure cotte, con o senza carne, e anche piccolo piatto usato in cucina, scodella' 4 *poi fa le scudelle e gittavi su de le spetie*; 21; 22; 23; 25 (porri fritti senza brodo); ecc.; 71 (in cucina); ecc.; 90 *polle in scudella o catino... e ponasi a bullire*; ecc. B 18,103b.

secco agg. 'essiccato (per conservazione)' R48 *(fave)*; 20 (*çucche*; anche LCucFiM 41 e LCucFr[G/B] xxxi *çucche secche*); 62 *(fungi)*; 69 (*uva*); 74 (*prugne*); 139 (*origano*); 188 (*menta*) (B 18,398c, 8.); ■ 'secco per stagionatura (detto del formaggio; opposto a fresco)' 33; 55; 141 (ad B 18,401b [vicino a 46 *pasticceria secca*, mod.]; LCucFiM 1; ecc. dica *passo*) Δ; ■ 'secco (nel senso della dottrina umorale)' 192 (B 18,397b, sotto 1. [... qualità della terra...: insufficiente; sec. XVI]); è anche in ca. 1310 AldBencLB 55r19; ecc. Δ

sedaccio m. ⟶ SETACCIO.

segno m. 'indizio da cui si possono trarre deduzioni, segno' 185 *Segni se la persona è bene purgata.*

seguire v.intr. 'venire dopo (caus.)' 183 *porrebbe seguire vomito* (medic.). B 18,510c, 52.

seguitare] v.intr. 'venire dopo (loc., spec. in uno scritto)' 106 *come seguita, cioè...* B 18,516c, sotto 39.

seme m. 'seme (di piante)' 64; ⟶ CORIANDOLO; FINOCCHIO.

semola f. 'residuo della macinazione del grano, crusca' 119. B 18,600b; TLIO 2.

semplice agg. 'che è senza aggiunte' 161 *acqua semplice.*

[**semplicemente**] avv. (*simplicimente* 171) 'in modo semplice' 171.

senape f. 'pianta erbacea delle Crocifere coltivata per i semi e le foglie che si mangiano come verdura, senape' R15 *De la senape*; 15; 15 *cimole di senape.* AldBencLB. B 18,616a [1340]; Martelli 83; TLIO [da Bonvesin]; TLIO.

senatione m. 'pianta erbacea (Nasturtium officinale?) che si mangia come verdura (cotta), crescione (?)' R12; 12; *senationes* pl. 13 (medic.:) *giova a chi non pò orinare per lo vitio de la pietra.* HoppeDrog 1,743b: utile per le malattie del rene. TB «s.f.»; SchiancaCuc; B 18,619b: «sf. [con cambio di genere]» da corr.: P. Crescenzi *le senazioni... son caldi*; non è altro che SENECIONE s.m. B 18,620a [LCucBo vi è la 1ª att.; *-ac-* da corr.: *-at-*] Δ.

[**sepis**] 117, forma incomprensibile; ci si aspetta nella ricetta *cipolle* (pl.; cfr. 118); mlt. *cepis* abl.pl. sarebbe normale, però la *s-* è rara (LöfstedtGes 169) e una forma latina nel testo insolita; in più, la s finale non sembra essere una *s* (tonda), ma un segno simile (come ς, ma senza oltrepassare la linea, unica nel ms.; si trova in fine di riga, dove il ms. usa normalmente la ſ lunga). SchiancaCuc «incr. orecchiante tra il lat. *cepa* e il suo derivato fr. *cive*».

seppia f. 'mollusco dei Cefalopodi con corpo ovale, depresso e bocca circondata da otto braccia e due tentacoli più lunghi (Sepia officinalis)' [R]131; 131; 132 (B 18,700ab, 1. [ca. 1340 e LCucBo]); ■ *sale di seppia* 'nero di seppia' 131 Δ; ■ *nero de la seppia* 'il liquido nero della seppia' 132 ⟶ NERO.

sequente agg. 'che segue, successivo' 184 *dì sequente.*

sera f. 'tarda parte del giorno, sera' 137 (inizio della cottura; cfr. ⟶ MATINA).

servare v.tr. 'mettere o tenere da parte per un uso futuro, serbare' 64; 106 *riserva le tuorla...; le tuorla... le quali tu servasti*; 131 (id.); 137; 159. B 18,761a, 8.

{**seta** 'setaccio' LCucMerAB 12; 13. B 18,805a, sotto 7. [«tosc.» sec. XIV; aggiung. «merid.»].}

setaccio m. (*setaccio* 102, *sedaccio* 103) 'utensile costituito da una tela montata su un cerchio, usato per selezionare sostanze' 102 *farina... cernila con setaccio*; 103. B 18,806a.

sete f. 'sensazione che spinge l'individuo ad assumere acqua, sete' 185.

[**settembre**] m. (*septembre* 11) 'nono mese dell'anno (cal. greg.)' 11 *bona salsa nel mese di septembre* (con fiori di finocchio che fioriscono da luglio a settembre).

sfilare v.tr. 'disfare (la carne o la polpa di pesce) in piccoli pezzi (levandola dal'osso, dalla spina o sfilacciando un filetto)' 102 *petti di galine cotti... falli sfilare più sottile che puoi;... petti sfilate*; 137 *la gallina o la carne... sfilala da l'ossa* (LCucFiM 24 *pesce... lesso... sfilare il più sottile che tu puoi, a guisa di polpa di pollo*; CortZol[2] SFILARE [LCucBo; *sfilato* 'privato dei fili' LCucBo, < TB, da corr.]; B 18,883b [sec. XIX, nonostante TB e CortZol] Δ); ■ v.intr. 'disintegrarsi (in fili)' 160 *cascio... comincia a... sfilare per lo caldo.* Δ Cfr. ⟶ DISFILARE.

[**sicuramente**] avv. (*sciguramente* 191) 'in modo sicuro' 191.

signore m. 'padrone' 1 *dà al signore*; ecc. (nella formula finale della maggioranza delle ricette).

simile agg. 'che ha alcune caratteristiche significative in comune con qlco.' 6; 76; ecc.; ■ s.m. [R]78; ■ loc. *simile modo* 'in modo simile' 74; 78; 110; ecc.; ■ *simile* avv. 'allo stesso modo' 73; 82; 92; ecc.; ■ *similmente* avv. 76; 112; 122; 129; 159; *similemente* 63; *similimente* 21.

singularmente avv. 'ad uno ad uno' 63 *singularmente ordina a solaio.*

mlt. **sitis** ⟶ SETE; VERSUS.

smembrare] v.tr. 'squartare, tagliare a pezzi un animale macellato, spec. uccelli' 65; 67; 73; 78; 95; 97; 110; 116; 118; 122; 135; 139. B 19,159a, 3.

soavemente avv. 'senza eccesso, moderatamente' 106 *bolla soavemente.* B 19,214c, 10. [sec. XVI; 'appena, in misura piacevole' per M. Savonarola, sec. XV, dubbio Δ].

soffriggere] v.tr. e assol. (*soffriggere* 20; 95, *sofriggere* 21, *sofrigere* 5; 76, p.pass.: infra) 'far friggere a fuoco basso' 5 *sofrigile insieme*; 20; 95; 21 *sofriggere ... in poca acqua* (!); 30; 43 *poni in padella cipolla con oglio a sofriggere*; 76 (TLIO); ■ *soffritto* p.pass. 38; 60; *soffricto* 58; *sofritto* 43; 50; 78; *sofricto* 95; 102; 117; 137; 152. B 19,266a, 1. [tr., LCucBo]; 266b, 2. [intr., fine XIV LCucCa]; TLIO.

solaio m. (*solaio* 63; 69; 73; 116; 122, *solari* pl. 116) 'uno di più strati (di ingredienti, in un piatto complesso)' 63; 116 *componi poi il pastello, facendo due o tre solari, e a ciascuno solaio mettendo spetie*; 122; ■ *a solaio* 63; 69; 73. B 19,296c, sotto 2. [LCucBo]. Δ

solcio m. 'cibo di carne (spec. piedi d'uccelli, testa di maiale e sim.) con il brodo, ridotto o no, e l'aceto, solidificato a causa delle sostanze collose contenute, freddo' [R]159; 159. Il cibo si chiama *sulta* (*id est souet in gallico*) nel RecCulTr (= 1ª parte nel ms.), ma *galantina* nel RecCulLib (2ª parte). Cfr. → GELATINA: i testi sembrano utilizzare l'uno o l'altro, secondo la tradizione (vedi le ricette). Frosini, *Cibo* 80 [def. da corr.]; SchiancaCuc. B 19,302a.

sole m. 'la stella che dà luce e calore alla terra, sole' 192 *vaso pieno de vino, e pollo al sole.*

solere] v.intr. 'avere l'uso, la consuetudine, solere' 102 *come sole essere el riso.*

solutione f. t. di medicina 'purga' *solutione di ventre* (diarrea, prob. provocata come trattamento) 8. B 19,362c, 15.

somacchìa f. nome di un piatto (intingolo) aromatizzato tipicamente al sommacco [R]97; 97 *De somacchìa di polli u de ucelli.* Martellotti, *Giambonino* 317. B 19,377c [unica att.; etim. da modificare, cfr. → LIMONÌA e ROMANÌA]; SchiancaCuc. Δ

[**sommacco**] m. (*sumacho* 97) 'albero delle Anacardiaceae (Rhus coriaria) di cui si usano in cucina i frutti essiccati, dal sapore acidulo simile a quello del succo di limone (altre parti e succo della pianta: medicina e conceria)' 97 (uccelli e pesci). AldBencLB; Martelli 87; Frosini, *Cibo* 175 [def. da corr.]. Visione ristretta in LCucMerAB p.71; il sommacco si usa come spezia e come frutto aromatizzante. B 19,377c da corr.

sommo m. 'parte più alta, sommità' 125 *sommo del coppo.* B 19,393a, 16. [def. troppo ristretta].

soperchio m. t. di medicina 'ciò che è in più, che sovrabbonda rispetto alle condizioni normali, soverchio' 185 *'l soperchio è evacuato* (dopo la purga). B 19,626b, 3.

sopra prep. (*sopra* 20; ecc., *sopre* 122; 126) 'sopra' 20; ecc.; ■ *di sopra* 63 ecc.; – *di sopre* 122; 126; ■ *sopra detto* 122; 145.

sospeso agg. 'appeso a un sostegno, sospeso' 179 *tu la tieni sospesa.*

[**sostanza**] f. (*substantia* 192) 'qualunque materia, sostanza' 192 *la sutilità di sua substantia* (*aceto*). B 19,540a, sotto 4.

sottile agg. 'che ha uno spessore molto limitato, sottile' 122 *pasta sottile*; – *sotille* agg. 117; ■ agg. con valore di avv. 'sottilmente' 102; 122 *taglialo sottile*; 197.

[**sottilità**] f. (*sutilità* 192) 'qualità di ciò che è fine (della sostanza di un liquido)' 192 *aceto, ... la sutilità di sua substantia.* B 19,576c, sotto 1.; ad TLIO.

sottilmente avv. (*sottilmente* 106; ecc., *suttilmente* 134, *sutilmente* 139) 'con spessore molto limitato, sottilmente' 106 *colorale con tuorla d'ova sottilmente con pene*; 133; 148 *la stendi sottilmente* (pasta per lasagne); 160; 134 *cipolle suttilmente tagliate*; 139. B 19,578c, 4. [1ª m. XVI Aretino]. Δ

sotto avv. 71; ecc.; ■ *di sotto e di sopra*, cuc., vd. → BRAGIA.; ■ *di sotto* avv. (eufem.) 'nelle o presso le parti basse del corpo umano' 185 *ventosità di sotto*; 198 *impiastro...*

a porre di sotto (B 19,585b; anche AldBencLB.).

sovragiongnere] v.tr. 'aggiungere in più' 23. B 19,442b, 8.

spada f. 'arma bianca, spada' 133 (comparaz. di forma) *sia spatio in modo di spada.*

spalla f. 'parte del quarto anteriore dei quadrupedi macellati, spalla' (qua detto del castrone) R111; 111 *empiere una spalla o altro membro... spalla di castrone...* B 19,680a, sotto 2.

sparacio m. 'turione molto giovane dell'Asparagus officinalis che si mangia come verdura' *sparaci* pl. R16; 16. Questa è la 1ª att. del tipo a *-ć-* secondo LEI 3^1,1690,30 e B 19,700b, ma GAVI 16,6,167: iniz. XIII *sparixi*, XIII *li sparace*, 1282–88 *sparici*, ecc., cfr. TLIO. Δ Non si tratta dell'asparago bianco, coltivato sotto terra, ma di quello verde (v. Tacuinum sanitatis, ms. Wien n.s. 2644 [Verona fine XIV]). Cfr. AldBencLB *sparago*: «falso rediano» corretto.

spargere] v.tr. 'versare (un liquido) su una superficie irrorandola uniformemente' 79 *spargi il lacte su la mescola intorno per la padella* (B 19,705c, 8., cp. 35.); ▪ *spargersi*] v.pron. 'disperdersi, andare perduto' 132 *'l nero de la seppia si de'ligare di capo, che non si sparga* (B 19,708c, 41. [sec. XV]); GAVI 16,6,175 prob. altre accezioni. Δ

spartitamente avv. 'in modo separato' 63 *fa sp. tutte cose bullire*; 82; 122; 141. B 19,726a [distrib. semant. dubbia].

spatio m. 'estensione, limitata, vuota o occupata da corpi, spazio' 133 (B 19,750b); ▪ 'estensione di tempo' 198 *per spatio d'una hora* (B 19,752c, 14.).

speçare ⟶ SPEZZARE.

specia ⟶ SPEZIA.

spelta f. 'farro grande; su seme' R138; 138. ⟶ FARRO. B 19,804a, 1. e 2.

sperduto ⟶ OVO.

[***spessare** v.tr. 'rendere spesso' 122, ms. *spessa e mesta*, inaccettabile quanto a senso e senza corrispondenza nel testo lat. Una correzione **spezza* (vd. SPEZZARE), accettabile quanto a senso, ci sembra poco convincente per la fonetica del toscano. La correzione da noi posta a testo (*spesso* 'ripetutamente') ristabilisce l'espressione *fortemente e spesso*, documentata altrove nel libro, vd. SPESSO.]

spessire] v.tr. 'rendere spesso' 98 *spessesi il bru[o]do colle tuorla.* B 19,844b, 1. Δ

spesso agg. 'denso, non liquido' 1; 36; 53; ecc.; *speso* 51; 117 (B 19,844c, 1.); ▪ *lacte spesso* 'latte rappreso' (?) 167 (B 19,845a, sotto 1. ['coagulato' (sangue) sec. XX]) Δ.

spesso avv. (*spesso* 88; ecc., *speso* 53; 141) 'di frequente' 53; 88; 118 *volge spesso fine che sia spesso*; 122; 135; ▪ 'ripetutamente' 122 (*grasso*) *batti col coltello fortemente e spesso*; 141 (*fegato*) *tritalo... col coltello fortemente e speso.* B 19,847b.

[**spezia**] f. (*spetie* pl. 1; ecc., *specie* pl. 5; 6) 'droga usata in cucina (e in farmacia), spezia' *spetie* pl. 1; 3; ecc., nota 16 *sp. trite*; 61 *sp. e sale*; 66 *sp. e erbe* (B 19,858a, 1. e 2. [distribuzione ?]); ▪ *spetie fine* pl. denomin. collett., prob. 'una certa composizione di spezie (spec. pepe, garofani e cannella)' 70 [lessia composta?; vd. LCucFiM 3; LCucCaF 73]; ▪ *spetie forti* pl. denomin. collett., prob. 'una certa composizione di spezie (spec.

pepe, garofani e zafferano)' 196 (dà la composizione: con molto pepe); ■ *spetie dolci* pl. denomin. collett., prob. 'una certa composizione di spezie (spec. zenzero, cannella, garofani, noce moscata e zafferano)' 196 (opposto a *spetie forti*; la ricetta dà la comp.; 1ª att. m. XIV LCucFiM 1; 3 *spetie dolci bene gialle*; cp. Süthold, 1524, n° 38 *polvere ducha: candella, cincivaro biancho, gariofali*; anche GAVI 16,6,405: sec. XV; B 4,904a, 2. [B. Giamb. ecc.: altra cosa]). Le spezie composte, dette 'dolci e forti' (v. anche LCucFiM 5; 14 *fae fare meça libra di spetie dolci... e fa fare meça libra di spetie forti*; LCucCaF 92), sono più o meno standardizzate, cfr. Wuṣla 132 e gli acquisti della Mensa citati in Frosini, *Cibo* 174; 177, anche SchiancaCuc 627a. Δ

[**speziato**] p.pass. agg. (*spetiato* 183) 'condito con spezie, speziato' 183 *vino dolce spetiato*. B 19,858b [1ª m. XV]. Δ

[**spezzare**] v.tr. (*speçato* p.pass. 124) 'ridurre in pezzi', 124 *cascio... speçato minuto*. B 19,859c.

spica / spico s. prob. 'specie di pianta dalla radice aromatica, Nardus indica ovvero Valeriana spica di Bengala / spicanardi (si usa la parte superiore della radice, officinale, dal gusto gradevolmente amaro)' *spica* 70 (pesce); – *spico* 159 *spico bene trito... E se spico non avessi, mettivi del comino* (*solcio*: gelatina di carne o di pesce); – *spicco* 68 (*gelatina di pescio*). Gusto amaro: vd. LCucFr[G/B] n° cv. {1310 AldBencLB 48r18 *ispico*; LCucMerAB 38 *spica*; 146 (gloss. 'lavanda' dubbio, e con almeno due possibiltà: Lavandula latifolia / spigo, anche angustifolia / lavanda, tutte e due con fiori blu in spighe e semi profumatissimi)}. B 19,908b SPIGO [1. 'Lavandula (spica)' dalla 1ª metà XVI sec.; 2. 'Nardo indico' dalla metà XIII sec., < TB]. Δ

spiedo m. (*spiedo* 71; ecc., *spieto* 90; 106; 175) 'bacchetta appuntita del girarrosto, spiedo' 71 *poni in spiedo*; 73; 90; 106; 107; 142 *arostili nel spiedo*; 175. B 19,896a, 3.

spina f. 'lisca o spina (di pesce)' 5 *pescio sença spine*; 85. TB 4,1110b, 6. [1312 (< Cr., ma manca Crusca[1]), e LCucBo]; B 19,916b, 4. [sec. XV, nonostante TB e CortZol]; GAVI 16,6,464 [(un tessuto) *spinapescie* 1314, ecc.]; CortZol[2] [XIII]. Δ

spinacio m. 'pianta erbacea (Spinacia oleracea) che si mangia come verdura cotta' [R]5; 5; 6; 162; 163. B 19,918c; cp. Frosini, *Cibo* 120.

spolpare v.tr. 'privare della polpa (uccello, pesce e sim., per cucinarlo)' 85 *spolpare da le spine*. B 19,986c, 1. [4° qu. XIV]; CortZol[2] [av. 1300: immagine]. Δ {GAVI 16,6,535: accez. est. 2ª m. XIII.}

spremere] v.tr. 'premere qlco. per trarne il liquido contenuto' 85 *spremeli forte*; 164 *spremile fortemente*; 190. B 19,1031c.

sprizzare] v.tr. 'spargere una sostanza liquida a spruzzi' 183 *mattone caldo, spriçalo con vino*. GAVI 16,6,538 [S. Cat. Siena av. 1380]. B 19,1042a, 9. ['gettare...', 1ª m. XV, e 'aspergere', 1810]. Δ

spurato p.pass. 'spurgato, liberato (di qlco.)' 40; 46 *carne bene spurata dal sale*; 48; 183 *mele bene spurato*. B 19,1072a [distinzione semant. non convincente; per err. ogg. nella def. (sale)]; ad TLIO.

sputare] v.tr. assol. 'espellere dalla

bocca, sputare (per non deglutire)' 182 *sputi* 3 sg. cong. B 19, 1075c, 2.

stamigna f. 'tessuto rado, ma resistente, per setacciare' 102; 103. LCucFiM 10 *istamigna*; 32; LCucFr[G/B] xv *stamigna* (ms.). B 20,56a, 1. [fine XIV LCucCa]; TLIO [sotto1]. Cfr. → PANNO.

stare v.intr. 'rimanere in un luogo per un periodo più o meno lungo' 63 *lassa stare* (un cibo) *per otto dì*.

starna f. 'pernice grigia' [R]78; 78; 95 *pernici, cioè starne*; 97; 99; 123; 171 (per *infermi*). B 20,91a; Frosini, *Cibo* 89 (1[a] att.: Folgore).

state m. → ESTATE.

stemperare] v.tr. 'disciogliere in un liquido, stemperare' 154; 181; 192 (erbe) *stempera con aceto*; 197. B 20,132a.

stendere] v.tr. 'spianare (pasta o sim.), stendere' 111 *rette di porco... stendila su la taola, e togli la... carne e stendila supra la dicta rette*; 145 (pasta) *stesa*; 148 (pasta per *lasangne*). B 20,135b, 3. [1952 o av., questione della distr.; cp. CortZol[2]]. Δ → EXTENDERE.

stercho m. 'materiale di rifiuto dell'intestino, sterco' 185 (medic.). B 20,147ab, 1. [distinz. di sterco animale e umano]; TLIO.

mlt. **stercus** → STERCHO; VERSUS.

stile m. 'strumento simile ad un grosso ago, stilo' 183 *piglia la pillola con uno stile o aco*. B 20,181c, prob. ad 3.

stillare] v.tr. 'versare goccia a goccia, instillare' t. di medicina 190 *stilla in orecchia*. B 20,177c, 3.

[**stitico**] m. (*stiticho* 198, *stititi* (ms. sic) [R]163; 163) 'chi soffre di insufficienza nell'evacuazione delle feci dall'intestino crasso, stitico' [R]163; 163; 198. B 20,203c, 1.

stomacho m. 'primo organo dell'apparato digerente, stomaco' (medic.) 183; 185 *stomachi freddi o caldi*; 192. B 20,217c.

stretto p.pass. agg. 'divenuto denso, duro (albume dell'uovo)' 79 *albumi d'ova stretti* (B 20,343c, 21. 'compresso...') Δ; ■ 'divenuto denso, cagliato (latte)' 151 *lacte... mettivi pressame... e quando sirà stretto, lavalo bene* (B 20,343c, 21. 'cagliato') Δ.

[**stricare**] v.tr. 'spalmare, disciogliere con energia', ■ *striccata* p.pass. 128 *lampreda... striccata col sale*; {LCucMerAB 78 *strecata*; 80 id. [gloss. err.]; LCucFiM 28 *lampreda bene lavata e bene stropicciata col sale*; LCucFr[G/B] lxxxi *lampreda bene lavata et raschiata col sale}*. B 20,353b STRICCARE [lezione err. ripresa; def. ed etimologia (germanica) err.; articolo da annullare]. Ad B 20,353b STRICARE 5. e 6. [P. Bonafè]. Δ

stringere] v.tr. 'restringere' (med.: *stomacho*) 192 *aceto, se trova stomacho... vacuo, lo stringe* (prob. ad B 20,366c, 10.) Δ; ■ *stringersi*] v.pron. 'ridursi di dimensioni, stringersi' 107 (una pelle di un pollo imbottito) *nella caldaia se stringa* (B 20,366c, sotto 10. ['cuocere, far bollire in poca acqua' per LCucBo, err.; mettere sotto 61.: 1[a] att.]. Δ

structo p.pass. 'liquefatto, fuso, strutto' 107 *lardo chiaro cioè structo* [sost. non escluso]; 181 *lardo frescho structo in padella*. Frosini, *Cibo* 178 [s.m. Mensa; LCucBo 107: «sost.»]. B 20,412b. Cfr. → DISTRUCTO.

studiosamente avv. 'con studiosa cura, attentamente' 133. B 20,422a, sotto 1. [1727]. Δ

subito avv. 'rapidamente, senza aspettare, subitamente' 183. B 20,456a.

substantia → SOSTANZA.

succhio m. 'succo (di frutta)' 72 *s. di melangole*; 74 *succhi* pl.; 93; 98 *s. de lemmonni*; 100 *succhii*; 126; 127; 128 *succhi*; 129; 133; 135 *succhio d'uva agresta*. GAVI 16,8,323 [fine XIII]. B 20,481c, 1. [Tr. gov. uccelli: m. XIV ?]. Δ

succo m. 'sostanza liquida spremuta da ortaggi, frutta o sim., succo' *sucho* 71 *sucho d'aranci*; 76 *suchi acetosi*; 114 (B 20,487a [la distinz. per succhi da bere e sim., dal M. Martino = LCucMart, crea una nuova 1ª data]; CortZol² [1735]) Δ; ▪ *succo rosado* 'succo di rose, estratto dei petali di rose' 183 (cp. → ACQUA *rosada*, che è altra cosa) (ad B 17,98c, 14.; grafia *succo* 1° t. XIV GAVI 16,8,327) Δ.

sufficiente avv. 'quanto basta' 74.

[**sufficientemente**] avv. (*sofficientemente* 117) 'quanto basta' 117.

[**sufficienza**] f., *a sufficentia* loc.avv. 'abbastanza' 19. B 20,501c, sotto 1. [Bocc.].

[**sugo**] m. (*sugho* 181) 'umidità contenuta in frutti, erbe ecc., sugo' 181 *sugho d'erbe fine*. B 20,513a, 1. e 2.

sumacho → SOMMACCO.

suolo m. 'strato', *a suolo* 'disposto a strati' 35 *a suolo di l'uno e a suolo di l'altro*; 72 *a suolo a suolo*; 115; 148. B 20,522c, [sotto 4.], 12. [locuz.: Bocc.; coevo LCucFiM 1; ecc.].

suppa f. 'fetta di pane guarnita' ᴿ114; 35 *pane insuppato nel brodo... suppa che si chiama suppa di fanti* (con formaggio ecc.); 43 *suppa a modo di Francia...* (fetta di pane nel brodo); 114 (senza brodo); 115 (senza brodo, alle uova). Frosini, Cibo 157 ['zuppa...' non certo]; AldBencLB gloss. ['zuppa' prob.]. B 21,1108c, 2. [def. stretta; m. XIV]. Cp. sp. *sopa*, B. von Gemmingen ZrP 103,492.

suso prep. 'su' 102.

suttilità → SOTTILITÀ.

tagliare] v.tr. 'dividere (un corpo), usando uno strumento tagliente' 4; 12; 18; 20 *tagliale minute*; ecc.; 43 *pane tagliato grosso meçanamente*; ecc. B 20,671a.

taglieri m. sg. 'piatto (piuttosto grande, usato in cucina)' 72; 73 *sopra uno taglieri grande del savore, spetie e carne ordina gradatamente a solaio... e, a la fine de la cocitura, ponvi...*; 104; 114; 115; 137; 166 (B 20,681a, 1. [def. ristretta: legno, convitati]; SchiancaCuc: 'tagliere'); ▪ 'id., usato per porzionare e servire' (pl.?) 160 *per taglieri*; 181 (B 20,681b, 3.). Normalmente, a tavola, due persone sono servite della carne per es. su un solo *tagliere* (v. LCucFiM 17 *per xij persone togli vj pollastri, o vuoli xij, secondo che... vuoli mettere uno per tagliere o vuoli due*; cp. BagnascoCoqu 392: fonte metà sec. XIV; ma vd. la cit. dei Conti in B).

tanto agg.indef. 'così molto' 1; ecc.; ▪ (*due*) *tanto* '(due) volte la detta quantità (con un numero indica un multiplo)' 197 *mescola cum due tanto commino*. TB 4,1359, 23; B 20,715c, 15. [sec. XV]. Δ

tardi avv. 'in un momento più tardo' 185.

taso m. 'gromma delle botti, taso' 194 *a fare agresto...* Ad B 20,755a [solo fine XIV]. Δ

tavernaio m. 'gestore di una taverna' 144 *schibetìa di tavernaio* (nome di un cibo). B 20,769b.

[**tavola**] f. (*taola* 20; ecc.) 'asse da lavoro' *taola* 63 *mettile in uno vaso, e di sopra poni una taola larga* (ad B

20,770a, 1.); ▪ 'attrezzo da lavoro a forma di tavola' (o anche 'asse'?) 20; 28; 102; 111; 141 *tritalo sulla taola col coltello*; 162; ▪ 'mobile formato da un piano orizzontale posto su un supporto gener. a quattro gambe, e impiegato spec. per consumare i pasti' 95; 99; 106 (B 20,770b, 3.).

tegghia f. (*tegghia* 122, *teggia* 117) 'tegame senza manico, teglia' 117; 122. Vd. AldBencLB; SchiancaCuc. B 20,799a.

temperatamente avv. 'con moderazione' 102 *bullire temperatamente.* B 20,834b, 2.

tempia f. 'ognuna delle parti laterali esterne della testa corrispondenti all'osso temporale, tempia' 187. B 20,843a [Fiore]. 1ª data precisa 1310 AldBencLB.

tempo m. 'tempo (dell'anno)' 145 *fructi... secondo diversi tempi;* 159 *t. di verno... di state* (B 20,845c, 3.); ▪ 'tempo fissato nell'anno, con riferimento al digiuno ideologico' 24 *Altramente a tempo di digiuno*; 25; 38 *come el tempo o dì richiede*; 129 *tempo di carne* (B 20,846b, 8. [fine XIV]). Δ

tenere] v.tr. 'fare in modo che qlco. rimanga per un certo tempo in una posizione, uno stato, una situazione o un posto stabilito, tenere' 36 (*ceci*) *tenuti a mollo*; 62 id. (*fungi*); 179 *la tieni sospesa*; 187 *tieni in bocca* (medic.); 198 *tengna 'l braghieri stia in posa* (medic.: in caso di *rottura*). B 20,873c, 24.

tenero agg. 'che non è duro o è meno duro del consueto (di cibi)' 14 (*rape*); 160 (*cascio*) (1ª att.: sec. XIII Reg. san. GAVI 17,4,22 (gallina); 1310 AldBencLB; B 20,885b, 2. [cibo: Bocc.]; 4. [piante: P. Crescenzi]) Δ; ▪ s.m. 1 *torsi del caulo... troncali nel tenero de la cima* (B 20,885c, sotto 4. [LCucBo e P. Crescenzi] Δ.

tepido agg. 'non molto caldo, tiepido' 95 ... *lepore, e lassa freddare che sia tepido*; 106; 148; 187 *acqua calda tepida.* B 20,1028b, 2. [Bocc., ma grande frammentazione delle accez.]. 1ª att. (secondo la classif. di B): AldBencLB. Δ Cfr. → CALDO.

terra f. 'suolo (naturale) di terra' 192 (*prova del'aceto*) (B 20,942b, 4.); ▪ 'terracotta' 108 *vaso di terra* (B 20,944a, 10.).

[**terzo**] agg. (*terço* 70; ecc.) numero ordinale correspondente a tre 192 [*terço*]; ▪ s.m. 'ciascuna delle tre parti uguali di una stessa quantità' 70; 159 *torni al terço.* B 20,971c, 9. [1 att. sec. XIII, poi a partire dal XV].

testa f. 'estremità superiore del corpo umano, testa' 187 *vitio di testa* (medic.).

testo m. 'teglia (di terracotta, anche metallo) per torte o sim. (che, resa molto calda, serve anche per cuocere impasti di farina per es.) e che può servire per cuocere al fuoco di sopra' 117 *fa la pasta nella teggia... poni del lardo sofricto intra 'l testo e la pasta... testo*; 122 *testo caldo* (con brace)... *tra i testi... poni il testo sopra – e di sopra e di sotto sia la bragia*; 125; 127; 129; 143; 147. B 20,1007c, 2. [fine XIV LCucCa; distinzione problematica di 1., 'pentola', iniz. XIII; anche GAVI 17,4,99]. 1ª data accertata di 2.: 1310 AldBencLB [uso medic. per riscaldare parti del corpo, e uso farmac. come in cucina]; anche LCucFiM 1 *testo, o vuoli di rame o vuoli di terra...* Δ

tinca f. 'pesce d'acqua dolce dei Ciprinidi, verde e poco giallo, che popola stagni, tinca' 6; 54. Frosini, *Cibo* 100. B 20,1043a; TLIO.

tirarsi] v.rifl., *tirarsi in derietro* 'tirarsi indietro, ritrarsi (fig.)' 183 *che la natura non si tiri in derietro dal suo operare* (medic.). Ad B 20,1072a, sotto 68. ['sottrarsi a un impegno...' Bembo]. Δ

toccare] v.tr. 'sfiorare o sentire con la mano, toccare' 183 *non tocchi cosa fredda* (medic.). B 20,1089c.

togliere] v.tr. (*togli* imperat. 3; passim, *tolgli* id. 1; 2; 5, *torre* infin. 5; 106, *tolto* p.pass. 2) 'prendere (un alimento, per cucinare)' 1; passim. 2. B 20,1107a, 54. [fine XIV LCucCa davanti a P. Crescenzi, per err.]. Poco frequente: ⟶ PRENDERE; vd. anche ⟶ AVERE (*abbi*).

tomacello m. nome di un cibo (tra polpetta e salume) fatto di una massa (fegatello o carne e uova, anche con verdure) formata (con una rete grassa [di maiale]) e fritto [R]141; 141 *tomacelli overo mortadelle*; – *comandello* 5 (senza dubbio forma erronea: corrisponde nel testo lat. a *tomacellos*, cibo nominato insieme col *mortadello*; una motivazione secondaria non è esclusa). {LCucMerBB CXXII *tomagele* pl.? (senza ric.); LCucMartF p. 129 *tomacelli*}. Vd. Süthold, *Lucano*, 193–202 (anche *tommacelle a rete*, Bartolomeo Scappi, *Cucinare*, cap. CXV); SchiancaCuc 173a; 656b. B 21,7c TOMASELLA [sec. XVI, B. Scappi: altra att.; ecc.]. Δ Cfr. il cap. ‹Confronto della traduz.› nell'Introd.

tondo agg. 'che è rotondo, tondo' 141 *monticelli tondi*; 198 *aristologia... tonda.*

tornare] v.tr. *tornare a* 'diventare di una determinata quantità (più piccola)' 64 *cocansi tanto che 'l mosto torni a meço*; 68; 70; 144; 159. B 21,54c, 23. [1° dec. XIV].

torre v.tr. ⟶ TOGLIERE.

torso m. 'fusto di alcune piante erbacee, spec. del cavolo, private di foglie e fiori' 1 *torsi del caulo... detti torsi.* GAVI 17,4,192 [2ª m. XIII]. B 21,69c [G. Villani, nonostante Novellino in TB]. Δ

torta f. 'vivanda complessa (piuttosto grande, con carni, formaggi, ortaggi ecc., secondo le ricette) che comprende un involucro di pasta cotta in una teglia (tonda), al modo di un pasticcio coperto' [R]123; 123; ▪ *torta parmesana* 'id., dagli ingredienti molto vari e ricchi, spec. pollame, frittelle ecc., disposti a strati' [R]122; 122. Comprendere *t. parmesana* 'al modo di Parma, parmigiano'; la stessa ricetta si truova in m. XIV LCucFiM 1. Cp. Martellotti, *The Parmesan pie*, Petits prop. culin., 59,7–14; 61,7–15; Martellotti, *Ricett.* 96 [< lat. PARMA 'scudo']; Frosini, *Cibo* 158 [Mensa, 1344: *torte* salate]; SchiancaCuc; TLIO 1.1.4. (B 21,70c [riunisce torte dolci e salate, 1ª salata: 1ª m. XIV].) {LCucFiM 14 *tonda come torta.*}

tortello m. 'cibo fritto, piccolo, con diversi ingredienti (carne, pesce, ecc., anche pasta solo), ripieno (con involucro) o no' [R]85; [R]86 *crispelli di carne, overo tortelli e ravioli*; [R]150; 85 *tortelli di pescio*; 86; 150 (pasta in forme div., anche con ripieno). LCucFiM 31 *tortelli... con croste sottili di pasta e soffritte.* Cp. Vollenweider VRo 22,418; Frosini, *Cibo* 160. B 21,71c [LCuc-

Bo; distinzione 1. e 2. e 3. non giustificata]; CortZol² [av. 1484 L. Pulci, nonostante LCucBoZ in TB Δ]; TLIO [def.].

tosto avv. 'rapidamente, tosto' 185; 189.

tovaglia f. 'telo di tessuto usato in cucina (per asciugare e sim.)' 103 *amandole monde e sciutte con t.*; {m. sec. XIV LCucFiM 10}. B 21,94c, 3. [fine XIV LCucCa e St. di Stef.]. Δ {AldBencLB *tovaglia aspra*, non in cucina.}

tractato m. 'esposizione metodica scritta di una dottrina, trattato' ᴿ1; ᴿ162. B 21,257b.

tralcio m. 'ramo giovane (della vite o sim.)' 182 *tralci de vite*. B 21,141a.

[**tramontano** vd. OLTRAMONTANO]

transmarino m. 'rosmarino' 5. {LCucMerAB 61 *trasmarino*; 72; 90 *petrosimuli con radice et trasmarino senza radice*; [59 *trasmarina*]; Romania 115,176 *trasmarino* ms. iniz. XVI sec. (*ramerino* ms. 1310 ib. 164–6; *rosmarino* ms. 1430 ib. 168)}. Penzig 1,416: Tosc. Umbr. Roma Abr. Nap.; Martelli 75. Ad B 21,174c [geogr.]. Δ

trare v.tr. 'tirare fuori, trarre' 179 *trare il sale de la pentola... trarà*; 180 *trarà a se* (ad B 21,194c, sotto 18.) Δ; ▪ *tracto* p.pass. 198 *sangue de homo tracto de vena* (B 21,193b, 14). Cp. ⟶ TIRARE.

tratare v.tr. 'lavorare (una sostanza)' 29 (errore per ⟶ TRITARE?).

traverso (per -) loc.avv. 'trasversalmente' 69 *cipolle tagliate per traverso*; 144 id.; 85 *per lungo o per traverso*; 178. B 21,283a, 25.

trementina f. t. di farmacia 'oleoresina ricavata da alcune conifere (distillata), trementina' 198. B 21,303a.

trep(l)ice ⟶ BIETA.

tria f. 'insieme di tagliatelle fini (che si presentano in una forma definita)' (?), ▪ *tria genoese* nome di una *tria* modificata ᴿ169; 169 *tria genoese per l'infermi: Metti la tria* (a base di pasta?) *nel lacte de l'amandole bullito*; ricetta *per l'infermi*: senza cipolle (v. i testi lat. e it. qua citati con la ricetta); non si parla di cottura; ricetta inserita tra *amandolato* e *riso*, ugualmente per malati; = RecCulLibM II 66 *tria ianuensis*, fra una serie di salse (questa posizione è responsabile del fatto che si parla solo della salsa e non della cottura della *tria*). Cfr. *vermicegli cioè tria*, 1340 Franc. Bald. Pegolotti 297b, *tria di vermicelli*, LCucFiM 43 (≡ LCucFr [G/B] xxxiii «*buon vermicelli*»!) e LCucFr[G/B] xxi *tria di capponi o di carne di cavretto* (non vi si parla di pasta!, vd. i testi presso il nostro n° 169; SchiancaCuc 676a; 677a). Da comparare alla *tria genoese* napoletana moderna, un piatto popolare di tagliatelle, e alla *tria* pugliese moderna (*ciceri e tria*: ceci e pasta tagliata, assai consistente). Dal gr. *ἴτριον* (*-ια*) (LidScott 1,845a 'cake'; AndréAlim 212–213 *thrion* 'frittata di uova, latte, lardo, farina, formaggio, miele' secondo Scol. Arist.), probabilmente passando in parte per l'ar. *al-'iṭriya* 'focaccia (assai variabile)', anche 'pasta' (Lane 5,1852b; Wehr⁵ 774b), cfr. mlat. *tri* / cat. *aletria* 'vermicelli' (?, 1305, Arn. Vill., Reg. San. ed. Batllori 1947, 135,19 n. *tri quod vulgariter dicitur alatria*, trad. Ber. Sarr., av. 1310, *fa la alatria e·l amidon...* [137,14] *guardar de farina e de breny e d'alatria*, trad. sec. XV ib. 221,12 *alatria*, AlcM 1,482a; vd. anche Martellotti, *Giambonino* 365). Semplice menzione in Serventi-Saban, *Pasta*, 2000, 295. (B 21,344b [LCucBo sotto TRIGLIA (v. infra), unica att. della forma *tria*: classificazione err.]). Resta problematico. Δ

triglia f. 'pesce marino dei Perciformi, triglia (due specie: Mullus surmuletus e barbatus)' R172; 129 *sardine, alleci, triglie*; 172 *triglie per l'infermi*. Ad B 21,344b [LCucMart; per *tria* LCucBo, vd. ⟶ TRIA]; FEW 13²,272a. Δ

tritare v.tr. 'tagliare, pestare o schiacciare qlco. fino a ridurla in pezzetti minuti' 5 *(foglie) tritale col coltello*; 23; 27; 55; 61 *cipolla tritata minuto*; ecc. B 21,378b; TLIO. Vd. ⟶ TRATARE.

trito p.pass. agg. (*trito* 3; ecc., *tritto* 85) 'tritato, sminuzzato' 3; 9 *porro trito minuto*; 13; 16; 19 *cascio trito fortemente*; 23 *triti o tagliati*; 24 *pane trito o gratato*; ecc. B 21,379c.

troncare] v.tr. (*troncare*] 1, *truncato* p.pass. 104) 'tagliare, recidere' 1 *troncali* (i *torsi* del *caulo*) *nel tenero de la cima* (B 21,402a, 2.); ■ p.pass. agg. 'spezzato in pezzi grossi' 104 *polli truncati* (lat. *truncatos*). B 21,403b, 2. [di alberi e sim.].

trota f. (*trota* 81; 129, *troita* R129 (testo lat.: *de troitis*)) 'pesce con livrea chiara, dorso più scuro e punti neri e rossi (in cerchi bianchi) sui fianchi, che vive in acque dolci limpide, Salmo trutta fario' R129; 81; 129. B 21,412a.

truncato ⟶ TRONCARE.

tuorlo m. 'rosso (dell'uovo), tuorlo' (più frequentemente *tuorla* f.pl., anche m.pl., vd. le cit.) 17 *con... tuorli d'ova*; 66; 72 *tuorla d'ova debattute*; 78; 91; 96; 98; 99; 106 *albumi d'ova... riserva le tuorla da per sé*; 115 *tuorla d'ova debattuti*; 118; 135; 138; 140 *cava inde il tuorlo... distempera coi detti tuorla d'ova*; 155; 165; 168 *tuorla d'ova sane o pesti*. B 21,447c; RohlfsGr § 185.

u cong. ⟶ O.

[**uccidere**] v.tr. (*occidere* 139; 190) 'far morire, uccidere, anche macellare' 190 *occidere il basalischo* (B 21,490a, 1.); ■ 'far morire per macellare' 139 *tu occidi polli* (B ib. senza distinz.).

ucello m. (*ucello* R97; ecc., *uçelli* pl. 107) 'uccello grande o piccolo, selvatico o domestico' (più volte differenziato dal pollo) R97; R99; R119; R123 *caponi, fagiani, ucelli*; R125; R139; R159; 66; 67 *ucelli picciolli e grandi*; 77; 78; 96; 97; 99; 107; 112; 114; 119 *pastello de ucelli vivi* (che volano via); 123 *ucelli salvatichi e domestichi, piccioli e grandi*; 125; 139; 159; ■ *ucelli de rivera* 157; ■ rappresentazione: 116 *forma ucelli di pasta*; 145 (di pasta e anche nel pastello).

udito ⟶ AUDITO.

umidità f. 'umidità (qualità secondo la dottrina umorale)' 187. GAVI 19,2,104 [1288 Restoro]. B 21,525c, 3. e 4. [2ª m. XV e Bocc.]. Δ

[**umido**] m. (*humido* 176) 'liquido che è contenuto nelle vivande da cuocere' 176 *carne... cotta nel suo humido*. B 21,526c, 14. o 19. Δ

ungere] v.tr. 'cospargere di sostanza grassa (o brodo grasso), ungere' 122 *togli del brodo dei detti polli e ungi la dicta pasta*; ib. *ungila* (la *torta*) *col lardo*; 177 (carne, con olio e lardo) (B 21,536b, sotto 1. [sec. XVII, dipend. delle classif.]); ■ per est., t. di medicina 'cospargere (di sostanza medicinale non necessariamente grassa)' 192 *ungi la bocca, le nare e le vene pulsatili* (con aceto) (B 21,536b, 1. [iniz. XIV]).

[uomo] ⟶ SANGUE.

[uovo] ⟶ OVO.

urinare ⟶ ORINARE.

usança f. 'ciò che si usa fare tradizionalmente, usanza' 14. B 21,579b.

usare] v.tr. 'servirsi di qlco. per un dato scopo, usare' 197 *usa la radice*; 198. B 21,580b.

uscire v.intr. 'venir fuori da qlco.' 71 *il grasso che esce d'inde*; 72; 103; 133 *esca* cong.pres.; 190 (B 21,587b, sotto 3. ['stillare', modif. l'oggetto]); ▪ s.m. 198 *Non ponti a l'uscire del corpo* (ano; [ultima frase del libro]) (B 21,587b, 5.); ▪ 'risultare (di cose)' 193 *de questo poi esce buono levaduro* (ad B 21,587c, 9. ['nascere...' m. XIV e Bocc.]) Δ.

uso m. 'ciò che si usa fare tradizionalmente, uso' 23 *a uso di Toscana*. B 21,592c, 5. [Leonardo da Vinci] o 594c, 24.

utile agg. 'che serve, utile' 183 *vomito è utile cosa*.

uva f. 'frutto della vite, uva' 145; 183 *pelle... d'u.* (B 21,607a, 1.); ▪ *uva secca* 'uvetta' 69; ▪ *uva greca* prob. 'uvetta di Corinto dai chicchi scuri piccoli' 74 [*mettivi su dattali, uve grece, prugne secche*; piatto di colore scuro] (ad B 21,607a, sotto 1.) Δ; ▪ *uva agresta* 135 ⟶ AGRESTO agg. Frosini, *Cibo* 134: *uva* anche 'uvetta'.

vacca f. 'femmina adulta dei Bovini; carne dell'animale macellato (anche bue?)' 91 *budelli crudi di vacca*. B 21,612a, sotto 1. [sec. XVI, dipend. della classif.]. Δ

vacuo agg. 'che è privo di contenuto, vuoto' 192 (*stomacho*). B 21,616c, sotto 1. [stomaco: Bocc.]; ad TLIO 2.

valere] v.intr. 'essere utile, valere' 192 *aceto... vale contra la debeleça*. B 21,633b, sotto 3. [P. Crescenzi].

valitudine f. 'stato di pieno benessere, salute, valetudine' 171 *la valitudine de lo 'nfermo*. B 21,635a.

vaso m. 'recipiente di terracotta o altro materiale, per cucinare o mettere cibi, vaso' 27 *padella o altro vaso a friggere*; 52; 53; 63; 64 *vaso netto*; 69 *poni in altro vaso*; 103; 108 *vaso di terra facto in modo di cardafisia*; ecc. B 21,681b [cattiva classif., per es. ad 3. (sec. XX)].

ve avv. ⟶ VI.

vena f. t. di medicina 'vaso sanguigno' 192 *vene pulsatili*; 198. B 21,722c.

***ventello** m. 'tuorla d'uovo' ⟶ VITELLO.

ventosità f. t. di medicina 'flatulenza (negli intestini)' 185. AldBencLB: accezioni med. B 21,752a, 2.

ventoso agg. t. di medicina 'che provoca flatulenze (detto di cibi)' 198 *pasti ventosi*. B 21,752c, 7. [sec. XIV].

ventre m. 'cavità addominale del corpo dell'uomo, ventre' 8; 97 (⟶ FLUXO; SOLUTIONE) (AldBencLB; B 21,753b, 1.); ▪ 'cavità addominale del corpo animale macellato' 109 (*empiere uno vitello... nel ventre*); ▪ 'stomaco (maiale, castrone), trippa (vitello)' (anche la copertura dei fianchi?, vd. VENTRESCA) R88; R92 *ventre di porco*; R112; 88 *ventre di vitella* (rosolato e cotto); 92 *ventre di porco*; 112 *empiere... ventre di porco* [cp. il *Saumagen* ted.] *o di castrone* [cp. il *haggis* scozz.]; 113 (B 21,753b, 2. [LCucBo e P. Cresc.; def. doppia dubbia]) Δ. {Nota LCucFr[G/B] cvi *caldume gentile: Tolli ventri di bue o di porco o di castrone*}

ventresca f. (*ventresca* 86; 111, *ventrescha* 112) 'pancetta (di maiale, anche di altri animali)' 86 *v. di porco*; 111 *v. di porco... v.*; 112; {LCucMerAB 3 *ventresca del porcho scorticata grassa*; ecc.; LCucMartF p. 133 *ventresca di vitello*}. B 21,754b, 2.; CortZol². Δ

ventricchio m. (*ventricchio* 71, *ventrichio* 76) 'parte commestibile dello stomaco degli uccelli, ventriglio' 71; 76 *togli fegati, ventrichi e interiori di caponi*; {LCucMerBB LXXIII}. B 21,754b [sec. XVI]. Δ

verçuço m. 'agresto' (vd. → AGRESTO) 140 *il savore che si dise ‹verçuço francioso›* (= lat. *agresta*); {LCucMerAB CXXXIIII *versuco de Parisio* (senza ric.)}. Dal fr. *verjus*, DEAF s.v. JUS. Möhren ItSt 11,112: *vergius* nell'AldBenc, anche AldBencLB *vergius ciò è l'agresto*, vd. gloss.; Frosini, *Cibo* 73. B 21,775c; TLIO. Δ

verde agg. 'che è di colore verde' 67; 145; ■ id. (d'erbe) 77 *herbe verdi* (che colorano verde); ■ id., come qualificativo di un brodo ‹spagnolo› 77 ‹*a spagnuola*›, *si fa brodo verde* (cfr. B 21,764a, sotto 1. ['che assume...', iniz. XVII]; ■ *caulo verde* → CAULO; *raviolo verde* → RAVIOLO; *salsa verde* → SALSA; ■ prob. 'fresco, non seccato (di foglie)' (medic.) 190 *foglie verdi*; 191 *ruta verde* (anche AldBencLB) Δ.

verditerra f. t. di farmacia 'specie di terra verde, verdeterra' 198. B 21,767c [1340]; ad TLIO.

vergella f. 'piccolo ramo' 145. B 21,772c. → ODORIFERO.

verno m. 'inverno' 159 *puoi lo servare per .xv. giorni, a tempo di verno.* B 21,790b.

mlt. **versus** m. 'versetto (mnemonico)' 185 *Segni se la persona è bene purgata. Versus. Est sitis, est estus, stercus, ventositas ani* ('si mostra sete, calore, escremento, flatulenza intestinale'). Le precisazioni sono in italiano.

vespero m. 'tardo pomeriggio, vespro' 20; 62 *fungi secchi e tenuti a mollo dal v. a la matina.* Vd. → MATINA.

vi avv. 'in questo luogo, vi' 1 *mettivi*; etc.; 5 *mettive*; 43 *vi*; etc.; 127 *mettivele.* RohlfsGr § 900.

vino m. 'vino' (per cucinare) 68; 69; 70; ecc. (174 ecc.: per infermi); 183 *v. dolce spetiato*; ■ (vino, buono per i carboni accesi [Giamboni 32: acqua]) 177; ■ *vino biancho* 54; 74; medic.: 194 e 197 (cp. TLIO 11.6); ■ *vino cotto* 'vino per cottura fatto di mosto concentrato, vincotto, saba' 69; 73; 156 (B 21,888a, sotto 1. [senza att.: mod.]; CortZol² [1381]) Δ. – Att. di *vino* senza specificazione: prob. vino rosso.

virtù f. 'potere, efficacia, capacità di produrre un effetto, virtù' 192 (*aceto*) *sua virtù è penetrativa.* AldBencLB. B 21,910a, sotto 12. [sec. m. XIII].

vite f. 'arbusto delle Vitacee, vite' 182 (medic.) (B 21,934c); ■ id. (fatto di pasta ecc., come decorazione sulla tavola) ᴿ145; 145.

vitella f. 'vitello femmina, vitella' (macellata) 73; 88; 89; 113 *budelli di porco o vitella.* B 21,935c. Per la preferenza dell'animale fem., vd. Frosini, *Cibo* 81–82.

vitello m. 'piccolo della vacca, vitello' (macellato) ᴿ109; 109 *empiere uno vitello... vitello giovenne scorticato overo pelato.* B 21,935c. {AldBencLB 60r45 *vitello di latte*: 1ª att., vd. gloss. e cp. B 21,826b.}

[vitello] m. **victello d'ova* 'tuorla d'uovo' 11 [= LCucMerAB 43 *ruscio* 'id.']. Ms. prob. *ūctello*; cp. Cappelli xxxi: *ū* = *ven-/ver-/vit-*. B 21,936a VITELLO [sec. XV]; 744b [*]VENTELLO [solo LCucBoZ!]. Δ

vitio m. t. di medicina 'stato patologico (di un organo), malattia' 13 *lo vitio de la pietra*; 187 *vitio di testa*. 1ª att.: AldBencLB 81v15 *vizio di pietra*. B 21,960a, 11. [m. XIV]. Δ

vivo agg. 'che è in vita' R119; 119 *pastello de ucelli vivi*. Cari protettori degli animali: questi uccelli restano in vita.

voito agg. → VUOTO.

volere v.tr. 'desiderare' (introduce regolarmente una alternativa possibile di cottura) 1 *se vuoli*; ecc.; 54 *se volessi*; 64 id.; 69 id.; ■ *volere* inf. sost. 132 *al tuo volere*.

volgere] v.tr. 'rimestare (col cucchiaio per es.)' 53 *volgile speso colla mescola*; 88; 118; 135; ■ 'girare, far ruotare' 160 *cascio... volgilo al fuocho*. B 21,989c [senza specif.].

volta f. ['momento'], con numerale o sim. indica il ripetersi di un fatto 54 *lavale bene un'altra volta*; 197 *uno cuchiaio per volta*.

vomito m. 'espulsione episodica del contenuto gastrico attraverso la bocca, vomito' 183 (ter). B 21,1017a.

[vuoto] agg. (*voito* 142; 175) 'che è privo di contenuto, vuoto' 142 *pentola voita*; 175 *luochi voiti* (*pomi*).

[zafferano] m. (*çaffarano* 1; ecc., *çafarano* 3; 71) 'stigmi del Crocus sativus usati (polverizzati o no) come spezia e droga, zafferano' 1 *çaffarano a colorare*; 6; ecc. Cfr. AldBencLB: cit. Aldebr. nel TB, tardiva; Martelli 88. B 21,1045c. Di origine ar.; cfr. → CROCO, di orig. lat.-greca. Lo zafferano era coltivato anche in Toscana, vd. Franc. Bald. Pegolotti 207; 297b.

[zenzovo] m. (*çençovo* 65; 92; 105, *çenzovo* 102; 196, *giengiovo* 39) 'pianta (Zingiber officinale) il cui rizoma aromatico è usato in cucina (normalmente pelato), zenzero' 39; 65; 92; 105; ■ *çenzovo biancho* prob. 'zenzero [piuttosto dalla qualità ‹colomi›], prob. sbucciato grossolanamente' 102 (cfr. LCucFiM 20 *gengiove bianco*; HoppeDrog 1,1154b; cp. LCucMartF p. 153 *zenzevero biancho, cioè mondato a sufficientia*; TLIO 1.1 [G-, «decorticato»]); ■ *çenzovo beledo o colomi* 196. {Inoltre: 1322 TLIO 1.3 (*boledi*) e 1.4 (*culumbino*); 1340 Franc. Bald. Pegolotti, ed. Evans 360 *Giengiovo... belledi e colombino et micchino, e' detti nomi portano per le contrade..., belledi... molte contrade dell'India, e il colombino nasce nell'isola del Colombo d'India* (= Quilon)... *micchino* (= detto «da Mecca»)..., *tagliare... bruno e nero verso rossetto*; fr. ca.1305 MPolGregB ch. 174 (nella città di) *Coilum* (= Quilon)... *si y a gungembre columi* (var. ed. Benedetto p. 197 *gingembre... que l'en appelle coilumi pour le païs*); doc. agn. 1428 PortBooksS 50,276 *gyngibre... belendyn;* mingl. ante 1399 Forme of cury, nell'ultimo paragrafo: *Gynger colombyne is the best gynger, mayken and balandyne be not so good nor holsom;* doc. ca. 1460 OED G 170a *gynger colombyne* (= da Quilon), anche *valadyne* (≈ *bel-*). Cfr. A.S.C. Ross, *Ginger*, 1952, 9 [doc. agn. 1414: *gynger columbyn, maykyn, belendyn*; ecc., anche MPol]; 65; 12; 22–24 [*belledi* e sim., < ar. BALADĪ 'indigeno', dunque 'domestico (e di origine diversa, non specificata)' ?] (ref. da Philip Durkin, OED); Martelli 49; P. Kunitzsch, lett.; Frosini, *Cibo*, 167.} Cfr. ⟶ SPEZIA. Δ

***zeunia** ⟶ ÇEUNIA.

[**zucca**] f. (*çucche* pl. R18; ecc.) 'grosso frutto di una cucurbitacea (spec. Lagenaria siceraria) che si mangia cotto, zucca da vino' R18; R164; 17–20; 124; 126; 164. AldBencLB. B 21,1100a; TLIO. Vd. l'illustr. pre-colombiana nel Tacuinum san. ms. Liège 18v°, Wien 22v° o Paris 36v°. Cfr. ⟶ SECCO.

[**zucchero**] m. (*çuccaro* 6; ecc.) 'sostanza dolce cristallizzata ricavata dalla canna da zucchero' 6; 21; 64; ecc.; att. interessanti: 80 *ç. o mele*; 99 *ç. menuçato*; 102 *ç. biancho... ç. trito o pesto*; 103 (con *pescie*); 181 *polvere di ç.* B 21,1102b; TLIO [*çucharo biancho* p.1390] Δ.

[**zuppa**] ⟶ SUPPA.

Onomastica

alexandrino ⟶ AUREA.

arabico ⟶ GOMMA.

armenico ⟶ BOLIO.

Bria ⟶ CASCIO.

colomi agg. 'da Quilon' ⟶ ZENZOVO.

Francia 43 *a modo di Francia.*

francioso agg. ⟶ VERÇUÇO; cp. *savore francesco*, LCucFiM 45.

genoese agg. 'al modo di Genova' ⟶ TRIA.

greco agg. ⟶ UVA, PECE.

India ⟶ NOCE.

lombardo m. 63 *secondo i lombardi.*

{**micchino** agg. 'da Mecca' ⟶ ZENZOVO.}

{**Parisio** ⟶ VERÇUÇO.}

parmesano agg. ⟶ TORTA. {Frosini, *Cibo* 139: *cacio parmigiano (di forma)*.}

provençale f. 75 *a la provençale* 'alla provenzale'. B 14,782c, sotto 2. [sec. XIX]. Δ

romano agg. ⟶ PASTELLO e ⟶ MENTA.

spagnolo agg. (*spagnolo* R79; 79, *spagnuolo* 77) '(del tipo) della Spagna' R79; 79 *gratonìa spagnola*; ■ locuz. *a spagnuola* 'alla spagnola' 77 ‹*a spagnuola*› *si fa brodo verde.* B 19,675b, 6. [sec. XV]. Δ

Toscana 23 *a uso di Toscana.*

tramontano ⟶ TRAMONTANO.

trivisano agg. 58 *al modo trivisano* (lat. *ad usum Marchie trivisine*; la regione dal Garda alla Venezia Giulia). Δ

ubaldino agg. 'relativo a Ubaldin da la Pila e alla sua golosità' (Dante, *Purg.* XXIV 29) R80; 80 *frittelle ubaldine.* SchiancaCuc 250b; B 21,481c [unica att.; «prob. dal nome pers. Ubaldo» insufficiente]; TLIO. Δ